ESCRITOS SOBRE FENOMENOLOGIA E FILOSOFIA EXISTENCIAL

CONTRA CORRENTE 10 ANOS

instituto norberto bobbio

Norberto Bobbio

ESCRITOS SOBRE FENOMENOLOGIA E FILOSOFIA EXISTENCIAL

Tradução de José Dias e Daniela Valentini

AVARÉ

2025

Travessa Vergílio de Araújo Valim, 167
Avaré – SP – Brasil | CEP 18707 815
www.editoracontracorrente.com.br
contato@editoracontracorrente.com.br

EDITORES
Camila Almeida Janela Valim
Gustavo Marinho de Carvalho
Rafael Valim
Walfrido Warde
Silvio Almeida

EQUIPE EDITORIAL
COORDENAÇÃO DE PROJETO: Erick Facioli
PREPARAÇÃO DE TEXTO E REVISÃO TÉCNICA: Amanda Dorth
REVISÃO: Beatriz Duarte Lopes
DIAGRAMAÇÃO: Gisely Fernandes
CAPA: Maikon Nery

EQUIPE DE APOIO
Carla Vasconcelos
Regina Gomes
Geovanna Sales
Julia Falanghe

COORDENAÇÃO EDITORIAL
César Mortari Barreira

ORGANIZAÇÃO
Roberto S. Kahlmeyer-Mertens e José Dias

TRADUÇÃO
José Dias e Daniela Valentini

PREFÁCIO
Celso Lafer e Tercio Sampaio Ferraz Jr.

APRESENTAÇÃO E NOTAS
Roberto S. Kahlmeyer-Mertens

REVISÃO TÉCNICA
Rafael Salatini

REVISÃO TEXTUAL
Frederico Lopes de Oliveira Diehl

Dados Internacionais de Catalogação na Publicação (CIP)
(Câmara Brasileira do Livro, SP, Brasil)

Bobbio, Norberto, 1909-2004
Escritos sobre fenomenologia e filosofia existencial / Norberto Bobbio. -- Avaré, SP : Editora Contracorrente, 2025. -- (Coleção Norberto Bobbio)

Bibliografia.
ISBN 978-65-5396-294-1

1. Existência (Filosofia) 2. Existencialismo 3. Fenomenologia I. Título. II. Série.

25-277426 CDD-142.7

Índices para catálogo sistemático:

1. Fenomenologia e existencialismo : Filosofia 142.7
Eliete Marques da Silva - Bibliotecária - CRB-8/9380

@editoracontracorrente_
Editora Contracorrente
@ContraEditora
Editora Contracorrente

SUMÁRIO

SEGUNDA PARTE – SCHELER E ALGUNS DOS FENOMENÓLOGOS DE PRIMEIRA HORA

TERCEIRA PARTE – DO HEIDEGGER DA FENOMENOLOGIA E ALÉM

QUARTA PARTE – A FILOSOFIA DA EXISTÊNCIA ENTRE KIERKEGAARD E CAMUS

QUINTA PARTE – ABBAGNANO: UMA AFINIDADE ELETIVA

SOBRE ESTA EDIÇÃO

A presente coletânea de escritos de Bobbio, ora publicada pela Editora Contracorrente, reúne traduções resultantes do trabalho de articulistas ligados ao Grupo de Pesquisa Fenomenologia, Hermenêutica e Metafísica, integrado por pesquisadores nacionais e internacionais e cadastrado no diretório da CAPES. Obra destinada aos níveis de graduação e pós-graduação, as traduções foram submetidas a conselho editorial e avaliadas no regime de *blind review*. Contou com o fomento do Instituto Norberto Bobbio – INB e com o apoio de rede de pesquisadores vinculados à Universidade Estadual do Oeste do Paraná – UNIOESTE e à Universidade Estadual de Maringá – UEM.

PREFÁCIO[1]

Primeira Parte – A

I

Este livro reúne ensaios e textos dispersos do jovem Bobbio sobre fenomenologia e filosofia existencial. É um volume superiormente organizado por Roberto S. Kahlmeyer-Mertens e José Dias. Trata-se de uma empreitada de alta qualidade acadêmica. Tem entre suas características o zelo da tradução, as precisas indicações das procedências dos 29 textos e a pertinente lógica de uma estruturação em cinco partes, em torno das quais os múltiplos textos se distribuem.

O objetivo do livro é tornar acessível ao público universitário brasileiro o pioneirismo da obra de Bobbio no trato e no conhecimento

---

1 Nota: Dividimos este prefácio em duas partes que obedecem a uma lógica de complementariedade. Na Primeira Parte -A- situamos este livro de textos do jovem Bobbio no contexto da longa trajetória intelectual de Bobbio – ele mesmo um grande pensador do séc. XX. Segunda Parte -B- examinamos como Bobbio com rigor, deslindou nos seus textos sobre fenomenologia e filosofia existencial, as complexidades próprias dos autores que estudou, e de que maneira confrontou-se com os inovadores caminhos filosóficos por eles propostos.

de relevantes vertentes filosóficas de nosso tempo. Insere-se, assim, nas aspirações do Instituto Norberto Bobbio de divulgar, em nosso país, as múltiplas dimensões de Bobbio como um grande pensador do século XX.

Dessas vertentes filosóficas estudadas neste volume, Bobbio subsequentemente se afastou em seu percurso. Por isso, este volume é um ponto fora da curva de seus mais conhecidos e divulgados trabalhos, aos quais o leitor brasileiro tem amplo acesso.

O entendimento da gênese do conjunto desses textos no percurso de Bobbio tem uma explicação no fato de ele ter tido tanto formação filosófica quanto formação jurídica. A especificidade de sua formação filosófica levou à sua tese de 1933, sobre a fenomenologia de Husserl, que foi orientada por Aníbal Pastore, pioneiro, na Itália, na dedicação à obra de Husserl.

Lembra Bobbio que à fenomenologia Pastore dedicou grande parte das lições dos dois anos do curso que seguiu. Pastore era, na lembrança de Bobbio, um pensador rigoroso e uma alma inquieta, por quem tinha apreço e afeto. Foi Pastore quem o encorajou a se dedicar a Husserl. Daí a sua tese de 1933, acima mencionada.[2]

Sua tese de filosofia desdobrou-se no campo jurídico, em seu livro de 1934, *L'indirizzo fenomenologico nella filosofia sociale e giuridica*, que é, como o qualifica Mario Losano, a expressão do que o próprio Bobbio mais adiante diria ser a característica da Filosofia do Direito dos Filósofos: vale dizer, no caso, recorrer filosoficamente às linhas essenciais da fenomenologia para aplicá-la à doutrina social e jurídica.

---

2 Cf. Norberto Bobbio – Pietro Polito – um colóquio por ocasião dos 90 anos de Bobbio – Il mestiere di vivere, Il mestiere di insegnare, il mestiere di scrivere. Florença, Fondazione Spadolini Nuova Antologia, pp. 17-18.

Em contraste com uma Filosofia do Direito *sub specie philosophiae*, Bobbio, em seu caminho, veio a se dedicar a uma Filosofia do Direito *sub specie juris*. É o que denomina a perspectiva da Filosofia do Direito dos Juristas, dedicada à reflexão sobre os problemas e desafios concretos colocados pela experiência jurídica.[3]

A perspectiva *sub specie juris* foi a que Bobbio, a partir de sua formação jurídica, empenhou-se em elaborar em sua trajetória. Seus antecedentes iniciais são: *L'analogia nella logica del diritto* (1938) e *La consuetudine come fatto normativo* (1942).

Os textos deste livro, que comentaremos mais adiante, possuem as características da persistente identidade intelectual de Bobbio: clareza e rigor. Obedecem às suas recorrentes posturas: a inquietação da pesquisa, o escrúpulo filológico, o sentido da complexidade das coisas e o pleno domínio do que é relevante para um campo do conhecimento.

Para esses textos – e para o sentido da complexidade das coisas que albergam – contribuiu a viagem de estudos de Bobbio à Alemanha, no início dos anos 30, como examinaremos mais adiante. Dela adveio a percepção da efervescência filosófica da República de Weimar, enquanto uma maneira de filosofar que correspondia à inclinação filosófica de uma época de crise. Uma crise da qual a Itália igualmente sentia, em outro tom, os seus efeitos nos anos do fascismo. Bobbio foi atento à importância dessas correntes filosóficas e a como se constituíram como um contraponto à tradição filosófica alemã. Daí a seriedade do empenho com o qual examina Husserl, Scheler, Jaspers, Heidegger, Kierkegaard e Camus.

---

3 LOSANO, Mario G. *Norberto Bobbio*: uma biografia cultural. São Paulo: Editora UNESP/Instituto Norberto Bobbio, 2022, p. 246; BOBBIO, Norberto. *Giusnaturalismo e positivismo giuridico*. Milão: Ed. Di Comunità, 1972, pp. 43 e ss.

II

Os textos da Primeira Parte deste livro dizem respeito a Husserl como o iniciador da pesquisa fenomenológica, que abriu horizontes para o campo do conhecimento.

Permitimo-nos anotar que, subjacente ao necrológio que Bobbio elaborou de Husserl, existe uma afinidade latente com uma "personalidade filosófica severa, equilibrada e tenaz" e "de seu modo de trabalhar metódico e ordenado... sumamente preciso", que é "racionalista no sentido em que toda a melhor tradição da filosofia ocidental é racionalista" e que tem como *vis directiva* "essencialmente um programa de pesquisa em campos ainda não explorados e com um método não exaurido" (pp. 45-46).

Bobbio aponta que a notoriedade de Husserl se devia mais à sua escola do que às suas obras (p. 43). Por isso, empreendeu, no texto "Husserl póstumo" (pp. 48 e ss.), uma análise da centralidade própria de sua obra, mas também de seus limites.

O tema dos limites da fenomenologia é, por Bobbio, apontado em sua análise de 1947 do livro de Sartre, de 1946, *Réflexions sur la Question Juive*, que integra este volume com o título "Sartre e os judeus" (pp. 218-221). Sartre, registra Bobbio, colocou entre parênteses a dimensão histórica do antissemitismo para, fenomenologicamente, apontar que a condição judaica é dada pelo olhar do outro.

Registra que as reflexões sartreanas "assumem, no conjunto, o aspecto de uma fenomenologia do antissemitismo" e que "dentro destes limites, são sem dúvida interessantes e atraentes" (p. 220). Os limites dessa reflexão situam-se, no entanto – diz Bobbio –, nos limites do próprio método fenomenológico, que é um método descritivo e não explicativo (pp. 220-221). Em síntese, descreve, mas não explica.

Apontamos, desde já, que, exceção feita aos textos relacionados a Nicola Abbagnano – como discutiremos mais adiante e que integram a Quinta Parte deste livro –, e de quem Bobbio foi próximo e com o qual tinha afinidades, os demais pensadores analisados no livro não estão em sintonia com a *forma mentis* de Bobbio. Ele os analisa com rigor e escrúpulo filológico, levando-os a sério no universo filosófico em que se inserem, como discutiremos mais adiante. Seguiu a orientação que registrou ao fazer um balanço de sua vida em *O Tempo da Memória*, ao apontar que colhia da irredutibilidade das crenças uma grande lição: "Aprendi a respeitar as ideias alheias, a deter-me diante do segredo de cada consciência, a compreender antes de discutir, a discutir antes de condenar".[4] Isso não o impediu de fazer, mais adiante, um balanço crítico do existencialismo, do qual provém o pensamento dos grandes autores estudados neste livro. Empreendeu esse balanço no seu ensaio de interpretação do existencialismo.

Referimo-nos ao livro cuja primeira edição italiana é de 1944, cujo título é *La Filosofia del decadentismo*. O livro tem uma edição inglesa de 1948, *The Philosophy of Decadentism – A Study in Existentialism*, e, subsequentemente, uma tradução para o espanhol, publicada no México pela Fondo de Cultura Económica, em 1951, cujo título é *El existencialismo: ensayo de interpretación*. As edições inglesa e mexicana foram enriquecidas com um capítulo sobre Sartre.

Não cabe uma análise mais circunstanciada do livro de Bobbio, dedicado a uma interpretação do existencialismo que, sendo sintético e crítico, é abrangente e rigoroso, na linha dos textos reunidos neste livro. Cabe, no entanto, destacar alguns temas recorrentes apontados por Bobbio que as correntes existencialistas compartilham. Na angústia, todos os filósofos existencialistas se encontram,[5] e todos se empenham em desvendar a inadequação do homem perante o mundo (op. cit., p. 93). No trato dessa inadequação do ser no mundo,

---

4 BOBBIO, Norberto. *O tempo da memória*: de senectute e outros escritos autobiográficos. Rio de Janeiro: Campus, 1997, pp. 172-173.

5 BOBBIO, Norberto. *El existencialismo – ensayo de interpretación*. México: Fondo de Cultura Economica, 1951, p. 89.

a clareza é, para o existencialismo, um preconceito da Ilustração, e a própria obscuridade é um instrumento de esclarecimento existencial, porque revela o profundo e o insondável do ser (op. cit., p. 42). A angústia dessa inadequação é mais do que a queda sem esperança de Heidegger. É uma condenação da qual provém, como na peça de Sartre, o "sem saída" de *Huis clos*.

Esses temas não se alinharam com a visão do Bobbio maduro, que pode ser sintetizada em três metáforas recorrentes, inicialmente formuladas em *O Problema da guerra e as vias da paz*.[6] São elas: *a mosca na garrafa*, *os peixes na rede*, *o labirinto*.

A primeira metáfora aponta que os seres humanos, assim como as moscas, estão presos dentro de uma garrafa – a garrafa da realidade. A garrafa não está tampada, ou pode ser destampada para se lograr uma saída. A percepção dessa saída está ao alcance do olhar do filósofo-espectador que, valendo-se da razão no sentido forte, é capaz de apontar, pelo seu conhecimento da natureza das coisas, o caminho da saída da garrafa. Não é essa a perspectiva de Bobbio, que, no seu realismo de observador da Política e do Direito, tem clareza sobre a limitação epistemológica e existencial de certezas absolutas.

A metáfora dos peixes na rede aponta, por sua vez, a morte como fim inalterável dos seres humanos. Os peixes se agitam e se debatem no interior da rede, mas não escapam de seu letal destino. Nesse contexto se situa a resignação dos filósofos da sabedoria (ou da fé, que não está no âmbito de um pensador laico como Bobbio), ou da angústia existencial dos filósofos das crises. Não é esse o caminho perfilado por Bobbio, cujo pessimismo foi temperado pela clareza do seu neoiluminismo, que abre espaço para a positiva ação humana.

Daí a sua escolha da metáfora do labirinto. Os homens não são nem moscas na garrafa, nem peixes na rede. Estão situados no labirinto

---

6 BOBBIO, Norberto. *O problema da guerra e as vias da paz*. São Paulo: Editora UNESP, 2003, pp. 49-52.

da convivência coletiva. Existem saídas dos labirintos, mas elas não são nem óbvias nem fáceis de serem encontradas. A experiência da lição do labirinto é a de indicar que existem caminhos bloqueados para saídas do labirinto. A tarefa da razão é, tendo como ponto de partida o reconhecimento dos becos sem saída, traçar rumos de saída para a convivência coletiva. Foi o que Bobbio se empenhou em fazer, sem ingenuidade e com clareza, nos campos do Direito e da Política, para enfrentar o hiato entre ser e dever-ser – ou seja, lidar com o tema existencialista da inadequação do homem perante o mundo.

É no apreço de Bobbio pela metáfora do labirinto que reside sua afinidade com Abbagnano, examinada na Quinta Parte deste livro. Adiantamos que o existencialismo de Abbagnano, para Bobbio, diferencia-se das correntes existencialistas que, partindo do nada, terminavam com um ser para o nada, fazendo da denúncia da crise uma aceitação de suas consequências. O existencialismo de Abbagnano não é um existencialismo negativo. É, diz Bobbio, um existencialismo positivo, pois a escolha – que é a escolha existencial por excelência – torna possível o possível do valor normativo da categoria da possibilidade. Isso significa uma abertura para as possibilidades efetivas do ser humano, e não para sua imersão na negatividade (cf. p. 236), ou seja, para voltar a Bobbio, o saber lidar com os caminhos bloqueados do labirinto e, nele, encontrar saídas.

III

Vale a pena registrar que a distância de Bobbio das correntes filosóficas que analisou neste livro foi uma escolha que não o afastou de uma dedicação à filosofia.

Com efeito, Bobbio, como professor de Filosofia do Direito na Universidade de Turim, alternava cursos na linha da Filosofia do Direito *sub specie juris* – da qual advêm seus conhecidos livros sobre a teoria da norma jurídica e a teoria do ordenamento – com cursos destinados a examinar o pensamento filosófico de grandes clássicos. Não é por acaso que reiterou, no prefácio à bibliografia de sua obra, organizada por Carlo Violi, a importância, para ele, na sua reflexão, de Hobbes, Locke, Rousseau, Kant e Hegel.[7]

Do seu magistério acadêmico resultaram *Direito e Estado no pensamento de Kant e Locke* e *O Direito Natural*, ambos traduzidos e publicados entre nós. Da sua dedicação à filosofia advém o livro que reúne os seus estudos sobre Hegel e, de sua devoção a Hobbes, o livro que reúne os seus estudos elaborados entre 1939 e 1988. Esses dois volumes também foram traduzidos e publicados no Brasil. Bobbio, com rigor filosófico, foi o responsável pela publicação, em 1941, da edição bilíngue (latim-italiano), com notas, da *Cidade do Sol*, de Campanella, e, em 1948, do *De Cive*, de Hobbes.

É pertinente registrar que, nos estudos de Bobbio acima mencionados, há uma certa linha de continuidade com a obra de Gioele Solari, o mestre de sua formação jurídica, orientador de sua tese de Filosofia do Direito e a quem sucedeu na Cátedra de Filosofia do Direito em Turim. Solari integrou o rol dos autores de *Italia Civile*, de Bobbio. Em sua obra, Solari estudou monograficamente pensadores como Grocio, Spinoza, Locke e Kant, à maneira de um professor de uma Faculdade de Filosofia – ou seja, com base na criteriosa exegese dos textos. A criteriosa exegese analítica dos textos é também como Bobbio, seguindo a linha de Solari, elaborou os seus estudos de filosofia. Com isso, queremos pontuar que os textos reunidos neste livro resultam, igualmente, de uma criteriosa exegese dos textos dos autores que estudou, como passamos a examinar.

---

7 BOOBIO, Norberto. *Bibliografia degli Scritti di Norberto Bobbio – 1934-1993*. Roma/Bari: Laterza, 1995, p. xxv.

Segunda Parte – B

IV

Os anos na Alemanha

Quando Bobbio foi estudar na Alemanha, no início dos anos 1930, inseriu-se em um ambiente filosófico rico e altamente diversificado, mas também marcado por profundas tensões e transformações. Esse período foi crucial para o desenvolvimento de várias correntes filosóficas que exerceram uma influência duradoura no pensamento ocidental.

No panorama do ambiente filosófico alemão da época, era ilustrativo o neokantismo dos primeiros anos do século. As escolas neokantianas, como a Escola de Marburgo (liderada por Hermann Cohen e Paul Natorp) e a Escola de Baden (liderada por Heinrich Rickert e Wilhelm Windelband), ainda tinham influência significativa, embora estivessem em declínio, perdendo espaço para novas abordagens, como a fenomenologia e a filosofia da existência.

Nesse âmbito, Edmund Husserl era uma figura central. Desenvolvia seu pensamento buscando fazer da filosofia uma "ciência rigorosa". Seu método fenomenológico influenciava não apenas filósofos na Alemanha, mas em toda a Europa.

Em sua esteira, Martin Heidegger, um ex-aluno de Husserl, havia publicado, em 1927, *Sein und Zeit* (*Ser e Tempo*), que rapidamente se tornou uma das obras mais influentes do século XX. Heidegger ampliava a fenomenologia em direção à ontologia existencial, investigando o "ser" humano (*Dasein*) e sua relação com a temporalidade. À época, a relação entre Husserl e Heidegger já estava se tornando cada vez mais tensa, provocada pelas diferenças filosóficas entre o enfoque transcendental, à moda de Husserl, e o existencialismo ontológico, à moda de Heidegger.

Nesse quadro, não se deve deixar de sublinhar que essa era uma época de crise cultural, repercutindo a crise social e econômica do pós-guerra. O final dos anos 1920 era, na Alemanha, um período de choque político, marcado pela instabilidade da República de Weimar e pela ascensão do nazismo. Essa atmosfera de incerteza influenciava a filosofia, que frequentemente refletia um sentimento de angústia, desorientação e busca por fundamentos em um mundo em transformação.

Em conjunto com a tensão política, crescia o antissemitismo, repercutindo no ambiente acadêmico. Intelectuais judeus, como Husserl e muitos associados à Escola de Frankfurt, enfrentavam crescente hostilidade. E, nos anos seguintes, o nazismo transformaria radicalmente o cenário filosófico, levando ao exílio de muitos intelectuais e à repressão de correntes de pensamento consideradas "indesejáveis".

Nesse contexto ocorreria a experiência de Bobbio, refletida em seus artigos coletados neste livro.

A experiência intelectual

Uma pista interessante para entender seu interesse pela fenomenologia e pelas subsequentes correntes filosóficas ele próprio nos dá na última parte do livro, dedicada a Nicola Abbagnano. Ali, diz ele que, ao deixar clara sua perspectiva sobre a vida e a evolução do pensamento do amigo, não poderia fazê-lo sem percorrer as etapas do seu próprio itinerário espiritual.

Nessa linha, começa Bobbio por lembrar a filosofia de Gentile, uma filosofia radicalmente *imanentista* que, com o Tratado de Latrão – a concordata de 1929 que pôs fim às disputas territoriais entre a Itália e o Vaticano – havia deixado de ser, na Itália, a filosofia oficial do regime.

Para entender essa observação de Bobbio, deve-se lembrar que Gentile havia desenvolvido um tipo de idealismo da razão que pretendia superar dialeticamente todas as oposições sem suprimi-las, uma "dialética do pensamento pensante", com forte inspiração em Fichte. Trazida para o campo da sociedade civil, significava uma combinação de *práxis* e *pensamento*, mediante a qual, para toda ação, uma doutrina seria imanente. Nessa filosofia viu Gentile a realização do fascismo, do qual se tornou um dos principais ideólogos.

A escola de Gentile, anota Bobbio, dividiu-se em uma ala de direita, que gradualmente retomou e descobriu temas e motivos do espiritualismo, e em uma ala de esquerda, que se dissolveu num *problematicismo*, quando apareceriam autores que, como Guido Calogero, se ligavam a grupos clandestinos de resistência ao fascismo.

Desse impasse resultaria uma descrença na razão nas diversas manifestações da filosofia da vida (*Lebensphilosophie*), a começar pela linha de Schopenhauer ao estilo de Nietzsche, seguida do historicismo e da filosofia como cosmovisão (*Weltanschauung*), à maneira de Dilthey, passando pela filosofia do *élan vital* (Bergson), a acentuar o papel da intuição em detrimento da inteligência racional, para culminar no resgate de Kierkegaard pelo existencialismo de Jaspers, Heidegger, Sartre e Camus, a marcar, enfim, uma filosofia da crise.

Nesse contexto insere Bobbio a obra de Abbagnano, com uma textura de ruptura voltada para o existencialismo. Como ele, Bobbio, à época, entendia o existencialismo como uma filosofia da crise, uma espécie de acerto de contas final com o racionalismo idealista gentiliano. Nesse sentido, para Abbagnano, os sistemas filosóficos não se desenvolveriam à maneira hegeliana, uns a partir dos outros de acordo com uma necessidade interior, nem seriam determinados pelas condições sociais, à moda do materialismo dialético, das quais seriam um reflexo, mas seriam a expressão da personalidade do filósofo em sua singularidade e na comunicação com os outros. Daí a tarefa de mostrar não a concatenação interna, mas a solidariedade dos esforços filosóficos que visariam a aclarar, tanto quanto possível, a condição e o destino do homem.

Justamente essa tarefa chamaria a atenção de Bobbio para o papel da fenomenologia.

Bobbio afirma que, por volta de 1936, ele próprio se havia libertado da herança de Gentile, justamente por meio do estudo da fenomenologia, quando, simultaneamente, se dedicava a pesquisas de metodologia jurídica. Nessa direção, despontara seu interesse pela filosofia de Husserl, mais particularmente pela fenomenologia como método, pela marca metodológica expressa em ideias como *voltar às coisas mesmas*, a fim de alcançar, mediante o processo de *redução eidética* (*epoché*), a realidade mesma em sua essência.

V

Husserl

Como se sabe, a fenomenologia se desenvolveu inicialmente no círculo da psicofilosofia de Brentano, voltada para a descrição do fenômeno tal como ele é na percepção interna; o fenômeno *na* e *da* percepção seria verdadeiro em si, no sentido de que todo fenômeno psíquico se dirige a um objeto pensado: era a *intentio* escolástica como uma relação que funda, de modo peculiar, a existência real; cores, sons, gestos não se dariam independentemente da consciência (*Bewusstsein*), no sentido de uma relação direta com objetos físicos (consciência primária) e de relação direta com objetos psíquicos (consciência secundária). A consciência seria, assim, sinônimo dos atos psíquicos pelos quais o sujeito daria significado aos objetos do seu mundo relacional.[8]

Com notável erudição e cuidado, o então jovem Bobbio se põe a examinar o esforço de superação, por Husserl, desse traço

8 Ver, de Brentano, as *Philosophische Untersuchungen zu Raum, Zeit und Kontinuum*, com uma introdução explicativa de Stephan Korner e Roderick Chisholm, Hamburg, 1976.

psicologista da filosofia de Brentano. Recém-retornado à Itália de sua peregrinação intelectual pelo mundo germânico, a fenomenologia lhe surgia e se oferecia antes como um método e menos como uma *filosofia* – esta tomada no significado *dogmático* então em voga do termo. Porém, como muitos pensadores contentavam-se em trabalhar Husserl enquanto uma doutrina, produzindo suas próprias *cosmovisões* (*Weltanschauungen*), negligenciando, assim, o próprio Husserl, Bobbio se empenharia em começar sua investigação com o próprio Husserl, para então esclarecer o que viria a chamar-se de "tendência fenomenológica" – segundo ele, *a mais rica e a mais sugestiva de todas as cosmovisões então produzidas*. Nessa esteira, sua proposta era a de reviver a fenomenologia a partir de dentro, com ênfase nas *Ideen der Phänomenologie* (*As ideias da fenomenologia*), as cinco lições de Husserl ministradas em 1907, conhecidas posteriormente como *Ideen*, antes mesmo de virem a público, o que ocorreria apenas por volta de 1950.

Vale lembrar que, nessa obra, superava Husserl as teorizações iniciais de sua própria fenomenologia no concernente à esfera das "vivências" (*Erlebnisse*), então ainda *psicologista*, por força da forte influência de Brentano; enquanto esta era voltada à descrição daquilo que o eu vivencia enquanto referências empíricas à objetividade da natureza, Husserl entrava na esfera de uma fenomenologia estritamente *gnosiológica*, uma teoria essencial do conhecimento (*a priori*) como base para um pensamento filosófico fundante e fundamental.

O que Husserl se dispunha a enfrentar era, num certo sentido, um antigo problema, que remonta a Tales de Mileto, quando buscava a *arché* de todos os entes e que, desde a era moderna, ficou conhecido como a questão dos primeiros princípios, as primeiras bases do conhecimento, e que levara Descartes à *dúvida metódica* como um repensar da filosofia *a primis fundamentis* (*Meditationes*, I, 1). Justamente aí estaria – vale ressaltar – o ponto decisivo para a elaboração husserliana de uma filosofia fundamental: a teoria do eu (*Ich*).

Os intérpretes de Husserl costumam assinalar alguma diversidade na sua concepção do eu que, na primeira edição das *Investigações Lógicas* (*Logische Untersuchungen*, 1900), é definido como a mera unidade dos atos, isto é, da corrente de vivências. O papel constitutivo do mundo objetivo pelo *eu* está aí ainda preso ao psicologismo herdado de Brentano. Só nas *Ideen* é que aparece o *eu fenomenológico*, o *eu* puro da subjetividade enquanto *transcendência imanente* (*imanente Transzendenz*), quando o *eu* é apontado como o polo de unidade da qual se irradia e à qual retorna cada vivência.

Nas *Ideen*, em busca de um fundamento último, Husserl mostra como atua a *redução eidética*, esse *voltar-se às coisas mesmas* (*zu den Sachen selbst*), como um conhecimento originário capaz de atingir a essência (*eidos*). Diferentemente das ciências, que captam os objetos mediatamente (dedução e indução são processos mediatos de conhecimento, pois tiramos conclusões sem jamais captar – compreender – as premissas), a fenomenologia é conhecimento originário, captação imediata do objeto na sua objetividade, ou seja, captação dos dados tais como se constituem na consciência. Não se trata de um processo reflexivo – um tomar ciência da própria consciência, uma introspecção que observa os atos da consciência –, mas de um processo intuitivo que capta os atos enquanto os vivencia: *vivências – Erlebnisse.*

Isso, porém, era ainda insuficiente, pois restaria, no vivenciar os atos da consciência, a própria consciência, o *eu* que permanece transcendente em face das vivências, o *eu* que permanece ele próprio enquanto as vivências acontecem. Assim, se, num primeiro momento, o *eu* não se deixa captar enquanto *eu*, pois ele é absolutamente vazio de qualquer conteúdo e existe somente em suas *relações vivenciais*, num segundo momento Husserl assinala que, nas *relações*, o *eu* se apresenta numa série sequencial: o *eu* é o ponto de onde partem as vivências e, quando essas dele se separam, o *eu* se destaca na sua pureza, adquirindo uma forma própria de conteúdo, isto é, tornando-se ele próprio um objeto. Com isso ocorre uma *autoconstituição*, uma unidade com natureza própria, constitutiva de toda e qualquer unidade: o *eu* transcendental.

Essa evolução não passa despercebida a Bobbio que, em seus escritos, procede à abordagem cuidadosa de cada um dos passos de Husserl, com especial atenção às cinco lições (*Ideen*). Primeiro, a distinção entre ciência natural e ciência filosófica, fundada em duas atitudes diversas perante o mundo: a atitude referida à teoria do conhecimento, conduzida de modo metodicamente distinto das ciências; segundo, a tese de que o conhecimento propriamente fenomenológico possui o caráter de imanência, consistente, mediante redução, naquilo que se dá de modo absoluto (*Gegenbenheit*, "*dadidade*", na tradução de Bobbio), em oposição ao conhecimento das ciências naturais, voltado para o que lhe é exterior; terceiro, a demonstração, por exemplos, de como atua o *método da redução*; quarto, a dedicação ao conceito de *intencionalidade* [passiva], em que Husserl faz a crítica da evidência como sentimento, ao que contrapõe a evidência como *Selbstgegebenheit* (*autodadidade*); e, por fim, quinto, o problema da constituição da objetividade de todo e qualquer conhecimento, ressaltando-se, em tudo, o papel da intuição como o método próprio da fenomenologia.

Bobbio explora com grande acuidade esse desenvolvimento, mas não se deixa seduzir pelo pensamento husserliano, ao submetê-lo, com apoio em Eugen Fink – conhecido como o último e mais importante assistente de Husserl –, à análise de dificuldades encerradas em paradoxos. A *redução fenomenológica* seria, assim, um modo de transcender o mundo preso a conceituações dogmaticamente recebidas da ciência, para dar ingresso àquela dimensão do ser na esfera da subjetividade transcendental, constitutiva do mundo. O problema estaria em como realizar essa tarefa sem entregar-se, de volta, a uma metafísica idealista. Ou seja, a instituição de uma unidade de todas as vivências exige um *eu* originário constitutivo que, como substrato das vivências permanentes (*Habitualitäten*), se constitui pela decantação das vivências enquanto potencialidades que, por sua vez, formam a vida do *eu* puro, o eu *transcendental*.

Diante disso, no entanto, observa Bobbio criticamente, o pensamento de Husserl *trai o conceito fundamental*, e a *ideia permanece, ainda uma vez, não totalmente elucidada e realizada. A educação (*formação*) psicológica de Husserl nas Ideen não é totalmente desmentida; e a psicologia, no seu significado puramente naturalístico – combatida como psicologismo, mas aflorada como psicologia descritiva – volta a insinuar as próprias pretensões na fenomenologia pura, a minar com as próprias exigências o edifício da consciência transcendental.*

Desse modo, embora Husserl tenha conseguido indicar a novidade essencial da consciência transcendental – diante da qual não só o objeto físico, mas também o sujeito psíquico deveria ser anulado como ente mundano, pertencente à temática das ciências positivas –, o que Husserl fazia, segundo Bobbio, não era senão transportar um velho critério de distinção para uma nova oposição de termos, produzindo uma insuficiente expressividade e uma provisoriedade, enquanto uma enganosa deturpação do sentido íntimo da consciência transcendental. Vale dizer, mesmo tendo marcado os lineamentos da genuína doutrina fenomenológica, Husserl não conseguiria despir-se plenamente dos esquemas e dos hábitos do psicólogo, e a fenomenologia, na sua efetiva portada, buscaria em vão diferenciar-se de uma *psicologia* eidética, nem conseguiria evitar a identificação com a psicologia intencional de Brentano.

O que Bobbio assinala é, afinal, que, ao fazer do mundo um fenômeno da consciência – o *eu* que realiza a passagem da atitude naturalista à atitude transcendental –, Husserl não conseguiria eliminar a aporia fundamental, aqui se revelando como um círculo vicioso: a redução eidética não pode ser entendida ou operada por quem permanece no terreno da atitude natural (psicologista), mas somente por quem transcende o mundo (atitude fenomenológica); ou seja, não existe senão um modo para transcender o mundo e atingir a essência: a redução. No entanto, conclui Bobbio, se, por um lado, é preciso entender e realizar a redução para transcender o mundo, por outro, é preciso transcender o mundo para entender e realizar a redução – donde a redução é, conjuntamente, o antecedente e a consequência. Ou seja, a aporia fundamental da fenomenologia de Husserl, para a qual todas as dificuldades gradualmente confluem e na qual se reabsorvem, está no seu pôr-se como ciência rigorosa, da qual deve derivar uma metafísica, mas, no seu ser, uma metafísica da qual deve derivar uma ciência rigorosa. Husserl abomina toda tese metafísica tradicional, por sua falta de rigor, mas um pressuposto metafísico acompanha e dirige todo o seu pensamento: o pressuposto da cisão dos modos de ser – o ser absoluto ou da subjetividade transcendental, e o ser relativo ou do mundo espaço-temporal. A estrutura metafísica da sua doutrina é evidente até demais: o início da fenomenologia não é absoluto, mas é comprometido por aquela estrutura que investe nela e a funda.

Nesse ponto, vale, entretanto, uma menção a um tema que Husserl trabalhou com grande empenho e que, de certo modo, marca o ápice de seu pensamento: a *temporalidade* (*Zeitlichkeit*); tema cuja repercussão na filosofia que se seguiu a ele foi de conhecida importância.

Husserl aponta, na *redução eidética* (*epoché*), uma diferença essencial referente ao tempo (*Zeit*): os objetos sensíveis estão imersos no tempo objetivo; os objetos categoriais não; eles são descobertos em um momento do tempo, mas eram antes de serem descobertos, e seriam mesmo se ninguém os houvesse enunciado; a sua temporalidade é uma *supra*-temporalidade, uma temporalidade universal que, por sua vez, também é um modo da temporalidade.

Isso não passa despercebido a Bobbio. Passando a estudar as modalidades do juízo, ele se detém, assim, a examinar o juízo de existência em oposição ao juízo de verdade: o juízo de existência, que tem o seu contrário na negação da existência, não deve ser confundido com o juízo de realidade, que tem o seu contrário na predicação da ficção. Daí a consideração de juízos universais, isto é, aqueles nos quais o objeto não é mais um objeto singular, mas um qualquer objeto dessa espécie, dando, com isso, um passo adiante no alcance das essências puras, que se realiza separando a essência de toda referência ao mundo real: as essências puras, em sentido próprio, como as proposições geométricas e matemáticas, não têm um âmbito de fatos, mas de puras possibilidades.

É significativo, para o entendimento desse passo, sublinhar o modo como Husserl, nessa última fase de seu pensamento, se volta, então, para a constituição do tempo: inaugurando uma percepção inteiramente original, contrapõe-se ao conceito tradicional, inclusive ao de *Bergson*, seu contemporâneo, para quem o tempo seria a forma do fluxo das vivências, que vem do passado obscuro, surge na luminosidade do *agora* e corre outra vez para a obscuridade do futuro que se perde no infinito.

Para entender o desafio e a resposta husserliana diante dessa percepção do tempo, deve-se lembrar que já *Agostinho*, nas *Confissões*, ao interrogar-se sobre o que é o tempo, deparava-se com uma dúvida angustiante: não é o passado, porque o tempo que passou já não mais é; não é o futuro, pois o tempo que virá não é ainda; e o presente não passa de um átimo entre o passado e o futuro: é quando deixa de ser – e então não é; mas, quando deixa de ser, já é; mas é o que ainda não é – e, então, não é. O passado (o tempo como passado) não é. O futuro (o tempo como futuro) não é. E o presente (*nunc stans*), entre ambos, nada é. Assim, o tempo vivenciado pelo ser humano é nada. Nada cujo sentido de ser é ser memória (tempo passado que não mais é, mas é na memória presente); e é ser na expectativa (tempo futuro que não é ainda, mas é na expectativa presente).

É o *nunc stans* que merece atenção. Husserl volta-se para o *tempo-presença* (*Präsenszeit*), que não abarca apenas o presente enquanto o agora *atual* (*Jetzt/nunc stans*), isto é, o ponto zero entre o passado e o futuro, mas abarca também o *horizonte atual do agora* enquanto *presentificação originária* (*originäre Gegenwärtigung*). O tempo se constitui, assim, primariamente, como a *forma do agora*, cuja matéria é o *fluxo das impressões do sentido* que se concretiza nas impressões singulares originárias (*Urimpressionen*). A partir do agora, constitui-se a temporalidade do fluxo da consciência e suas vivências. Isto é, o tempo presente (à primeira vista, enquanto *nunc stans*) deixa de ser o ponto zero (*Nullpunkt*), para ter um caráter ativo. Elimina-se, desse modo, a *intencionalidade passiva*, pois o fluxo das vivências é temporalizado pelo eu como subjetividade absoluta: a relação entre *presente* e *passado/futuro* se inverte – o *agora* (*Jetzt*) passa a ser a esfera originária, funcionando passado e futuro intencionalmente como *modos do tempo* (*Zeitmodi*) do seu horizonte.

Por exemplo, a sensação de um som entoado e ouvido determina, como seu ponto originário, o *agora*, que passa, em seguida, a um novo *agora* – não como um mosaico de momentos estáticos, no qual os dados da impressão permanecem retidos, ainda que numa forma modificada (memória) –, mas como consciência momentânea do que acaba de passar. E, desse modo, o futuro deixa de ser mera expectativa de um presente por vir, para ser, igualmente, uma experiência originária do vir a ser. Entre *retenção* e *protensão*, o tempo deixa de ser um conjunto de momentos, pois torna-se um contínuo, de tal modo que, dado o surgimento imediato de um novo *agora*, sua retenção alcança a protensão de um outro, o que se constitui pela síntese ativa do *eu transcendental*.

No exemplo do som – *eu percebo um som* –, esse som pode ser dado a mim, em diversos pontos temporais (impressões sensíveis), como igual (o mesmo, idêntico), embora, como conteúdo sensível captado (percebido), seja diferente (um outro som) em cada localização temporal; aí intervém o *eu transcendental*, que funciona como um *lugar temporal absoluto*, que permite dizer de um som que ele dura – duração, isto é, conservação de um idêntico na mudança dos lugares temporais do fluxo linear. Explicando um tanto grosseiramente: quem diz *eu escuto o som* pressupõe: *eu afirmo que eu escuto o som*, equivalendo o primeiro *eu* o *eu transcendental* e o segundo *eu*, o *eu empírico*.

Com isso, Husserl evita um regresso ao infinito e conquista, simultaneamente, a *Voraussetzungslosigkeit* (não admissão de pressupostos), almejada pela fenomenologia. Na verdade, de certa maneira, até poderíamos dizer que ele supera a conclusão de Agostinho de que o presente não passa de um átimo entre o passado e o futuro.

A Bobbio não passam despercebidas as sutilezas das investigações dessa última fase. Em sua "Nota" intitulada *Husserl póstumo*, publicada originalmente na *Rivista di Filosofia*, de janeiro-março de 1940, resgata Bobbio, de certo modo, sua crítica, ao examinar a obra *Erfahrung und Urteil* (*Experiência e Juízo*), na qual – segundo mostra ele – Husserl estuda, de um lado, as formas do pensamento na sua estrutura formal, mas apenas como as condições simplesmente negativas de uma possível verdade; exigindo, de outro lado, a investigação do processo positivo de alcançar a verdade, isto é, remontar ao sujeito e às condições subjetivas dela.

Em sua análise, Bobbio explica que Husserl busca essas condições agrupadas em três grandes partes: a primeira, referente à experiência receptiva, que precede a atividade do julgar, com particular referência à percepção; a segunda, referente ao juízo predicativo; a terceira, aos universais e ao juízo universal. Ou seja, começa a descrever as estruturas essenciais da experiência receptiva para deter-se na percepção como operação ativa do eu, que pressupõe uma esfera de dados preliminares, em cuja formação entram em jogo, antes de tudo, fenômenos associativos.

As três fases sucessivas, dentro das quais se pode recolher todo o processo da experiência de um objeto, seriam, então: o simples *aprender*, o estudo *daquilo que está ainda na tomada da consciência*, o estudo da *retenção* e, por fim, da *protensão*. Com isso, esclarece Bobbio uma importantíssima antecipação da forma de constituição do juízo, consistente na consideração de um objeto com relação a outros objetos, nos dois típicos modos de relação: a ligação e a comparação.

No entendimento de Bobbio, diferentemente – e para além – de uma experiência meramente receptiva, Husserl demonstra, desse modo, que a atividade judicativa procede a um verdadeiro e próprio *apossamento* do objeto: enquanto o objeto, na percepção empírica, psíquica, vem posto numa experiência receptiva, em contraposição, em sua essência transcendental, ele é uma criação espontânea e fundante do *eu*.

Com isso, no entanto – ou por isso mesmo –, Husserl, para Bobbio, acabaria por tornar a fenomenologia um modo de pensar cuja função teleológica estaria na elevação suprema da experiência vital em todas as suas dimensões: a experiência enquanto sedimentação de habitualidades cognitivas, valorativas, volitivas – as quais caracterizam a pessoa como objeto-sujeito de toda e qualquer filosofia.

O que levaria Bobbio, na sequência, a debruçar-se sobre Max Scheler e, após, sobre as diferentes manifestações do existencialismo como filosofia da crise.

VI

Scheler

É preciso assinalar que a filosofia dos valores de Max Scheler surge no início do século XX, em um contexto de transformações culturais, sociais e filosóficas profundas. A Europa passava pelas crises nas bases do positivismo e do racionalismo herdados do século XIX, ao mesmo tempo em que enfrentava a Primeira Guerra Mundial (1914-1918) e uma crescente busca por respostas sobre o sentido da existência humana, moral e espiritual. Nesse ambiente, Scheler desenvolve sua filosofia dos valores como parte de um esforço maior para superar o subjetivismo e o relativismo ético.

Com efeito, o início do século XX testemunhara um sentimento generalizado de crise cultural e moral, especialmente com o advento da guerra e do niilismo, tão maravilhosamente expresso nos romances de Dostoievski. Scheler via essa crise como uma oportunidade para repensar os fundamentos éticos e culturais. Tentava responder à crise ética moderna propondo uma teoria dos valores que não fosse meramente subjetiva, mas também não dependesse de princípios absolutos de tipo kantiano.

Para isso, Scheler se valeu da fenomenologia de Husserl, na medida em que se propunha a investigar a experiência humana tal como é vivida, sem pressupostos teóricos prévios.

Scheler volta-se para aquele ideal da fenomenologia visto na *Voraussetzungslosigkeit* (não admissão de pressupostos), que, para ele, em termos de atitude filosófica original, tinha seu caráter fundamental no contato mais vivo, mais intenso, mais imediato com o mundo, isto é, com as coisas como elas se dão imediatamente no ato da consciência – como presentes nela e somente nela.

Scheler rejeitaria, assim, a visão de que o conhecimento se reduzisse aos fenômenos físicos e empíricos, conforme as doutrinas do empirismo e do positivismo tal como comumente entendidas, as quais, antes que fundar uma pesquisa pura e direta, acabavam por pressupor um determinado conceito de experiência: a experiência sensível, admitindo somente o conhecimento ou o dado *a posteriori*, limitando de plano a pesquisa e comprometendo sua amplitude e fecundidade.

Buscaria, então, resgatar dimensões espirituais e normativas da experiência humana, para o que o conhecimento ou o dado *a priori* era essencial. Mas não no sentido kantiano, pelo qual é *a priori* a função categórica do intelecto, considerada como constitutiva e de algum modo produtiva da experiência, mas em um sentido próprio, que Scheler indicaria como todos aqueles significados e proposições ideais que chegam a dar-se por si mesmos no conteúdo de uma intuição imediata, prescindindo de todo modo de determinação do sujeito que os pensa e da sua constituição natural, e de todo modo de determinação do objeto ao qual seriam aplicáveis.[9]

No cerne da diferença entre *a priori* e *a posteriori* estaria a diferença entre conhecimento intuitivo e conhecimento indutivo. Portanto, a evidência, que é própria daquilo que é essencial, não poderia ser nem demonstrada nem refutada pela experiência indutiva; *seria* essencialmente em relação a *modos existenciais*. Como *a priori* é somente *uma consequência do fato de que os fatos contidos no mundo se apresentam a nós em uma determinada ordem de cognoscibilidade*, sendo um conhecimento completo em si mesmo – isto é, não aumentável nem diminuível –, valeria *a priori* para todo e qualquer possível existente da mesma essência, sendo mais facilmente atuável na simples ficção do objeto que no objeto existente. Chegava, assim, à definição da filosofia como intuição evidente (não modificável pela indução, válida *a priori* para toda existência acidental) das essencialidades e das relações essenciais do ser, na ordem em que elas se encontram em relação ao ser absoluto.

É nessa medida que o pensamento de Scheler, para Bobbio, deixa-se caracterizar, antes de tudo, pela pesquisa das essências e não dos fatos – uma pesquisa dirigida ao mundo espiritual (*Welt des Geistes*) e não ao mundo natural (*Welt der Dinge*).

Mas, anota Bobbio, para Scheler, toda a atividade filosófica surge de exigências morais determinadas e concretas. O problema teorético se apresenta a ele como o resultado de um caso de consciência. Ao sublinhar esse direcionamento, os textos de Bobbio sobre Scheler destacam fortemente as suas mais típicas atitudes moralizantes diante da história contemporânea, constituída, afinal, por ideias como: a causa de todos os males é o *espírito burguês*, do qual a civilização moderna é impregnada; o remédio seria uma

---

9 SCHELER, Max. *Der Formalismus in der Ethik und die materiale Wertethik*. Berna: Francke Verlag, 1954, p. 43.

reanimação das aspirações religiosas, pela qual, para uma sociedade fundada sobre a concorrência, se constitua uma outra fundada sobre a solidariedade.

Por burguesia, para além de uma situação econômica – a situação do capitalismo –, é entendida uma atitude que investe todas as atividades da alma como causa, e menos como consequência. Em verdade, nessa extensão, mostra Bobbio com acuidade, é burguês o Iluminismo, com Kant à frente, pela sua moral formalista; como o é o positivismo, com suas aspirações antimetafísicas e sua concepção mecânica do homem; e o utilitarismo, a ética do industrialismo, da livre concorrência, do homem-mercador. Inclusive o humanitarismo que, ao falar de uma abstrata igualdade dos homens, mostra ser o produto do ressentimento dos moralmente inferiores. O que se reflete, em política, no burguês do liberalismo – na doutrina da liberdade para os ricos e para os potentes –, mas também no socialismo, impregnado das suas próprias idealidades de potência econômica.

Nessa linha, seu destaque para a Primeira Guerra Mundial – ou a *guerra alemã*, como Scheler a chamou – como consequência e, conjuntamente, como condenação do espírito burguês. É a guerra como a luta das nações burguesas, antes de tudo da Inglaterra, contra aquela nação que havia, até então, oposto à invasão daquele contágio a sanidade das próprias energias espirituais e a força da própria tradição: a Alemanha.

A guerra possuiria, portanto, um profundo significado espiritual (*geistig*), o que Bobbio qualifica como uma *ilusão* de Scheler – a ilusão de todos os seus contemporâneos: se a guerra, diz Bobbio, devesse possuir um sentido, este não poderia ser mais que um apelo à humanidade europeia para uma clarificação da sua íntima essência e das suas formas sociais. Donde o quadro do pós-guerra: um tempo de revisão e de expiação, e de aspiração a uma reconstrução moral. *Ao "cattivo gioco" da guerra, em princípio, faz-se "buon viso" em função dos benefícios do pós-guerra e, portanto, a guerra é vista em sua função de formadora de consciências, de educadora para novas atitudes de vida e, pouco a pouco, vem justificada, bem acolhida, quase exaltada em si mesma e por si mesma.*

Dessa crítica não escaparia Scheler, que, como os intelectuais do seu tempo, é obrigado a um exame de consciência: o ideal *fin de siècle* do *buon europeo*, presente inclusive durante a guerra, de que a guerra a todos faria conscientes de uma unidade europeia que estaria acima de todas as diferenças, fazendo surgir, acima de todo internacionalismo inconsistente, um concreto e vitorioso patriotismo europeu.

Bobbio lembra que, na realidade, a guerra veio, pouco a pouco, diminuindo todos os entusiasmos – inclusive os de Scheler. Em 1916, abalado pelo estado no qual se agitava o mundo, ao olhar para a Europa como um todo, perguntava-se se esse choque bélico não seria um bom motivo para fazer um reexame das ideias sociais, particularmente para despir-se do mais perigoso prejuízo que a humanidade europeia teria experimentado: o nacionalismo. E, assim, expulsar a ilusão de que se pudesse obter o acordo europeu com as forças que agem a partir de baixo – como forças puramente materiais e técnicas do capital e do trabalho – que, fundando um vago e fraco internacionalismo, somente um jogo de interesses econômicos, ao primeiro conflito de interesses estariam prontas a desconfessar aquele mesmo internacionalismo que elas criaram.

Scheler entenderia, assim, que a guerra demonstrara sua inconsistência e sua ineficácia, desiludindo efetivamente as possibilidades unificadoras da democracia política e da sociedade universal dos intelectuais. Desse modo, o acordo europeu não poderia ser obtido senão pelas forças que agem a partir de cima – isto é, das forças espirituais, que somente a ética do cristianismo poderia oferecer: a ideia cristã do amor, mas também todas as outras características da moral cristã – o heroísmo, o domínio de si, a solidariedade, o desprezo dos bens.

Mas Scheler, comenta Bobbio, não era bom historiador – nem mesmo melhor profeta. Sua ideia fundamental seria que, no indivíduo assim como na sociedade, não é possível um renascimento moral que não seja precedido pelo arrependimento; e o arrependimento deve exprimir-se na aceitação da guerra como uma expiação daquela turva consciência coletiva, da qual a guerra não foi senão uma consequência. Aceitar a guerra como expiação quereria dizer reconhecer a culpa comum – não negar, mas afirmar abertamente a própria responsabilidade, ao lado daquela de todos os outros. E esse sentido de corresponsabilidade seria o primeiro sinal daquele espírito de solidariedade sobre o qual deveria ser edificada a paz europeia – que fosse verdadeira paz e não simples armistício; que fosse pacificação dos espíritos e não transação dos interesses.

Na verdade, lembraríamos que o espírito de solidariedade tinha, por certo, relações com as simpatias de Scheler para com o mundo católico. De se lembrar que Max Scheler era filho de pai protestante e mãe judia, mas convertera-se ao catolicismo aos 15 anos de idade. Para alguns comentadores, porém, Deus, na filosofia de Scheler – possivelmente por influência de Spinoza ou Hegel – não é um Deus pessoal. Afinal, Scheler não se preocupara com a ortodoxia em sua investigação fenomenológica do divino, dos atributos da divindade e do ato religioso; estava, antes, preocupado em fixar as relações entre religião e filosofia, permanecendo, não obstante, fiel à hipótese da transcendência de Deus. Seria, por conseguinte, no gênio-religioso moral que se abriria todo o reino de valores, de tal modo que o campo de ação do indivíduo seria influenciado pelo modo como o gênio-religioso moral toca a historicidade de um *ethos* e, consequentemente, atua sob a percepção intencional dos indivíduos desse campo de ação.

É nesse quadro que aparece a pertinente observação de Bobbio, de que existiria em Scheler alguma outra coisa que permanece constante, mesmo no variar da orientação metafísica e das atitudes práticas – algo decomposto em dois elementos constitutivos: o endereço religioso da vida e a adesão à corrente fenomenológica. Pela qual verdadeiramente se pode falar de uma unidade na personalidade filosófica de Scheler, no sentido de centro essencial do indivíduo, independente de toda possível experiência e irredutível ao eu psíquico e à consciência subjetiva.

Para fundar os direitos desse centro espiritual, suporte dos valores morais, Scheler realizaria, enfim, um salto ao mundo das essências, abandonando a experiência comum e se ocupando daquela esfera inteligível onde a razão teorética não tem mais tenacidade e onde somente uma atitude prática torna possível a existência – sendo exatamente nesse fugir da experiência com obstinação, mesmo a custo de comprometer a razoabilidade das soluções, que tem lugar a manifestação mais clara e mais solene de uma aspiração religiosa.

Scheler, nessa linha, conclui Bobbio, afrontava o positivismo dominante – quer naturalista, quer psicologista. Aquilo que, para um positivista, era consequência, para Scheler se tornava o pressuposto. Nessa inversão sistemática, existiria algo de puramente mecânico ou de fictício; às vezes, algo de paradoxal e de surpreendente – a marcar a preocupação de não comprometer a pessoa humana no jogo das forças naturais e sociais –, o que teria feito de Scheler um apaixonado combatente das lutas teoréticas. Pois, segundo suas próprias palavras, "a verdadeira especulação, somente em contraposição à ciência positiva, é heroísmo do pensamento".

É o que, por fim, se mostra de modo reforçado, na sequência, pelos comentários de Bobbio ao pensamento de Dietrich von Hildebrand – autor pouco conhecido e quase desconhecido, cujo pensamento estava, no entanto, intimamente ligado a Max Scheler.

Pelo seu método de pesquisa, relata Bobbio, von Hildebrand poderia ser chamado de fenomenólogo, permanecendo, na estrutura metafísica do seu pensamento, um católico. Assim, de modo genérico, a ética de von Hildebrand seria uma ética antirracionalista, mas não subjetivista – antes, decididamente objetivista, como uma moral racionalista. A sua diferença em relação ao racionalismo estaria no antiformalismo, o que seria próprio também da ética de Scheler.

Certamente, reconhece Bobbio, uma ética dessa natureza, para quem quer que buscasse uma solução racional do problema moral, poderia parecer excessivamente dogmática. Mas, diante de uma avaliação crítica, dava ensejo a considerações sobre as repercussões irracionalistas que caracterizariam expressivamente uma filosofia da crise.

VII

Existencialismo: Heidegger e Jaspers

Para entender essa parte dos textos de Bobbio, vale recordar, inicialmente, que, no período após a Primeira Grande Guerra, o colapso de fundações tidas como sólidas deixara um grande vazio – um momento e espaço férteis para dúvidas e questionamentos em busca de uma nova verdade. Sigmund Freud havia criado uma teoria sobre a psique humana, Albert Einstein havia revolucionado o entendimento do tempo e do espaço, Friedrich Nietzsche havia contado uma história totalmente diferente sobre o que significava ser um ser humano moral. O mundo estava mudando de uma maneira desconcertante e fascinante – e não apenas por causa dos estragos da guerra na alma e na mente das pessoas. Oswald Spengler, em 1918, com a obra *A decadência do Ocidente: esboço de uma morfologia da História Mundial*, anunciava a desagregação e a morte da cultura ocidental – um biologismo da cultura, aliás, totalmente contrário ao pensamento de Husserl.[10]

---

10 "Mundo circundante – diria Husserl – é um conceito que tem o seu lugar exclusivamente na esfera espiritual. Que nós vivamos no nosso mundo circundante respectivo, que vale para todos os nossos cuidados e esforços, tal designa um facto que se passa puramente na esfera do espírito. O nosso mundo circundante é uma formação espiritual em nós e na nossa vida histórica. Para quem toma como seu tema o espírito enquanto espírito, não há aqui, por conseguinte, qualquer razão para exigir outra explicação para ele que não seja uma explicação puramente

O existencialismo, para Bobbio, é, dessa crise, a interpretação mais autêntica e a mais profunda revelação; por isso, ele não deixa de se aproximar, com atração e repulsão simultâneas, daquelas formas do pensar que, dando dela a mais sensível prova, convidam a uma meditação rica de pressentimentos e anunciadora de válidas clarificações.

Bobbio percebe, na verdade, que, se a filosofia da existência era a filosofia da crise, não era preciso crer que fosse ela a única, pois, verdadeiramente, o sucesso do existencialismo como a turva insânia ou a caprichosa extravagância não afastava a tentação de perguntar se a crise não estaria à espreita também em pensamentos, em gestos cotidianos, e se, antes, essa menor aparência não seria exatamente indício de um mal mais incurável e, portanto, mais mortal – de que ninguém se salva senão no dia em que se percebe que não existe mais salvação.

Nesse contexto, empreendem os textos de Bobbio uma larga consideração sobre as inspirações que a filosofia existencial logrou desde Kierkegaard, na abordagem do problema das relações entre indivíduo e sociedade. O dualismo, tanto em Heidegger quanto em Jaspers, entre indivíduo como singular e sociedade como multidão, é o dualismo que se revelava, em Heidegger, como contraste entre o *ser próprio*, que é o modo do ser da existência individual, e o *ser impróprio*, que é o modo do ser da existência difusa na sociedade e, portanto, impessoal; e, em Jaspers, como contraste entre a existência, que é o *ser pessoal*, e o *ser-aí*, que é o ser objetivado no mundo e nas instituições sociais.

---

espiritual. E isto é válido em geral: é um contra-senso olhar a natureza circum-mundana como em si mesma alheia ao espírito e, em consequência, alicerçar as Ciências do Espírito nas Ciências da Natureza de modo a, pretensamente, tomá-las exactas". Cf. HUSSERL, Edmund. *A crise da Humanidade Europeia e a Filosofia*. Covilhã, 2008, p. 15, na tradução do artigo de Husserl para a revista japonesa *Kaizo*, de 1923-1924.

Com essa diferença, assinala Bobbio que a filosofia de Heidegger seria mais cruamente pessimista, voltada para o *ser impróprio* (*das Man*, o *ser* impessoal nas expressões *fala-se*, *vive-se*, em alemão *man spricht*, *man lebt*), definida como uma teoria do ser decadente ou, usando as próprias palavras de Heidegger, como uma hermenêutica do *ser-aí* (*Dasein*); sendo a filosofia de Jaspers mais otimistamente exuberante, ao fixar o olhar no *ser próprio* – termo adequado a uma teoria do *ser pessoal* ou, nas palavras de seu autor, uma *clarificação da existência*.

Numa breve aproximação, vale lembrar o sentido dado por Heidegger ao *ser próprio*: o ser que encontra a si mesmo na angústia diante do nada; o ser impróprio, lançado no mundo. Sujeito do *ser-aí*, enquanto ser-no-mundo, é o impessoal, *das Man*, impessoal e neutro que, sem nome e sem rosto, vive a vida cotidiana. Na vida cotidiana, do homem é tirada toda responsabilidade pelos atos que realiza, porque os realiza o impessoal por ele; é-lhe subtraída toda possibilidade de livre decisão, porque é o impessoal quem decide.

No anonimato da vida cotidiana, segundo Heidegger, o homem está confortável como se estivesse em sua própria casa. Lançado no mundo como ser que tende ao nada, abandona-se confiante à dispersão da impessoalidade mediana e niveladora. E é justamente para escapar da angústia diante do nada – que ele experimenta toda vez que tem consciência do próprio ser próprio – que se refugia na impropriedade do anônimo.

Desse estado, o homem não pode libertar-se: ao existente, segundo Heidegger, é essencial existir com outros – implica o ser-no-mundo junto com outros. E é precisamente o mundo circundante que é, para o homem, o conjunto dos instrumentos que ele utiliza, qual seja, os outros seres existentes. O mundo é, assim, aquilo de que o *eu próprio se* serve e aquilo de que *se* serve junto com os outros: *das Man*. Os outros são aqueles dos quais o *eu próprio* não se distingue, em igualdade e, portanto, em indiferenciação: *ser-no-mundo em comum*. Portanto, o mundo da existência própria é, afinal, um mundo compartilhado (*Mitwelt*); o ser-no-mundo é um *ser-com* [os outros] (*Mitsein*); o *ser-aí* (*Dasein*) é sempre um coexistir (*Mitdasein*).

Nessa estrutura, o cuidado – *Sorge* (cura, cuidado) – é o nome para a constituição estático-temporal do traço fundamental da presença. E como o ser-no-mundo, em sua essência, é cura, pode-se compreender o ser-junto como ocupação (*Besorgen*) e o ser-com-os-outros como preocupação (*Fürsorge*). Vale dizer: a cura se encontra em toda atitude e situação.

Heidegger menciona, assim, uma classificação dos diferentes tipos de relações sociais, distinguindo dois modos extremos de solicitude: o primeiro consiste em retirar dos outros o cuidado (*Sorge*), assumindo-o para si mesmo e, assim, intervindo pelos outros – nesse caso, o outro se torna dominado; o segundo consiste em devolver aos outros o cuidado, ajudando-os a se tornarem livres e conscientes. Um é o modo de intervir e comandar; o outro, o de prevenir e liberar. Na relação entre um e outro está o jogo da existência.

Mas a vida social é, nessa configuração, a pátria do homem decaído. Isto é, o *ser-com*, embora essencial ao ser do existente – quer dizer, do indivíduo –, não o livra da solidão: o homem é coexistente, independentemente da efetiva presença dos outros. Trata-se, segundo Heidegger, de um modo deficiente do ser-com-os-outros; a estrutura coexistencial não quer dizer *sociabilidade*. Ao afirmar que existir é o mesmo que temporalizar-se, Heidegger afirma que a morte é uma estrutura fundamental do ser.

Heidegger, com isso, manifesta sua extrema desconfiança com relação à chamada natureza social do ser humano, dada a característica da existência, enquanto coexistência, como o não se importar ou não se interessar uns pelos outros.

Nesse quadro, entendemos sugestivo mencionar, como consequência, o diagnóstico que, em 1936, em plena maré nazista e fascista, Heidegger haveria de fazer em Roma, sob o título *A Europa e a Filosofia Alemã*,[11] que termina com um célebre fragmento de Heráclito sobre *pólemos*, a guerra ou o combate – aquele que, nas palavras de Heráclito, expõe a uns como *douloi*, servos, e a outros como *eleutheroi*, livres; ou, nas palavras de Heidegger, aquele que expõe uns homens como escravos (*Knechte*) e outros como senhores (*Herren*).

Ora, como uma flagrante confissão do que isso estava significando para o Heidegger de 1936 – aliás, como a mencionada conferência o diz logo no início –, o destino do povo alemão para um projeto de autoafirmação, conjugando as ideias de defesa perante "o asiático" (certamente o nome moderno para os *barbaroi* de outrora, que incluía, na fraseologia política alemã de então, a Rússia bolchevista e os judeus europeus) e de superação do "desenraizamento" e da "fragmentação" da Europa.

A coexistência não implica, em suma, a *comunicação*. A coexistência é a estrutura do ser no mundo, que é neutro e impessoal; a comunicação, por seu lado, pressupõe a elevação do ser anônimo à pessoa.

Esse passo, ao qual Heidegger se recusa, será dado por Jaspers.

Para Bobbio, Jaspers respondia às exigências mais profundas do pensamento filosófico moderno, desde que se queira captar, além de uma temática típica e excepcional, a ânsia de um genuíno filosofar. Para este propósito, destacam-se dois temas fundamentais da clarificação existencial: o da liberdade e o da ação – ambos estreitamente conectados, ambos reveladores de uma corrente de pensamento dentro da qual se insere (e se encontraria) a tradição mais viva da filosofia contemporânea, desde que se entenda com esta expressão

---

11 Tradução do original *Europa und die deutsche Philosophie*, em *Martin-Heidegger -Gesellschaft: Europa und die Philosophie*. Ed. Hans-Helmuth Gander. Frankfurt am Main: Vittorio Klostermann, 1993, pp. 31-41.

a crítica, ora mais aberta e amarga, ora mais branda e velada, da *metafísica construtiva.*

Bobbio vê na centralidade da existência e da transcendência o cerne dessa metafísica. Reconhece a importância que Jaspers atribui à "existência autêntica" (ou *Existenz*) e ao conceito de transcendência, sublinhando que, para Jaspers, a existência é marcada por uma busca incessante por algo que está além do compreensível – o que ele chama de "o Absoluto". Bobbio vê essa perspectiva como uma tendência à fuga do mundo concreto para o domínio do metafísico.

Com efeito, Jaspers propõe uma "razão ampliada" que transcende os limites do conhecimento científico e lógico. Para ele, a razão deve estar aberta ao transcendente, ao mistério e às verdades que não podem ser sistematicamente compreendidas. Bobbio, em um viés mais racionalista, considera essa posição problemática, já que vê nela uma renúncia à clareza e ao rigor filosófico.

Na verdade, Bobbio considera Jaspers como o mais "decadente" dos filósofos existencialistas por entender que sua filosofia, embora rica em análise da existência, cai em um certo pessimismo ao enfatizar os limites da razão e da comunicação humana. Reconhece que a filosofia de Jaspers é profundamente influente, especialmente no existencialismo e na teologia, mas a vê como excessivamente marcada por um tom pessimista e irracionalista. Jaspers explora as experiências humanas mais fundamentais – como a morte, a culpa e o fracasso – enquanto momentos em que o indivíduo se confronta com a finitude e a transcendência. Bobbio reconhece o valor dessa abordagem, mas critica a tendência de Jaspers em fazer dessas situações um caminho para o irracionalismo, ao invés de buscar respostas concretas no campo político ou social.

Lembremos que Jaspers trabalha com a ideia de que os seres humanos, em sua essência, estão destinados à comunicação. Porém, apesar da busca pelo encontro autêntico com o outro, a comunicação plena é sempre limitada e falha, pois cada indivíduo está enclausurado em sua própria subjetividade. Para Bobbio, justamente essa ênfase na incomunicação reflete o aspecto decadente do pensamento de Jaspers, já que enfatiza mais as barreiras do que as possibilidades de diálogo e entendimento.

Com efeito, recordemos que a comunicação, para Jaspers[12] – a vida com os outros, tal como é realizada na existência de muitas maneiras –, está presente nas relações comunitárias que devem ser observadas, distinguidas em suas peculiaridades e transparentes em seus motivos e efeitos. Mas todo tipo de comunidade, indispensável para a existência e, portanto, para a existência possível na existência, nunca é, como tal, o que o *eu* realmente quer como uma existência possível. Por isso, deve ser investigado no limite da comunicação. As relações, psicologicamente e sociologicamente reais, são objeto de sua pesquisa; mas a verdadeira comunicação, na qual, na verdade, só conheço meu ser produzindo-o com o outro, é empiricamente inexistente; sua iluminação é uma tarefa filosófica.

Nessa perspectiva, ganha relevo a *comunicação existencial*. Na comunicação pela qual me reconheço afetado, diz Jaspers, o outro é apenas esse outro: a singularidade é uma manifestação da substancialidade desse ser.

A comunicação existencial *é* entre dois *eus* que são apenas estes e não representativos e, portanto, não justificáveis. O significado da frase *eu sou apenas eu mesmo em minha liberdade quando o outro é ele mesmo e quer ser ele mesmo, e eu com ele*, só pode ser apreendido como uma possibilidade fora da liberdade. Enquanto as comunicações na consciência em geral e na tradição são necessidades reconhecíveis da existência, sem as quais um mergulho no inconsciente seria inevitável, a necessidade da comunicação existencial é apenas uma necessidade de liberdade e, portanto, objetivamente incompreensível. Querer evitar a comunicação real significa desistir

---

12 JASPERS, Karl. *Philosophie* II. 4ª ed. Berlim: Springer Verlag, 1973, pp. 51 e ss.

da minha individualidade; se eu me retirar dela, eu me traio com o outro (*Philosophie II*, p. 58).

Apontamos esse quadro para sublinhar como Bobbio anota que o *existente* (*Dasein*), de Jaspers, não está só: ele é pessoa e, enquanto pessoa, está em comunicação com os outros – os quais não são a massa indiferenciada de Kierkegaard, nem a multidão impessoal de Heidegger –, mas são igualmente *existências*, idênticas a si na sua singularidade e, portanto, na relação com o absoluto e com os outros. Antes, o *eu* não é verdadeiramente pessoa, isto é, não se torna verdadeiramente *eu mesmo*, senão na comunicação com os outros. Como a sociedade objetiva é a dispersão da individualidade, assim, a comunicação é o veículo da personalidade.

Na comunicação, o outro não é, portanto, um objeto nem um instrumento, mas um outro *eu mesmo*. O vir em comunicação com os outros não é uma degradação, mas um encontro no mesmo nível; é, ao contrário, um integrar-se reciprocamente. Na comunicação das existências, que quebra o férreo limite da singularidade kierkegaardiana e, simultaneamente, liberta o existente da sociedade dispersiva de Heidegger, eis a nota característica do existencialismo de Jaspers: o *existente* não está somente em contato com o absoluto, mas também com outras existências, e experimenta, na comunicação, o mais alto grau da sua personalidade.

Com isso, Jaspers, ao deter-se a descrever os modos com os quais os indivíduos estão ligados uns aos outros na vida empírica dos grupos sociais, segundo os vínculos que os unem – ou naturais, ou intelectuais, ou espirituais –, demonstra que existe, primeiro, um modo de viver socialmente: é o modo ingênuo, no qual o *eu* não tem consciência nem de si mesmo, nem dos outros, e faz aquilo que fizeram e fazem os outros, sem se dar conta disso. Só quando se põe diante do outro, na compreensão de um objeto comum ou no alcance de um escopo comum, surge uma sociedade mais consciente – a sociedade fundada na finalidade (*Zweck*) –, mas que se trata, no entanto, sempre de uma sociedade impessoal, onde o *meu conhecer e o meu fazer* são perfeitamente substituíveis pelo conhecer e pelo fazer dos outros. Finalmente, chega-se à sociedade realizada na comunhão de uma ideia, que é a *sociedade espiritual*. Mas também nesta união o eu não atinge a proximidade absoluta do outro.

Essa proximidade é dada, por fim, somente na comunicação existencial.

Jaspers assinala, desse modo, a insatisfação que o *existente* sente nas três formas descritas de união – insatisfação que decorre de nunca me sentir verdadeiramente eu mesmo nelas, mas sim como uma simples existência empírica, ou uma consciência em geral, ou uma função de um todo ideal. Na comunicação, torno-me verdadeiramente eu mesmo, porque encontro o outro como o outro, assim como a mim mesmo. Se estou só, me torno árido; se entro em contato com um outro, me perco, quando o outro não seja um outro, eu sou eu mesmo.

Para atingir a comunicação, é necessário, assim, que tanto eu quanto o outro nos encontremos não como recíprocos instrumentos, mas como pessoas. *Eu alcanço o sentido da comunicação não somente através da minha própria ação, mas deve vir ao meu encontro também a ação do outro.* Se o outro me faz seu escravo ou me domina, no meu comandar ou no meu obedecer, deixa de existir a possibilidade da comunicação. *Somente no reconhecimento recíproco nós surgimos como nós mesmos. Somente juntos podemos alcançar aquilo que cada um quer alcançar.*

A comunicação existencial acontece, então, entre duas pessoas que são aquilo que são, e, portanto, insubstituíveis. *Somente nela a pessoa é para a pessoa em relação de recíproca criatividade. Na decisão histórica, ligando-se a ela, saiu do seu ser pessoal como ser isolado e impessoal, para alcançar o seu ser pessoal na comunicação.* Portanto, se entro em comunicação com o outro como ser pessoal, saio do meu isolamento e me torno pessoa; se me subtraio à comunicação, juntamente com o outro, também traio a mim mesmo.

No entanto, lembremos que aí surge um dos temas dramáticos da reflexão de Jaspers: o tema da impossibilidade de comunicação, que pode assim resumir-se:

Diante das atitudes humanas típicas, que fazem uma verdadeira aproximação fracassar para sempre desde o início, só há renúncia:

a) o ser humano que vive em uma objetividade petrificada, como um mundo de conteúdos materializados que significam para ele ser por excelência, é inacessível como ele mesmo; são as pessoas estúpidas e supersticiosas que não querem comunicação alguma, que nunca estão em uma conversa real, mas falam além de tudo o que vem do outro; por conseguinte, só podem conversar impessoalmente ou apresentar-se mediante seus dogmas;

b) o ser humano, com uma moralidade racionalmente fixada (dogmaticamente), não experimenta uma vida original, apenas justifica os resultados que aplica a cada caso que ocorre; ele revela sua essência através de sua vida enquanto ações éticas exageradas, desenvolvidas em linha reta a partir de princípios, que são misturadas com ações de afetividade instintiva e astúcia instintiva; mas, como *ele mesmo*, não pode *entrar em comunicação*;

c) é, afinal, o orgulho teimoso do homem, que só quer ser ele mesmo, que afasta a comunicação: o ser humano quer identificar o mundo consigo mesmo, mas conhece apenas a vontade de possuir o mundo; ele ouve por curiosidade e por ganância pelas pessoas, mas não suporta mostrar-se, expor-se ou entrar na situação de inferior; por consequência, não busca a relação de solidariedade com as pessoas, que ele quer conquistar e tê-las como sua (*Philosophie II*, p. 91).

Pois bem, essa ideia de incomunicação, para Bobbio, reflete um afastamento do projeto iluminista de construção de um espaço público baseado no diálogo racional. Para ele, assim, a filosofia de Jaspers não oferece uma saída prática ou otimista para os dilemas da modernidade, permanecendo presa a uma dimensão individualista e metafísica.

Como a incomunicação, em Jaspers, surge da tensão entre o desejo de encontro e a impossibilidade de uma comunicação absoluta, a comunicação autêntica (ou existencial) só ocorre em momentos raros: quando as pessoas superam a superficialidade da vida cotidiana – e essa comunicação sempre esbarra em limites, porque cada indivíduo permanece separado em sua subjetividade.

Bobbio considera essa visão emblemática do caráter "decadente" da filosofia de Jaspers. Em vez de apostar no diálogo e na construção de pontes comunicativas, Jaspers enfatiza os limites e as falhas da comunicação, o que, na visão de Bobbio, desvaloriza a capacidade humana de superar barreiras e avançar na convivência.

Pode-se entender, assim, por que Bobbio classifica Karl Jaspers como o mais decadente dos filósofos existenciais, no contexto da filosofia existencial como filosofia decadente – o que implica, para ele, um juízo moralista.

Nicola Abbagnano

Em contraste com os demais autores estudados neste livro, Abbagnano foi próximo de Bobbio. Entre 1936 e 1976, Abbagnano foi o catedrático da História da Filosofia na Universidade de Turim, na qual Bobbio estudou e lecionou. Não foram apenas colegas: Abbagnano foi, para Bobbio, um "amigo de pensamento e ação", como enuncia o título do primeiro texto – que é de 1990 – incluído neste livro, no qual Bobbio dele se recorda por ocasião de seu falecimento.

Abbagnano integrava o rol dos autores de *Italia Civile* com os quais Bobbio se identificava. Assim, cabe anotar que os textos incluídos neste livro sobre Abbagnano são textos do Bobbio maduro. Refletiam sua visão das coisas, seja no trato das afinidades que os aproximava, seja na sua discussão e análise da especificidade do existencialismo de Abbagnano.

Os textos exemplificam muitas etapas da colaboração Abbagnano/Bobbio. Foram coeditores da importante *Revista de Filosofia* italiana. Contrapuseram-se à presença do idealismo no mundo do pensamento italiano. Tiveram, por via de consequência, um compartilhado interesse pela revalorização do saber científico. Desta, na Itália, Ludovico Geymonat foi o grande artífice, com seu Centro de Estudos Metodológicos. Ambos colaboraram e participaram das atividades do Centro.

Bobbio tinha grande afinidade com a maneira pela qual Abbagnano encarava a História da Filosofia, pois, para Abbagnano – como já apontado – ela não era o resultado de sistemas que se desenvolviam uns a partir dos outros. Entendia que a História da Filosofia não é um sistema *in fieri*: é um diálogo contínuo entre sistemas diferentes, e as doutrinas expostas são a expressão deste diálogo. Provêm de perguntas e respostas que, às vezes, se chamam e se correspondem através dos séculos (p. 247).

Essas perguntas e respostas levaram Bobbio, no nosso entender, a discutir os temas recorrentes na história do pensamento político, como elaborou em *Teoria das Formas de Governo*, seu curso em Turim no ano acadêmico 1975-1976, publicado entre nós em 1980.

Bobbio aponta que só um estudioso como Abbagnano, com tanta familiaridade com as doutrinas clássicas e modernas, poderia conceber o projeto de um *Dicionário de Filosofia* – uma empreitada de sete anos. Cada verbete, diz Bobbio, "mesmo o menor, é um convite e uma ajuda para estudar a filosofia" e "para quem deseja entrar no recinto da filosofia, este dicionário é um vestibular quase obrigatório." O trabalho do *Dicionário* foi, para Abbagnano – diz Bobbio – uma tarefa iluminista que obedeceu à exigência da clareza. Bobbio considerava o *Dicionário* como o mais importante livro de filosofia lançado nos últimos anos na Itália, e explicou que "em um período de confusão das línguas, é necessário começar pelo dicionário e que, de qualquer forma, para reaprender a se comunicar, é melhor um bom dicionário do que um poema ruim" (pp. 248-249).[13]

Vale a pena registrar que os principais artigos do *Dicionário* foram discutidos, registra Abbagnano, às vezes longamente, com um grupo restrito de amigos. Entre eles, Norberto Bobbio.

Para Bobbio, o existencialismo é uma corrente de pensamento e, enquanto tal, pertence à história da filosofia e não pode ser explicado senão como filosofia. Surgiu, como visto, num tempo de crise, alimentou uma especulação interna e cabe julgá-lo pelo que é e pelo que conta como filosofia. Foi o que Bobbio fez na sua análise do existencialismo de Abbagnano, indicando a sua especificidade, mas apontando também vínculos com as correntes germânicas estudadas nos textos deste livro.

Abbagnano deu início ao existencialismo italiano com seu livro de 1939, *A estrutura da existência*. Bobbio, com seu interesse na época pelo existencialismo – testemunhado nos textos deste livro –, resenhou o livro em 1941, em conjunto com obras sobre Jaspers (p. 261). Foi publicado na *Revista de Filosofia* – a mesma que veio a co-dirigir com Abbagnano – com a rubrica *La Filosofia dell'esistenzialismo in Italia* (p. 253).

A obra de 1939 de Abbagnano, diz Bobbio, era uma obra construtiva e, se nela havia polêmica, esta estava no âmbito do próprio existencialismo. Aceitava a concepção da filosofia como análise existencial e algumas de suas categorias fundamentais – como as da escolha, da finitude e de valores como o da autoridade contraposta à dispersão, da fidelidade, da existência como responsabilidade e risco. Aceitava a definição de existência como um esforço em direção ao ser, que considerava, no entanto, como um ponto de partida – e não

13 Às indiscutíveis qualidades do Dicionário de Abbagnano, o leitor brasileiro tem acesso, pois foi traduzido sob a coordenação e revisão de Alfredo Bosi e publicado pela Editora Mestre Jou e cuja segunda edição é de 1982.

como um existir para o nada, para o qual apontavam Heidegger e Jaspers (p. 236). Daí a dimensão que imprimiu ao existencialismo italiano como *positivo*, para distingui-lo do *negativo* dos existencialismos alemães (p. 253). Bobbio, na sua resenha de 1941, expressou algumas dúvidas sobre o sucesso de Abbagnano em superar o conceito de existência dos existencialistas alemães, em especial Heidegger e Jaspers (p. 261).

Essas dificuldades Abbagnano superou em sua obra subsequente de amadurecimento do existencialismo, na qual está presente uma inspiração neoiluminista – que era uma de suas afinidades com Bobbio. A categoria fundamental de todas as filosofias de inspiração iluminista, diz Bobbio, é a da possibilidade (p. 245), e a ela se dedicou Abbagnano.

Bobbio lembra uma conferência de Abbagnano, de 1951, na qual compara o mundo a um grande livro escrito em caracteres nem sempre claros e precisos. Diante deste livro, há filosofias que pretendem ter encontrado a chave para o seu entendimento – corresponde ao tema da imagem de Bobbio sobre as moscas na garrafa. Há filosofias que consideram o livro como completamente incompreensível – é o que aponta o tema da imagem de Bobbio sobre os peixes na rede. O existencialismo, diz Abbagnano, não pertence a nenhum destes dois grupos. Sua leitura nunca será definitivamente verdadeira ou definitivamente falsa. Deve ser continuamente verificada para ser confirmada ou refutada. Esta é a função crítica e libertadora do existencialismo. Pontua Abbagnano que cabe ir além dessa função crítica (p. 241). Este "ir além" se traduz no existencialismo positivo de Abbagnano.

Nesta empreitada, partindo da inadequação do ser no mundo, Abbagnano, partindo de sua escolha – que é a escolha existencial por excelência –, dedica-se a afirmar a função categorial preeminente e o valor normativo da categoria da possibilidade, que não soçobra nas formas opostas da necessidade ou da impossibilidade. Estas permeiam as formulações originais de Heidegger e Jaspers, que subsequentemente foram retomadas no existencialismo francês de Sartre.

O tema da possibilidade do possível torna-se o tema central do existencialismo positivo de Abbagnano, sempre aprofundado, como observa Bobbio. Abbagnano distingue o possível que pode se realizar do necessário que está realizado, mas chama a atenção para o fato de que, ao se realizar, o possível permanece possível. O realizar de uma possibilidade não extingue a sua própria possibilidade.

Em conferência de 1951, Abbagnano retoma o tema de maneira sintética: "O critério para julgar o possível e para escolher de maneira consciente entre eles é o próprio possível". A perspectiva aberta pela categoria da possibilidade não é nem a realização infalível, nem a impossibilidade real. É uma busca normativa, direcionada a estabelecer limites e as condições da própria possibilidade e, portanto, o grau de garantia relativo ou possível que pode oferecer (pp. 236-231).

Parece-nos claro que a categoria da possibilidade elaborada por Abbagnano é pertinente para o tema bobbiano da busca de saídas do labirinto da convivência coletiva. Daí subjaz, em surdina, mais uma afinidade de Abbagnano com Bobbio. É o que permite inserir o existencialismo positivo de Abbagnano no seu pensamento maduro. Com efeito, Bobbio, no seu percurso, foi atento – na linha do seu mestre Solari – à *funzione civile* da Filosofia do Direito, e empenhou-se em escolhas axiológicas sustentadas pelo possível nos seus numerosos *Scritti di impegno civile*.

Conclusão: uma pesquisa meticulosa abandonada

Tentar capturar a riqueza erudita dos comentários de Bobbio em um prefácio é, certamente, uma empresa dificílima, que fracassa perante a simples leitura corrida de seus textos. Afinal, Bobbio entra nesse ambiente plural e em transformação, no qual a fenomenologia estava em seu auge, ainda que começasse a ser desafiada por outras correntes filosóficas. Ele foi tocado principalmente pela fenomenologia, que estava no centro dos debates acadêmicos, mas também teve um fecundo contato com as outras correntes que, aliás, moldariam, de certo modo, sua futura transição para a filosofia analítica.

De todo modo, a crise cultural e política da Alemanha pode ter deixado uma impressão duradoura em seu pensamento, motivando seu interesse por questões éticas, jurídicas e políticas mais concretas. Bobbio iniciara sua trajetória intelectual nos anos 1930. Essa fase inicial reflete seu interesse por questões éticas e epistemológicas, típicas da fenomenologia, na investigação da estrutura da experiência e da essência dos fenômenos.

No entanto, com o passar do tempo, Bobbio mudou significativamente de direção, abandonando a fenomenologia em favor de uma abordagem mais ligada à filosofia analítica, particularmente no campo da filosofia política, do Direito e da lógica.

Uma transição que pode ser explicada por alguns fatores. Primeiro, a conexão com o positivismo jurídico, com o qual Bobbio se envolveu profundamente ao dedicar-se ao estudo do Direito e da filosofia jurídica. Ele se aproximou do positivismo jurídico, representado por autores como Hans Kelsen, que lhe oferecia uma abordagem mais sistemática e rigorosa do Direito, em contraste com o caráter mais difuso e menos conceptualista da fenomenologia. O método analítico parecia mais adequado para tratar das questões normativas e institucionais que passaram a ocupar o centro de sua atenção.

Segundo, a influência do contexto político e social: a Europa do período entre as duas guerras e do pós-guerra vivia uma crise profunda, marcada pela ascensão de regimes autoritários e pela necessidade de reconstrução democrática. Bobbio percebeu que a filosofia fenomenológica, com seu foco na subjetividade e na ontologia, era menos eficaz para enfrentar questões concretas como a juridicidade dos ordenamentos, o estatuto dos direitos e a organização política. A filosofia analítica, com seu método mais objetivo e voltado para a clareza conceitual, oferecia ferramentas mais adequadas para lidar com essas demandas.

Terceiro, com efeito, a filosofia analítica, com sua ênfase no rigor lógico e na clareza argumentativa, atendia melhor à inclinação de Bobbio por análises precisas e metodologicamente consistentes. Foi o que o levou a se interessar por questões de linguagem, lógica e metodologia científica – influências evidentes em sua abordagem do Direito e da política.

Com isso, ao longo do tempo, Bobbio tornou-se crítico do idealismo e de outras correntes filosóficas que ele via como excessivamente especulativas ou metafísicas. Na busca por uma filosofia mais prática e comprometida com problemas reais, estava um forte traço de sua ruptura com a fenomenologia. Afinal, diante disso, concluiria Bobbio, a filosofia existencial, que ouvira as sugestões fenomenológicas, também não teria conseguido resolver seus problemas. Pois *uma filosofia que se exalta diante do paradoxo nunca poderá encontrar repouso na verdade.*

No entanto, é preciso dizer: se a transição de Bobbio reflete uma adaptação de seu pensamento às questões urgentes do tempo de sua maturidade – numa busca por métodos mais objetivos e aplicáveis a temas concretos, relacionados ao Direito, à política e à ética –, essa mudança não significou uma rejeição completa da fenomenologia, mas sim uma reorientação em direção a problemas que ele considerava mais relevantes para a sociedade, significativamente já percebidos e analisados por ele nessa coletânea de ensaios dignos de uma leitura atenta e enriquecedora.

CELSO LAFER

TERCIO SAMPAIO FERRAZ JR.

APRESENTAÇÃO

Este livro é uma coletânea de trabalhos do filósofo italiano Norberto Bobbio (1909-2004). Tal como anunciado, são *Escritos sobre fenomenologia e filosofia existencial*. Apresentam um Bobbio bastante distinto do filósofo do Direito e teórico da política mormente conhecido do leitor brasileiro. Apesar de ser consabido que o autor, em 1933, na Universidade de Turim, escrevera uma tese de habilitação à docência sobre a fenomenologia de Husserl, apenas após uma espera de décadas os textos que testemunham esse contato com tais filosofias começam a ganhar destaque.[1] Um esforço no sentido de dar visibilidade à obra do jovem Bobbio é o que também nossa recolha intenta. São diversos artigos científicos, ensaios breves e recensões sobre temas e autores ligados à fenomenologia e à filosofia existencial.

A coletânea compreende amplo arco temporal (escritos de seis décadas de vida estudiosa), embora, em sua maioria, corresponda a textos de juventude, datados entre as décadas de 1930 e 1940, período no qual o filósofo ainda vivia o entusiasmo de uma temporada de estudos em Marburgo, na Alemanha, em 1932; esse também coincidente com suas primeiras experiências como professor

1 BOBBIO, Norberto. *Filosofia e Dogmatica del Diritto (1931) e La Fenomenologia Di Husserl (1933)*. Prefácio e organizado por Mario G. Losano. Frankfurt: Vittorio Klostermann, 2023.

nas universidades de Siena (1939-1940), Pádua (1940-1948) e os primeiros anos na de Turim (1948-1951). A amostra dessa colação, compreendida nessa faixa de tempo, indicia a motivação do filósofo com relação aos referidos campos de estudo, a ponto de poder se identificar prolífica produção, fase que, não por acaso, inclui o primeiro ensaio autoral de Bobbio sobre fenomenologia,[2] assim como outro posterior sobre o existencialismo.[3]

Será no período em que pontifica em Turim que Bobbio escreverá as obras que o tornarão um dos filósofos jurídicos mais destacados do mundo latino. São os casos do icônico *Política e cultura* (1955) e de *Teoria da norma jurídica* (1958), além de *Teoria do ordenamento jurídico* (1960) (os dois últimos bem conhecidos no Brasil). Para alguns, a segunda metade da década de 1940 seria a fase na qual Bobbio se afasta das filosofias fenomenológica e existencial, o que se justificaria por estes modos de pensar e seus repertórios já não servirem tanto mais ao programa do pensamento jus-político que ele agora passaria a empreender.[4] Ora, é nítido que nas obras do pensamento maduro de Bobbio os temas e referências aos fenomenólogos estejam muitíssimo atenuados, a ponto de se tornarem praticamente invisíveis; prova disso é que, a quem desconheça o passado de Bobbio junto a essas orientações de pensamento, dificilmente presumiria que um tal autor seria versado nessas filosofias. No entanto, convém questionar se a inaparência desses elementos

---

2 BOBBIO, Norberto. *L'indirizzo fenomenológico nella filosofia e giuridica*. Organizado por Paolo Di Lucia. Torino: Giappichelli, 2018.

3 BOBBIO, Norberto. *La filosofia del decadentismo*. Torino: Chiantore, 1944.

4 É o que sustenta Losano na distinta biografia que escreve sobre Bobbio. Cf. LOSANO, Mario. *Norberto Bobbio*: uma biografia cultural. Trad. Gesualdo Maffia e Erica Salatini. São Paulo: Editora UNESP; Instituto Norberto Bobbio, 2022; bem como no aparato crítico que assina em: BOBBIO, Norberto. *Filosofia e Dogmatica del Diritto* (1931) e *La Fenomenologia Di Husserl* (1933). Prefácio e organizado por Mario G. Losano. Frankfurt: Vittorio Klostermann, 2023.

constituiria um abandono ou mesmo a renegação do que Bobbio tomou da fenomenologia e das filosofias da existência. Questiona-se assim perante as seguintes evidências:

1) Reunidos nesse volume também estão textos das décadas de 1950, 1960 e 1990, que versam sobre Husserl, Kierkegaard, Jaspers, Heidegger e Abbagnano, o que denota um interesse – bissexto que seja – por essas filosofias até data avançada.

2) Por ocasião da publicação da tradução ao espanhol de seu ensaio de crítica ao existencialismo (edição que traz inclusive um capítulo adicional sobre Sartre), Bobbio declara, em uma nota editorial de junho de 1949: "me alegro que, graças à iniciativa do Fondo de Cultura Económica do México, meu ensaio possa vir a luz também em castelhano".[5] Percebam, não tivesse Bobbio o mínimo apreço pela filosofia existencial naqueles fins do decênio de 1940, não manifestaria seu contentamento com a edição, tampouco acrescentaria matéria extra com tema existencialista.

3) A obra jus-filosófica de Bobbio é reconhecida por seu apreço ao conceito, pela atenção às categorias do Direito, pela intransigência a caracteres ideológicos que venham eivar a rigorosa orientação científica do seu estudo, pela observância aos princípios ético-morais referentes ao Direito e à sua aplicação, bem como pelo empenho em conquistar evidência quanto ao fenômeno jurídico em contraste com os contextos amplos dos sociais. Essas qualidades do pensamento bobbiano – que inclusive indiciam o quanto este é, mais do que nunca, requerido em época na qual os conceitos do Direito, por vezes, são diluídos e suas normas flexibilizadas com o fito de serem instrumentalizadas ou adaptadas ocasionalmente com propósitos discricionários – geralmente são relacionadas ao caráter analítico e descritivo de seu pensamento maduro. No entanto, se

---

5 BOBBIO, Norberto. "Advertencia". *In*: ______. *El existencialismo*: ensayo de interpretación. Trad. Octavio G. Barreda. México: Fondo de Cultura Económica, 1994, p. 11.

olharmos novamente para *A direção fenomenológica na filosofia social e jurídica*,[6] será possível entrever esses modos de proceder tão elogiados nos textos de filosofia jurídica já presentes nesta peça de 1934, portanto em plena fase fenomenológica.[7] O que desejamos apontar é que as referidas qualidades do pensamento do Bobbio jusfilósofo identificadas em suas obras de maturidade já estariam presentes nos textos de fenomenologia, inclusive nos escritos ora enfeixados.

Face às evidências arroladas supra, estamos convencidos de que Bobbio não teria se tornado completamente indiferente às filosofias fenomenológica e existencial; persuadidos a reconsiderar a afirmação de que o autor teria simplesmente abandonado os saldos de tão bem-sucedida formação. O que nos encoraja a estimar o quanto no rigor da filosofia de Bobbio não haveria do gesto vigoroso da fenomenologia de Husserl, que ensina o ver imediato ao que há de essencial no fenômeno (inclusive aí o jurídico), do mesmo modo que a correção ao enunciar sua idealidade por meio do conceito. Animamo-nos a considerar o quanto a crítica que Bobbio dardeja contra o normativismo de sua época não seria inspirada no modo com que Max Scheler objeta contra o formalismo da ética kantiana, capítulo que tanto impactou o vetusto regime jurídico alemão. Ainda, a supor sobre como a meditação de Heidegger sobre o humanismo, surgida da urgência de pensar novo *ethos* para o humano após a barbárie

---

6 Cf. BOBBIO, Norberto. *L'indirizzo fenomenológico nella filosofia e giuridica*. Organizado por Paolo Di Lucia. Torino: Giappichelli, 2018.

7 Por mais que, contrariamente à nossa posição, alguns intérpretes dessa obra ali apenas identifiquem "uma paixão filosófica indiscutível do jovem Bobbio em relação às doutrinas husserlianas, o que surpreende tanto pelo íntimo envolvimento com que são defendidas como pela velocidade com que se sabe que ele logo as abandonou, inicialmente, em favor de posições como o positivismo kelseniano, explicitamente rejeitado no texto, e, em seguida, por uma atitude especulativa declaradamente menos sistemática". Cf. RIDOLFI, Giorgio. "Resenha de L'indirizzo fenomenológico nella filosofia e giuridica". *Revista Direito* FGV, vol. 15, nº 1, 2019, p. 2.

da Segunda Grande Guerra, não teria sido emulação a um Bobbio (atento à emergência da tomada de valores políticos e à denúncia ao fascismo) que pensasse em problemas que ocupariam a centralidade de suas próprias meditações nos anos subsequentes.

No entanto, se for pretender muito que nessa seleta encontraríamos elementos que nos permitiriam avaliar que a obra de maturidade de Bobbio guarda vestígios da fase fenomenológico-existencial; se má ou incerta a pretensão de que esses textos de juventude nos ofereçam novas chaves de interpretação para a obra madura, revisitando e arejando as leituras costumeiras de Bobbio, ao menos sabemos ser documentos o que temos nas mãos.

*

E o que documentam os *Escritos sobre fenomenologia e filosofia existencial*?

Em primeiro lugar, o interesse de Norberto Bobbio nas filosofias fenomenológica e existencial, o que aponta imediatamente a sua circunstância de leitor de autores como Husserl, Scheler e Heidegger. Bobbio contava com vinte e poucos anos no período em que começa a escrever sobre fenomenologia; admiravelmente, denota estar familiarizado com o estado da arte dessas pesquisas no momento: conhece as obras em detalhes, compreende seus propósitos e circuitos, move-se com habilidade junto a sua conceptualidade e terminologia, propõe traduções adequadas em italiano aos termos-chave da fenomenologia alemã (opções que se mostram acertadas aos usos dessas pesquisas ainda hoje). Também está inteirado da literatura de apoio, naquela primeira hora, é leitor de Landgrebe e de Fink, com este último chegou a trocar cartas com consultas sobre temas fenomenológicos.

Sendo leitor da língua alemã, na maioria das vezes, toma as obras desses pensadores tão logo sua disponibilidade se insinue em solo italiano, não dependendo de ter que esperar pelo serviço prestado por traduções. Isso faz com que alguns dos textos de Bobbio ora editados tenham sido escritos no "cedo" da vigência dessas ideias. Afinal, era época na qual Edmund Husserl (1859-1938) era vivo e atuante, em que alguns dos principais articulistas da fenomenologia ainda estavam ativos (inclusive centros de difusão da fenomenologia, como o núcleo de estudos de Munique, capitaneado por nomes como Hedwig Conrad-Martius e Theodor Conrad), em que muitos títulos influentes da cultura fenomenológica (e da filosofia existencial) tinham sido publicados recentemente, inclusive, depois, as primeiras coleções das *Obras completas*, a partir da década de 1950 (como foram os casos das de Husserl e de Scheler).[8]

Não se pode negar que o ônus desse pioneirismo é cobrado de nosso autor por essas leituras de primeira hora; isso porque pode-se identificar marcas da época em algumas de suas interpretações, traços cujo avanço das pesquisas na área acabaram por superar ou por recolocar em outros termos mais atuais e refinados certos acentos interpretativos que podem ser exemplificados assim:

a) Nos textos em que trata da filosofia de Scheler (e não apenas naquele que se propõe a tratar de sua personalidade),[9] há uma ênfase na *persona* impetuosa e genial daquele filósofo de Munique, e a tentativa de explicar algumas de suas teses controversas a partir desses traços pessoais nos parece hoje ingênuas (incorreram no mesmo *loci communes* autores também experimentados daquele turno como Dietrich von Hildebrand e José Ortega y Gasset),[10] se

---

8 Quadro pormenorizado de um tal cenário temos em: SPIEGELBERG, Herbert. *The Phenomenological Movement*. Haia: Martinus Nijhoff, 1982.

9 Cf. Capítulo 2.1.

10 Cf. HILDEBRAND, D. v. *La filosofía y personalidad de Max Scheler*. Trad. Israel Castillo Vidal. Madrid: Encuentro, 2021; ORTEGA Y GASSET, J. *Kant, Hegel, Scheler*. Madrid: Revista de Occidente; Alianza, 1983.

comparadas aos estudos atuais desenvolvidos sobre a filosofia scheleriana na Itália e mesmo no Brasil.

b) Há, por toda parte,[11] indícios de que a compreensão que Bobbio faz do termo "existencialismo" (*esistenzialismo*) é alargada, o que resulta na submissão de qualquer filosofia da existência (*filosofia dell'esistenza*) (de Kierkegaard a Camus, considerando todas as suas singularidades) àquela designação recente à época. No entanto, essas duas expressões não são sinônimas, pois se o existencialismo é *uma* filosofia existencial, nem toda filosofia existencial é *o* existencialismo; isso já era sabido por Karl Jaspers, Martin Heidegger e Jean Wahl, que foram críticos quanto à designação de existencialismo cunhada por Jean-Paul Sartre, rejeitando a vinculação e a alcunha.[12] Desdobramentos disso são encontrados em escritos como os que tratam Heidegger como o "o pai do existencialismo contemporâneo", após atesta que "Heidegger não é mais existencialista: e segue dizendo que nunca o foi" e depois compara que "a filosofia de Heidegger é mais cruamente pessimista, (...) [ao passo que] a filosofia de Jaspers, [é] mais otimistamente exuberante",[13] afirmações que só se explicam diante do entusiasmo da onda existencialista movida por Sartre.

c) Não se pode deixar de notar também que algumas leituras, especialmente sobre Scheler e Heidegger, têm ênfase numa preocupação moral. Isso, se explicável no elemento de Scheler, que é autor de uma axiologia, crítico da moral burguesa, propositor de uma ética fenomenológica e de uma metafísica do espírito humano, no tocante à filosofia de Heidegger caracteriza uma leitura datada. Quando Heidegger, no seio de sua analítica existencial, se refere

11 Como se identifica nos capítulos: 2.4, 2.5, 2.7, 3.2, 3.3, 3.4, 3.5, 3.6, 4.2, 4.6, 5.1, 5.2 e 5.4.

12 Mesmo na Itália já havia obras que diferiam filosofia da existência e existencialismo, trabalhos que Bobbio teve acesso, como é o caso de: PAREYSON, L. *La filosofia dell'esistenza e Carlo Jaspers*. Napoli: Loffredo, 1940.

13 Cf. Capítulos: 3.4, 3.5 e 3.6.

à decadência (ou a queda, cotidianidade, impropriedade, cuidado) não há nesses conceitos o laivo moralista. Tratando-se o ser-aí de um ente de existência e de possibilidade, definindo-se naquele que seria propriamente o jogo da existência, esses termos, em geral, são designativos do modo com os quais tal ente já se faz no-mundo, desse modo, quer dizer, já disposto no espaço de jogo de sua existência, absorvido num mundo de ocupações cotidianas, obscurecido do sentido de sua existência e, mesmo, da possibilidade de apropriar-se deste. Em verdade, Bobbio até parece ter compreendido isso, pois chega a afirmar que, "como ente decaído, posto constitutivamente em uma situação de decadência (*Verfallen*), [o ser-aí] é também, constitutivamente, na não verdade",[14] apesar de em outros lugares nosso filósofo falar da decadência existencial associada aos contextos morais de uma crise de valores e ao declínio da sociedade e da cultura.[15] Não há, portanto, em Heidegger, uma "teoria do ser decadente",[16] como presume Bobbio, tampouco critérios como "pessimismo e otimismo" são adequados para sopesar uma tal filosofia.

Essas notas, todavia, não devem ser consideradas demérito às leituras que o Bobbio intérprete da fenomenologia e da filosofia existencial faz de seus temas e autores. São antes advertências ao leitor que, informado desses traços geracionais, pode apoiar-se no que há de melhor nos comentários de Bobbio para uma leitura produtiva.

Em segundo lugar, por mais que bem historiada a recepção da fenomenologia e da filosofia existencial na Itália,[17] e até admitindo que o nome de Norberto Bobbio não seja o primeiro lembrado

14 É o que se tem no capítulo 3.3.

15 Em 3.6.

16 Em 3.6.

17 Veja-se a esse respeito, respectivamente: BUONGIORNO, Federica; COSTA, Vincenzo; LANFREDINI, Roberta. *La fenomenologia in Italia*: Autori, scuole, tradizioni. Roma: Inschibboleth, 2018; FORNERO, Giovanni; MAIORCA, Bruno. *L'esistenzialismo in Italia*. Com um apêndice de Abbagnano e Gentile. Torino: Paravia, 1993.

quando se pensa nesse movimento de herança (antes seriam Enzo Paci, Antonio Banfi e mesmo Giulio Preti), não há dúvida de que a reedição desses textos em compêndio oferece um painel e uma nova ocasião de contemplação desse cenário. Assim, compreendemos que ao registrar o interesse particular de Bobbio pela fenomenologia e pela filosofia existencial, damos a conhecer como essas matrizes, durante certo tempo, estiveram em evidência na formação do jovem Bobbio. Com isso se faz mais do que apenas mapear Bobbio, passamos a ter vislumbre de quais títulos já estavam disponíveis na Itália na época, de que modo tais ideias chegavam àquele país, que audiência ali recebiam e, mesmo, que grau de conhecimento e com que nível de competência eram trabalhadas. Eis a possibilidade do acréscimo de uma outra camada de apropriação sobre a já conhecida.

*

Os textos reunidos em nossa coletânea não são inéditos em italiano. Foram publicados por Bobbio em vida em periódicos acadêmicos, em sua maioria na *Rivista di Filosofia* (um dos mais antigos e prestigiados veículos de filosofia da Itália, vivo ainda hoje); alguns dos mesmos já estão publicados em português em revistas científicas brasileiras. A procedência de cada um desses títulos é indicada em um apêndice (*Referências aos textos*), neste se identificam os dados bibliográficos, demais detalhes técnicos, além dos endereços virtuais nos quais o leitor poderá ter acesso ao fac-símile digitalizado do original italiano para eventual cotejamento.

São 29 textos sobre temas e autores com datas variadas; alguns enfocam mais propriamente autores e aspectos de suas filosofias autorais; outros, temas nos quais os pensadores aparecem ligados. Na falta de um plano de publicação definido pelo próprio Bobbio ou, até onde pudemos pesquisar, pelos curadores do espólio (e julgando não ser válida a opção de dispor esses textos na simples sequência em que foram originalmente publicados nas revistas, já que isso, quando muito, indicaria a ordem que eles teriam no fluxo desses periódicos), adotamos o critério da convergência entre temas e autores, e disso resultaram as cinco partes que definem a estrutura tópica do trabalho. No interior de cada uma dessas partes, capítulos tiveram seus lugares definidos pela *cronologia dos temas* e proximidade temática entre si; nesse caso, por exemplo, tivemos temas da primeira filosofia dos autores, sendo seguidos de temas associados a estes e só depois temas de sua fase tardia. Uma tal opção possibilitou que tivéssemos uma ordenação tão coerente quanto possível, oferecendo um arranjo que, como se pode conferir, não chegou a incorrer em discrepância gritante na sequência de datas das publicações dos escritos de Bobbio naqueles periódicos.

Desse modo, o livro organiza-se da seguinte maneira: "Primeira parte: Husserl, o iniciador da pesquisa fenomenológica": "A filosofia de Edmund Husserl" (1939); "Sobre a relação de Edmund Husserl com Franz Brentano, principalmente no que diz respeito à psicologia de Brentano" (1935); "A filosofia de Husserl e a tendência fenomenológica" (1935); "Die Idee der Phänomenologie, Fünf Vorlesungen" (1950); "Necrológio de Edmund Husserl" (1938); "Husserl póstumo" (1940). "Segunda parte: Scheler e alguns dos fenomenólogos de primeira hora": "A personalidade de Max Scheler" (1938); "A fenomenologia segundo Max Scheler" (1936); "Dietrich von Hildebrand" (1937); "Prefácio a Karl Jaspers, A minha filosofia" (1946); "Retorno à tradição" (1951); "JASPERS, Karl. Descartes et la philosophie" (1939); "Liberdade e ação na filosofia de Karl Jaspers" (1943). "Terceira parte: Do Heidegger da fenomenologia e além": "Filosofia contemporânea" (1963); "Dois estudos sobre existencialismo na Itália" (1944); "Três escritos breves de Heidegger" (1948); "Retorno às origens" (1948); "O último Heidegger" (1961); "Pessoa e sociedade na filosofia da existência" (1941). "Quarta parte: A filosofia da existência entre Kierkegaard e Camus": "Kierkegaard" (1939); "Kierkegaard e nós" (1950); "Die Frage an den Einzelnen – A questão ao indivíduo" (1939); "Von Hegel bis Nietzsche – De Hegel a Nietzsche" (1945); "Sartre e os judeus" (1947); "Camus e o tempo da loucura" (1986). "Quinta parte: Abbagnano: uma afinidade eletiva": "Abbagnano, amigo de pensamento e de vida"

(1990); "Discurso sobre Nicola Abbagnano" (1967); "Abbagnano, protagonista de uma época" (1990); "Nicola Abbagnano" (1991).

Tradutores e revisores estiveram empenhados em estabelecer o texto de Bobbio com a maior fidedignidade possível aos originais, desde que garantidos os padrões de legibilidade da língua portuguesa. Desse modo, orientamo-nos por traduzir Bobbio utilizando expressões ao português que guardassem proximidade etimológica com a terminologia bobbiana; mesmo a sintaxe da versão procurou seguir a do original, contanto que a boa compreensão da mensagem se mantivesse. Por razões como essas, optou-se por manter tal e qual, os títulos que Bobbio escreveu contendo palavras da língua estrangeira (o alemão e o francês),[18] bem como o uso de expressões técnicas no texto. Em casos como estes, o termo estrangeiro é acompanhado de sua tradução no interior de parênteses em toda primeira ocorrência de cada capítulo.

Nas poucas vezes em que os tradutores precisaram acrescentar palavras que completavam algum contexto do texto bobbiano, isso foi feito colocando-se o termo adicionado entre colchetes. Esse cuidado filológico também se observa nas notas de rodapé a esta edição, tanto as *dos tradutores*, restritas à justificação de opções de traduções disputadas e à indicação de erros tipográficos nos originais, quando estes poderiam oferecer dúvida quanto à identificação do termo e à sua tradução; quanto as *dos editores*/organizadores que, limitadas a elucidações essenciais ou a notícias históricas sem as quais o contexto do escrito poderia ficar obscurecido. As notas de rodapé escritas pelo próprio Bobbio, nos textos-fonte, foram mantidas na íntegra.

Compreendendo que *Escritos sobre fenomenologia e filosofia existencial* é um livro que tem por público-alvo o pesquisador, nos níveis de graduação e de pós-graduação, a edição conta com dois índices que ajudam a consulta do leitor: o primeiro, *remissivo*

---

18 Como é o caso dos títulos dos capítulos: 1.4, 4.2, 4.3.

(temático e conceitual); o outro, *onomástico* (compilando a miríade de relações que Bobbio mantinha com os filósofos da tradição e das personalidades acadêmicas italianas). Há também um *Glossário*, por meio do qual o leitor pode conferir não apenas as escolhas de Bobbio aos termos da fenomenologia e da filosofia existencial, quanto mesmo a dos tradutores brasileiros.

Ao concluir, esta apresentação não pode se furtar de um agradecimento ao Instituto Norberto Bobbio, que franqueou o acesso aos textos ora entregues ao leitor de língua portuguesa, licenciou suas traduções e apoiou significativamente o trabalho de todos os envolvidos nesta empresa.

R. S. KAHLMEYER-MERTENS

PRIMEIRA PARTE

HUSSERL, O INICIADOR DA PESQUISA FENOMENOLÓGICA

1.1

A FILOSOFIA DE EDMUND HUSSERL[1]

Após um ano de sua morte, Husserl merecia ser estudado também na Itália com maior diligência e amplitude do que vem sendo feito até agora, momento em que seu pensamento já poderia ser dominado com maior segurança em todo o seu desenvolvimento que, embora não uniforme, é lógico e coerente. Na Itália, quem se ocupou de Husserl até agora o fez mais por propósitos imediatamente informativos ou para uma clarificação, dirigida mais a si próprio do que aos outros.

O novo livro de Vanni Rovighi, em vez disso, é informativo no sentido mais amplo e mais alto da palavra, ao passo que vem lançar luz ordenadamente sem deixar-se enganar por polêmicas contingentes do curso do pensamento husserliano, detendo-se nas principais etapas dele com uma visão nítida e essencial e, ao mesmo tempo, utilmente clarificadora pela sobriedade e linearidade da narrativa. O fato de o tom do livro ser essencialmente descritivo, e crítico somente aqui

---

1 Resenha do livro: ROVIGHI, Sofia Vanni. "La filosofia di Edmund Husserl: Vita e Pensiero" ["A filosofia de Edmund Husserl: Vida e pensamento"]. Milão: 1939, 173 p., publicada em: *Rivista di Filosofia*, 31, nº 2, abr.-jun., 1940, pp. 161-162.

e ali, não diminui seu valor, pois um livro desse tipo, no qual, por assim dizer, o pensamento de Husserl corresse por si, sem necessidade de esforços interpretativos, estava não somente nas intenções da autora, mas também no interesse dos estudos fenomenológicos na Itália. Só é lamentável, apesar de se tratar de lacuna involuntária, que a autora, escrupulosa e bem amparada na bibliografia (veja-se o apêndice bibliográfico), ao examinar com espírito de completude todas as obras do nosso filósofo, e não somente as maiores, não tenha podido levar em conta a obra póstuma, já que esta foi editada quando o livro já estava pronto (obra da qual se deu notícia nesta mesma revista [*Rivista di Filosofia*]). Ao menos a mim pareceu que a leitura dessa rica obra de investigações lógicas apresenta não um estágio primitivo de Husserl, mas o pensamento maduro; talvez isso sirva para atenuar a interpretação metafísica da filosofia de Husserl, a qual Vanni Rovighi se entrega um pouco demais, mostrando-se preocupada sobretudo em dar relevo, entre as obras de Husserl, às *Ideen* [*Ideen zu einer reinen Phänomenologie und phänomenologischen Philosophie*, em português *Ideias para uma fenomenologia pura e para uma filosofia fenomenológica*],[2] nas quais acentua o método da redução fenomenológica.

Depois de um interessante capítulo sobre os primeiros escritos de Husserl e após precisar o significado e os limites do seu antipsicologismo, o livro detém-se nas teses principais, a intencionalidade, a intuição eidética e a *epoché*, com particular insistência sobre os problemas referentes à consciência, no qual não faltam boas observações críticas em relação aos presumidos caracteres distintivos da percepção imanente. O último capítulo busca determinar os caracteres do idealismo husserliano. Para coligar historicamente a fenomenologia

---

2 Norberto Bobbio, via de regra, referencia títulos e expressões técnicas na língua original (geralmente o alemão). Em nossa edição dos textos de Bobbio, buscando ser o mais fiéis ao sistema de referências do autor, optamos por manter esses títulos na língua estrangeira (inclusive quando abreviados), dando sua tradução em sua primeira ocorrência em cada texto (N. do E.).

a outras correntes, a autora começou com um capítulo introdutório sobre Brentano, intenção tão louvável quanto louvavelmente realizada. Assim, não falta ampla referência a Bolzano em relação à origem da lógica pura, nem o aceno às relativas polêmicas.

Concluindo, um livro não original, mas útil, e útil por ser sério e honesto.

1.2

SOBRE A RELAÇÃO DE EDMUND HUSSERL COM FRANZ BRENTANO, PRINCIPALMENTE NO QUE DIZ RESPEITO À PSICOLOGIA DE BRENTANO[1]

Não se trata de um ensaio crítico, mas de um trabalho diligente de confronto entre as doutrinas de Brentano e aquelas de Husserl, trabalho não original, antes mais escolar, embora útil. Sobre as relações entre Brentano e Husserl, Kraus já havia dado algum aceno (*F. Brentanos Stellung zur Phänomenologie und Gegenstandstheorie*)[2] e

---

1 Trata-se de *A posição de F. Brentano sobre fenomenologia e teoria dos objetos*, resenha do livro: BRÜCK, Maria. *Über das Verhältnis Edmund Husserl zu Franz Brentano vornehmlich mit Rücksicht auf Brentanos Psychologie* [*Sobre a relação entre Edmund Husserl e Franz Brentano, especialmente com referência à psicologia de Brentano*]. Würzburg: Konrad Triltsch, 1933, 118p., publicada em: *Rivista di Filosofia*, nº 4, out.-dez., 1935, pp. 368-369.

2 Trata-se do livro de Oskar Kraus, *A posição de F. Brentano sobre fenomenologia e teoria do objeto, ao mesmo tempo uma introdução à nova psicologia*, editado por Felix Meiner em 1924.

agora a autora detém-se sobre as doutrinas singularmente, relevando as analogias, insistindo nas eventuais variantes, mas sem entrar em discussão com os dois autores, com observações novas ou com argumentos mais probantes e, sobretudo, sem aderir mais a um do que a outro. A autora não responde aos problemas que levanta, mas satisfaz-se em apenas indicá-los, realizando obra modesta, mas de todo modo profícua, sobretudo pelo fato de que as doutrinas desses dois filósofos vêm expostas por meio de amplas citações de todas as suas obras, ligadas com clareza e astúcia.

Em primeiro lugar e em geral, a autora confronta a psicologia descritiva de Brentano com a fenomenologia de Husserl,[3] notando a substancial diferença que consiste no método exclusivamente empírico da primeira e no método eidético-transcendental da outra; em segundo lugar e em particular, examina o conceito de consciência em Brentano e em Husserl, detendo-se em cada um dos três atos psíquicos típicos, introduzidos por Brentano (representação, juízo, motores da alma) e acolhidos por Husserl, mesmo que com notáveis modificações e correções; enfim, toca em três argumentos fundamentais na doutrina psicológica de Brentano que também para a de Husserl são fundamentais: a doutrina da percepção (a distinção entre percepção interna e externa que corresponde à distinção entre percepção adequada e inadequada no outro); a doutrina da evidência, na qual ambos estão unidos na oposição ao conceito psicologista de evidência; a doutrina do objeto, em que se manifesta a mais profunda cisão entre as duas doutrinas e que é o princípio e o fundamento da separação inconciliável entre os dois filósofos. Brentano não reconhece objetos ideais, universais, como objetos da consciência, mas afirma que todos os objetos da consciência são reais; Husserl, em vez disso, considera como um pilar do seu pensamento a posição de uma esfera ideal de objetos (como os números ou as ideias lógicas), em tudo distinta da esfera real. O livro encerra com um

---

3 No texto original está "*spicologia*", o que nos parece um erro gráfico de "psicologia" (N. do T.).

capítulo sobre a acusação de psicologismo que Husserl formulara muitas vezes contra Brentano; Brentano defendeu-se da acusação, mas a dissidência se impunha sobre o significado diverso que cada um deles atribuía ao psicologismo. Não se pode negar, porém, que, considerando o psicologismo como a doutrina que reduz as leis lógicas a fatos psíquicos, fundamentando a lógica e a gnoseologia sobre a psicologia, Brentano com razão deve ser considerado um psicologista, tanto é que o próprio Husserl declarou que a expressão "*ohne jede abschätzende Färbung*" (*L*[*ogische*]. *U*[*ntersuchungen*]. [*Investigações l*ógicas], I, p. 52)[4] era usada por ele em relação a Brentano. Na realidade, Husserl sempre esteve em conflito entre o sentimento de reconhecimento por seu mestre e o seu próprio pensamento que o distanciava gradualmente da orientação psicológica; prova clara disso é a frase que Husserl escreveu em uma carta à autora: "foram-me necessários mais de dez anos para que eu desse conta da minha própria situação e confessasse a ruptura com a filosofia de Brentano. Tão grande era e permaneceu a minha devoção por ele" (p. 117). Por meio deste pequeno livro, ao menos fica registrado esse ponto, que sempre é bom reforçar, posto que se esquece com frequência, que para entender Husserl é preciso começar por Brentano.

---

4 Trata-se de expressão em uma nota de rodapé dos *Prolegômenos à lógica pura*, nas *Investigações lógicas*, que, acompanhando a autorizada tradução de Diogo Ferrer para o português, indicamos significar: "sem qualquer tom pejorativo" (N. do E.).

1.3

A FILOSOFIA DE HUSSERL E A TENDÊNCIA FENOMENOLÓGICA[1]

I

Fala-se muito de Husserl nestes anos, agora também na Itália, embora se escreva pouco sobre ele e com prudente cautela ou suspeitosa desconfiança. A doutrina fenomenológica, desde quando as orientações espirituais vivificadoras do pensamento italiano foram, na sua maioria, transformando-se em academias de repetidores, tem despertado a atenção de muitos e, se acende mesmo ainda a partir de fáceis entusiasmos por aquele caráter milagroso e infalível de que Husserl soube revestir a si mesmo e a sua escola, já estimula sérias e equilibradas meditações, provocando dúvidas, suscitando perplexidade e, em suma, pondo-se como problema vital. Da doutrina

---

1 Ensaio, originalmente, publicado com o título "La filosofia di Husserl e la tendenza fenomenológica" [A filosofia de Husserl e a tendência fenomenológica], na *Rivista di Filosofia*, 26, nº 1, jan.-mar., 1935, pp. 47-65. (Extrato, pp. 1-190). Esta tradução para o português já foi publicada na *Aoristo – International Journal of Phenomenology, Hermeneutics and Metaphysics*, vol. 7, nº 2, 2024, pp. 105-118.

de Husserl, agora, falam-se de muitos lugares não mais como uma tentativa interessante ou experiência nova, mas exatamente como uma exigência profunda do atual pensamento filosófico, como uma nova e complexa forma de vida teórica e espiritual, que, portanto, como tal, deve ser não somente observada pelo pensamento refletido, mas também vivida interiormente pela consciência.

É notória qual é essa exigência; quais são o seu significado e a sua eficácia não é, para a maioria, controvertido. Todos estão de acordo ao afirmar que a essência da doutrina husserliana está na descoberta e na gradual e, sempre mais adequada, determinação daquela esfera *a priori* de objetos essenciais ou esfera *eidética*, que constitui a região em que se encontra o sentido (*Sinn*) dos entes postos na experiência espaço-temporal; que a sua mais íntima sugestão está no reconhecimento e na elucidação do poder intuitivo da nossa consciência teórica, à qual é dado colher os objetos da esfera eidética com aquela mesma imediatez com que a percepção colhe os dados da experiência; enfim, que a exigência vital, por ela expressa, consiste em haver abandonado, em primeiro lugar, as posições metafísicas tradicionais, em que a pesquisa da verdade é comprometida por preocupações extra teóricas, ou seja, de avaliações éticas ou de mitos religiosos; e, em segundo lugar, as posições metafísicas atuais, em que a visão personalista, o ponto de vista, a *Weltanschauung* [visão-de-mundo], consideradas como princípio e fim exclusivos do filosofar, excluem o desinteresse teórico que é próprio da pesquisa científica e, invocando o relativismo histórico em própria justificação, abrem as portas ao ceticismo e ainda em ter sustentado, diante das doutrinas contaminadas por prejuízos e obscurecidas por pressupostos, o ideal de uma pura e integral teoreticidade que atua como pesquisa visível e descritiva das essências sem pressupostos extra teóricos e se representa como uma tomada de posse de toda a experiência, e não somente da experiência sensível, ou seja, como uma penetração no conhecimento de todos os estratos do ser, e através de um alargamento dos confins da experiência comum, e a uma comunicação direta com as coisas: o que se costuma resumir em uma breve fórmula que de todo lado já ressoa como um refrão: *Zu den Sachen selbst* [*às coisas mesmas*]. Todos de acordo, portanto, em estabelecer o significado autêntico da doutrina de Husserl no ideal da "metafísica que se apresente como ciência", da *Voraussetzungslosigkeit* [não admissão de pressupostos][2] e, em suma, da filosofia *als strenge Wissenschaft* [*como ciência rigorosa*]. Porém, é necessário reconhecer que, se é verdadeiro que o ideal da ciência rigorosa acompanha todas as diversas fases do pensamento de Husserl e constitui quase como um ponto fixo de orientação no alternar-se das suas diversas direções,[3] é também verdadeiro que estas fases, estas direções não podem, por nenhuma razão, ser negligenciadas sem comprometer a compreensão daquele pensamento que é todo recolhido no esforço gradualmente progressivo de adequar-se ao ideal proposto, ou seja, de fundar a possibilidade de uma filosofia como ciência rigorosa, depois de ter provocado a sua exigência.

Coloca-se, assim, a exigência de uma "ciência primeira"; somente então surge, para Husserl, o autêntico problema especulativo: como é possível essa ciência? Nas sucessivas respostas a esta pergunta, explica-se a filosofia de Husserl; e somente à semelhança daquele ideal, considerado como motivo central da pesquisa, pode-se entender a tipicidade das diversas fases do seu pensamento que são as diversas

---

2 Trata-se do preceito característico da fenomenologia husserliana de estabelecer-se como uma *filosofia sem pressupostos* (N. do E.).

3 Dos primeiros indícios das *Logische Untersuchungen*, nas quais se estabelece, como característica da fenomenologia, a absoluta falta de pressupostos, através do artigo *Die Philosophie als strenge Wissenschaft* [*A filosofia como ciência rigorosa*] (*Lógos*, 1910, I, p. 180), até o compendioso *Nachwort zu meinen Ideen zu einer reinen Phänomenologie und phänomenologischen Philosophie* [Posfácio ao meu *Ideias para uma fenomenologia pura e filosofia fenomenológica*] (*Jahrbuch für Philosophie und phänomenologische Forschung*, 1930, XI, p. 549), existe uma absoluta continuidade na afirmação que "a filosofia, segundo a ideia, vale como ciência universal e rigorosa em sentido radical", que deve ser realizada em um infinito processo histórico de pesquisas individuais.

soluções daquele problema. Quem parou para ouvir a exigência ainda vaga da pura teoricidade e a discorrer a respeito da "tendência fenomenológica", tornou-se obtuso para entender as razões e a estrutura típica da filosofia de Husserl, que converge toda para determinar aquela tendência, fixando o fundamento daquela pura teoricidade. Agora, a investigação das diversas etapas que Husserl sucessivamente tocou para adequar-se àquele ideal teorético supremo – investigação que será aqui tentada porque somente ela serve a iluminar o aspecto essencial da doutrina de Husserl – permitir-nos-á tirar conclusões críticas, oferecendo-nos a ocasião de, por ora, pressupor que muito frequentemente, quando se fala de fenomenologia, entende-se falar da tendência fenomenológica como de uma tendência rumo à pura cognoscibilidade das essências, e não propriamente da filosofia de Husserl, que também foi a inspiradora daquela nova tendência.

II

As três fases do pensamento de Husserl correspondem às suas três obras fundamentais: as *Logische Untersuchungen* (1900-1901), as *Ideen* [*Ideias*] (1913) e a *Formale und transzendentale Logik* [*Lógica formal e transcendental*] (1929) (às quais se acrescentam as *Méditations cartésiennes* [*Meditações cartesianas*] (1931)).[4] Acontece

---

4 Neste segundo parágrafo, continuamente, referimo-nos às observações feitas e às conclusões alcançadas por um aluno, agora assistente, de Husserl, em um trabalho recente, FINK, Eugen. "Die phänomenologische Philosophie Edmund Husserls in der gegenwärtigen Kritik" [A filosofia fenomenológica de Edmund Husserl na crítica contemporânea]. *Kant Studien*, 1933, XXXVIII, pp. 319-383, com um prefácio do próprio Husserl, no qual o mestre convalida, com o próprio consentimento, as afirmações do estudante. Desse trabalho, sobretudo dois resultados me parecem notáveis: o aclaramento da passagem das *Ideen* à última obra e a refutação da crítica do neokantismo à fenomenologia. Fundamental, depois, a determinação positiva do significado último da fenomenologia como *idealismo transcendental constitutivo*. Esse trabalho tem a função muito importante de fixar, definitivamente, uma matéria ainda sujeita às infinitas interpretações, e de oferecer-nos dela a unidade de avaliação.

hoje, frequentemente, que a crítica, lenta a mover-se das posições conquistadas, julga a obra posterior fixando-se no campo em que a anterior é vista, em vez de tentar entender a precedente, pondo-se do ponto de vista da posterior. Poder-se-ia eliminar a maior parte dos equívocos surgidos em torno do pensamento de Husserl, se se considerasse que as *L[ogische]. U[ntersuchungen]*. adquirem o seu preciso sentido e perdem a sua aparente contraditoriedade somente se examinadas à luz da segunda obra;[5] e que, de outro lado, somente ampliando os esquemas formados sobre o material oferecido pelas *Ideen* resulta compreensível o significado da última fase.

O terreno sobre o qual o pensamento filosófico de Husserl deita raízes é a psicologia, entendida, por meio da elaboração de Brentano, como ciência descritiva da consciência intencional ou psicologia fenomenológica. É evidente que, nas L. U., Husserl confronta a lógica psicológica em defesa da lógica pura, rejeitando amplamente o psicologismo que se infiltra em diversos campos do conhecimento. No entanto, contrariamente ao que se pode ter interpretado, seu objetivo não é desqualificar de forma definitiva a ciência psicológica – que se debruça sobre o estudo do sujeito em sua complexa e diversificada fenomenologia – nem erigir, em oposição a ela, as reivindicações de uma análise essencial da objetividade, vista como um domínio de ideias que existem por si mesmas de maneira absoluta. Isso fica claro quando ele, na segunda parte da mesma obra, volta a se dedicar à análise do sujeito. Mesmo com uma consciência ainda incipiente e uma visão ainda não plenamente desenvolvida sobre seu próprio propósito, Husserl reitera a necessidade de uma

---

Pode ajudar também um outro estudo de Fink, que possui o mérito da fidelidade e da clareza: "Vergegenwärtigung und Bild: Beiträge zur Phänomenologie der Unwirklichkeit" [Presentificação e imagem: contribuições à fenomenologia da irrealidade]. *Jahrbuch für Philosophie und phänomenologische Forschung*, XI, 1930, pp. 239-304), sobretudo a introdução (pp. 239-236).

5 Fink tem razão de dizer que "somente das *Ideen* se pode afirmar a vivente intenção e a direção filosófica das L. U." (p. 326).

investigação psicológica descritiva ou fenomenológica. Tal investigação é vista como um preparo indispensável para toda definição de ideias e leis lógicas ([L. U.], vol. II, pp. 7-8) ou como premissa gnosiológica indispensável à fixação dos conteúdos ideais. Ora, este aparente retorno, que, no entanto, foi considerado como um refazer ao contrário o caminho percorrido, uma vez examinado pelo plano da obra posterior, representa um pressentimento certo do caminho futuro e, como pressentimento, ou até mesmo como preparação, adquire o seu preciso significado de contribuição positiva ao pensamento posterior de Husserl, nem pode, de modo algum, ser tido por um contraditório retrocesso a posições já superadas.

O interesse de Husserl, nas L. U., é dirigido ao sujeito entendido ainda como centro de atos psíquicos, mas o ideal já presente de uma ciência primeira, sem pressupostos, de uma radical *Voraussetzungslosigkeit* filosófica, o conduz a elevar a investigação do sujeito a um outro nível: o plano da *consciência transcendental*. A obra posterior (as *Ideen*) propõe-se a operar esta reforma, a fundar a fenomenologia não mais sobre a análise descritiva da consciência psíquica, mas sobre a análise intencional da consciência transcendental: a consciência transcendental é atingida mediante a *εποχη*, ou *redução*. O método da redução que consiste na suspensão de juízo sobre a existência do mundo espaço-temporal marca, na história do pensamento de Husserl, a passagem da primeira à segunda fase; assim como, na doutrina fenomenológica, constitui o ponto de partida para subir da atitude natural do sujeito psíquico, que vive no mundo como ser entre os outros seres, à atitude fenomenológica do sujeito transcendental que, libertado do mundo, vê o mundo no seu significado puro, enquanto objeto intencional da consciência.[6] Realizada a redução, aquilo que resta como intocável por ela (*phänomenologisches Residuum* [resíduo fenomenológico]) é o ser transcendental na sua forma de *Eu*

---

6 A redução é, segundo Fink: "a via cognoscitiva do pensamento filosófico, novo rumo ao território temático da filosofia, e o acesso à subjetividade transcendental" (pp. 322-323).

puro; o Eu puro, na sua essencial propriedade de ser *intencional*, ou seja, de sempre ser consciência de alguma coisa, de sempre ser dirigido a um objeto, constitui a nova esfera de investigação que, submetida a uma descrição gradual e progressiva, abre a via a uma ciência verdadeiramente originária, atuando em modo perfeito o ideal da filosofia como ciência.

No entanto, mais uma vez, o pensamento de Husserl, não plenamente consciente de si, trai o conceito fundamental, e a ideia permanece, ainda uma vez, não totalmente elucidada e realizada. A educação psicológica de Husserl nas *Ideen* não é totalmente desmentida; e a psicologia, no seu significado puramente naturalístico, combatida como psicologismo, aflorada como psicologia descritiva, volta a insinuar as próprias pretensões na fenomenologia pura, a minar com as próprias exigências o edifício da consciência transcendental. Nas *Ideen*, a transcendentalidade da consciência é uma afirmação de princípio mais que uma determinação efetiva; de fato, nos seus atributos concretos, a consciência[7] transcendental das *Ideen* não difere da consciência empírica da psicologia naturalista; todos os esclarecimentos, todas as diferenciações propostas por Husserl entre a *consciência* e a *natureza* concorrem a fazer remontar esta ineliminabilidade do elemento psicológico tradicional da descrição da consciência transcendental. Nas *Ideen*, de fato, a diferença essencial entre o ser como consciência (*Erlebnis*) e o ser como natureza (*Ding*)[8] é reconduzida à diferença do modo que ambas têm de dar-se ao sujeito: a consciência se dá como *imanente* (enquanto pertence

---

7 No original está grafado "*coscenza*", o que nos parece erro de grafia do termo "*coscienza*", aqui traduzido por "consciência" (N. do T.).

8 Aqui Bobbio indica *Erlebnis* como "consciência", o que é impreciso e, à rigor, errôneo. O termo em alemão tem tradução ao português canonicamente estabelecida como "vivência"; o mesmo ocorre, logo abaixo, ao indicar *Ding* como natureza, quando o correto seria "coisa". Estima-se que o uso feito por Bobbio possa ser associativo, como se o autor desejasse indicar que a vivência *está para* a consciência, assim como a coisa *está para* a natureza, o que já é interpretativo (N. do E.).

ao fluxo mesmo da consciência que a percebe); a natureza, como *transcendente* (enquanto é estranha a este fluxo), e desta diferença essencial derivam as outras na adequação e na inadequação das duas diversas percepções. Agora, o que contém esta diferenciação senão o já contido na diferença estabelecida pela psicologia empírica entre experiência interna e experiência externa? Talvez Husserl tenha conseguido indicar, com esses elementos tradicionais, a novidade essencial da consciência transcendental, diante da qual não só o objeto físico, mas também o sujeito psíquico deveria ser anulado como ente mundano, pertencentes à temática das ciências positivas?[9]

O que Husserl fez senão transportar um velho critério de distinção a uma nova oposição de termos? E o que produziu esta ilícita transposição senão aquela insuficiente expressividade e aquela

9 O ter fixado essa observação é mérito de Fink, o qual no estudo citado clarifica como uma das causas da falta da compreensão entre neokantismo e fenomenologia, qual seja, a ainda não atingida maturidade das *Ideen* na exposição do genuíno pensamento fenomenológico (p. 333). Declara que muitas das afirmações ali feitas são *kommentarbedürftige* [carentes de comentário]. Agora, a inadequação de tais afirmações consiste, antes de tudo, naquilo que a "subjetividade transcendental vem fixada em uma terminologia, que é adequada única e exclusivamente pela imanência psíquica" (p. 360). Resulta claro que, nas *Ideen*, não devem ser buscadas "determinações conceituais fenomenologicamente definitivas ou, por assim dizer, definitórias", mas somente elementos preparatórios para a definitiva implantação da doutrina, que nas *Ideen*, entendidas por Fink como necessária obra de passagem, não podia ser dada. O mérito, porém, da crítica às *Ideen*, nesta direção, compete propriamente aos críticos neokantianos, os quais defronte ao Eu transcendental de Husserl assumiram juntos uma posição favorável, enquanto a atribuíram a uma influência da filosofia crítica; e uma posição desfavorável, enquanto a julgaram como um Eu psíquico e empírico. Veja em particular *Kreis*: Phänomenologie und Kritizismus [*Círculo*: Fenomenologia e criticismo] (Tübingen, 1930), o qual identifica a diferença entre esfera imanente e esfera transcendente das *Ideen*, com as diferenças entre *cogitatio* e *extensio* de Descartes, entre percepção interna e percepção externa de Brentano, entre percepção adequada e inadequada das L. U., para concluir que o pensamento de Husserl conserva uma direção rumo à filosofia pré-crítica e dogmática (p. 55).

provisoriedade, da qual foram acusadas as *Ideen*, senão uma enganosa deturpação do sentido íntimo da consciência transcendental? O sujeito transcendental das *Ideen*, qualificado com as determinações próprias da psicologia empírica, não é o Eu puro senão de nome, mas permanece ainda de fato o eu empírico que está no mundo, que participa da existência da natureza, enquanto natureza ele mesmo. Nas *Ideen*, Husserl, mesmo tendo marcado os lineamentos da genuína doutrina fenomenológica, não consegue despir-se plenamente dos esquemas e dos hábitos do psicólogo, e a fenomenologia, na sua efetiva portada, busca em vão diferenciar-se da *psicologia eidética* comumente entendida e evitar a identificação com a *psicologia intencional* de Brentano.[10]

É necessário dar um ulterior passo: e este não pode consistir senão em uma libertação total dos últimos resíduos de "mundanidade",

---

10 A diferença entre fenomenologia e psicologia é uma das preocupações constantes de Husserl, portanto, um dos temas sobre os quais mais se difunde. Não basta afirmar que a diferença essencial é dada pela *redução*, precisa também demonstrar, com exemplificações práticas, que as presumidas pesquisas fenomenológicas não coincidem com as pesquisas psicológicas. E tal observação crítica lhe foi movida mais vezes, sobretudo nesta segunda fase do seu pensamento, tanto mais que, apesar da redução, é muito difícil distinguir a fenomenologia da psicologia eidética, de um lado, e da psicologia intencional, de outro, nas próprias declarações de Husserl. Para a primeira diferença, referimo-nos a um passo das *Ideen*, no qual se diz muito vagamente que o modo de tratativa fenomenológica defronte àquele da psicologia eidética "é mais amplo e, enquanto absoluto, mais radical" (p. 143) e, depois, pondo no mesmo nível a geometria com a fenomenologia (p. 153), termina-se por reconhecer que a fenomenologia está, ela também, no mesmo nível da psicologia eidética e, portanto, não difere daquela. Para a segunda diferença, referimo-nos ao *Nachwort* [*Posfácio*], no qual Husserl tenta uma defesa da própria fenomenologia diante das acusações de identificar-se com a psicologia de Brentano (pp. 564-566): a diferença está, sobretudo, no diverso modo de entender a intencionalidade, que é passiva e receptiva em Brentano e é constitutiva e transcendental em Husserl; mas, como se verá em seguida, nas *Ideen*, a constitutividade da consciência não é ainda bem entendida, e é, portanto, ilegítima a confusão entre fenomenologia e psicologia intencional.

que ofuscam ainda o conceito do ser transcendental. A oposição entre imanência e transcendência, nas *Ideen*, tem caráter mundano; o ser transcendental, enquanto ser constitutivo do mundo, deve ser colhido em toda a sua pureza de ser primeiro e originário, na sua essencial extra-mundanidade. A "redução" deve ser realizada integralmente, ou seja, sem deixar resíduos ou pressupostos, deve combater e eliminar o tenaz dogmatismo implícito em toda existência mundana, deve remover a cega e enganosa "*Weltglauben*" [tese do mundo],[11] ou seja, aquela impulsiva e ingênua confiança do homem jogado no mundo, nas coisas e nos entes do mundo, ao qual permanece enredado, de algum modo ainda, na atitude naturalista, o problema autêntico da filosofia, que não é somente desconhecido, mas até mesmo inacessível: "à essência de tal atitude pertence a impenetrabilidade da dimensão do transcendental, o estar prisioneiros no mundo" (Fink, pp. 346-347).

A "redução" abre as portas da subjetividade transcendental; aqui, a oposição de imanência e de transcendência, de consciência e de natureza deve cair, porque não estamos mais no terreno do mundo, mas sim temos o mundo defronte. Dissolvido o mundo como entrelaçamento de fatos contingentes, nós o reencontramos na subjetividade transcendental como sistema de essências ou de significados puros; perdendo-o como existência, o readquirimos como valor; a fenomenologia se torna filosofia autêntica ou ciência primeira só enquanto se põe o problema do mundo não mais restando nos limites do mundo, já que seria condenada a uma pesquisa irrequieta e inesgotável, vulgarizada por um inexorável dogmatismo próprio do ser-no-mundo, mas sim conquistando a dimensão da

---

11 Literalmente, a "crença do mundo", o que se refere ao fato de os fenômenos inicialmente se apresentarem à consciência por meio de seus sentidos e significações derivados, isso é, como se o mundo já possuísse teses influentes que condicionariam a nossa tomada da significação dos fenômenos. Por essa razão, recorremos à tradução de "tese do mundo", seguindo o uso frequente e acertado dessa opção de tradução (N. do E).

transcendentalidade, que está totalmente fora do mundo, na qual e pela qual somente o mundo *vale*; a fenomenologia, como qualquer outra filosofia especulativa, também põe o problema do mundo, mas "ela torna problemático o mundo em um perguntar que é fora do mundo mesmo": somente permanecendo fiel a esta integral extra mundanidade ela conquistará a via régia para compreender o sentido do mundo.

Husserl procurou alcançar essa plena posse da esfera transcendental somente na última fase, descartando as arestas do insidioso psicologismo, que havia impedido a expansão total do ideal fenomenológico. Eliminada, definitivamente, a confusão entre subjetividade transcendental e imanência psíquica, entre validade transcendental e experiência interna, confirmado em todo o seu alcance o princípio da redução no seu sentido essencial de "retirada da atitude natural e formação do problema transcendental do mundo", transformada a consciência transcendental, como puro "resíduo" da redução, na subjetividade transcendental, como esfera absoluta em que se colhem as essências das coisas, o problema da fenomenologia se põe, sem mais equívocos possíveis, como o problema da vida transcendental, que, enquanto tal, não retorna mais ao mundo, fora deixada em suspenso nos parênteses da sua existência real, mas é reencontrada como fenômeno da subjetividade transcendental, e somente dessa altura vê aquele mundo que, na decadência na existência mundana, buscava sem ver, e no qual acreditava dogmaticamente sem entendê-lo: reencontra-o e o vê enquanto ele é "constituído" na subjetividade transcendental.

Com o problema da "constituição", posto claramente apenas na última fase, Husserl toca verdadeiramente o conceito central da filosofia fenomenológica, em primeiro lugar, porque através dela vem reconfirmada e comprovada a extra mundanidade da vida transcendental (a subjetividade transcendental está fora do mundo pelo fato de ela o constituir); e, em segundo lugar, porque vem dada uma clara resposta ao problema do mundo, até agora deixado suspenso no seu ser finito e inexplicado na sua indedutibilidade pelo ser absoluto (o mundo não é mais abandonado a si, mas é constituído pela subjetividade transcendental). Por isso, Fink[12] afirma que "o verdadeiro tema da fenomenologia não é nem o mundo, de um lado, nem a subjetividade transcendental que lhe está defronte, de outro, mas sim o devir do mundo na constituição da subjetividade transcendental" (p. 370). Além disso, essas várias fases do pensamento de Husserl podem ser fixadas nos diversos significados que assumiu nas suas obras, *a intencionalidade*, propriedade essencial da consciência de ser sempre consciência de alguma coisa; o mundo é acolhido pela consciência não como existente por si, mas como objeto intencional. A redução do mundo de realidade psíquica e física à objetividade intencional é a essência mesma da fenomenologia desde a sua primeira fase, mas ela não resolve o problema fundamental da cognoscibilidade absoluta do mundo até que venha entendida *realisticamente* como pura visão passiva de um mundo por si distinto e independente do puro ver do sujeito, e não *idealisticamente* como atividade criadora. É claro que a solução do problema da constituição transcendental do mundo está intimamente ligada à determinação precisa do conceito da intencionalidade. Husserl deixou este conceito aberto às mais variadas interpretações, mas Fink, pondo os quesitos husserlianos com senso agudo da dificuldade, não deixa lugar a dúvidas:[13] distingue dois significados diversos de intencionalidade, a intencionalidade receptiva, que atua no tornar acessível uma esfera de essências à consciência dela independente ou *intencionalidade psíquica*; e a

12 Eugen Fink (1905-1975) foi um filósofo alemão aluno e continuador de Husserl (N. do E.).

13 Porém, Pastore já havia fixado o problema com a máxima evidência nos seus justos termos, pondo em relevo o equívoco derivante da interpretação literal da *Wesensschau* [intuição das essências], que induzia a entender a intuição husserliana como teoricidade passiva e espetacular, não como teoricidade ativa. Veja PASTORE, Annibale. "Contributo all'interpretazione dell'ontologicità eidetica di Husserl". *Rivista di Filosofia*, XXIII, pp. 7 e ss. e sobretudo p. 7, nº 1 do extrato. Retoma o mesmo tema em *Husserl, Heidegger* (*Arch. di Storia della Filosofia*, II, pp. 19 e ss. do extrato).

intencionalidade constitutiva, que tem um caráter de criação e de produtividade ou *intencionalidade transcendental*; a primeira, própria do realismo ingênuo das investigações naturalistas; a segunda, própria do idealismo transcendental da fenomenologia. Posto no nível da subjetividade transcendental, depois de ter abandonado a atitude dogmática e passiva do ser oprimido pelo mundo, o fenomenólogo, na análise intencional do ser transcendental, não reconstrói um mundo pressuposto, mas ele mesmo constrói o objeto na própria consciência sem pressupor alguma coisa; o objeto intencional da consciência transcendental não é um objeto visto, mas um objeto constituído na consciência mesma. Nessa última fase, a fenomenologia é chamada, pelo próprio Husserl, um *idealismo transcendental*; Fink, precisando, acrescenta que o idealismo fenomenológico é um idealismo *constitutivo* que "apreende o mundo em modo fundamental, retornando à sua origem constitutiva" (p. 367). A fenomenologia na qual, como ciência extramundana, finalmente, deve atuar o ideal da absoluta *Voraussetzungslosigkeit*,[14] libertada através da redução das insídias dos problemas mundanos, psicológicos e naturalistas que urgem e empenham as ciências positivas e filosóficas neocríticas, põe a si mesma, segundo a expressão de Fink, que somente agora se pode entender no seu significado essencial, um só e fundamental problema: o problema da origem do mundo (*Ursprung der Welt*), enquanto colhe o mundo não no seu ser constituído, mas no seu constituir-se, ou seja, na origem.

Aquele eterno problema que o mito, a religião e a metafísica dogmática, em toda a história do pensamento, puseram e resolveram com inexauribilidade de impostações e de soluções, agora a fenomenologia repropõe não mais como problema religioso ou especulativo, mas como problema rigorosamente científico; e o resolve fazendo-o objeto de um conhecimento teorético puro que, por si só, enriquece-se e se explica por intrínseca fecundidade; e, por si só, constitui o próprio objeto em uma tomada de posição transcendental; e adequa, por si

14 Cf. nota explicativa 1 (N. do E.).

só, fora de toda fé religiosa e de toda avaliação metafísica, o fim ao qual tende: o conhecimento absoluto do mundo. "Em uma radical oposição a toda metafísica fideísta e especulativa, a fenomenologia constrói um método de pesquisa, que conduz à origem do mundo e o faz se tornar objeto temático de um possível saber" (p. 341). Elaborados aqui os dois conceitos fundamentais da *redução* e da *constituição*, Husserl coroa o intento de toda a sua vida teórica, de uma metafísica que se apresente como ciência, de uma filosofia que viva, antes que de mitos e de dogmas, unicamente e exclusivamente na paixão da pesquisa, "*im Pathos der Forschung*" [no *pathos* da pesquisa].[15]

---

15 Ajuda à plena compreensão da fenomenologia a comparação que Fink continuamente faz entre o idealismo transcendental de Husserl e o idealismo transcendental dos neokantianos. Ele se dirige contra os dois mais importantes críticos neokantianos da fenomenologia, Kreis e Zocher: veja ainda KRAFT, Julius. *Von Husserl zu Heidegger* [*De Husserl a Heidegger*]. Leipzig: Buske, 1932, e EHRLICH, Walter. *Kant und Husserl* [*Kant e Husserl*]. Halle: M. Niemeyer, 1923. Kreis, aluno de Rickert, no estudo já citado, estabelece uma proporção entre Kant e Rickert, entre Brentano e Husserl. Zocher, em *Husserls Phänomenologie und Schuppes Logik* [*A fenomenologia de Husserl e a lógica de Schuppe*]. Munique: E. Reinhardt, 1932, aproxima Husserl e Schuppe, como filósofos da imanência. Ambos acusam a fenomenologia de intuicionismo e de ontologismo, mais vivamente Kreis a condena como metafísica pré-crítica e dogmática e crê ver no idealismo transcendental de Husserl uma tentativa de aproximação ao criticismo; em suma, a fenomenologia seria para eles um ontologismo dogmático e empírico "espiritualizado por uma ambição crítica". Fink refuta, categoricamente, essa asserção: a fenomenologia não é um ontologismo, nem tende ao kantismo. Mas a culpa da incompreensão não é dos críticos, pelo fato de as *Ideen* às quais eles se referem não contêm ainda o genuíno pensamento de Husserl e dão facilmente ocasião aos equívocos e às críticas; não é de outro lado de Husserl, pelo fato de que a fenomenologia não pode ser entendida se não for operada por graus. Na sua fase final, ela se contrapõe ao criticismo e o condena como filosofia que não saiu ainda do mundo; o problema do criticismo ainda é o problema da experiência mundana e a esfera *a priori*, antes que ser uma nova esfera de ser, é a esfera das formas imanentes ao mundo. O transcendental, para o criticismo, não é o oposto do mundano, mas do empírico; a constituição não é constituição

III

Em oposição àquele discorrer vago de tendência fenomenológica, sem referências precisas ou determinações rigorosas, até aqui procurou-se fixar a essência da filosofia de Husserl como *idealismo transcendental constitutivo*. Imposta ao próprio pensamento uma orientação científica, resolvendo o interesse especulativo em interesse teorético, mantendo intacto o ideal de uma redução da especulação metafísica a ciência teoreticamente rigorosa, Husserl exerce gradualmente o próprio intento através de duas fundamentais depurações: a purificação das preocupações mundanas, sempre presentes na forma do psicologismo empírico e do idealismo subjetivo, e isto ele obtém mediante o princípio da *redução*, e a purificação dos pressupostos fideístas e metafísicos, que sempre incumbem nas formas da religião e da especulação tradicional, e isto obtém mediante o outro princípio da *constituição*. A redução salva a fenomenologia dos interesses do mundo e a põe como pesquisa transcendental; a constitutividade do transcendental salva a fenomenologia das avaliações dogmáticas e a põe como ciência: ambos os princípios são dirigidos a realizar a *Voraussetzungslosigkeit*, motivo essencial da metafísica como ciência: a pureza teórica de Husserl quer ser feita não somente de uma suspensão do juízo sobre o mundo espaço-temporal, mas também de uma completa abstenção de toda tese metafísica.

Considerando, agora, a fenomenologia no seu sentido completo, abre-se a fundamental aporia do pensamento husserliano. Esta aporia distingue-se em duas perguntas principais, que colocam em dúvida os dois princípios fundamentais da fenomenologia: em primeiro lugar, pode o sujeito cumprir a redução integral, despir-se totalmente da mundanidade, da qual ele é feito e na qual se move a sua vida; em suma, pode sair da sua individualidade subjetiva e empírica,

---

do mundo, mas constituição do objeto do conhecimento. A filosofia neocrítica como o positivismo é fechada na atitude naturalística. Daqui o valor, segundo Fink, mais alto da fenomenologia.

ultrapassar os limites do próprio horizonte, fazer-se subjetividade transcendental e colher-se como tal em uma imediata consciência de si?[16] E, em segundo lugar, pode ainda o sujeito encontrar em si mesmo, na sua fecunda originalidade de ser transcendental, o princípio da pesquisa e da constituição; pode, sem agarrar-se aos pressupostos tradicionais e sem reforçar-se de prejuízos ou de convenções, fundar o início absoluto? Estas duas perguntas confluem na única fundamental aporia: é possível a metafísica como ciência? Husserl quer combater as duas formas típicas de dogmatismo, o dogmatismo mundano e o dogmatismo metafísico-religioso: para Husserl, dogmático é aquele que se abandona ao mundo empírico, dogmático também aquele que se abandona ao mundo transcendental; a única posição crítica se torna aquela do idealismo transcendental constitutivo que quer destruir a cegueira da fé para instaurar a luminosidade da pesquisa. Mas surge a dificuldade: se é verdadeiro que é necessário eliminar o mundo para entendê-lo na sua essência, é possível sair deste mundo sem uma fé inicial em um outro mundo, do qual o mundo presente se possa entender? Husserl procura fugir a esta dificuldade subtraindo-se, de um lado, aos vínculos com o mundo empírico através da redução, de outro, aos laços da especulação tradicional mediante a constitutividade da ciência. Mas a aporia se aninha nas mais íntimas dobras da sua doutrina, e a resposta negativa às duas perguntas principais, se é possível eliminar o mundo, se é possível começar em modo absoluto, transparece indiretamente na consciência mesma que Husserl tem das dificuldades da sua orientação. A nós, sobretudo isto interessa: encontrar, no interior do pensamento de Husserl, os elementos daquela aporia, para indicar, na falha adequação à tarefa proposta, a confirmação do seu valor puramente ideológico.

O homem no mundo tem à sua disposição somente instrumentos mundanos, instrumentos adequados à sua vida no mundo. Com tais instrumentos, o homem pode ascender ao ser transcendental

16 Esse problema é posto em relevo e elucidado por Pastore no ensaio já citado sobre a ontologicidade eidética de Husserl (pp. 5 e 6).

ou seria continuamente traído no esforço de subir apoiando-se em sustentáculos que não o sustentam? E, uma vez ascendido à esfera transcendental, pode conseguir comunicar aos outros a própria descoberta com as palavras da vida cotidiana, expressivas somente daquilo que está no mundo ou, se forja novas palavras, não se condena talvez ao risco de ser mal-entendido? Fink, elucidando as incompreensões dos críticos, deu-se conta destas "inevitáveis dificuldades em que é aferrada toda exposição fenomenológica" (p. 381), e põe em evidência o paradoxo que "obscurece constantemente a problemática fenomenológica". Essencialmente, como podem se entenderem o fenomenólogo, aquele que realizou a redução e se encontra além da margem, e o dogmático, que ainda vive dentro dos parênteses e é ignorante do outro mundo? O fenomenólogo não tem à disposição senão conceitos mundanos, e se exprime com a língua da atitude natural; de outro lado, o dogmático está disposto a entender somente o sentido mundano das palavras; daqui os mal--entendidos e as incompreensões. Assim, Fink: mas essas dificuldades puramente extrínsecas sobre a comunicação entre sujeitos põem em evidência dificuldades bem mais vitais, sobre a possibilidade mesma da ascensão interior do sujeito empírico ao sujeito transcendental: a compreensão da fenomenologia vem somente depois que cada um construiu, por si mesmo, a atitude transcendental, e tal atitude cada um a constrói por si mesmo através do processo da redução. Mas aqui permanece a dificuldade: isto é, como poderia o sujeito empírico operar a redução, se ele, enquanto ente que está no mundo, não pode entender as coisas e si mesmo senão dogmaticamente, quase como obscurecido por um véu densíssimo de ignorância. A dificuldade que faz com que o dogmático não possa entender o fenomenólogo é a mesma dificuldade que impede ao dogmático de sair de si mesmo, de entender, enquanto eu empírico, o Eu transcendental que lhe está acima e o constitui. Fink, com muita sinceridade, pondo a claro os paradoxos fenomenológicos, descobriu também uma das fundamentais dificuldades da fenomenologia,[17] a dificuldade de realizar a partir do interno, sem impulsos externos transcendentes, o processo da redução; se não houver passagem do dogmático ao fenomenológico nas relações exteriores, não se concebe nem mesmo a passagem do sujeito empírico ao sujeito transcendental na interioridade de uma consciência. A incompatibilidade permanece: o eu empírico, que vive dogmaticamente, não pode entender o Eu transcendental se já, de algum modo, não o pressupõe, ou seja, se já não cessou de viver dogmaticamente e iniciou a viver tendendo a transcender-se. Ou seja, deixa subsistir o abismo entre a esfera transcendental e a esfera mundana, e então nenhuma comunicação, nem externa nem interna, é possível; ou se tenta preenchê-lo, e então se termina por envolver-se em um círculo perigoso ou em uma ainda mais perigosa identificação. Fink viu, com muita clareza, a dificuldade e procurou entender o método da redução não como uma fórmula mágica que escancara as portas do reino do absoluto, mas como uma conquista lenta e gradual que procede afadigosamente e abre, vez por vez, somente espirais (a partir do caráter de graus, *Stufencharakter,* da fenomenologia): "a redução não é uma via régia, mas o extremo esforço da teórica auto superação do homem, a via do conhecimento do absoluto, procedente na experiência e no pensamento transcendental" (p. 366). Em tal modo, para evitar o hiato entre a atitude transcendental constitutiva e a atitude naturalista receptiva, observando "sobre a dificuldade de uma definitiva determinação da essência da constituição" (p. 371), Fink introduziu um grau intermediário que compendia e representa no seu significado geral os vários momentos da passagem, como sucessivas etapas de aproximação: o grau do *ser transcendental indeterminado.*[18] A redução descobre a dimensão do transcendental, em princípio, no modo da indeterminação e somente ao término, no seu modo autêntico da constituição: ela não é "uma

---

17 No original italiano está grafado "*fonomenelogia*", evidente erro tipográfico de "fenomenologia" (N. do. E.).

18 A esse grau da indeterminação pertence, segundo Fink, na história do pensamento de Husserl, a fase das *Ideen.*

instalação técnica de uma maneira de conhecer, que, uma vez posta em ato, é terminada e esgotada para sempre..., mas é uma inesgotável constante, tema da filosofia fenomenológica" (p. 367). Neste sentido atribuído à redução, não de metódica abstrata, mas de pesquisa em ato, tenta-se eliminar tudo aquilo que deveria aparecer mecânico e exterior no procedimento metodológico e se vem a considerá-lo, ao contrário, como um perpétuo reencontrar-se que o sujeito individual empírico faz de si mesmo em uma gradual ascensão rumo à plena posse da subjetividade transcendental, procedente da indeterminação à determinação. Entre o Eu psicológico e o Eu transcendental é posto o Eu que realiza a redução, o Eu reflexivo, o Eu que, abstendo-se da fé no mundo, própria da atitude naturalista, observa em atitude reflexiva aquela fé sem participar dela e faz do mundo um fenômeno da consciência, o Eu que realiza a passagem da atitude naturalista à atitude transcendental.

Mas a aporia fundamental não foi eliminada; antes, aqui se revela em um círculo vicioso, que o próprio Fink teve de pôr em evidência. Disse-se, de fato, que a redução não pode ser entendida ou operada por quem permanece no terreno da atitude natural, mas somente por quem transcende o mundo; mas acrescentou-se também que não existe senão um modo para transcender o mundo: a redução. Portanto, por um lado, precisa entender e realizar a redução para transcender o mundo, por outro, precisa transcender o mundo para entender e realizar a redução: a redução é, juntamente, o antecedente e a consequência. "A redução pressupõe a si mesma – admite Fink – pelo fato de ela, primeiramente dar ingresso àquela dimensão de ser, em relação à qual somente é possível o seu conhecimento teórico" (p. 346). Fink chama esta situação de "estranho paradoxo do princípio da filosofia"; para nós, está a indicar a aporia em que se debate a filosofia de Husserl, querer condenar totalmente a crença naturalística não em nome de uma outra crença, mas em nome de uma posição de um início absoluto.

De fato, na doutrina de Husserl, é pressuposta a esfera da subjetividade transcendental à redução; assim, Husserl, realmente, evita o paradoxo da redução que pressupõe a si mesma, mas ao mesmo tempo falha no ideal da rigorosa teoricidade, enquanto o início é inevitavelmente dogmático. Mas, diversamente, é possível um radicalismo integral, um início teórico absoluto, ou o ideal husserliano da "ausência de pressupostos" já não é, por si mesmo, teoricamente absurdo? Não se contrapõe, também na doutrina husserliana, ao "*Weltglauben*", essência da atitude naturalista, uma outra fé, a fé no mundo transcendental absoluto, no qual aquela fé precedente se resolve? A atitude naturalista, fechada no seu dogmatismo, não encontra talvez o próprio correspondente na atitude fenomenológica, que põe em discussão o mundo, mas aceita dogmaticamente a realidade absoluta da subjetividade transcendental? Agora, se não se pode sair deste mundo, senão insistindo sobre uma outra realidade, como pode o fenomenólogo pôr entre parênteses o mundo, desvincular-se da atitude dogmática do homem no mundo, elaborar uma, mesmo que pequena, partícula das próprias pesquisas, sem ser sustentado por uma fé que substitui aquela outra destruída, sem apoiar-se firmemente em um mundo que substitua o outro esquecido ou eliminado? Ou não reconheceu o próprio Husserl que está na essência das ciências serem contaminadas por premissas extra científicas; e talvez não é seu destino que a fenomenologia, enquanto ciência, deva ter em comum com as outras ciências pressupor algo de não fenomenologicamente posto? Devemos, portanto, concluir que a fenomenologia, exatamente enquanto ciência, é obrigada a sacrificar a integralidade do próprio radicalismo?

Para elucidar a fundamental aporia, fizemo-nos duas perguntas; vimos como as duas perguntas se implicam e concluem a mesmíssima resposta: não é possível despir-se da própria mundanidade se não investindo na fé em um mundo que esteja acima do nosso mundo; de outro lado, não é possível investir numa fé sem destruir o ideal da *Voraussetzungslosigkeit*. Não é possível realizar plenamente a *redução* sem ferir o princípio da *constitutividade* da consciência: a purificação da dogmática do mundo compromete irremediavelmente a purificação da dogmática metafísica. A aporia fundamental da fenomenologia de Husserl, para a qual todas as dificuldades gradualmente confluem e na qual se reabsorvem, está no seu pôr-se como ciência rigorosa da qual deve derivar uma metafísica e no seu ser, realmente, uma metafísica da qual deve derivar uma ciência. Husserl abomina toda tese metafísica, mas um pressuposto metafísico acompanha e dirige todo o seu pensamento, o pressuposto da cisão dos modos de ser, o ser absoluto ou da subjetividade transcendental e o ser relativo ou do mundo espaço-temporal. A estrutura metafísica da sua doutrina é evidente até demais: o início da fenomenologia não é absoluto, mas é comprometido por aquela estrutura que investe nela e a funda.

A fenomenologia apareceu ao mundo contemporâneo mais como método científico do que como filosofia: falou-se mais da aridez que da riqueza metafísica de Husserl. Por isto, precisa distinguir, como se disse desde o princípio, aquela que se chama tendência fenomenológica daquela que é propriamente fenomenologia ou filosofia de Husserl. Quando se discorre, em modo genérico, sobre tendência fenomenológica, não propriamente da filosofia de Husserl na sua típica estrutura, quer-se discorrer sobre a persuasiva exigência de teoricidade que dela emana: mas, quando se pretende propor a fenomenologia como nova forma de vida espiritual, que deva ser não somente entendida a partir de fora, mas revivida a partir de dentro, antes, deva ser revivida para ser entendida, erra-se grosseiramente se se remete àquela tendência e não àquela metafísica, do que é evidente que a exigência de uma integral teoricidade ou, contudo, a expressão de um método original de conhecer pode transformar-se em uma atitude mental, mas não em uma atitude espiritual a ser revivida com plenitude de entusiasmo e com fecundidade de obras. Reviver Husserl quer dizer intuir e, portanto, comunicar-se com a sua metafísica: a maior parte daqueles que se dizem fenomenólogos não o fizeram, e, contentando-se em pensar no mesmo círculo de sugestão filosófica de Husserl, aplicaram e interpretaram a sua doutrina de mil modos diversos, e, confiando-se à pura exigência do espírito fenomenológico, fizeram reaparecer, naquele âmbito, os pontos de vista, as atitudes pessoais, as avaliações extra teóricas, em uma palavra, as *Weltanschauungen*.[19] Agora, entre estas, foi a primeira, a mais rica e a mais sugestiva *Weltanschaung*, no âmbito da tendência fenomenológica – embora principalmente negligenciada e incompreendida –, exatamente a filosofia de Husserl.

19 Com razão, Scheler fala de uma "consciência metodológica da unidade e do significado da atitude fenomenológica, que mantém unidos os colaboradores do *Jahrbuch,* mesmo distantes um do outro pelas *Weltanschauungen,* os pontos de vista filosóficos" (SCHELER, Max. *Der Formalismus in der Ethik und die materiale Wertethik* [*O formalismo na ética e a ética material dos valores*]. 3ª ed. Halle: Niemeyer, 1927, p. VII).

1.4

DIE IDEE DER PHÄNOMENOLOGIE, FÜNF VORLESUNGEN (1950)[1]

Esse é o segundo dos quatro volumes da *Husserliana*, anunciados pelo editor Nijhoff e dos quais se deu notícia no fascículo 4, de 1950, da *Rivista di Filosofia*. Consiste em cinco lições, ministradas em Göttingen em 1907, que permaneciam inéditas até agora, nas quais Husserl expõe com clareza sintética os temas fundamentais da fenomenologia, que vemos aqui nascer como teoria filosófica do conhecimento, distinta da psicologia descritiva do conhecimento. Como é notório, o interesse pelo pensamento de Husserl não diminuiu nestes últimos anos. Recentemente, saiu na Itália, organizado por Giulio Alliney, que assumiu e cumpriu egregiamente a dificílima tarefa de uma acurada e fiel tradução da obra maior: *Idee per una fenomenologia pura e una filosofia fenomenologica* [*Ideias para*

1 Título em alemão no original de Bobbio, trata-se de resenha do livro HUSSERL, Edmund. *Die Idee der Phänomenologie*, *Fünf Vorlesungen* [*A ideia de fenomenologia, cinco preleções*], organizado por Walter Biemel. Haag: Martinus Nijhoff, 1950, XI, 93 p. Originalmente publicada na *Rivista di Filosofia*, 42, nº 2, abr.-jul. 1951, pp. 204-206. No Brasil, essa obra foi traduzida por *A ideia* da *fenomenologia*: *cinco preleções*. *Petrópolis*: *Vozes*, *2020* (N. do E.).

uma fenomenologia pura e uma filosofia fenomenológica] (Torino: Einaudi, 1950). Esta servirá certamente para aproximar Husserl daqueles leitores que, até agora, tinham de se contentar com um conhecimento de segunda mão.

Na França, na revista *Les Études Philosophiques*, apareceu em duas partes, em 1949, a tradução francesa da última obra publicada por Husserl antes de morrer: *La crise des sciences européennes et la phénoménologie transcendantale* [*A crise das ciências europeias e a fenomenologia transcendental*] (fasc. 2 e 3-4) e foi assim posta à disposição de um público mais vasto uma das obras husserlianas mais significativas e mais difíceis de encontrar (publicada em 1936, na revista *Philosophia* de Belgrado). Dessas novas publicações dever-se-ia esperar um mais atento e rigoroso exame do pensamento do fundador da fenomenologia, frente ao qual parece que as atitudes mais frequentes são aquelas de extrema admiração ou de indiferença. Pouco, de fato, a crítica histórica trabalhou até agora sobre o imenso material do pensamento husserliano.

Para um exame crítico-histórico da obra husserliana, essas cinco lições são importantes, pois servem para preencher a década de silêncio transcorrida entre a publicação das *Logische Untersuchungen* [*Investigações lógicas*] (1900-1901) e o ensaio *Philosophie als strenge Wissenschaft* [*Filosofia como ciência rigorosa*] (1911), que precede de dois anos a obra maior, as *Ideen* [*Ideias*]; e constituem uma espécie de ponte entre as chamadas primeira e segunda fases do pensamento husserliano. Como é notório, na época de suas investigações lógicas, Husserl não tinha ido além de uma psicologia descritiva; nas *Ideen*, em vez disso, expunha as linhas fundamentais de uma teoria constitutiva do conhecer, que devia conduzi-lo ao idealismo transcendental da última fase. Não eram conhecidos, porquanto pudessem ser reconstruíveis, os termos da passagem. O opúsculo agora publicado é extremamente precioso a esse respeito. Faz-nos ver claramente como Husserl já tinha superado, em 1907, o ponto morto da psicologia descritiva, tendo esboçado temas fundamentais da fenomenologia, começando por aquele que é a redução fenomenológica, a qual nos faz atingir uma "dadidade absoluta que não tem mais nada da transcendência" (p. 44), para terminar aquele da constituição do objeto no conhecimento. De resto, um fragmento que também remonta a 1907, trazido na introdução por Biemel, mostra que ele mesmo havia adquirido plena consciência do grande passo realizado e o exprimia nesses termos:

> As *Investigações lógicas* fazem passar a fenomenologia por psicologia descritiva (embora fosse nelas determinante o interesse teórico-cognitivo). Importa, porém, distinguir esta psicologia descritiva, entendida como fenomenologia empírica, da *fenomenologia transcendental*... O que nas minhas *Investigações lógicas* vinha designado como fenomenologia psicológica descritiva concerne à simples esfera das *Erlebnisse* (vivências), segundo o seu conteúdo real. As *Erlebnisse* são *Erlebnisse* do eu que vivencia, enquanto são empiricamente referidas à objetividade da natureza. Mas, para uma fenomenologia que se pretenda gnosiológica, para uma doutrina essencial do conhecimento (*a priori*), a referência empírica fica eliminada. Surge assim uma fenomenologia transcendental, que foi aquela propriamente exposta em fragmentos nas *Investigações lógicas*... (p. IX).[2]

Nesse passo, já é delineado o programa das cinco lições. A primeira aborda a distinção entre a ciência natural e a ciência filosófica, esta fundada na diferença essencial entre essas duas atitudes diversas (tema recorrente nas obras sucessivas), a atitude naturalista e a atitude filosófica. A segunda atitude é aqui indicada como atitude que reflete sobre o conhecimento que, portanto, parte da teoria do conhecimento, a qual não se pode pôr senão através de uma fenomenologia do conhecimento, conduzida com um método totalmente diverso daquele naturalista das ciências. A distinção entre filosofia

2 Os textos aqui são traduzidos a partir da transcrição de Bobbio (conservando inclusive os termos usados no original alemão), embora cotejados com a versão portuguesa de Artur Morão, Edições 70, 1986 (N. do E.).

e ciência, assim posta, é essencial, já que a filosofia está em uma dimensão totalmente nova em relação à ciência. Na segunda, expõe uma tese que será largamente desenvolvida nas *Ideen*, vale dizer, que o conhecimento próprio da fenomenologia do conhecimento possui o caráter da imanência, enquanto o conhecimento natural é voltado a objetos transcendentes. A essa imanência, na qual consiste a dadidade absoluta do conhecimento fenomenológico, chega-se através da redução fenomenológica. A terceira é dedicada a ilustrar o método da redução; a quarta toca no conceito de intencionalidade e insiste sobretudo na crítica da teoria da evidência como sentimento (outro tema husserliano característico), contrapondo-lhe a teoria da evidência como "autodadidade" (*Selbstgegebenheit*); a quinta, enfim, põe o problema da constituição da objetividade do conhecimento. Recorrente em todas as lições o tema fundamental da intuição como método próprio da fenomenologia. Eis como é descrito, em uma página muito característica, o procedimento fenomenológico:

> *A fenomenologia procede intuindo, elucidando, determinando e distinguindo*. Compara, distingue, junta, põe em relação, separa em partes ou segrega os momentos um do outro. Mas tudo isso no puro intuir. Ela não teoriza nem matematiza; não faz nenhuma explicação no sentido da teoria dedutiva. Ao elucidar conceitos e proposições fundamentais, que dominam como princípios a possibilidade da ciência objetivante... termina lá onde a ciência objetivante começa. É, pois, ciência em outro sentido e com outras tarefas e outros métodos. O procedimento intuitivo e ideativo por dentro da mais rigorosa redução fenomenológica é de sua exclusiva propriedade, é o método filosófico específico, enquanto esse método pertence essencialmente ao sentido da crítica do conhecimento e, por isso, em geral a qualquer crítica da razão (p. 58).

O volume é apresentado com aparatos críticos: uma nota, posta ao final do volume, dá notícias sobre o manuscrito e explica a forma usada na transcrição; a isso se seguem anotações relativas ao texto com variantes, correções e acréscimos.

1.5

NECROLÓGIO DE EDMUND HUSSERL[1]

Husserl deveu a sua grande notoriedade talvez mais à sua escola do que às suas obras: no entanto, os vários movimentos aos quais o seu pensamento deu origem nem sempre refletiram a essência da sua doutrina e, frequentemente, impediram a sua precisa compreensão. Que ao menos agora depois de sua morte a crítica seja um pouco mais indulgente sobre a sua personalidade e escrutine mais a fundo a sua singularidade de pensador.

O grande rumor que se fez em torno do nome de Husserl, e que serviu a sua fama, com certeza não contribuiu ao entendimento de seu pensamento, isso devido, sobretudo, a dois movimentos, que até agora fazem referência a ele, mesmo não tendo com a sua filosofia senão relações secundárias ou até mesmo exteriores. O primeiro é um movimento colateral, compreendido sob o nome genérico de "escola fenomenológica", que teve somente um contato inicial com a doutrina husserliana, tendo sido apresentado como continuador

1 Necrológio publicado originalmente com o título "Edmund Husserl". *Rivista di Filosofia*, 29, nº 4, out.-dez., 1938, pp. 365-369.

e integrador da tarefa (apontado, em um primeiro momento, por Husserl ao pensamento contemporâneo) de descrição dos fenômenos essenciais colhidos na intuição eidética e que, depois, se perdeu em diversas e contrastantes direções, não tendo, agora, outro ponto comum senão a fundamental e persistente concepção realista do mundo. O segundo é um movimento sucessivo, que conquistou para si muitos adeptos na Alemanha e fora dela com o nome de "filosofia existencial" e que, mesmo professando-se herdeiro talvez por razões somente aparentes e contingentes do pensamento de Husserl, não conservou nem transmitiu de modo algum seu espírito, traindo manifestamente a fundamental inspiração das tendências situadas em uma esfera cultural muito distante e, não obstante a aproximação exterior, intimamente não correspondentes ao racionalismo husserliano.

Para restabelecer o significado da filosofia de Husserl, fora de todo esse séquito puramente decorativo é preciso ver como seu pensamento desenvolveu-se intrinsecamente por necessidade lógica e independentemente de influxos exteriores. E, então, antes de tudo, observar-se-á que, não obstante a estratificação em três fases sucessivas e singularmente diferenciadas, esse pensamento se move rumo a um ideal metodológico constante, que é aquele da *Filosofia como ciência rigorosa* ("*Philosophie als strenge Wissenschaft*". In: *Logos*, 1910, pp. 289-341), isto é, de uma filosofia que, suspendendo o domínio das pretensões e substancialmente cética em relação às "concepções do mundo", reconduza o pensamento filosófico à exigência da cientificidade e da pesquisa;[2] e possui um único centro de meditação e de aprofundamento, o problema da consciência.

As três fases do pensamento de Husserl correspondem às suas três obras fundamentais: as *Logische Untersuchungen* [*Investigações lógicas*] (1900-1901), as *Ideen zu einer reinen Phänomenologie...* [*Ideias para uma fenomenologia pura...*] (1913) e as *Méditations*

2 No original, grafado "*ricrca*", o que nos parece evidente erro gráfico de "*ricerca*", aqui traduzido por "pesquisa" (N. do E.).

cartésiennes [*Meditações cartesianas*] (1931) (estas últimas precedidas pela obra preparatória, *Formale und transzendentale Logik* [*Lógica formal e transcendental*] (1929), e seguida pela última, sintetizadora e conclusiva, mas ainda incompleta, *Die Krisis der europäischen Wissenschaften und die transzendentale Phänomenologie* [*A crise das ciências europeias e a fenomenologia transcendental*] (1936).

Na primeira, visto que os dois motivos dominantes são a crítica do psicologismo e a constituição de uma lógica pura, já se prenunciam os termos de uma pesquisa fenomenológica, entendida como descrição da consciência nos seus atos intencionais, a valer como uma preparação gnosiológica à lógica pura. Mas somente na segunda o estudo da consciência é levado do nível do ser natural ao do transcendental, e vêm postas as bases da fenomenologia propriamente dita, mediante o método da "redução". Cumprindo, de fato, tal redução (que consiste na suspensão de juízo sobre a existência do mundo empírico) encontra-se diante de um único resultado que é a consciência transcendental, em cuja descrição estão as razões e as possibilidades da fenomenologia como ciência primeira, atuante no ideal regulatório da filosofia como ciência.

Mas até aqui a consciência transcendental, em sua simplista contraposição ao ser do mundo, ainda conserva demasiadamente os traços da formação psicológica de Husserl, e não consegue fazer esquecer plenamente a distinção entre experiência interna e experiência externa. O passo imediato é realizado na terceira obra, na qual o Eu puro, enquanto resultado da redução, substitui a consciência transcendental de derivação psicológica, esta que não só está fora do mundo, mas é constituída em sua intencionalidade; tal tese tem um alcance genuinamente metafísico, apesar das frequentes declarações de Husserl de não querer se comprometer com uma posição metafísica para não eivar o ideal da cientificidade rigorosa. O esforço para sair das últimas sobras de mundanidade, que ainda ofuscam o conceito da consciência transcendental, é realizado pondo o Eu puro como constitutivo do mundo: da primeira fase realista, Husserl chega, assim, a uma posição nitidamente idealista, que se pode chamar "idealismo transcendental constitutivo".

Preocupado, ainda, em dar uma justificativa histórica ao seu pensamento, ele busca inserir-se na grande tradição da filosofia moderna: sobretudo na última obra, retoma e fixa as linhas fundamentais de uma história da filosofia que conduza ao seu idealismo fenomenológico. Dois seriam, então, segundo Husserl, os grandes pilares do pensamento moderno: Galileu, iniciador da ciência moderna, que dá início àquela concepção objetivista do mundo que depois desagua na reação cética de Hume; e Descartes, iniciador da filosofia moderna, que com o seu "*cogito*", mesmo que ainda psicologisticamente entendido, abre a estrada ao subjetivismo que se tornará, pela primeira vez, com Kant, um subjetivismo transcendental. O significado histórico da sua filosofia seria, portanto, aquele de colher as duas inspirações fundamentais do objetivismo científico e do subjetivismo transcendental e de fundi-los numa única ciência que é a fenomenologia.

Os ensinamentos que se podem extrair de Husserl são principalmente dois: o primeiro deriva da sua própria personalidade filosófica, severa, equilibrada e tenaz, e do seu modo de trabalhar, metódico e ordenado, em contraste com as atitudes deliberadamente sem escrúpulos de pensadores contemporâneos, que adquirem fama de filósofos profundos agitando problemas insolúveis e revertendo, sem resultado, os problemas tradicionais. Husserl não é um filósofo bizarro, mas sumamente preciso, ponderado e cauteloso; é racionalista no sentido em que toda a melhor tradição da filosofia ocidental é racionalista, que opõe a força do pensamento guiado com método à dissolução do ceticismo e à mortificação do dogmatismo. A fenomenologia não propõe soluções miraculosas, nem abandonos desencorajantes; o seu programa é essencialmente um programa de pesquisa em campos ainda não explorados e com um método ainda não exaurido; e é, exatamente, esse programa que constituiu a insígnia da sua escola e o fundamento do seu sucesso.

O segundo ensinamento deriva, em geral, do conteúdo mesmo da sua doutrina quando se encontra em uníssono com a mais séria filosofia contemporânea e contribui, portanto, para reiterar os seus princípios vitais e a revigorar os seus elementos vivificadores, não obstante as proclamadas, mas superficialmente acordadas, diferenças. Esse acordo se manifesta seja na atitude negativa de crítica ao positivismo e ao naturalismo, seja na atitude construtiva, que, partindo de uma fenomenologia da consciência, ainda incerta e enredada ao naturalismo, chega à consciência na melhor tradição filosófica moderna de Descartes a Kant. Face a esta, por meio de uma contínua e gradual extrapolação do Eu como centro de atos intencionais do mundo espaço-temporal da experiência sensível, traça as linhas e põe as bases de um idealismo transcendental, que pode ser considerado sumamente representativo da contínua tendência do pensamento moderno a uma sempre e mais firme persuasão da imanência.

Nascido em 8 de abril de 1859, em Proßnitz na Morávia, Edmund Husserl morreu em 27 de abril de 1938, em Friburgo em Breisgau. O doutor [Eugen] Fink, seu assistente e discípulo, comunica-me muito cortesmente as seguintes notícias sobre a sua vida pública:

> Estudou em Leipzig e em Berlim (com Weierstrass) matemática e ciências naturais com a intenção de se tornar astrônomo. Nos estudos pessoais de filosofia (por exemplo, Schopenhauer) e, sob a influência de Brentano, que ouviu em Vienna, despertou-se seu interesse filosófico. Em 1887, tomou habilitação com Stumpf, em Halle; em 1901, tornou-se professor extraordinário e, depois, em 1906, professor ordinário em Göttingen. Ali, ele reuniu em torno de si um grande grupo de estudantes, que constituiu o início da "escola fenomenológica". Em 1916, foi chamado a Friburgo, onde desempenhou a sua atividade até a aposentadoria, ocorrida em 1928. Em seguida, permaneceu em Friburgo, onde se ocupou quase exclusivamente do seu trabalho de pesquisa.

Além de uma obra juvenil sobre filosofia da matemática (*Die Philosophie der Arithmetik* [*A filosofia da aritmética*] (1891), entre as obras menores, deixa um conjunto de lições recolhidas por Heidegger (*Vorlesungen zur Phänomenologie des inneren Zeitbewusstseins* [*Preleções para uma fenomenologia da consciência interna do tempo*] (1928), alguns escritos de menor vulto (entre os quais o notável *Nachwort zu Ideen* [*Posfácio às Ideias*] (1930) e numerosos inéditos. Referente a esses inéditos, dos quais tanto se fala, escreve-me Fink precisando que "os escritos publicados de Husserl são somente fração da sua obra; a parte mais importante da sua produção filosófica está nos seus manuscritos, que aperfeiçoam e aprofundam o estilo analítico da filosofia fenomenológica somente preanunciado nos seus escritos", e conclui: "na verdade, pode-se dizer, a pleno direito, que a filosofia verdadeira e própria de Husserl está nos manuscritos ainda não publicados". Importantíssimo para a história do seu sucesso e da filosofia contemporânea na Alemanha é ainda o *Jahrbuch für Philosophie und phänomenologische Forschung* [*Anuário de filosofia e pesquisa fenomenológica*], fundado por ele em 1913 e editado até 1931. Em toda a sua atividade, adequou-se perfeitamente à imagem que traçou de si mesmo, quando em sua última obra se definiu "*als jemand, der das Schicksal eines philosophischen Daseins in seinem ganzen Ernste durchlebte*".[3]

---

3 Trata-se de um trecho do § 7 de *A crise das ciências europeias e a fenomenologia transcendental*. De acordo com a tradução para o português: "como alguém que que viveu até o fim o destino de uma existência filosófica em toda a sua seriedade" (Cf. HUSSERL, Edmund. *A crise das ciências europeias e a fenomenologia transcendental*: uma introdução à filosofia fenomenológica. Trad. Diogo F. Ferrer. Rio de Janeiro: Forense Universitária, 2012, p. 14 (N. do E.)).

1.6

HUSSERL PÓSTUMO[1]

A fenomenologia, isto é, a escola de Husserl, já parece um evento distante e, em geral, passou sob silêncio. Mas, ao invés disso, Husserl permanece bem vivo; o pensador do olhar penetrante, mesmo se nos limites bem definidos da sua pesquisa e da sua operosidade, da concepção ambiciosa da função da filosofia; mesmo se na circunscrita esfera da sua visão do mundo, do sentido firme e sólido e vigoroso; mesmo se na sua disciplinada compostura, da vida teorética; permanece o seu pensamento, finalmente podado dos louros do triunfo, e substancialmente livre de muitos equívocos e das falazes supra estruturas, impostas pelo imediato e demasiadamente fácil sucesso: um pensamento já muito bem marcado nas suas linhas de direção e de desenvolvimento, e que, não mais disperso nos numerosos e diversos grupos de estudantes, mas todo recolhido e fechado em si mesmo, quer ora ser considerado unicamente na sua história interna e somente em função desta, compreendido na sua singular história

---

1 "Nota" de Bobbio intitulada "*Husserl postumo*", publicada originalmente em *Rivista di Filosofia*, 31, n° 1, jan.-mar. 1940, pp. 37-45. Esta tradução para o português já foi publicada em *Aoristo – International Journal of Phenomenology, Hermeneutics and Metaphysics*, 2024, vol. 7, n° 3, pp. 161-170.

de crescimento interior e de racional e racionado alargamento de temas em um único raio de ação.

É sobre Husserl, portanto, não mais sobre a fenomenologia, que convém se deter doravante, e não somente sobre o primeiro ou o segundo Husserl, mas sobre todo Husserl, para pôr finalmente em evidência o seu centro e os seus limites. Por ora, a essa obra se cinge egregiamente um respeitável e férvido discípulo, Fink,[2] que, inserido na mesma esfera de sugestão do mestre e, portanto, fechado nos mesmos limites, tem também espírito aberto e mão firme ao evidenciar os motivos profundos desse pensamento, para tal reconstrução se vale não só da obra escrita, mas das lições ouvidas ou lidas e, em geral, do ensinamento do mestre. Fink, em suma, conhece já aquele que podemos chamar o "Husserl póstumo", aquele novo, senão diverso, Husserl que será revelado por seus numerosos manuscritos – talvez, em sua maioria, anotações de aulas universitárias – ainda inéditos, e cuja publicação deveria contribuir para tornar mais transparentes e menos abstratas certas fórmulas programáticas e para dar-nos o exemplo mais autorizado daquilo que seja propriamente uma pesquisa fenomenológica. E, assim, como desse Husserl póstumo cada um aguarda uma revelação antes de pronunciar-se em um juízo, senão um definitivo, ao menos um exigente, pode ser útil na espera a indicação daquilo que gradualmente se publica.

Há menos de um ano da morte [de Husserl], prescindindo de um breve inédito, publicado por Fink,[3] com propósito comemorativo, a curiosidade dos estudiosos foi saciada com a publicação de um

---

2 FINK, Eugen. *Das Problem der Phänomenologie*. Edmund Husserl [*O problema da fenomenologia. Edmund Husserl*], do qual até agora saiu, que eu saiba, uma primeira parte em *Revue Internationale de Philosophie* (1939, fasc. II, pp. 226-270).

3 HUSSERL, Edmund. "Die Frage nach dem Ursprung der Geometrie als intentional-historisches Problem" [A questão da origem da geometria como um problema histórico-intencional]. *Revue Internationale de Philosophie*, eod., pp. 203-225.

grande e importante livro,[4] editado em Praga sob organização de um antigo assistente de Husserl, Ludwig Landgrebe, que já havia ajudado o mestre a refinar literariamente uma obra precedente, a *Formale und transzendentale Logik* [*Lógica formal e transcendental*] (Cf. ivi, p. 15), e que, depois da dispersão da escola, fez parte de um dos mais ativos núcleos de seguidores da herança husserliana, o Círculo Filosófico de Praga.

Landgrebe, num breve prefácio, antes de tudo, nos dá notícias pormenorizadas quanto ao modo com que esse livro veio se formando através de uma série de eventualidades de pelo menos uma década. Landgrebe adverte-nos de que Husserl, dado o crescente número dos seus manuscritos, nas duas últimas décadas, preocupou-se em encontrar novas vias, em colaboração com alunos, para valorizar o fruto das suas pesquisas, cuja quantidade ele sozinho não era mais capaz de dar conta. Assim, desde 1928, o próprio Landgrebe fora encarregado de recolher e sistematizar os manuscritos concernentes ao problema da lógica transcendental, valendo-se, para tanto, de vários escritos, em grande parte protocolos de aulas que remontam há vários anos; essa recolha de material devia servir de base a uma publicação, cuja redação definitiva competiria a Husserl. Mas o desenho completo e geral desse trabalho foi abandonado por um certo tempo, porque de uma breve tratativa sobre o problema da lógica transcendental, que deveria servir de simples introdução ao trabalho completo, em brevíssimo tempo, Husserl tirou a *Formale und transzendentale Logik* [*Lógica formal e transcendental*], que aparece como livro separado do resto. Essa publicação requereu uma reelaboração não só formal, mas também material, do projeto primitivo, e foi levado a termo, em 1929-1930, um segundo projeto, cuja composição era também resultado de acréscimos e correções pessoais da parte de Husserl, e da obra de sistematização dos diversos elementos e de partes de capítulos e parágrafos vindos de Landgrebe,

4 HUSSERL, Edmund. *Erfahrung und Urteil* [*Experiência e juízo*]. Academia Verlagsbuchandlung: Praga, 1939, XXIV, 478p.

em contínuo contato oral e escrito com o mestre. Mas também esse projeto foi posto de lado pelo acúmulo de trabalhos mais urgentes. Assim, somente em 1935 foi finalmente possível voltar a ele com o apoio do Círculo Filosófico de Praga e então chegar ao estado atual da obra com uma última revisão pela mão de Landgrebe, com algumas adições husserlianas e, sobretudo, com o acréscimo da introdução, que ocupa as primeiras 72 páginas, e que intenta vir ao encontro do leitor não necessariamente especializado em filosofia fenomenológica, reconectando a presente obra ao último escrito de Husserl ("Die Krisis der europäischen Wissenschaften und die transzendentale Phänomenologie" [*A crise das ciências europeias e a fenomenologia transcendental*]. In: *Philosophia*, 1, 1936) e à *Formale und transzendentale Logik* [*Lógica formal e transcendental*], de cujo programa metodológico deveria representar uma execução, como pesquisa particular diante da impostação geral do problema. Landgrebe observa que, em toda a obra, não há nada que não tenha sido autorizado pelo próprio Husserl e que, portanto, ela é o fruto de uma singular colaboração, com base na qual o material bruto provém todo de Husserl, enquanto a responsabilidade da elaboração literária recai completamente sobre o editor.

À parte as contribuições materiais ao estudo da lógica, da qual, aliás, buscaremos dar um resumo, essa nova obra de Husserl deve ser também considerada a partir do ponto de vista da contribuição que ela oferece à clarificação da personalidade de Husserl e à delimitação da sua esfera de atividade. Não podemos esquecer que, nesses últimos tempos (naturalmente falo sempre em referência à Itália), prevalecia uma interpretação metafísica da filosofia de Husserl, que teria terminado por fechar também Husserl nos esquemas de "idealismo" e "realismo", e para mover o eixo do interesse crítico sobre partes não essenciais ou, ao menos, não igualmente vitais. Esse deslize, em grande medida, foi devido ao fato de que, na Itália, a nossa particular formação filosófica não era, de modo algum, premunida diante das lisonjas de uma interpretação metafísica das várias correntes estrangeiras de filosofia; antes, era predisposta a ler nas entrelinhas de qualquer livro de filosofia sempre a mesma história dos próprios casos, que não eram, de modo algum, universais, mas transportados de forma particularíssima e sempre com o mesmo ressoar das próprias ideias. Isto explica por que, na Itália, a atenção dos estudiosos tenha se detido mais na parte mais incomum da filosofia de Husserl, isto é, naquela que melhor correspondia a um ideal de construção e de sistema, e melhor se prestava a satisfazer as ambições e as preocupações de uma filosofia-metafísica; ou seja, sobre o método da redução fenomenológica e sobre a renovação da consciência absoluta, os quais são expostos em *Ideen* [*Ideias*]. A esse deslize, porém, contribuía em grande parte o mesmo Husserl ao manter-se, nos últimos anos,[5] com demasiada insistência no nível programático e com o não ir às pesquisas singulares, sempre anunciadas e sempre adiadas, e certamente a maior difusão, por evidentes razões de compreensibilidade, das *Méditations cartésiennes* [*Meditações cartesianas*], nas quais não faltam nem a fórmula compreensiva, nem o programa para o futuro, nem a reconexão histórica, donde a fácil, mas equívoca, etiqueta do neocartesianismo, era motivo suficiente para que a filosofia de Husserl fosse vista muito mais como sistema do que como pesquisa, na sua presumida função construtiva muito mais que na sua função descritiva, e que fosse esquecido o já distante Husserl da "filosofia como ciência rigorosa", que ainda era o Husserl genuíno.

O novo livro, que estamos examinando, reconduz-nos a esse Husserl genuíno, de modo mais persuasivo. Ele, em primeiro lugar, põe-nos diante do Husserl pesquisador: Husserl é um pesquisador por excelência, escrupuloso, minucioso e incansável; na sua pesquisa, em primeiro lugar, ensina-nos a não haver pressa; lá onde também o investigador mais astuto vai além, ele se detém, antes, volta atrás, e sempre encontra o aspecto ainda não posto à luz; ali se demora e se difunde com uma superabundância de anotações particulares, que torna difícil e lenta, e contudo sempre exigente, a leitura das suas

---

5 A expressão "nos últimos anos" deve ser lida levando-se em conta que o presente ensaio foi publicado em 1940 (N. do E.).

obras e nos faz pensar em uma análise microscópica da consciência; mas nessa escrupulosidade, que pode parecer superficialmente pedante, nada é anotado que não seja necessário; antes, uma das características mais salientes de Husserl, e que mesmo na sua função aparentemente modesta de pesquisador lhe dá um lugar tão proeminente, é a sua prodigiosa capacidade de colher o essencial dos fenômenos a estudar. Em segundo lugar, o novo livro é um livro de lógica, portanto, também pelo seu conteúdo nos reconduz ao Husserl genuíno; ele se agrupa com as duas grandes obras lógicas precedentes, as *Logische Untersuchungen* [*Investigações lógicas*] e *Formale und transzendentale Logik* [*Lógica formal e transcendental*]. À primeira se refere em modo evidente pela estrutura formal, enquanto também é constituída por uma série de investigações lógicas; à segunda, vincula-se diretamente pelo princípio que a anima, tanto de poder ser considerada pelo editor como uma parte capital das pesquisas analítico-descritivas, destinadas à fundação transcendental da lógica, cujo programa foi, exatamente, naquele livro estabelecido. Trata-se de uma obra que, substancialmente, poder-se-ia chamar, com uma fórmula breve, de "lógica descritiva" ou de "fenomenologia da lógica". O seu projeto é amplíssimo, abraçando nas três partes em que é dividida os três momentos fundamentais do processo lógico, *experiência receptiva*, *juízo* e *conceito*. Precede-lhe uma introdução, na qual o projeto da obra encontra a sua justificação; seguem-se dois apêndices.

* * *

É necessário começar dizendo que também essa obra se inspira na fórmula fundamental da fenomenologia: "*zu den Sachen selbst*".[6] Tal fórmula, explica Fink, engloba os dois motivos fundamentais da pesquisa fenomenológica: a *originalidade* e a *imediatez*, que se

6 Palavras de ordem do movimento fenomenológico: "às coisas mesmas", o que admite ainda a tradução de "de volta às coisas mesmas" (N. do E.).

realizam no esforço de descobrir a essência das coisas em um saber livre de todos os esquemas e de todos os hábitos mentais, em uma palavra, pela tradição. A originalidade e imediatez da fenomenologia são dadas pela descoberta da consciência intencional, portanto, cumprem-se em um retorno ao sujeito transcendental, tomado em suas direções ao ser.

Esses motivos fundamentais se encontram na introdução. Já no subtítulo, o livro se anuncia como uma pesquisa de "genealogia da lógica". Portanto, o seu tema é o estudo da origem da lógica, entendendo por origem não a origem histórica nem psicológica, mas a origem essencial das operações lógicas na constituição transcendental da consciência. Em particular, o livro estuda o juízo predicativo. Portanto, com as próprias palavras de Husserl, a tarefa da presente investigação pode-se definir como uma "*Wesensklarung*" [clarificação das essências] do juízo predicativo mediante a investigação da sua origem. Nesta formulação, está contido aquele motivo polêmico contra a lógica formal no sentido tradicional, que será desenvolvido ao longo do livro. A lógica possui dupla problemática: de um lado, ela estuda as formas do pensamento na sua estrutura formal, mas essas não são mais que as condições simplesmente negativas de uma possível verdade; de outro lado, deve estudar o processo positivo de alcançar a verdade, isto é, remontar ao sujeito e às condições subjetivas dela. Nessa segunda investigação, o problema central é o da *evidência*: portanto, a lógica não há de pôr-se somente o problema do juízo em sentido lato, mas mais precisamente o problema do juízo evidente, que é aquele que somente estabelece um conhecimento real. Agora, a lógica tradicional, toda voltada ao primeiro problema, principalmente negligenciou o último ou o confiou à psicologia genética.

Justamente em reconhecer a importância desse problema, em torná-lo tema central de uma investigação lógica e, ao mesmo tempo, em liberá-lo da indagação meramente psicológica, está a razão essencial da lógica fenomenológica, que é lógica subjetiva. Em segundo lugar, para a lógica fenomenológica, a esfera da lógica parece ser muito mais extensa do que parecia para a lógica tradicional: isto é, ela descobre que a atividade lógica já se exerce em certos estratos inferiores da nossa atividade cognoscitiva, em que se devem pesquisar, como será amplamente documentado ao longo da pesquisa, os pressupostos de fenômenos que habitualmente são fixados na esfera superior da lógica propriamente dita. Assim, elucida-se porque ao estudo do juízo predicativo, no qual a lógica tradicional começa e no qual também a presente pesquisa fixa o seu tema principal, segue-se um estudo sobre o aprendizado receptivo dos objetos, isto é, sobre o estágio anterior à atividade judicativa, que Husserl chama "experiência antepredicativa". Posto o problema do juízo evidente, como problema fundamental da lógica, o retorno ao estágio antepredicativo se torna necessário. Toda atividade judicativa, de fato, presume-se dos objetos dados em antecedência; agora, a fim de que o juízo seja verdadeiramente juízo cognoscitivo é preciso que seja um juízo evidente, isto é, que os objetos sejam dados de modo que o seu "ser dado" torne possível o juízo evidente, isto é, é preciso que sejam dados no modo da evidência. Portanto, todo juízo evidente não é possível se o objeto mesmo não for dado de modo evidente, pelo qual a problemática da evidência apresenta ao menos dois graus: a evidência dos objetos e a evidência predicativa. A lógica formal, detendo-se na sua maior extensão no segundo problema e não resolvendo o primeiro, arbitrariamente limitou o seu âmbito. Fica entendido que, aqui, o conceito de evidência é utilizado no significado husserliano já conhecido de *Selbstgebung* [autodação] dos objetos, isto é, como aquele modo de dar-se dos objetos, que é o dar-se por si.

A teoria da experiência antepredicativa põe-se, portanto, como o primeiro traço da teoria fenomenológica do juízo; e ela também tem a necessidade de uma elucidação preliminar: em primeiro lugar, o que há na consciência antes do surgir da atividade constitutiva da experiência? Antes de toda experiência, não existem objetos isolados, mas sim toda uma esfera de dados preliminares que estão passivamente na consciência, como em um fundo, prontos a possuir destaque ora aqui ora ali, como e quando a atividade de captação da consciência ali se dirija. Esse âmbito de dados preliminares é, em uma palavra, o *mundo*, como fundo de uma fé meramente passiva no ser, que toda prática do homem, seja a prática da vida, seja aquela do conhecimento, pressupõe. Enquanto experiência propriamente dita, ela também não é constituída de objetos isolados e independentes um do outro, mas há a estrutura de um *horizonte*: ou seja, que o objeto atualmente em evidência remete, em uma corrente ininterrupta (porque interrompível) de experiências sempre renovadas, ao conhecimento dos outros aspectos do mesmo objeto e dos outros objetos que já são dados com ele. Em suma, toda experiência tem um horizonte no interior do qual progride e enriquece. Em particular, todo objeto tem o seu horizonte, em cujo âmbito se desenvolve o conhecimento do objeto singular com o aprendizado sucessivo dos diversos aspectos do objeto, e um horizonte, constituído pelos outros objetos dados em antecedência junto a ele. O mundo, como mundo da vida, é horizonte de todo possível substrato de juízo; mas se se quer chegar à origem do conhecimento não precisa esquecer que esse mundo, como nos é dado na fé passiva do ser, está já todo atravessado por operações lógicas: basta pensar que ao nosso mundo pertence já tudo aquilo que as ciências naturais têm produzido, de fato, de determinações do ser, e em particular a ideia da matematização da natureza; portanto, ele não é mais uma experiência originária. A experiência originária não se pode obter senão com a preliminar eliminação dessas idealizações, e, isto é, no fundo, a justificação da "*doxa*" [opinião] diante da "*episteme*" [ciência]. A essa originalidade não pode chegar, como pretende a psicologia genética: e eis ainda uma importante especificação. Lá onde a pesquisa fenomenológica chega no esforço de atingir a originalidade, a psicologia não pode chegar; também a [pesquisa] fenomenológica é um retorno ao sujeito, mas em um sentido muito mais radical. O sujeito da psicologia é sempre um sujeito em um mundo já feito, idealizado; o sujeito da fenomenologia é o sujeito transcendental, do qual o mundo mesmo tira a sua explicação. A fenomenologia, não a psicologia, haure, põe e resolve o problema da origem.

Passando, agora, às análises particulares contidas no livro, elas se agrupam em três grandes partes: a primeira, sobre a *experiência receptiva*, que precede a atividade do julgar, com particular referência à percepção; a segunda, sobre o *juízo predicativo*; a terceira, sobre os *universais* e sobre o *juízo universal*.

A primeira parte começa descrevendo as estruturas essenciais da experiência receptiva; detém-se sobre a *percepção* como operação ativa do eu, que pressupõe uma esfera de dados preliminares em cuja formação entram em jogo, antes de tudo, fenômenos associativos. Através da *atenção*, cuja característica é a tarefa da tendência ao objeto, e depois do simples *interesse* ao objeto, a tendência perceptiva procede ao aprendizado do objeto também em relação àqueles lados, que no primeiro ato ficaram não percebidos, isto é, procede rumo ao horizonte interno do objeto, passando do modo inicial da *Abzielung* [propósito], ou do simples mirar o objeto, àquele sucessivo da *Erzielung* [alcance], ou do alcançar o objeto; nesta última fase, a simples tendência do eu se transforma em um verdadeiro e próprio fazer do eu, no momento em que este tende a sempre novos modos de aparição do objeto é uma verdadeira e própria produção de tais modos. A tendência à completação da percepção pode ser, porém, interrompida por circunstâncias externas (o objeto desaparece ou surge um outro que suscita mormente o nosso interesse) ou, então, pela *desilusão*, que pode ter lugar em vez do cumprimento da expectativa, como quando algo que parece vermelho, num primeiro momento, depois venha a parecer verde; neste caso, verifica-se um contraste e, depois, uma rejeição da primeira fase por parte da segunda, ainda que estejamos conscientes da primeira, mas com o caráter do nada. Muito digno de relevo nessa operação de aniquilamento é o fato de que, nela, pela primeira vez, apresenta-se à consciência o fenômeno da *negação*, isto é, da eliminação do outro; e isto é digno de relevo porque contra a tese de que a negação apareça pela primeira vez na estrutura do juízo predicativo mostra-se, aqui, que ela se encontra já na esfera antepredicativa, como modificação da consciência. Por outro lado, além da negação, aqui, encontram-se também as chamadas modalidades do juízo: basta pensar que na interrupção de uma tendência perceptiva pode-se verificar antes que uma desilusão, uma simples *dúvida*, como quando não se está certo se o objeto visto é um homem ou um fantoche; da parte do objeto aqui não se fala mais de negação, mas sim de pretensão do ser, isto é, de *possibilidade*. Também o fenômeno da possibilidade pertence, portanto, à experiência receptiva.

As três fases sucessivas, dentro das quais se pode recolher todo o processo da experiência de um objeto, são: o *simples aprendizado*, o estudo de "aquilo que está ainda na tomada da consciência", da retenção e da protensão; a *explicação*, que consiste na apreensão do objeto S nas suas determinações A, B etc., e constitui uma importantíssima antecipação da doutrina do juízo; e a *tratativa relacional*, que consiste na consideração do objeto em relação aos outros objetos, nos dois típicos modos de relação, ligação e comparação.

O estudo do juízo se inicia com a observação preliminar que somente nessa segunda fase da direção ao objeto atinge-se o conhecimento. Diferentemente da experiência receptiva, a atividade judicativa estabelece uma verdadeira e própria *posse* do objeto, enquanto o objeto vem posto fora do seu tempo objetivo; e, em contraposição à receptividade da experiência, ela é uma criação espontânea. Para compreender a essência da atividade judicativa, precisa-se partir do processo de explicação de S através das suas determinações A, B etc., estudado na primeira parte. O juízo representa uma fixação do resultado da explicação realizada mediante um retorno sobre S já enriquecido pelas suas determinações, retorno que não é uma simples rememoração, mas uma nova posição defronte ao objeto, acompanhada por uma intenção ativa e não mais por um simples estado de receptividade, e a que corresponde à formação de duas novas formas temáticas, o *sujeito* e o *predicado*, em substituição daquelas próprias do processo de explicação, o *substrato* e a *determinação*. Da mais simples forma de juízo, S é P, a descrição procede gradualmente rumo a formas sempre mais complexas. As formas de juízo estudadas são as seguintes: o juízo com mais determinações

(S é P, Q); aquele correspondente a uma explicação interrompida defronte a um horizonte aberto (S é Q; Q etc.); aquele, na qual depois da primeira predicação se retorna ao objeto (S é p; S é q); aquele no qual o predicado não corresponde mais a uma determinação por si, como aquelas consideradas até aqui, mas a uma determinação por si: trata-se dos juízos na forma do "tem" (S tem P); dos juízos de relação (A é maior que B); daqueles em que o interesse não é distribuído igualmente sobre todos os predicados, donde se distingue uma população principal de uma secundária (S, que é P, é Q), e a sua modificação atributiva (SP é Q); e, enfim, o juízo de identidade (S, que é P, é idêntico a S que é Q).

A situação S é Q, fixada em um juízo, em uma palavra, o julgado constitui um novo objeto diverso do objeto da experiência sensível, parece-se nela fundado: é o *objeto do intelecto* ou *categorial* ou *sintático*. Tais objetos diferem daqueles sensíveis pelo fato de que, enquanto estes são dados em uma originária passividade, eles são constituídos na espontaneidade predicativa, pela qual o seu modo originário de dar-se é a sua produção na atividade predicativa do eu. Mas a diferença essencial se refere ao tempo: os objetos sensíveis estão imersos no tempo objetivo; os objetos categoriais, não; eles são descobertos em um momento do tempo, mas existiam antes de serem descobertos, e existiriam mesmo se ninguém os houvesse enunciado; a sua temporalidade é uma super temporalidade, uma temporalidade universal, que também é um modo da temporalidade. A sua característica é a *irrealidade*: real é tudo aquilo que é individuado e uma colocação espaço-temporal; irreal toda determinação que, mesmo fundada sobre uma realidade, pode atribuir-se a diversas realidades como idêntica.

Passando a estudar as modalidades do juízo, Husserl afirma que o julgar é um decidir-se em prol ou contra uma experiência ou um juízo precedente, e é, portanto, *reconhecimento* ou *rejeição*; mas reconhecimento e rejeição não são duas qualidades do juízo, como considerava a lógica clássica (juízo afirmativo e juízo negativo), porque o negar é simplesmente um "pôr fora de uso", e, portanto, não tem caráter principal, mas secundário. A negação não é uma forma fundamental do juízo; antes, não existem formas fundamentais, a partir do momento em que a única forma fundamental é o juízo categórico, S é P. Quanto aos vários tipos de juízo, Husserl distingue o *juízo de existência* do *juízo de verdade*, por sua vez, o juízo de existência, que tem o seu contrário na negação da existência, não deve ser confundido com o *juízo de realidade*, que tem o seu contrário na predicação da ficção: dizer que "A não é" não quer dizer que A seja falso. Importante é ter presente que nem a predicação da existência nem aquela da realidade são predicações determinativas, isto é, não são tais que delas o predicado receba uma determinação; que um objeto seja real quer dizer simplesmente que eu não fantasio; mas o objeto permanece, do ponto de vista das suas determinações, aquilo que é.

Até agora, mirou-se somente o objeto individual, do momento que se mencionaram juízos que derivam da experiência, e a experiência não é senão individual. Trata-se, agora, de chegar à consideração de juízos universais, isto é, nos quais o objeto não é mais esse objeto singular, mas um qualquer objeto dessa espécie. A universalidade não é dada passivamente, mas construída por uma nova atividade criadora espontânea, que representa o grau extremo da atividade lógica. Existem dois graus de universais: os *universais empíricos*, que derivam da experiência; e os *universais essenciais* ou *essências*, que são construídos diretamente pela criação espontânea. A característica dos primeiros é a *acidentalidade*, no sentido que eles podem compreender um número qualquer e indefinido de objetos singulares, mas ao mesmo tempo o singular que deu origem à formação do conceito é um qualquer, acidental. A característica dos segundos é a *necessidade a priori*; estes repousam na livre produção de variantes sobre um objeto dado, assumido como exemplo, isto é, sobre uma livre variação através da qual permanece adquirida uma invariante, que é a essência ou *eidos* em sentido platônico, mas livre de toda interpretação metafísica. À essência corresponde a *intuição das essências*, que é o modo próprio de colher a essência, e como tal se distingue da intuição do individual. Ainda um passo adiante no alcance das essências puras se realiza separando-se a essência de toda referência ao mundo real: as essências puras em sentido próprio, como as proposições geométricas e matemáticas, não têm um âmbito de fatos, mas de puras possibilidades. E, aqui, Husserl possui ocasião de reiterar uma regra a ele familiar, que as verdades ideais precedem as verdades de fato, isto é, são *a priori*. O estudo dos universais abriu a via ao estudo final sobre os juízos universais. O primeiro juízo, que deriva da experiência, e o *juízo individual*: "esta rosa é amarela". Do juízo individual se passa ao *juízo particular*: "uma rosa é amarela"; também: "algumas rosas são amarelas", que já contém uma intenção universal; por fim, ao verdadeiro e próprio *juízo universal*, que surge do juízo particular mediante a transformação da proposição: "alguns A são B", nesta outra: "alguns A, quaisquer eles sejam, são B", e possui a sua fórmula na proposição: "todo A é B".

SEGUNDA PARTE

SCHELER E ALGUNS DOS FENOMENÓLOGOS DE PRIMEIRA HORA

2.1

A PERSONALIDADE DE MAX SCHELER[1]

1

Após dez anos da sua morte,[2] mesmo se em meio a alguns contrastes, Max Scheler está por ser descoberto fora da Alemanha:[3] são

---

1 Ensaio publicado originalmente com o título "La personalità di Max Scheler" [A personalidade de Max Scheler]. *Rivista di Filosofia*, 29, nº 2, abr.-jul., 1938, pp. 97-126. Esta tradução para o português já foi publicada na *Revista Aoristo – International Journal of Phenomenology, Hermeneutics and Metaphysics*, vol. 7, nº 2, 2024, pp. 119-141.

2 O filósofo alemão Max Ferdinand Scheler faleceu em 19 de maio de 1928, em Frankfurt, de um infarto fulminante aos 53 anos. A indicação de Bobbio ratifica o ano de publicação de seu ensaio e testemunha o quanto a obra de Scheler teve, na década subsequente a seu desaparecimento, um surto de recepção em toda a Europa; exemplo disso (além do próprio interesse de Bobbio e dos articulistas que cita) é o fato de textos de diversas fases do pensamento de Scheler terem sido traduzidos para as línguas francesa, espanhola e italiana poucos anos após a sua morte (N. do E.).

3 Recentemente, na Itália, apareceram os seguintes artigos: LUPORINI, C. "L'Etica di M. Scheler" [A ética de M. Scheler]. *Studi Germanici*,

de ontem [1936] as traduções francesa e italiana de alguns ensaios significativos.[4] Na Alemanha, a sua reputação em vida era grandíssima, sua fama agora é consolidada e, ainda recentemente [1937], o seu pensamento foi feito objeto de pesquisa.[5] Não obstante isto, a literatura scheleriana é, muito mais por qualidade que por quantidade, ainda insuficiente.[6] Dependendo da variedade dos argumentos ou da multiplicidade dos intentos construtivos e críticos ou pela inconstância das posições, sobre o pensamento de Scheler ainda falta um estudo completo. Se se retiram os artigos numerosíssimos, mas muitos de ocasião, a literatura monográfica é, em grande parte, confiada a teses de láurea,[7] as quais, pelas circunstâncias particulares da sua

---

1935, pp. 320-345; VANNI-ROVIGHI, S. "Filosofia e religione in M. Scheler" *["Filosofia e religião em M. Scheler]*. In: *Religione e Filosofia* [*Religião e filosofia*] (Relazioni e comunicazioni all'XI Congresso Naz. di Fil.). Milão, 1936; PACI, Enzo. *Nota sull'etica di M. Scheler" ["Nota sobre a ética de M. Scheler]. La Nuova Italia*, 1937, p. 335; veja também MORSELLI, Emilio. *Dell'odierna rinascita religiosa" ["Do moderno renascimento religioso]. Rivista di Filosofia*, 1936, pp. 210-227.

4 SCHELER, Max. *Le sens de la souffrance* [*O sentido do sofrimento*]. Paris: Aubier, 1936; SCHELER, Max. *Crisi dei valori* [*Crises dos valores*]. Milão: Bompiani, 1936.

5 TEMURALP, Takiyettin. *Über die Grenzen der Erkennbarkeit bei Husserl und Scheler* [*Sobre os limites da reconhecibilidade em Husserl e Scheler*]. Berlim: Verlag f. *Staatswissenschaften und Geschichte* [*Ciências do Estado e História*], 1937.

6 Para a bibliografia, remeto ao amplíssimo apêndice do estudo de KRÄNZLIN, G. *Max Schelers phänomenotogische Systematik* [*A sistemática fenomenotológica de Max Scheler*]. Leipzig: Hirzel, 1934, pp. 86-97.

7 Para o elenco das teses de láurea referentes ao pensamento de Scheler, veja a citada bibliografia de Kränzlin, p. 87. Típica estrutura de tese de láurea tem o estudo de KÜHLER, O. *Wert, Person, God* [*Valor, pessoa, Deus*]. Berlim: Junker und Dünnhanpi, 1932; este estudo, realizado na Universidade de Greilswald, sob a orientação de Hermann Schwarz, consiste em uma comparação mecânica entre as mais notáveis teses de Scheler e de N. Hartmann e aquelas paralelas do Schwarz, que são aceitas totalmente e sem crítica das quais se reconhece, sem mais, a superioridade. Assim, a tese de HARMS, G. *Der Begriff des Materialen*

composição, frequentemente, são grosseiramente tendenciosas ou ingenuamente parciais.[8] Existe sim uma abundante literatura polêmica, sobretudo no campo da filosofia religiosa, mas não existe ainda nem o escrito exaustivamente sintético, nem aquele profundamente adesivo, nem aquele seriamente e sapientemente crítico.[9]

Scheler nunca é um autor sistemático, mesmo quando, como na *Ética* e nos *Problemas da Religião*, tenta o sistema; é característico o fato de que todas as suas obras, exceto a *Ética* e alguma outra secundária, sejam coletâneas de ensaios justapostos com intenções justificadas, às vezes, muito fracamente. Mas mesmo a *Ética* não é obra orgânica; já no título e no subtítulo (*Der Formalismus in der Ethik und die materiale Wertethik*: Neuer Versuch der Grandlegung eines

---

in M. Schelers Ethik [*O conceito de material na ética de M. Scheler*] (Leipzig, 1922, datilografado), realizada na escola de Driesch, contém uma crítica da ética de Scheler a partir do ponto de vista da filosofia organicista. Também o livro citado de Temutalp se desenrola como uma tese de láurea, na qual o critério de verdade é representado desta vez pela filosofia de Nicolai Hartmann.

8 A avaliação de Bobbio, como não poderia deixar de ser, corresponde ao estágio de desenvolvimento daquela época e, considerada assim, está correta. Faz-se necessária, entretanto, uma atualização do quadro ao reconhecermos que, nos anos posteriores, em parte ajudados pelo início do processo de colação das *Obras reunidas* de Scheler (na década de 1950), surgiram trabalhos que permitem visão mais abrangente da obra de Scheler, dentre esses: DUPUY, M. *La philosophie de Max Scheler*: son évolution et son unité [A filosofia de Max Scheler: sua evolução e sua unidade]. 2 vols. Paris: PUF, 1959; AZEVEDO, J. L. *Max Scheler* – exposición sistemática y evolutiva de su filosofía [*Max Scheler* – exposição sistemática e evolutiva de sua filosofia]. Buenos Aires: Nova, 1966; PINTOR-RAMOS, Antonio. *El humanismo de Max Scheler* [*O humanismo de Max Scheler*]. Madrid: BAC, 1978. Após, a profusão de artigos e monografias sobre a filosofia scheleriana arrefeceu, a ponto de o filósofo ser hoje proporcionalmente pouco estudado se comparado a outros (N. do E.).

9 Entre os melhores ensaios, veja aquele de ALTMANN, Alexander. *Die Grundlagen der Wertethik. Wesen, Wert, Person* [*Os fundamentos da ética dos valores. Essência, valor, pessoa*]. Berlim: Reuther & Reichard, 1931.

ethischen Personalismus [*O formalismo na ética e a ética material dos valores*: nova busca do fundamento de um personalismo ético]) revela as duas partes diversas das quais é constituída, e que, sendo compostas em tempos e com objetivos diversos, aparecem reunidas em um único volume, mais aproximadas que fundidas. Além disso, na própria construção sistemática diante do vastíssimo material que deveria ser o seu conteúdo há o ar de um vestido demasiado apertado; e cá e lá, através dos rasgos, continuamente mostram-se o fragmento, a digressão, o pequeno capítulo que está por si, pelo que a obra resulta nem ordenada, pela dificuldade de estabelecer certos nexos e por aquele ir e vir de certos temas, nem bem dosada, pela desproporção das várias partes, embora não seja por isso limitada ou restrita, antes, seja sempre rica de surpresas e amplíssima pelo âmbito das coisas vistas ou vislumbradas. Não que Scheler não se preocupe com o sistema, ele está convencido de que o caráter sistemático seja próprio da filosofia e dá mostras de querer manter-se longe daquele *Bilderbuchphänomenologie* [*álbum de imagens da fenomenologia*], o qual gostaria de ter a ver somente com fenômenos isolados sem abraçá-los no seu conjunto e na sua unidade; declara que não é de modo algum verdadeiro que seja "*jeder Wille zum System ein Wille zur Lüge*" ("toda vontade de sistema é uma vontade de mentir").[10] Mas, exatamente para escapar dessa mentira, para ele o sistema é somente um pretexto, nunca uma conclusão, e entre as malhas do sistema a sua mão passa e repassa incansavelmente a tecer novas tramas até que se perca de vista o tecido primitivo.

2

Os campos percorridos pela pesquisa de Scheler são vastíssimos e variados, mas são principalmente estes três: a ética, a religião, a sociologia. O problema central permanece o problema moral, mas

10 Veja *Prefazione* [Prefácio] à I edição de *Der Formalismus*... [*O formalismo*...], *Op. cit.*, p. VII.

da colocação dele brotam, necessariamente, o problema religioso e o problema social, de modo que todos os três problemas e, portanto, todas as três pesquisas constituem uma real e não fictícia unidade. Desta unidade, o próprio Scheler sabe muito bem quando, ao final da sua *Ética*, adverte, como conclusão e programa para o futuro, que a investigação do problema moral exigiria dois complementos, um em direção ao problema teológico, posto que para a pessoa moral é determinante a ideia de Deus, pessoa das pessoas; e o outro em direção ao problema sociológico, no sentido em que a pessoa moral deve ser vista operar na sociedade e na história.[11] Em todos esses três campos, pois, Scheler desempenha vez por vez, promiscuamente, ou obra de filósofo ou de moralista, de modo que destas mal se podem distinguir, por razões não somente teoréticas, mas também quanto a seu tipo, as obras de filosofia dos ensaios de atualidade. De todo modo, para se traçar um esquema, pode-se dizer que às três esferas de pesquisa correspondem as três obras filosóficas fundamentais, as quais estão dispostas cronologicamente na ordem mesma do programa acima referido: à esfera moral, *Der Formalismus in der Ethik und die materiale Wertethik* [*O formalismo na ética e a ética material dos valores*] (Halle: Niemeyer, 1916; cito da 3ª ed., 1927); à esfera religiosa, *Vom Ewigen im Menschen* [*Do eterno no homem*] (Leipzig: Der Neue Geist, 1921; cito da 3ª ed., 1933);[12] à esfera sociológica, *Die Wissensformen und die Gesellschaft* [*Formas de conhecimento e sociedade*] (Leipzig: Der Neue Geist, 1926).[13] Mas já a variedade

---

11 *Der Formalismus...* [*O formalismo...*]. *Op. cit.*, pp. 619-620.

12 Trata-se de uma coletânea de ensaios diversos, dos quais somente o último e mais longo, intitulado *Probleme der Religion* [*Problemas da religião*] (pp. 279-723), tem caráter filosófico-sistemático.

13 Também essa obra recolhe três ensaios diversos, dos quais o principal para a filosofia social é o primeiro: *Probleme einer Soziologie des Wissens* [*Problemas de uma sociologia do conhecimento*] (pp. 1-233), do qual uma parte já tinha sido publicada em *Versacke zu einer Soziologie des Wissens* [*Mergulho em uma sociologia do conhecimento*], coletânea de escritos de vários autores publicada em Colônia, Duncker & Humblot, 1924. Mas não se deve esquecer que o núcleo da filosofia social de M.

e a unidade desses três interesses eram preanunciadas em uma obra precedente, *Zur Phänomenologie und Theorie der Sympathiegefühle* [*Sobre fenomenologia e teoria dos sentimentos de simpatia*] (Halle: Niemeyer, 1913),[14] que, pela sua composição unitária, pela aplicação inteligente do método descritivo, pela agudez das observações, é uma das obras mais características e mais vitais de Scheler.

Quanto aos ensaios moralistas, todos publicados muitas vezes, antes em revistas, depois em coletâneas e ainda em novas versões de coletâneas, podemos distingui-los, para pôr um pouco de ordem, em quatro grupos: os ensaios escritos antes da Guerra Mundial,[15] recolhidos nos dois volumes, *Abhandlungen und Aufsätze* [*Tratados e ensaios*] (Leipzig: Weisse Bücher, 1915);[16] aqueles escritos durante a guerra, entre os quais dois livros orgânicos, *Der Genius des Krieges und der deutsche Krieg* [*O gênio da guerra e a guerra alemã*] (Leipzig: Weisse Bücher, 1915; 3 ed., 1917) e *Die Ursachen des Deutschenhasses* [*As causas do ódio alemão*] (Leipzig: Der Neue Geist, 1917), e uma coletânea de ensaios diversos, *Krieg und Aufbau* [*Guerra e construção*] (Leipzig: Weisse Bücher, 1916); aqueles publicados depois da guerra na grande coletânea intitulada *Schriften zur Soziologie und Weltanschauungslehre* [*Escritos sobre sociologia e*

Scheler se encontra já em "*Der Formalismus...*" [*O formalismo...*] e precisamente no parágrafo intitulado *Einzelperson und Gesamtperson* [*Pessoa individual e total*] (pp. 540-596).

14 Desse livro, depois, foi feita uma segunda edição modificada e mais que duplicada com o título *Wesen und Formen der Sympathie* [*Essência e formas de simpatia*], como primeiro volume de uma série de pesquisas fenomenológicas intitulada *Die Sinngesetze des emotionalen Lebens* [*As leis do sentido da vida emocional*], junto a Cohen, Bonn, 1923. Aqui, cito da 3 ed., 1936, imutada em relação à segunda.

15 Todas as inúmeras referências à guerra no texto são primeiramente chamadas "Grande Guerra" e depois "Primeira Guerra Mundial" (1914-1918).

16 A segunda edição dessa coletânea de ensaios foi publicada com o nome mais conhecido de *Vom Umsturz der Werte* [*Da reviravolta dos valores*]. Leipzig: Der Neue Geist, 1919.

doutrina da visão-de-mundo] (Leipzig: Der Neue Geist, 1923-1924),[17] e, enfim, aqueles publicados postumamente, dos quais até agora[18] saiu o primeiro volume, *Schriften aus dem Nachlass* [*Escritos do espólio*] (Leipzig: Der Neue Geist, 1933).

Ao final de sua vida, o pensamento de Scheler sofrera uma crise e uma reviravolta, cujo exato alcance e significado são de difícil avaliação, porque interveio a morte antes que o programa preanunciado e, portanto, os desenvolvimentos vislumbrados pudessem encontrar adequada atuação. A este último período, pertencem duas obras, uma sistemática, *Die Stellung des Menschen im Kosmos* [*A posição do homem no cosmos*] (Darmstadt: Reichl, 1928) e também uma coletânea de ensaios, *Philosophische Weltanschauung* [*Visão filosófica de mundo*] (Bonn: Cohen, 1929), que foi a última obra curada pelo autor.[19]

---

17 Essa coletânea é dividida em três volumes, cujos títulos são: I) *Moralia* [Moralia], II) *Nation und Weltanschauung* [*Nação e visão-de-mundo*], III) *Christentum und Gesellschaft* [*Cristandade e sociedade*]; este último é dividido em dois tomos, com os títulos: 1) *Konfessionen* [*Confissões*], 2) *Arbeits und Bevölkerungsprobleme* [*Problemas trabalhistas e populacionais*]. Os primeiros dois são, em grande parte, uma republicação de quase todos os ensaios contidos em "*Krieg und Aufbau*" [*Guerra e construção*], *Op. cit.*

18 A expressão "até agora" se refere ao ano de publicação do ensaio, 1938.

19 Deixamos de fazer menção à primeira obra filosófica de Scheler, *Die transzendentale und die psychologische Methode* [*Os métodos transcendentais e psicológicos*]. Leipzig: Dürr, 1900. Mas essa obra, como o próprio autor o reconhece no prefácio à 2ª ed. (Leipzig: Meiner, 1922), foi escrita no período pré-fenomenológico, isto é, quando ele ainda não tinha sofrido a influência decisiva e determinante de Husserl. Baste dizer que na primeira das doze teses, com as quais fecha e resume o livro, sustenta que não existem dados em si evidentes, exatamente o oposto daquilo que, depois, se tornou o ponto de partida de todas as suas pesquisas.

Entre ensaios não recolhidos nas obras acima recordadas, citamos como merecedores de menção: o estudo filosófico "Idealismus-Realismus" ["Idealismo-realismo"]. *Philosophischer Anzeiger*, II vol. 3, fasc., 1927, pp. 255-325, muito importante; o interessante relatório sobre a filosofia

3

Os elementos essenciais com os quais se pode caracterizar a pesquisa de Scheler são dois: ela é, antes de tudo, pesquisa das essências e não dos fatos; em segundo lugar, é pesquisa dirigida ao mundo espiritual e[20] não ao mundo natural. Ele mesmo é consciente dessa sua personalidade de pensador: uma vez afirmara que, sob o influxo das *Logische Untersuchungen* [*Investigações lógicas*] de Husserl, foi-lhe dado reconhecer o seu destino filosófico, que era aquele de dedicar-se à pesquisa das essências do mundo e do espírito acessíveis a uma intuição imediata.[21] Por essa orientação da sua pesquisa, ele nunca é um pesquisador frio, como o cientista positivista. Antes de tudo, a própria pesquisa essencial requer, segundo Scheler, uma participação direta e exigente em relação ao objeto. A essência não é como o fato que se dá a qualquer um e em qualquer tempo; para conhecer um fato basta utilizar os instrumentos do sentido e do intelecto; a essência, pelo contrário, não pode ser colhida senão em uma intuição de ordem superior, pela qual nem todos e nem sempre podem ter disposição; aquele contato imediato com a coisa, sem o qual não é possível a intuição essencial, verifica-se somente em situações particulares da alma e através de formas de vida particulares, as quais abrem a nossa mente ao mundo das essencialidades e, portanto, possibilitam a sua investigação. Esse fato que condiciona e predispõe o nosso conhecimento essencial é sempre, diz Scheler,

---

moral na Alemanha, “Ethik. Ein Forschungsbericht [Ética: um relatório de pesquisa]”. *Jahrbucher der Philosophie*, II, 1914, pp. 81-119; e os dois ensaios de atualidade, *Deutschlands Sendung und der katholische Gedanke* [*A missão da Alemanha e o pensamento católico*]. Berlim: Germania Verlag, 1918, e *Die Idee des Friedens und der Pazifismus* [*A ideia de paz e o pacifismo*]. Berlim: Der Neue Geist, 1931.

20 No original italiano, foi utilizada a preposição “*a*”, o que nos parece um evidente erro gráfico, pois aqui caberia a cópula “e” (N. do E.).

21 Cf. “Prefácio”, na 2ª ed. de *Die transzendentale und die psychologische Methode* [*Os métodos transcendentais e psicológicos*]. Leipzig: Meiner, 1922.

um fato íntimo da nossa personalidade, um fato em largo sentido moral, que nos induz a sair da estreiteza da nossa vida cotidiana; e nos leva a uma situação em que nós conseguimos a ver aquilo diante do qual antes éramos cegos.[22] Em segundo lugar, lá onde o objeto da pesquisa não é o mundo natural, mas o mundo humano, a pesquisa deve ser sempre adesiva, feita de compreensão íntima e de participação direta em relação ao fato examinado. E nessa situação, muitas vezes, o pesquisador se cala e intervém o moralista. Quando Scheler analisa os sentimentos, individuais e coletivos, fixando a sua essência, desenvolvendo as suas aplicações históricas, avaliando o seu significado moral, salta fora não somente a bravura do psicólogo, mas também a paixão do moralista. E nessa atitude está a razão do seu sucesso, mas também a raiz de todos os seus defeitos, que são a redução dos fatos históricos a esquemas morais prefixados, uma visão, às vezes, abstrata dos dissídios e das lutas políticas, portanto, uma solução dos problemas mais a admirar-se que a aplicar-se, destinada a pôr em paz somente a consciência de quem a elaborou, e, enfim, uma intervenção demasiado imediata de suas preferências, às vezes de suas paixões ou mesmo de suas emoções na própria pesquisa.

4

Dos eventos da Grande Guerra e do pós-guerra, dos quais ele se coloca como observador e analisador, não consegue de fato nunca completamente estar fora; observa e julga; analisa e avalia; introduz nas entrelinhas de uma descrição um juízo de valor. E essa avaliação é frequentemente provisória, variável segundo os tempos e as circunstâncias, consequência de uma incompleta maturação, de um não decisivo destaque. Sobretudo, em alguns ensaios compostos durante a Guerra Mundial, encontramo-nos diante de um Scheler que se abandona aos eventos e que, em vez de dominar o sentimento

---

22 SCHELER, Max. *Der Genius des Krieges und der deutsche Krieg* [*O gênio da guerra e a guerra alemã*]. Leipzig: Weisse Bücher, 1915; 3ª ed., 1917, pp. 117-118.

prevalecente, o sofre com todos os prejuízos e as deformações que ele implica. Mas, na verdade, nunca se deixa arrastar a uma atitude vulgar ou, contudo, retórica; na sua avaliação há sempre, mesmo quando impulsiva, uma precisa e segura consciência do valor da pessoa humana, e em cada desabafo seu há uma calorosa e comunicativa autenticidade de sentimentos, uma total falta de atitudes retóricas e insinceras. A substância profunda da sua moralidade e da sua ânsia pelos destinos do homem permanece indestrutível através de todas as vicissitudes. E embora algumas vezes as soluções propostas possam parecer não exequíveis ou imprecisas, nunca se abandona à visão mítica, catastrófica ou palingenética, como acontece geralmente com os profetas de novos mundos ou com os reveladores de novas energias, dos quais vai-se engrossando a fileira à medida que aumentam aquelas dificuldades da vida e da alma, que requereriam, contrariamente, uma mais vigiada interioridade e uma mais temperante compreensão. No máximo, às vezes, [Scheler] não vigia os próprios impulsos e não contém as próprias reações, terminando por comprometer as próprias razões teóricas em juízos falazes, que ele mesmo contradirá, ou em prejuízos morais, dos quais, porém, ao final saberá por si mesmo liberar-se.

Por exemplo, recém estourada a guerra, ele sustentara no seu livro *Der Genius des Krieges* [*O gênio da guerra*] as causas da guerra alemã,[23] dando veste teorética e aparência de filosófica profundidade aos lugares comuns da Alemanha militarista e guerreira. Para justificar a guerra alemã, Scheler começou fazendo uma justificação teórica da guerra em geral: contra o pacifismo das doutrinas positivistas, sobretudo, contra a sociologia spenceriana, obra diabólica da mentalidade inglesa utilitarista e liberal, ele afirmou o valor espiritual da

23 Como se sabe, a Primeira Guerra Mundial (1914-1918) foi travada essencialmente entre a chamada Tríplice Entente (ou Aliados) (formada por Reino Unido, França e Rússia, sendo que a Rússia abandonou a guerra em 1917) e a chamada Tríplice Aliança (ou Impérios Centrais) (formada por Alemanha, Áustria-Hungria e a Itália, sendo que em 1915 a Itália trocou de lado na guerra).

guerra; não se contentou em definir a guerra, em oposição à simples luta pela existência de invenção biológica, como uma manifestação do espírito, na qual entram em jogo outros valores que não sejam aqueles puramente vitais e utilitários, mas quisera também especificar concretamente quais fossem as contribuições da guerra à vida cultural e moral de uma nação, refutando as doutrinas pacíficas e pacifistas, repetindo lugares comuns de sabor hegeliano sobre a história e o seu progresso, e buscando conforto de textos e de exemplos na doutrina cristã. Em um ensaio subsequente,[24] impostava uma distinção, que devia servir-lhe para eximir a Alemanha de uma das mais insistentes acusações que lhe tinham volvidas, e juntamente para explicar a causa do ódio de todos os povos contra o povo alemão:[25] a

---

24 SCHELER, Max. "Über Gesinnungs und Zweckmilitarismus. Eine Studie zur Psychologie des Militarismus" ["Sobre militarismo de opinião e de propósito. Um estudo da psicologia do militarismo"]. *In*: ______. *Krieg und Aufbau* [*Guerra e construção*], pp. 167-196, republicado em *Schriften zur Soziologie...* [*Escritos sobre sociologia...*], vol. II.

25 De fato, essa distinção reaparece naquele curioso opúsculo, interessante mas fundamentalmente falso e inoportuno, no qual Scheler estuda histórica e psicologicamente as causas do ódio contra os alemães. Sendo pouco conhecido, faço dele um breve aceno. Scheler começa por fazer observações psicológicas sobre esse ódio: quer demonstrar que ele não é uma consequência da guerra, porque existia também antes, mas é, melhor dizendo, uma causa sua; de resto, esse ódio não se explica nem com a falta de conhecimento por parte das outras nações, porque não é verdadeiro que os alemães tenham sido odiados porque pouco conhecidos, mas é verdadeiro, ao contrário, que não foram conhecidos porque odiados; nem com o simples contraste de interesses. Desse ódio existe uma razão remota que tem raízes na história do último século [séc. XIX], e é que a civilização liberal-burguesa encontra na Alemanha o centro histórico daquela que é a antítese da civilização burguesa; e existe uma razão mais direta, e é que o tipo novo de humanidade, criado pelo homem alemão, e cuja característica essencial é o trabalho, perturbou os cômodos ideais de todas as burguesias. Dos mal-entendidos, pois, que alimentam esse ódio, existem alguns inevitáveis e não imputáveis ao povo alemão, outros evitáveis e, portanto, imputáveis ao povo alemão, que deveria, de agora em diante, procurar eliminá-los. Os primeiros são dois: o mal-entendido do militarismo alemão, que não é um militarismo instrumental, mas espiritual; e aquele do conceito alemão de liberdade,

distinção entre *Gesinnungsmilitarismus* [militarismo de convicções] e *Zweckmilitarismus* [militarismo de finalidade], isto é, entre um militarismo íntimo, que é uma forma espontânea do costume de um povo e que, como tal, não há nenhum fim belicoso, mas é fim em si mesmo, enquanto é a expressão de um modo de viver, e um militarismo instrumental, que vem imposto pelos Estados burgueses aos seus povos com o único escopo da guerra e da conquista. A Alemanha era militarista da primeira e não da segunda maneira e, portanto, nunca teria constituído um perigo para a paz.[26] Mas eis

---

que não tem origem política, mas ética. Os segundos têm essencialmente três motivos: a escarça consideração que se tem, na pátria, do comerciante alemão, a crítica feita pelos escritores social-democratas à situação alemã, e a literatura pangermanista, aqui compreendidas todas as teorias racistas. Enfim, pergunta-se qual atitude deva assumir o alemão diante desse ódio, e descarta quatro possíveis atitudes: a retribuição do ódio, o orgulho de ser odiado, a clarificação das relações e o deixar-se influenciar pelo ódio de modo a odiar a própria pátria. A postura que se deve ter é o domínio do próprio impulso de ódio, a manutenção do caráter alemão, a confiança orgulhosa, mas não soberba na sublimidade desse caráter, mas juntamente também a autocrítica dos próprios defeitos.

Livro fundamentalmente falso, eu disse, porque as razões enumeradas por Scheler são tais a suscitar inveja mais que ódio. Não se pode odiar senão o mal, e o homem somente enquanto é considerado portador do mal. No povo alemão, com ou sem razão, não se odiava a sua presumida supremacia, mas quando muito a soberba que dessa supremacia era o produto. A supremacia pode suscitar inveja, mas não ódio; porque a supremacia não é um mal, mas, ao contrário, a soberba é um mal. Livro também inoportuno, porque contribuía a acrescentar antes que a diminuir aquele ódio.

26 "O militarismo é, antes de tudo, a livre expressão, a forma natural de vida do *ethos* e da vontade espontânea do nosso povo, portanto, não alguma coisa a que a posição geográfica ou particulares circunstâncias históricas nos tenham obrigado. Nós somos e éramos em primeiro lugar militaristas pela simples razão que gostávamos de viver assim e não de um outro modo" (*Die Ursachen*... [*As Causas*...]. *Op. cit.*, p. 115). Esse militarismo é também privo de ódio; o ódio é obra do burguês, o qual, não havendo intimamente espírito guerreiro, tem necessidade de odiar para fazer a guerra (*Krieg und Aufbau* [*Guerra e construção*]. *Op. cit.*, p. 189).

que depois de dez anos, invertida a situação política, invertem-se também as suas ideias sobre a paz e sobre a guerra. Ele considera que a paz seja um valor positivo e que a guerra não seja inata ao homem; dissolve-se em contato com a realidade e à reação de novos impulsos toda uma metafísica fictícia da guerra, que em uma outra realidade e por diversos impulsos ele havia, com a prodigalidade do rico e com a despreocupação do pobre, fundado e construído. Aquele imaginário adversário, diante do qual agora refuta, uma a uma, as vantagens da guerra, não é outro senão si mesmo de dez anos antes. E termina até mesmo por descarregar-se sobre o militarismo íntimo, como aquele que não somente considera o exército como uma necessidade política, mas dá um valor positivo à guerra em si mesma, exatamente com aquele militarismo elogiado por ele e do qual havia elogiado a inocuidade.[27] E, agora, o seu ideal se torna um militarismo instrumental para proteção de um pacifismo interior.

Portanto, resulta evidente que o ideal teorético da descrição pura, que era a Scheler oferecido pela fenomenologia, vinha continuamente arrastado pela sua inclinação a endereçar a pesquisa somente lá onde se encontrasse empenhado a fundo em seu interesse espiritual. E é, assim, que definitivamente toda a sua atividade de pensamento, mesmo sendo intencionalmente dirigida ao ideal da objetividade, e abalada e escaldada por aquele impulso moral, que, segundo o próprio

---

27 "É necessário afastar do modo de pensar do povo alemão e, sobretudo, das classes dirigentes todos os elementos que atribuem à guerra um valor mais que historicamente relativo e respectivamente ao exército um significado mais que instrumental" (*Die Idee des Friedens...* [*A ideia de paz...*]. *Op. cit.*, p. 20). Nessa conferência, realizada em janeiro de 1927, e publicada postumamente, Scheler se coloca quatro perguntas: a paz perpétua tem um valor positivo? Existe, na história, um progresso rumo à paz? A humanidade presente é madura para a realização desse ideal? Existem modos práticos para realizar a paz perpétua? Às primeiras duas, responde sim; às duas últimas, responde não. A propósito da última, enumera as diversas formas de pacifismo instrumental e refuta todas. Rejeitado o pacifismo instrumental, aceita a teoria do pacifismo interior, acompanhado por um militarismo instrumental.

Scheler, é a condição de todo filosofar. O positivismo não somente negou a metafísica, mas desuniu o próprio espírito do filosofar que é indissolúvel por um inicial empenho moral. Husserl tem razão em sustentar que a diferença entre ciência e filosofia não é somente uma diferença de graus, mas uma diferença de atitudes diante do mundo. Para assumir e conservar a atitude filosófica, é necessário aquele ato de elevação moral, sem o qual não se pode realizar a passagem da esfera do cotidiano à esfera do eterno. Mas, no caso particular de Scheler, não é somente um ato moral o ato do filosofar, mas toda a sua atividade filosófica surge de exigências morais determinadas e concretas; muito frequentemente nele a posição de um problema teorético é suscitada por uma atitude moral, e uma preferência moral determina a sua solução. Toda a vida teorética de Scheler é como o florescer de uma vida prática, fortemente empenhada na discussão e na luta das ideias. O problema teorético se apresenta a ele como o resultado de um caso de consciência. Por isso, faz sentido, a fim de conhecer a sua personalidade filosófica, examinar de perto as suas mais típicas atitudes moralizantes diante da história contemporânea.

5

A sua orientação moralista é constituída, no fim das contas, por duas ou três ideias, como, aliás, é próprio dos moralistas. Scheler, de fato, tem do moralista os caracteres mais típicos, aquela insatisfação do estado presente, que o leva continuamente a balançar a cabeça diante das orientações espirituais mais difundidas ou mais em voga, e juntamente aquela confiança ingênua em um melhoramento muito próximo, que o induz a entrar em discussão, dando conselhos e fazendo pregações; em suma, aquela atitude aparentemente paradoxal do moralista que é de um pessimismo desdenhoso e preocupado diante do presente e juntamente de um otimismo fácil e condescendente diante do futuro. O moralista, não querendo aceitar os compromissos, é obrigado a manter constante aquela sua cara de desaprovação diante de um mundo de compromissos, como é aquele da história, e a adiar, portanto, as boas ações e a boa vontade àquele mundo de cavalheiros, que é o mundo do além que deve vir, ou o mundo já passado; e o seu destino é aquele de ser considerado, de vez em vez, o utopista ou reacionário da parte daqueles que, pelo único fato de estarem empenhados na luta, talvez com qualquer meio, considerem-se espíritos previdentes ou progredidos. Scheler, justamente, possui em comum com os moralistas também a nostalgia do passado, mas essa nostalgia não deve ser avaliada com olhos de historiador, porque aqueles olhos veriam, naquele complexo de nobres aspirações, somente um errôneo conhecimento ou, no melhor dos casos, um infantil deslumbre; mas sim com a paixão mesma do moralista. Que Scheler anseie por um Estado unitário universal, semelhante ao império cristão medieval, não quer dizer que ele seja um reacionário ou um retrógrado e assim por diante, mas demonstra simplesmente que ele, enquanto bom moralista, era um péssimo historiador. E se ele crera verdadeiramente que o Estado medieval fosse melhor do que o nosso e nele vigoraram certos princípios, que ele considerava fundamentais, embora não os encontrasse em nosso tempo, isso quer dizer que as suas exigências moralistas eram muito superiores aos seus conhecimentos históricos, e devemos nos convencer de que ele não visava, de modo algum, transferir à nossa época o Estado medieval como era na realidade, mas sim como ele, enquanto bom moralista e péssimo historiador, acreditava que fosse.

6

As duas ou três ideias morais de Scheler são facilmente resumíveis: a causa de todos os males é o espírito burguês, do qual a civilização moderna é impregnada; o remédio é uma reanimação das aspirações religiosas, pelo qual para uma sociedade fundada sobre a concorrência se constitua uma outra fundada sobre a solidariedade. Entre esses dois termos antitéticos, burguesia e cristianismo, move-se, segundo Scheler, toda a história contemporânea. Por burguesia, assim, não se entende somente uma situação econômica, a situação do capitalismo, mas uma atitude que investe todas as atividades da alma e que do capitalismo não é de modo algum a consequência, mas sim a causa. Em verdade, o que seja, pois, de perto, esse espírito burguês, é mais difícil dizer: o conceito de burguesia funciona para Scheler como uma caixa surpresa, na qual está fechado todo o mal do mundo. Em filosofia é burguês o Iluminismo com Kant à frente pela sua moral formalista que não compreende o valor da virtude; e burguês o positivismo com as suas aspirações antimetafísicas e com a sua conceção mecânica do homem. Em moral, é burguês o utilitarismo, que é a ética do industrialismo, da livre concorrência, do homem-mercante, mas é burguês também o humanitarismo, que falando de uma abstrata igualdade dos homens mostra ser o produto do ressentimento dos homens moralmente inferiores. Em política, é burguês o liberalismo, que é a doutrina da liberdade para os ricos e para os poderosos, mas é burguês também o socialismo, porque combate o capitalismo no seu próprio terreno, com as suas mesmas armas e, por fim, impregnado das suas próprias idealidades de potência econômica.

Burguesia, em geral, é inversão de valores, de desconhecimento de uma hierarquia irreversível de valores, subordinação dos valores vitais aos valores de utilidade, dos valores espirituais aos valores vitais; na situação burguesa, são consideradas virtudes aquelas habilidades que servem ao comerciante para conduzir bem os próprios negócios, e as virtudes morais são incompreendidas; a humildade é considerada servilismo; e o respeito e o pudor são mantidos à margem como um empecilho ao progresso técnico-mecânico;[28] conceitos fundamentais como justiça, domínio de si, fidelidade, sinceridade, parcimônia, adquirem um novo significado. A sinceridade, por exemplo, outrora era valorizada como coragem de confessar, agora significa que não se deve fazer nem pensar nada, que não se possa também dizer diante do juízo da moral pública. A parcimônia, por

---

28 Veja o ensaio: SCHELER, Max. "Zur Rebabilitierung der Tugend" ["Da reabilitação da virtude"]. *In*: ______. *Vom Umsturz der Werte* [*Da reviravolta dos valores*]. vol. I, pp. 31 e 38.

sua vez, outrora considerada uma necessidade, agora vem elevada ao grau de virtude.[29]

7

A Guerra Mundial, ou a guerra alemã, como Scheler a chamou, vinha improvisadamente a enquadrar-se nesse esquema moralista. Scheler não hesitou em definir a guerra como consequência e, também, como condenação do espírito burguês. A guerra tornou-se para ele a luta das nações burguesas, primeiramente da Inglaterra, contra a nação que havia até então se oposto à invasão daquele contágio da sanidade das próprias energias espirituais e à força da própria tradição: a Alemanha. Podia-se discutir sobre a necessidade e sobre a justiça da guerra franco-alemã, a qual, no fim das contas, não possuía outra justificativa além da danosa política antialemã do governo francês e da fatídica e mesquinha aspiração à revanche, mas sobre a íntima justiça da guerra anglo-alemã nenhuma discussão era possível. Aqui estava verdadeiramente em jogo uma luta de valores; estavam verdadeiramente em luta dois sistemas de cultura, porque o espírito burguês, causa de toda decadência, era personificado, o espírito burguês, causa de toda decadência, era encarnado, segundo Scheler,[30] pela Inglaterra. A moral inglesa, como já havia revelado Nietzsche, é a moral do "*Cant*"[31] [não pode], isto é, da-

29 Veja o ensaio: *Das Ressentiment im Aufbau der Moralen* [*O ressentimento na construção da moral*], ibidem, p. 212. Para a crítica da burguesia veja em geral os três ensaios: *Der Bourgeois* [*O burguês*]; *Der Bourgeois und die religiösen Mächte* [*A burguesia e as potências religiosas*]; *Die Zukunft des Kapitalismus* [*O futuro do capitalismo*], ibidem, vol. II, pp. 245, 281, 319.

30 No original está "*secendo*", o que nos parece um evidente erro gráfico de "*secondo*", aqui traduzido por "segundo".

31 "Zur Psychologie des englischen Ethos und des cant" [*Sobre a psicologia do ethos e da hipocrisia inglesa*], apêndice à obra *Der Genius des Krieges und der deutsche Krieg* [*O gênio da guerra e a guerra alemã*]. Leipzig: Weisse Bücher, 1915; 3ª ed. 1917, pp. 385-442.

quela atitude que permite dizer e fazer com consciência tranquila aquilo que os outros não poderiam dizer ou fazer senão mentindo; que permite mentir com a consciência de dizer a verdade. O homem do "*Cant*" [não pode] não afirma, como o utilitarista, que o bom é útil, diz que o bom é bom, mas no bom que ele realiza encontra sempre o próprio útil; o "*Cant*" [não pode] se encontra na filosofia, na moral e, sobretudo, na política inglesa todas as vezes que a Inglaterra declara que ela não combate por si, mas pelo progresso civil e moral do mundo ou pelos direitos dos povos sujeitados; na vida social, sexual, na literatura do povo inglês. Sobre essa atitude de vida enraizada, que possui certa hipocrisia e farisaísmo, vem-se formando toda uma série de esquemas mentais, que dão uma marca característica ao pensamento inglês, no qual no lugar da cultura se encontra o *comfort*, no lugar do amor, a solidariedade de interesses, no lugar do homem, o *gentlemen* e assim por diante.[32] A cultura alemã está do lado oposto; a Guerra Mundial deverá representar para os alemães uma libertação da civilização burguesa. Exatamente por isso o grito de guerra lançado por Scheler é: "Los von England" [*Partindo da Inglaterra*].[33]

A guerra possui, portanto, um profundo significado espiritual; não só possui, mas deve possuir. Diante de um simples jogo de interesses econômicos e políticos não seriam talvez tragicamente desproporcionais o número das vítimas e a vastidão das tragédias? A ilusão de Scheler é a ilusão de todos os seus contemporâneos; se a guerra deve possuir um sentido, este não pode ser mais que um apelo à humanidade europeia para uma clarificação da sua essência íntima e das suas formas sociais. O quadro do pós-guerra é verdadeiramente edificante:

---

32 Veja-se o curioso elenco das categorias do pensamento inglês postas em comparação com aquelas do pensamento alemão, no final do ensaio precedente.

33 SCHELER, Max. "Los von England". *In*: ______. *Der Genius des Krieges und der deutsche Krieg* [*O gênio da guerra e a guerra alemã*]. Leipzig: Weisse Bücher, 1915; 3ª ed. 1917, pp. 335-355.

> com a futura paz deverá vir um tempo de revisão e de expiação e desse estado de ânimo uma aspiração mais rica e mais séria a uma reconstrução moral; os novos modos de sentir surgidos da guerra devem conduzir à consecução de uma nova dignidade europeia.[34]

Ao "*cattivo giuoco*" da guerra, em princípio, faz-se "*buon viso*"[35] em função dos benefícios do pós-guerra e, portanto, a guerra é vista em sua função de formadora de consciências, de educadora para novas atitudes de vida, e pouco a pouco é justificada, bem acolhida, quase exaltada em si mesma e por si mesma. A esse elogio não escapa nem mesmo Scheler: diante da catástrofe, que transtorna todos os programas de vida coletivos e individuais, que repõe ao incerto o destino de todos, também Scheler, assim como os intelectuais de seu tempo, é obrigado a um exame de consciência: basta olhar em torno e na própria alma para perceber logo que a guerra traz à luz novos valores, até então negligenciados. Portanto, antes de tudo, a guerra é um fato espiritual; não se pode confundi-la, como fazem as doutrinas pacifistas de origem inglesa, com a brutal luta pela existência; somente com os fatores biológicos não se poderia explicar a guerra. E ainda: a guerra é um ato inevitável do devir da história; há um significado cultural de esclarecimento e de simplificação da cultura; há um valor moral enquanto não desune, mas une: une as classes, une as nações; enfim, há um valor de conhecimento: existem fenômenos essenciais, com os quais a nossa intuição entorpecida não entra em contato senão através de um choque moral, que, ao nos fazer sair, energicamente, de nossa situação, diversamente demasiada humana, vital, corpórea, predispõe o nosso conhecimento à apreensão das essências: um tal choque é a guerra vivida; ela nos faz compreender

---

34 SCHELER, Max. *Krieg und Aufbau* [*Guerra e construção*]. Leipzig: Weisse Bücher, 1916, p. 20.

35 Bobbio se vale, aqui, do conhecido ditado italiano "Fare buon viso a cattivo gioco", que significa olhar com bons olhos uma situação, em si mesma, má; neste caso, a guerra (N. do T.).

numa evidência tangível o sentimento da coletividade; nos impõe, ao pôr-nos diante da morte, o problema da imortalidade do juízo divino.

8

Trata-se, no fundo, de lugares então comuns, que nós, agora distantes, não somente sentimos como falsos, mas perigosos e que, então, conduziam Scheler à justificação da guerra combatida pelos alemães; além do mais, são motivos demasiado contingentes e apaixonados para que tenha sentido falar deles agora à distância de anos. No entanto, também nessa exaltação e nessa justificação Scheler não perde nunca de vista a íntima aspiração à unidade de amor acima das lutas, a uma reconstrução verdadeiramente europeia dos infinitos problemas que a guerra abriu, a uma solução de solidariedade que substitui a ideia da comunidade cristã pela realidade social capitalista-burguesa.[36] Nele nunca existem a presunção e a estreiteza moral do racista: do conceito de raça diz que é somente "uma ridícula e presunçosa idolatria do germanismo".[37] Ele é daqueles que consideram de boa-fé que o cosmopolitismo esteja no caráter da política alemã, sobretudo em oposição à limitação insular dos ingleses, e protesta muitas vezes contra os pangermanistas de toda espécie, os quais acreditam ser ultra alemães e não são nem mesmo alemães, porque imitam, mesmo maldizendo, o egoísmo inglês.[38] Vê os defeitos do povo alemão e por eles se entristece; duas são, segundo ele, as doenças, das quais o povo alemão deve se curar, se quiser pôr-se na estrada da reconstrução: aquele contínuo oscilar de um excesso de super autovalorização a um acesso de

---

36 SCHELER, Max. "Die christliche Liebesidee und die gegenwärtige Welt" ["A ideia cristã de amor e o mundo contemporâneo"]. *In*: *Vom Ewigen im Menschen* [*Do eterno no homem*], pp. 149 e ss.

37 *Der Genius des Krieges*... p. 272.

38 *Der Genius des Krieges*..., pp. 216-217 e "Vom kulturellen Wiederaufbau Europas" ["Sobre a reconstrução cultural da Europa"]. *In*: *Vom Ewigen im Menschen*, p. 250.

autodesvalorização ou, em outras palavras, aquela passagem, por vezes brusca, da atitude de protesto à atitude de prostração, ambas atitudes não de homens livres, mas de escravos e, respectivamente, características do imediato pré-guerra e do imediato pós-guerra; e, depois, o vício da interioridade, que, conduzindo a uma cisão entre aquilo que é interno e aquilo que é externo, torna-se um meio para tomar como bom tudo aquilo que se faz fora, também a violência e a brutalidade, desde que seja salva a dignidade interior.[39] No fundo, o ideal de Scheler permanece ainda o ideal "*fin de siècle*" do "*buon europeo*", também durante a guerra e, sobretudo, então, porque a guerra nos faz mais conscientes de uma unidade europeia que está acima de todas as diferenças e porque ela faz surgir, acima de todo internacionalismo inconsistente, um concreto e vitorioso patriotismo europeu.[40]

A realidade é que a guerra veio pouco a pouco diminuindo todos os entusiasmos: também aquele de Scheler. Em 1916, ele é abalado pelo estado no qual se agita o mundo. É a hora, ele diz, de reviver profundamente, na própria alma, esse choque moral e, elevando-se acima do próprio partido e acima da própria nação, olhar para a Europa como um todo e perguntar-se se esse choque não seria, para nós, um bom motivo para fazer um reexame das nossas ideias sociais.[41] Precisa, antes de tudo, despir-se do mais perigoso preconceito que a humanidade europeia experimentou, o nacionalismo,

---

39 SCHELER, Max. "Von Zwei deutschen Krankheiten" ["Sobre duas doenças alemãs"] (1919). *In*: *Schriften zur Soziologie* [*Escritos sobre sociologia*]. *Op. cit.*, vol. II.

40 SCHELER, Max. "Die geistige Einheit Europas und ihre politische Forderung" ["A unidade espiritual da Europa e a sua exigência política"]. *In*: *Der Genius*... [*O gênio*...], pp. 251-335.

41 Veja o longo ensaio: "Soziologische Neuorientierung und die Aufgabe der deutscken Katholiken nach dem Krieg" [A reorientação sociológica e a tarefa dos católicos alemães depois da guerra] (1916), publicado, primeiramente, em *Krieg und Autbau*, depois, em *Schriften zur Soziologie*, vol. III, pp. 58-233.

mas, ao mesmo tempo, expulsar a ilusão que se possa obter o acordo europeu com as forças que agem a partir de baixo, como as forças puramente materiais e técnicas do capital e do trabalho, que, fundando um vago e fraco internacionalismo, somente sobrem um jogo de interesses econômicos, ao primeiro conflito de interesses estão prontas a desconfessar aquele mesmo internacionalismo que elas criaram; a guerra demonstrou a sua inconsistência e a sua ineficácia, e juntamente desiludiu efetivamente as possibilidades unificadoras da democracia política e da sociedade universal dos intelectuais. O acordo europeu não pode ser obtido senão pelas forças que agem a partir de cima, isto é, das forças espirituais, que somente a ética do cristianismo pode oferecer. A primeira dessas forças é a ideia cristã do amor; mas também todas as outras características da moral cristã, o heroísmo, o domínio de si, a solidariedade, o desprezo dos bens, do qual, no enfurecer do capitalismo, o catolicismo de pré-guerra não soube, por oportunismo político, manter-se distante, constituirão a base do novo ensinamento, com o qual o católico irá ao encontro do veterano.[42]

E, entretanto, enquanto olha com ansiedade e com esperança para uma solução dos problemas europeus,[43] fita sobretudo a situação alemã e se pergunta: são compatíveis social e psicologicamente o ser católico e o ser alemão?[44] Considera a si sob muitos pontos de vista e crê também que o católico alemão, enquanto católico, possa corrigir em si alguns defeitos típicos do homem alemão, como a falta de respeito às formas, a falta de medida e de harmonia, a falta de

---

42 O termo utilizado por Bobbio é "reduce", termo que indica aquele que retorna após uma longa ausência, devido a empresa ou aventura arriscadas, em particular a guerra, aqui traduzido por "veterano", pois no contexto se refere à Grande Guerra (N. do T.).

43 No original, está grafado "*proplemi*", o que nos parece evidente erro gráfico de "*problemi*", aqui traduzido por "problemas" (N. do T.).

44 SCHELER, Max. *Deutschlands Sendung und der katholische Gedanke* [*A missão da Alemanha e o pensamento católico*]. Berlim: Germania Verlag, 1918.

clareza, a excessiva e falsa interioridade, o exagerado ativismo. Mas então é necessário que se venha, antes de tudo, a uma paz entre as duas diversas confissões religiosas, que até agora têm contribuído com uma contínua dissipação das energias unificadoras alemãs.[45] No problema social, criticando as formas mais difundidas de socialismo, propõe uma forma de socialismo cristão ao qual dá o vistoso nome de socialismo profético.[46] Também contra a concepção materialista e pragmatista do trabalho, a qual levou o povo alemão a um entusiasmo pelo trabalho no pré-guerra e a uma desconfiança dele na hora do desânimo, sustenta que somente a concepção cristã do trabalho, para a qual o trabalho é um meio de expiação e, portanto, de salvação, um sacrifício e uma escola de humildade, e não a essência mesma do homem, segundo as concepções pragmáticas, pode dar ao povo alemão novamente a vontade, a força e a verdadeira alegria do trabalho.[47] E, enfim, a concepção cristã da vida deverá influir enérgica e beneficamente sobre os problemas sexuais e sobre o aumento dos nascimentos.[48]

---

45 SCHELER, Max. "Der Friede unter der Konfessionen" ["A paz entre as confissões"]. *In*: ______. *Schriften zur Soziologie und Weltanschauungslehre* [*Escritos sobre sociologia e doutrina da visão-de-mundo*]. vol. III, parte 1. Leipzig: Der Neue Geist, 1923-1924, pp. 1-158.

46 SCHELER, Max. "Prophetischer oder marxistischer Sozialismus?" ["Socialismo profético ou marxista?"] (1919). *In*: ______. *Schriften zur Soziologie und Weltanschauungslehre* [*Escritos sobre sociologia e doutrina da visão-de-mundo*]. vol. III, parte II. Leipzig: Der Neue Geist, 1923-1924, pp. 1-26.

47 SCHELER, Max. "Arbeit und Weltanschauung" ["Trabalho e visão-de-mundo"]. *In*: ______. *Schriften zur Soziologie und Weltanschauungslehre* [*Escritos sobre sociologia e doutrina da visão-de-mundo*]. vol. III, parte II. Leipzig: Der Neue Geist, 1923-1924, pp. 85-114.

48 SCHELER, Max. "Bevölkerungsprobleme als Weltanschauungsfragen" ["Problemas populacionais como questões de visão-de-mundo"]. *In*: ______. *Schriften zur Soziologie und Weltanschauungslehre* [*Escritos sobre sociologia e doutrina da visão-de-mundo*]. vol. III, parte II. Leipzig: Der Neue Geist, 1923-1924, pp. 114-173.

9

A esse espírito cristão compete, sobretudo, a liquidação do espírito de guerra. Sobre o novo patriotismo europeu que pertence aos jovens, os quais são livres de preconceitos diante da propaganda de ódio, que envenenou as gerações precedentes, deverá fundar-se a reconstrução espiritual da Europa. Ele tem fé nos jovens, e não sabe que são exatamente eles, aos quais ele fala no pós-guerra, que trairão as suas aspirações:

> O movimento da juventude alemã me parece, já desde agora, maduro para compreender que não as lamentações, o amargurar-se, o acerbar-se, o gritar e ainda menos o assim chamado ativismo sem propósito, gesticulador e exterior, fazem a alma tranquila, forte, livre e pronta diante dos fatos, mas uma nova sistemática autodisciplina do espírito em todo indivíduo.[49]

Scheler não era bom historiador; mas não era, evidentemente, nem mesmo melhor profeta.

A ideia fundamental é que, no indivíduo assim como na sociedade, não é possível um renascimento moral que não seja precedido pelo arrependimento; e o arrependimento deve exprimir-se na aceitação da guerra como uma expiação daquela turva consciência coletiva, da qual a guerra não foi senão uma consequência. Aceitar a guerra como expiação quer dizer reconhecer a culpa comum; não negar, mas afirmar abertamente a própria responsabilidade ao lado daquela de todos os outros. E esse sentido de corresponsabilidade será o primeiro sinal daquele espírito de solidariedade, sobre o qual deverá ser edificada a paz europeia, que seja verdadeira paz e não simples armistício, que seja pacificação dos espíritos e não transação dos interesses.

---

49 SCHELER, Max. *Schriften zur Soziologie und Weltanschauungslehre* [*Escritos sobre sociologia e doutrina da visão-de-mundo*]. vol. I. Leipzig: Der Neue Geist, 1923-1924, p. X.

> E eu digo: uma reconstrução cultural é somente possível se uma parte sempre maior dos povos europeus aprender a considerar todo esse evento [a guerra] como consequência de uma culpa comum e recíproca dos povos da Europa, portanto, como um mal que pode ser eliminado e superado somente com uma expiação comum, um arrependimento comum, um sacrifício comum.[50]

A pergunta sobre quem é o responsável pela guerra é uma pergunta que não pode ter resposta: a culpa não está no fato de que a guerra tenha estourado, mas que tenha podido estourar, isto é, no fato de que as condições da Europa fossem tais a permitir e tolerar um tal acontecimento. E aqui se oferece a Scheler a ocasião de repor em jogo as suas ideias políticas fundamentais: um renascimento da Europa contra o materialismo e o panteísmo burgueses não pode ser mais que um renascimento religioso e, mais precisamente, um renascimento da maior força moral e coesa da Europa: o cristianismo. Como já antes da guerra, agora e ainda mais as suas nostalgias moralistas e as suas aspirações políticas se dirigem àquela única instituição religiosa que contém em si a possibilidade de uma organização política, a Igreja Católica, e ao ideal da comunidade cristã como sociedade de homens unidos pelo espírito de amor e de solidariedade. Sustentado por essas ideias, não permanece sobre o terreno abstrato da visão histórica, mas desce a discutir concretamente outras ideias, formula programas, critica algumas atitudes, aprova outras; em suma, procura colaborar efetiva e realisticamente com a pacificação europeia, não economizando observações e condenações à Alemanha.

---

50 *Vom kulturellen Wiederaufbau Europas* [*Sobre a reconstrução cultural da Europa*]. *Op. cit.*, pp. 223-224.

10

Que em Scheler as preferências práticas fossem mais fortes do que as suas convicções teoréticas, também diante do problema religioso, mais uma vez é demonstrado pelo fato de que, quando já sentia estar distante daquela orientação filosófica, que certo tempo o havia aproximado da esfera do pensamento católico, ainda estava persuadido de que entre as comunidades religiosas capazes de dar uma direção e uma formação à sociedade aquela que possuía força educadora ao máximo grau seria a Igreja Católica.[51] Mas devia, depois, pouco a pouco, mesmo se através de uma mais longa luta, também na esfera prática, mudar radicalmente as suas preferências. Em um de seus últimos ensaios, no qual, pondo-se pela última vez diante do problema político e social, via na "conciliação" (*Ausgleich*) de tudo e de todos a característica do tempo, considerava que fossem quatro as atitudes típicas possíveis diante da religião positiva: ou o confessionalismo, ou a oposição, ou o maquiavelismo, ou a atitude filosófica, para a qual a filosofia é a religião das elites, e a religião é a filosofia do povo. Contrariamente à sua atitude precedente decididamente confessionalista, agora sustentava que as elites, mesmo respeitando as grandes religiões e as instituições religiosas, deveriam assumir uma atitude livre diante do seu valor e da sua verdade, e acolhia, portanto, a última daquelas alternativas.[52]

11

Na esfera teorética, há algum tempo, o seu pensamento já se tinha orientado para uma forma de panteísmo, que se mostrava

---

51 SCHELER, Max. *Schriften zur Soziologie und Weltanschauungslehre* [*Escritos sobre sociologia e doutrina da visão-de-mundo*]. vol. III, parte I. Leipzig: Der Neue Geist, 1923-1924, p. VII.

52 SCHELER, Max. "Der Mensch im Weltalter des Ausgleichs". *In*: ______. *Philosophische Weltanschauung* [*Visão filosófica de mundo*]. Bonn: Cohen, 1929, p. 82.

em franca contradição com a filosofia religiosa que lhe havia dado notoriedade, mesmo se somente registrada e ainda não desenvolvida.

Não obstante as dissensões da parte dos católicos, que o repudiaram como protestante, e da parte dos protestantes, que o repudiaram como católico,[53] o sistema religioso de Scheler, exposto

---

53 Entre os livros de Scheler, certamente, *Vom Ewigen im Menschen* foi aquele que suscitou maior interesse e provocou maiores discussões. Dos críticos católicos ocupam o primeiro lugar: PRZYWARA, Erich. *Religionsbegründung*: Max Scheler – J. H. Newmann [*Justificativa religiosa*: Max Scheler – J. H. Newman]. Friburgo: Herder, 1923; e "Zu Max Schelers Religionsauffassung" ["Sobre a visão de Max Scheler sobre religião"]. *Zeitschrift für Katholische Theologie*, 1923. Em polêmica direta com PRZYWARA é o opúsculo de GEYSER, Joseph. *Max Schelers Phänomenologie der Religion* [*Fenomenologia da religião de Max Scheler*]. Friburgo: Herder, 1924; Geyser considera Scheler como pertencente à tradição agostiniana, que distingue nitidamente da tomista. Escrito com espírito partidário e hostil a Scheler é o livro de LENNERZ, H. *Schelers Konformitätssystem und die Lehre der katholischen Kirche* [*O sistema de conformidade de Scheler e os ensinamentos da Igreja Católica*]. Münster, 1924, no qual se quer demonstrar com uma rigorosa comparação a absoluta incompatibilidade do sistema scheleriano com a doutrina católica. De maior importância: NEWE, Heinrich. "Die religiöse Gotteserkenntnis und ihr Verhältnis zur Metaphysischen bei M. Scheler". ["O conhecimento religioso de Deus e sua relação com o metafísico em M. Scheler"]. In: *Abt. zur Phil. u. Psych. der Religion*, 1928. Na Itália, para um juízo sereno sempre em campo católico, veja VANNI-ROVIGHI, S. *Filosofia e religione in M. Scheler* [*Filosofia e religião em M. Scheler*]. *Op. cit.* Da parte protestante, além das observações de TROELTSCH, Ernst. *Gesammelte Schriften* [*Escritos reunidos*]. Bd. III. Tübingen: Mohr, 1922, pp. 603-617, veja-se KREPPEL, Friedrich. *Die Religionsphilosophie Max Schelers* [*Filosofia religiosa de Max Scheler*]. Munique: Kaiser, 1927 (Dissert), que considera o livro de Scheler como a expressão de uma filosofia religiosa católica. Interessante o estudo de: HAFKESBRINK, Hanna. "Das Problem des religiösen Gegenstandes bei M. Schelers" ["O problema do objeto religioso com M. Scheler"]. *Zeitschrift für Systematische Theologie*, 1930, pp. 145-180; 251-292, no qual se procura demonstrar ser a filosofia religiosa de Scheler uma síntese da filosofia católica com a filosofia moderna, realizada em três direções: 1) objetivismo tomista e subjetivismo moderno; 2) conceito ontológico de Deus e intuição

no conhecido livro *Vom Ewigen im Menschen* [*Do eterno no homem*], era um sistema teísta. Apesar das suas simpatias em relação ao mundo católico, Scheler não se preocupara com a ortodoxia, mas, tomado por seu fervor característico de apresentar novas perspectivas para os velhos problemas, de fazer uma descoberta que revelasse um problema esquecido sob uma veste sugestiva e original, ele, sobretudo, dera-se a desfrutar as possibilidades do método fenomenológico, que era um método de pesquisa absolutamente livre e sem preconceitos, para clarificação das questões que mais lhe importavam. Nessa tentativa de fixar as relações entre religião e filosofia como relações de conformidade, rejeitando a doutrina da identidade e aquela do dualismo, naquela sua investigação fenomenológica do divino, dos atributos da divindade e do ato religioso, permaneceu firme a hipótese da transcendência de Deus na forma e no espírito tradicionais. Exatamente por isso, protestantes e católicos efervesceram na discussão do livro, com juízos discordantes, mas sempre com um interesse vivaz e não superficial.

Pouco a pouco a fé teísta foi se enfraquecendo, e no pós-guerra com graduais passagens, a concepção panteísta foi-se reforçando sempre mais na mente de Scheler, que depois tomou a sua forma mais evidente nas últimas páginas do último livro. Mas, no fundo,

---

axiológica existencial de Deus; e 3) racionalismo tomista e emocionalismo moderno. Para um olhar de conjunto veja: HEBER, Johannes. *Das Problem der Gotteserkenntnis in der Religionsphilosophie Max Schelers* [*O problema do conhecimento de Deus na filosofia religiosa de Max Scheler*]. Leipzig: Deichert, 1931, e do mesmo autor também: *Die phänomenologische Methode in der Religionsphilosophie* [*O método fenomenológico na filosofia da religião*]. Dresden: C. L. Ungelenk, 1929, e EKLUND, Harald. *Evangelisches u. Katholisches in M. Schelers Ethik* [Evangélico e católico na ética de M. Scheler]. Upsala: Almqvist & Wiksells boktryckeri-a.-b., 1932. Também do ponto de vista hebraico foi tentada uma avaliação: WOHLGEMUTH, J. *Grundgedanken der Religionsphilosophie M. Schelers in jüdicher Beleuchtung* [*Pensamentos fundamentais da filosofia religiosa de M. Scheler na iluminação judaica*]. Berlim, 1931.

essas transformações não nos escandalizam: já vimos que não se pode explicar Scheler com o espírito de sistema; na sua obra filosófica os sistemas são efetivamente dois e poderiam ser mais. Na realidade, na profundidade desses sistemas flui o fluxo unitário e homogêneo de seu interesse teorético, que não segue canalizado em uma direção única rumo à construção metafísica do problema de Deus, mas deve ser reconduzido à bem mais íntima fonte de toda a sua aspiração filosófica e de toda a sua investigação científica: ao problema do homem.[54] E é exatamente na pesquisa do homem em todos os seus aspectos, na determinação da sua essência, do seu valor, da sua posição na escala dos seres e, sobretudo, em relação a Deus, que se encontra a unidade das pesquisas schelerianas. Mas aquilo que mais importa encontra-se ainda melhor que na própria filosofia religiosa, na expressão mais direta da sua religiosidade. A religiosidade de Scheler não é orientada ao misticismo, nunca se resolve em um distanciamento do mundo, em vez disso é participação ativa naquilo que existe de divino no mundo; e, portanto, primeiramente ao homem cujo valor essencial é divino; e isto não somente nos últimos anos, mas também nos primeiros, nos quais o último escrito, *Die Stellung des Menschen im Kosmos* [*A posição do homem no cosmos*] se vincula a um dos primeiros, *Zur Idee des Menschen* [*Sobre a ideia do homem*],[55] em uma corrente compacta e fechada de eventos espirituais fundamentalmente unívocos.

E é assim que dessa religiosidade particular aparece, finalmente, como uma consequência natural também aquele rascunho final de panteísmo, que foi se configurando teoreticamente através de um contínuo ver Deus no homem e um ansioso preocupar-se com o aspecto divino no homem mais que de Deus mesmo e um introduzir o homem singular e social no destino, religiosamente concebido, do mundo. Portanto, olhando bem, não existe solução de continuidade

54 Cf. VANNI-ROVIGHI, S. *Filosofia e religione in M. Scheler* [*Filosofia e religião em M. Scheler*]. *Op. cit.*, p. 157.

55 Cf. *Vom Umsturz der Werte*, vol. I, pp. 271-312.

no pensamento de Scheler. A antropologia metafísica torna-se o escopo final das suas pesquisas, à qual dedica ativamente, com muitos programas e muitas ideias, os últimos anos da sua vida; mas para essa antropologia foi necessária a preparação de todas as pesquisas sociológicas, morais e religiosas. E, se muda a orientação metafísica geral, não muda a sua "*logique du coeur*" [lógica do coração] que o introduz e o empenha a fundo no estudo do mundo dos homens. A esse mundo, como centro sentimental e teorético de todos os outros mundos, toda a atividade de Scheler é, do princípio ao fim, reconduzível ora à investigação psicológica, ora à crítica filosófica, ora à didascália moral, de modo a apresentar-se, ao final, fora de todas as mudanças de ideias, como a realização de uma não fraca nem incerta unidade espiritual.

12

Para essa unidade subterrânea que só raramente vem à superfície, deu-se muito pouca atenção. Contudo, já nos primeiros anos Scheler havia dito: "em um certo sentido todos os problemas centrais da filosofia se deixam reconduzir ao problema do que é o homem e qual lugar metafísico ele tem na totalidade do ser, do mundo e de Deus".[56] Depois da guerra, retomando em exame os estudos teoréticos, essas ideias se concretizavam no programa, algumas vezes enunciado em ensaios e lições universitárias, de uma nova forma de saber, que fizesse parte da ciência voltada ao absoluto ou metafísica: a antropologia filosófica.[57] E enquanto observava que o homem nunca tinha sido tão problemático, como no presente, com uma certa satisfação, constatava que os problemas de uma antropologia filosófica estão, hoje,

56 *Zur Idee des Menschen* [*Para a ideia de homem*]. *Op. cit.*, p. 273.

57 Veja sobretudo o ensaio: "Philosophische Weltanschauung", publicado pela primeira vez em *Münchner neuesten Nachrichten*, 5 de maio de 1928, e reimpresso na coletânea de ensaios *Philosophische Weltanschauung* [*Visão filosófica de mundo*]. Bonn: Cohen, 1929, p. 10.

exatamente no centro de cada problemática filosófica na Alemanha; e que biólogos, médicos, psicólogos e sociólogos trabalham para uma nova forma de construção essencial do homem,[58] mesmo indo além das costumeiras excursões filosóficas realizadas pelos cientistas. Cinco são as direções nas quais o homem procurou determinar a própria essência, e sobretudo três fundamentais: a concepção religiosa do homem decaído, a concepção grega do homem racional, a concepção pragmática do *homo faber*, à qual se podem acrescentar duas conceções que operaram e operam eficazmente na Alemanha contemporânea, a concepção vitalista do homem organicamente decaído enquanto ser do intelecto e desertor da vida, e a concepção nietzschiana do super-homem.[59] Scheler rejeita essas concepções: no período da equiparação dos sexos, das raças, das nações, das classes, das atividades humanas mesmas etc., o novo tipo ideal deve ser o homem total ou *Allmensch* [humano total].[60] Esse tipo é, além disso, aquele que corresponde à mais íntima essência do homem.

O homem é posto no final da escala dos entes, mas se distingue de modo essencial de todos os outros seres; contra as doutrinas positivistas, que, imersas no fluxo da evolução natural, não conseguiam ver no homem nada além de um ser natural, diferenciado dos outros seres somente por graus, Scheler, já no primeiro ensaio sobre a ideia do homem, refutando a teoria materialista da palavra e dos utensílios, esforçava-se para pôr em relevo o elemento essencial e próprio do homem; mas nesse ensaio não conseguia outra coisa além da reavaliação do intelecto, que ele não considerava mais do simples ponto de vista biológico como substituto e, muito frequentemente, mal e degenerado substituto do instinto, mas como um centro de atos,

58 *Die Stellung...* , p. 11.

59 SCHELER, Max. "Mensch und Geschichte" ["Homem e história"]. *In*: ______. *Philosophische Weltanschauung* [*Visão filosófica de mundo*]. Bonn: Cohen, 1929.

60 SCHELER, Max. "Der Mensch im Weltalter des Ausgleichs". *In*: ______. *Philosophische Weltanschauung* [*Visão filosófica de mundo*]. Bonn: Cohen, 1929.

com que o homem, diversamente de todos os outros seres, é capaz de transcender a si mesmo e a própria vida, para buscar Deus; mas não saía da esfera psíquica. Agora, na nova antropologia, reconhecendo uma forma rudimentar de inteligência também a certas classes de animais, afirma que a essência e a particular dignidade do homem devem ser encontradas fora da vida psíquica e, precisamente, em um princípio que não está na vida e, antes, é oposto à vida: o espírito.[61] O conceito de espírito é mais compreensível do que o tradicional conceito de razão; as suas características são a liberdade dos impulsos externos da vida, a possibilidade de fazer o mundo circundante objeto próprio, a autoconsciência. Mas um dos atos mais típicos do espírito, sobre o qual Scheler se detém longamente com a nostalgia do velho e fiel Husserl, é o ato da "ideação", isto é, o ato com o qual o espírito colhe a essencialidade das coisas independentemente das observações empíricas e das concatenações indutivas; ato que não tem somente uma função cognitiva, mas também um profundo valor metafísico, enquanto com ele o homem se desvincula da pressão da realidade externa; e, portanto, da angústia do terreno, e se capacita a realizar aquele ato ascético da "*Entwircklichung*" [desrealização], que faz do homem, em contraste com o animal que é obrigado a dizer sempre sim à vida mesmo quando foge dela, o único ser do universo que pode dizer não, em uma palavra, o "*Neinsagenkönner*" [pode dizer não].

13

No mesmo momento em que o homem diz não à realidade, insere o próprio centro fora e além do mundo; surge, portanto, o problema da relação entre homem e Deus. Mas então, no primeiro ensaio, o homem era representado como o buscador de Deus; ainda valia para Scheler o conceito cristão do Deus pai e o homem era a

---

61 *Die Stellung*... [*A posição*...], pp. 46-47; e o mesmo livro para tudo aquilo que segue no texto.

criatura de Deus. Dizia então: "o homem é a intenção e o gesto da transcendência mesma, é o ser que reza e busca a Deus".

> Lá onde o desejo de Deus chama potentemente ao despertar de todo ser e de todo espírito; ao despertar contra o simples mundo, o homem "*bestia naturalis*" se torna verdadeiramente homem e, portanto, um ser que está cansado de ser simples homem.[62]

Agora, exatamente nas últimas páginas que dele permanecem escritas, a relação entre o homem e Deus vem de forma clamorosamente invertida. O último Scheler, à beira da morte, rejeita juntamente com toda concepção religiosa teísta – a ideia de um Deus pessoal – a representação do homem como criatura divina. Em poucas frases, com uma concisão quase trágica, condena como produto de fraqueza e de infantilidade aquela concepção que ele havia, até então, defendido. No seu lugar, com uma crueza impiedosa em relação a todos aqueles pensamentos que lhe tinham sido caros, afirma a inexorável exigência de um panteísmo filosófico, pelo qual o homem não é mais filho e quase escravo de Deus, mas sim o realizador de Deus no mundo, o colaborador necessário da obra divina. "É o velho pensamento de Espinosa, de Hegel e de muitos outros que o ser originário penetra no íntimo do homem no mesmo ato em que o homem se vê nele fundado".[63] Parece obscurecer-se aquela luz de persuasão intelectual e emotiva que havia iluminado o seu caminho por todas as vias do pensamento teorético. Não só se renega o passado, mas se afirmam exatamente aquelas ideias que no passado tinham sido objeto de direta e, às vezes, áspera crítica. Deus é destronado e imerso no devir do mundo; a história do homem se identifica com a história de Deus, e Deus e homem se tornam conceitos correlativos; como o homem não pode chegar à determinação sem Deus, assim tampouco Deus sem o

---

62 *Zur Idee des Menschen*, pp. 295 e 302.

63 *Die Stellung...* , p. 110.

homem. E se em tal modo Deus não é mais a garantia e a segurança dos destinos do homem, responder-se-á que a metafísica não pode ser um instituto de garantia para os homens fracos e necessitados. Para a proteção dos homens não existe Deus, mas sim a obra coletiva dos homens para a realização da história no mundo. O homem não é um falsificador de ideias já existente em Deus antes da criação, mas é o colaborador de uma série ideal de eventos, que se torna no processo do mundo e com ele mesmo. O homem é aquele ser no qual o ser originário não somente se reconhece, mas também aquele ser em cuja livre decisão Deus pode realizar a sua essência. O homem enfim não é mais o servo de Deus, mas leva em si a dignidade de um companheiro de luta e de trabalho na obra divina do mundo.[64] O homem não pode fazer de Deus objeto do próprio pensamento: fazer de Deus objeto é idolatria; o homem pode somente atuar em si mesmo Deus, empenhando ativamente a própria personalidade. "Nós colocamos no lugar daquela infantil e meio escravista relação entre homem e Deus, que não faz mais que destacar o homem de Deus, como é dada nas relações objetivantes e por isso elusivas da contemplação, da súplica e da oração, nós colocamos o ato elementar do *empenho* pessoal do homem pela divindade, a autoidentificação com a direção espiritual dos seus atos".[65] À metafísica tradicional do objeto deverá suceder uma metafísica do ato.

14

No entanto, também nessas reviravoltas, que aliás não foram tão improvisadas, como se crê, mas lentamente maturadas, e são natural consequência da sua atitude religiosa que parte do homem para subir a Deus, não quisemos perder de vista a identidade do seu

---

64 Veja também para as frases seguintes: SCHELER, Max. *Philosophische Weltanschauung* [*Visão filosófica de mundo*]. Bonn: Cohen, 1929, p. 13.

65 SCHELER, Max. *Die Stellung des Menschen im Kosmos* [*A posição do homem no cosmos*]. Darmstadt: Reichl, 1928, p. 112.

interesse teorético entre os primeiros e os últimos anos. Mas existe em Scheler alguma outra coisa que permanece constante mesmo no variar da orientação metafísica e das atitudes práticas; e é exatamente a substância profunda da sua personalidade, que já na conclusão de um artigo anterior havíamos decomposto em dois elementos constitutivos: o endereço religioso da vida e a adesão à corrente fenomenológica,[66] pela qual verdadeiramente se pode falar de uma unidade na personalidade filosófica de Scheler, no sentido mesmo em que Scheler falaria de personalidade, vale dizer como centro essencial do indivíduo, independente de toda possível experiência e irredutível ao eu psíquico e à consciência subjetiva.

Agora acrescentamos, como conclusão, que esses dois elementos, mesmo na sua heterogeneidade, estão intimamente fundidos em toda a obra de Scheler, porque o segundo é a consequência do primeiro. Não seria fácil, enfim, explicar o tenaz apego ao método fenomenológico, que permanece imutado também na variedade das atitudes,[67] se não se conseguisse entender que nesse método da intuição essencial encontrava vazão o seu anseio religioso. E que essa orientação teorética tenha sido uma consequência de uma exigência prática, além de entrar no andamento geral do pensamento de Scheler, é claramente provado por aquela ingenuidade e aquele candor teoréticos, com que aquele método, nada ingênuo e cândido nas mãos do seu complicado descobridor, foi aceito e aplicado por Scheler ao longo do caminho da multiforme pesquisa. Mas sobre o aspecto dogmático da fenomenologia de Scheler já discorremos brevemente no artigo citado.

---

66 BOBBIO, Norberto. "La fenomenologia secondo M. Scheler" [A fenomenologia segundo M. Scheler]. *Rivista di Filosofia*, 1936, p. 246.

67 Atestados de fidelidade e de gratidão ao método husserliano se encontram repetidos em quase todos os escritos, desde os primeiros (*Der Formalismus...* [*O formalismo...*], Prefácio à I ed.) até aos últimos (*Die Stellung...* [*A posição...*], pp. 60-66).

15

A religião de Scheler se manifesta em todas as suas obras na forma de uma persuasão quase mágica do absoluto. Ele vê todo ser, toda relação da parte do absoluto; e nessa contemplação não mostra alguma particular tensão ou esforço, antes, em um primeiro momento suscita a sua tese, mesmo se surpreendente ou paradoxal, com uma naturalidade e uma simplicidade que transformam a surpresa em admiração e resolvem o paradoxo em verdade familiar. O absoluto não é conquistado por Scheler através de uma elaboração mental; mas é um pressuposto fundado em uma crença íntima e solidíssima. Por isso, é melhor falar de visão religiosa do homem e do mundo, mais que de construção filosófica ou de pesquisa científica; e é por isso que se quer atribuir a Scheler, em primeira linha, os caracteres e os lineamentos de uma personalidade religiosa.

Agora, essa persuasão do absoluto se concretiza, sobretudo, na tentativa de ver em todo fato a essencialidade *a priori* e imutável, em toda relação de fatos a relação essencial e necessária, subtraída a todo limite de tempo e de espaço; e, portanto, válida em todo tempo e em todo lugar; e é exatamente nessa exigência que Scheler encontrou uma sustentação e uma via no método fenomenológico. O pensamento de Scheler procede por fixação de categorias; se se detém na sua pesquisa descritiva ou em um evento histórico ou em um fato natural ou uma ocorrência psíquica é para fixar a sua categoria; e essa categoria não deve ser, na intenção de Scheler, uma categoria mental, mas sim uma categoria ontológica, isto é, independente da estrutura do sujeito em particular e do sujeito em universal. É inútil advertir que aqui se representa ainda uma vez, na história do pensamento, um exemplar bem puro, mesmo se aparentemente evolutivo, de realismo platônico.

Scheler se move sempre entre valores absolutos; a verdade, a multiplicidade, em uma palavra, a relatividade da experiência cotidiana, não o perturbam; ele está acima da experiência, sobre aquele nível no qual existem somente essências e relações essenciais. Trata-se de uma clara aplicação da assim chamada redução fenomenológica, porquanto na diversidade que essa redução apresenta defronte à redução husserliana, mostre-se também simultaneamente a adaptação, operada por Scheler, do método fenomenológico às próprias necessidades especulativas. Permanece, de todo modo, através da aceitação daquele método, em grande parte satisfeita a exigência de salvar a realidade e, antes de tudo, a realidade da pessoa humana, que está no centro da sua pesquisa, das contradições da experiência. Da experiência, Scheler não quer retirar nenhum ensinamento, nem construir qualquer conceito; tudo aquilo que ele consegue ver com a sua vista aberta ao mundo das essências da fenomenologia e agudizada pela descoberta da intuição essencial está antes e fora da experiência; no máximo a experiência é, de início, uma condição do exercício daquela intuição, e não a condição da intuição mesma, e ao final pode ser uma exemplificação sua. Por experiência se compreende, na obra de Scheler, o mundo psicofísico; ele está fora desse mundo. Uma filosofia que quisesse prestar contas dos ensinamentos da experiência salvaria as exigências do senso comum, mas não as da alma. E a Scheler importa, antes de tudo, salvar um núcleo livre e incorruptível na existência do indivíduo pela necessidade e pela corrupção que dominam o mundo: esse centro é a pessoa, ponto de referência de todos os atos intencionais, elemento espiritual subtraído à realidade do acontecer. Para fundar os direitos desse centro espiritual, suporte dos valores morais, Scheler realiza um salto ao mundo das essências, abandonando a experiência comum e se ocupando daquela esfera inteligível, onde a razão teorética não tem mais tenacidade e onde somente uma atitude prática torna possível a existência. E é exatamente nesse fugir da experiência com obstinação, mesmo a custo de comprometer a razoabilidade das soluções, que tem lugar a manifestação mais clara e mais solene de uma aspiração religiosa. Aqui, Scheler afronta o positivismo dominante, que nas suas direções típicas do naturalismo e do psicologismo arrasta o homem ao devir do mundo. A tese por ele sustentada está, de fato, quase sempre relacionada a uma tese positivista e constitui, na maior parte das vezes, uma inversão sua; aquilo que para um positivista é consequência, para Scheler se torna o pressuposto; típica a situação da relação entre valor e tendência. Nessa inversão sistemática existe, às vezes, algo de puramente mecânico ou de fictício, outra vez algo de paradoxal e de surpreendente, mas sempre vaza a preocupação de não comprometer a pessoa humana no jogo das forças naturais e sociais. A mesma persistência com que os positivistas têm se colocado a reduzir todos os problemas espirituais a problemas naturais, ele emprega a repor o espírito em um nível totalmente diverso daquele da natureza, a separar a essência da existência. Nessa reação, na qual se recolhe a unidade dos dois elementos constitutivos da sua filosofia, manifestam-se, ainda uma vez, a sua energia especulativa, o seu ardor teorético, em suma, todos os dotes que têm feito dele um apaixonado combatente das lutas teoréticas, segundo a sua mesma expressão, que "a verdadeira especulação somente em contraposição à ciência positiva é heroísmo do pensamento".[68]

68 *Der Genius des Krieges...* , p. 124.

2.2

A FENOMENOLOGIA SEGUNDO MAX SCHELER[1]

1

Os interesses do pensador M. Scheler são múltiplos, e nem todos igualmente conhecidos ou equitativamente avaliados, mas todos, de certo modo, concorrem a formar aquela representação comum de Scheler: personalidade rica de originalidade, de engenho multiforme, mestre de vida e, que, segundo as tendências e os ambientes e as simpatias, pode vir submetida a comparações valorativas diversíssimas. Existe um Scheler filósofo da religião, que prega a exigência de uma renovação religiosa do mundo, fundado no espírito do cristianismo, diante das duas soluções dominantes do materialismo e do panteísmo, e dedica os seus estudos teóricos sobre a distinção entre

1 Ensaio publicado originalmente com o título: "La fenomenologia secondo M. Scheler" ["A fenomenologia segundo M. Scheler"]. *Rivista di Filosofia*. A. 27, nº 3, jul.-set. 1936, pp. 227-249. Esta tradução para o português já foi publicada em *Aoristo – International Journal of Phenomenology, Hermeneutics and Metaphysics*, vol. 7, nº 1, 2024. DOI: https://doi.org/10.48075/aoristo.v7i1.32835.

religião e filosofia e sobre a descrição do ato religioso a essa obra de renovamento.[2] Existe um Scheler filósofo da moral, que parte de uma decisiva oposição ao formalismo ético de Kant, coloca as bases de uma ética material, fundada na prioridade e objetividade de uma esfera de valores, colhidos na nossa consciência por uma intuição sentimental inconfundível com outra forma de conhecimento.[3] Existe um Scheler moralista e psicólogo da moral que, ora no exame psicológico, ora sociológico, ora, ainda, puramente fisiológico de estados de ânimo, de atitudes, de sentimentos, individuais e coletivos, revive a experiência do observador com a eloquência do pregador e reformador de costumes, dominado por férvidas e combativas ideias diretrizes, tais como a condenação da sociedade burguesa capitalista surgida do Iluminismo e da revolução, e fundada sobre o individualismo materialista renegador do espírito, a defesa dos valores supremos, sobretudo do espírito de amor e de solidariedade, que deverá triunfar depois da cruel experiência da Guerra Mundial, a esperança de um renovamento da religião e de um retorno à Igreja.[4] Existe, por

---

2 SCHELER, Max. *Vom Ewigen im Menschen* [*Do eterno no homem*]. 3ª ed. Berlim: Der Neue Geist, 1933, pp. 279-723. Nesta direção de pesquisa, veja o estudo de GRÜNDLER, Otto. *Elemente zu einer Religionsphilosophie auf phänomenologischer Grundlage* [*Elementos de uma filosofia da religião com fundamento fenomenológico*]. Munique: J. Kösel & F. Pustet, 1922, e aquele de HERING, Jean. *Phénoménologie et Philosophie religieuse* [*Fenomenologia e filosofia religiosa*]. Paris: Alcan, 1926, o primeiro de caráter teorético, o segundo de caráter histórico-expositivo.

3 SCHELER, Max. *Der Formalismus in der Ethik und die materiale Wertethik* [*O formalismo na ética e a ética material dos valores*]. 3ª ed. Halle: M. Niemeyer, 1927. É este Scheler mais conhecido e que exercitou a maior influência, determinando um verdadeiro e próprio endereço de filosofia moral: pense-se em Nicolai Hartmann e em Dietrich v. Hildebrand.

4 Vejam-se os ensaios escritos em ocasião da Guerra Mundial: SCHELER, Max. *Der Genius des Krieges und der deutsche Krieg* [*O gênio da guerra e a guerra alemã*]. Leipzig: Verlag der Weissen Bücher, 1915; SCHELER, Max. *Krieg und Aufbau* [*Guerra e construção*]. Leipzig: Verlag der weissen bücher, 1916; SCHELER, Max. *Die Ursachen des deutschen*

fim, um Scheler sociólogo, para o qual confluem e se recolhem os interesses religiosos, morais e filosóficos até aqui acenados para a fundação de uma filosofia da sociedade humana sobre as bases dos conceitos de "pessoa" e de "solidariedade", e pela determinação da posição do homem na sociedade e no mundo, e, enfim, pela fixação dos esquemas necessários à pesquisa histórica das formas sociais.[5]

Ora, como é natural, tal variedade de aspectos, considerados por si mesmos, não deixa entrever facilmente a unidade de orientação

---

Hasses [As causas do ódio alemão]. Leipzig: Verlag der weissen bücher, 1917; e em geral: *Vom Umsturz der Werte*, 2 vol., Leipzig, II ed., 1919, coletânea de ensaios, ocasionais ou não, inspirados majoritariamente na crítica dos costumes contemporâneos; destes, o mais notável foi traduzido em francês, com o título, *L'homme du ressentiment* [*O homem do ressentimento*]. NRF, 1933; e ensaios espalhados cá e lá, dentre os quais: "Die christliche Liebesidee und die gegenwärtige Welt" ["A ideia cristã de amor e o mundo contemporâneo"] e "Vom kulturellen Wiederaufbau Europas" ["Sobre a reconstrução cultural da Europa"]. In: *Vom Ewigen... Op. cit.* Para o quanto se refere em particular à pesquisa psicológica de problemas morais, vejam-se sobretudo: *Wesen und Formen der Sympathie* [*Essência e formas de simpatia*]. Bonn, 3 ed., 1931, e os dois ensaios: *Reue und Wiedergeburt* [*Arrependimento e renascimento*]. In: "*Vom Ewigen...*" e *Über Scham und Schamgefühl* [*Sobre vergonha e sentimentos de vergonha*]. In: *Schriften aus dem Nachlass* [*Escritos do espólio*]. Berlin, I Bd., 1933.

5 As bases da filosofia social de Scheler devem ser buscadas em: *Der Formalismus...*; escritos de sociologia são: "Probleme einer Soziologie des Wissens" ["Problemas de uma sociologia do conhecimento"]. *In*: *Versuche zu einer Soziologie des Wissens* [*Tentativas de uma sociologia do conhecimento*], coletânea de artigos de vários autores, publicada por Duncker e Humboldt, 1924; *Die Formen des Wissens und die Bildung* [*Formas do conhecimento e formação*]. Bonn, 1925; *Die Wissensformen und die Gesellschaft* [*Formas de conhecimento e sociedade*]. Leipzig, 1926. Podemos recordar nesse grupo o último escrito notável de Scheler: *Die Stellung des Menschen im Kosmos* [*A posição do homem no cosmos*]. Darmstadt, 1928. Sobre a sorte e a crítica em torno de Scheler, sem dúvida, remeto à bibliografia contida em apêndice ao estudo, na verdade, muito modesto, de KRÄNZLIN, G. M. *Schelers phänomenologische Systematik* [*Sistemática fenomenológica de Scheler*]. Leipzig, 1934.

do Scheler filósofo; portanto, trata-se de colher se e como é dada a sua possibilidade, dentro da multiplicidade dos interesses espirituais, a estrutura originária e fundamental do seu pensamento filosófico, já que é possível, através dos variados influxos de escolas diversas e, às vezes, opostas, distinguir a corrente principal de derivação e de alimentação das correntes acessórias ou complementares. Scheler, diz-se, pertence à corrente fenomenológica; aqui é o seu centro especulativo, aqui encontra direção e orientação a sua atitude de pensamento. Mas essa determinação não é ainda suficiente, dadas a oscilação e a ambiguidade do termo "fenomenologia" que ora é utilizado para indicar a filosofia de Husserl nas suas várias fases de estabelecimento, e ora aquela tendência, concretizada em método de pesquisa, que se constituiu em torno da personalidade de Husserl e foi, pouco a pouco, se tornando autônoma e por si mesmo direção de pensamento ou escola ou grupo, com próprios e inconfundíveis sinais de reconhecimento e, por assim dizer, com preceitos próprios. Ora, é certo que Scheler pode dizer-se fenomenólogo somente enquanto pertence à tendência fenomenológica, havendo adquirido e, depois, conservado dela aqueles sinais inconfundíveis e seguido aqueles preceitos, mesmo acrescentando-lhes aquelas exigências de novos problemas, de novas aplicações, que o fazem ser reconhecido na fila dos repetidores como um pensador genuíno. Mas essa sua atitude não pode ser evidenciada senão no exame dos problemas introdutórios da filosofia, lá onde ele, fora das pesquisas particulares que formam a substância da sua obra, põe-se diante do problema: o que é a fenomenologia, e em conexão e em derivação com isto resolve os problemas sobre a possibilidade e os limites do conhecimento, sobre as várias formas de conhecimento e de saber. Por outro lado, a exposição de tal aspecto menos conhecido de Scheler, tornada mais fácil, agora, depois da publicação do primeiro volume das suas obras póstumas,[6] além de completar a representação do

6 O problema gnosiológico vem estudado *ex professo* [magistralmente] em dois escritos publicados na obra citada, *Schriften aus dem Nachlass* [*Escritos do espólio*], *Phänomenologie und Erkenntnistheorie*

multiforme filósofo e fixar aquele centro unitário, em torno do qual essa atividade multiforme gravita, poderá valer também, de modo subordinado, para serem destacados, uma vez mais, os caracteres mais típicos e a estrutura fundamental da assim chamada "tendência fenomenológica".

2

A pergunta principal sobre a essência da filosofia fenomenológica é elucidada já na solução da pergunta preliminar sobre a teoria do conhecimento: qual é o lugar que o problema gnosiológico ocupa em relação ao problema ontológico? Qual é a função da teoria do conhecimento em relação à ontologia? Scheler acolhe, sem dúvida, a solução tradicional: o problema primeiro e fundamental é o problema ontológico; o problema gnosiológico é derivado e secundário. Com esta afirmação, toma posição contra a filosofia crítica: de fato, uma das manifestações mais típicas daquele fundamental antikantismo, que é grande parte da atitude fenomenológica, é exatamente o anticriticismo, como negação da prioridade essencial do problema gnosiológico defronte ao problema ontológico. Por criticismo parece que Scheler entende em geral toda concepção filosófica que antepõe logicamente à pesquisa da verdade a pesquisa do critério da verdade. Ora, vale ainda contra esta concepção a antiga objeção de que toda teoria do conhecimento pressupõe não só a possibilidade de conhecer, mas também um determinado modo de conhecer, e termina, portanto, por fechar-se em um círculo vicioso (*Nachlass* [*Espólio*], p. 267). Conhecimento, no seu sentido autêntico, é contato imediato com as coisas, apreensão direta das coisas, assim como estão em si mesmas: pôr-se a pergunta sobre o critério do conhecimento quer dizer pôr-se fora do conhecimento autêntico, que é apreensão direta.

[*Fenomenologia e teoria do conhecimento*], pp. 263-327, e, *Lehre von den drei Tatsachen* [*Doutrina dos três fatos*], pp. 327-397. Mas é pressuposta ou elucidada a sua impostação nos escritos mais importantes, dentre os quais sobretudo "*Vom Ewitgen...*" [*Do eterno...*]. *Op. cit.*

Somente aquele que não possui nenhum contato direto com a obra de arte se pergunta qual seja o critério para distinguir a obra de arte bela da feia. O problema do critério é o problema daquele que não entende encontrar na pesquisa dos fatos o verdadeiro ou o falso, o bem ou o mal, mas se põe acima dela como um juiz. Fenomenólogo, ao contrário, é aquele que não se põe um problema preliminar sobre o critério, mas se introduz em profundidade no conteúdo e no significado dos fatos. Daqui a inevitável conclusão de que o problema do critério ou nos faz estar fora da verdade que buscamos, ou então já pressupõe exatamente aquela verdade da qual se pretenderia dar o critério. Compreende-se, assim, como a orientação fenomenológica (que quer ser, antes de tudo, uma reabilitação da comunicação imediata com as coisas, do conhecimento intuitivo em geral, e não só na esfera do sensível, mas também na do inteligível) se opõe a todo problema preliminar sobre o critério da verdade, que desloca ou não resolve o problema do conhecimento. A fenomenologia, diz Scheler, não é uma escola filosófica que reconheça teses fixas a ser acolhida por parte de todos os seus integrantes, é mais um movimento de pesquisadores que têm uma atitude comum defronte a questões filosóficas (*Nachlass*, p. 266). Atitude, note-se, e não método, se por método se entenda um determinado procedimento de pensamento, como a indução ou a dedução, posto que a característica dessa nova orientação de pensamento não está na novidade do método de conhecer, mas na novidade das coisas, feitas acessíveis ao conhecimento. A fenomenologia descobriu uma nova esfera de fatos, os assim chamados fatos puros; somente nisso há relevância, e a sua tarefa é de alargar pouco a pouco, com sucessivas escavações, essa maneira, até agora desconhecida ou ao menos pouco explorada [de se investigar]. Ora, esses fatos puros sendo dados ao nosso conhecimento diretamente, independentemente, isto é, pela efetiva organização psíquica do sujeito cognoscente, a fenomenologia, enquanto aprendizado destes fatos, é essencialmente ontologia, determinação do ser nas suas essencialidades e nas suas relações essenciais; e se por "conhecimento" (*Erkenntnis* [entendimento] contraposto a *Kenntnis* [conhecimento]) se entende com Scheler a faculdade elaboradora e organizadora dos dados, própria e peculiar ao sujeito cognoscente, a pesquisa fenomenológica não pode dizer-se propriamente "conhecimento" porque prescinde da particular função do sujeito suporte, isto é, daquelas determinadas formas de conhecimento, das quais o sujeito humano, por exemplo, é portador em confronto com outras espécies de sujeitos. A teoria do conhecimento é a teoria dos modos de conhecer, isto é, de elaborar o objeto da parte do sujeito; mas a fenomenologia não é elaboração do objeto segundo esquemas, fórmulas ou categorias, mas é a apreensão direta do objeto assim como é, imediatamente, isto é, sem intermediários. Portanto, a fenomenologia não pressupõe a teoria do conhecimento. Antes, enquanto ontologia ou pesquisa do ser na sua estrutura essencial, a fenomenologia antecede a teoria do conhecimento, posto que esta tem simplesmente a tarefa de determinar a relação entre a nossa faculdade de julgar e a unidade do ser já constituído pelos dados e pelas relações pré-lógicas. A teoria do conhecimento, repetimos com as palavras de Scheler: "é uma disciplina que não precede ou estaria no fundamento da fenomenologia; mas a segue". "Toda teoria do conhecimento que queira decidir a possibilidade e as condições de um conhecimento antes do exame fenomenológico do espírito e dos seus dados essenciais, e antes da posição dogmática de um determinado mundo real independente do conhecer, é contraditória" (*Nachlass*, p. 286), posto que o conhecimento não produz nem constrói o objeto, mas somente o reproduz e o escolhe, e, portanto, pressupõe o ser e aquela pesquisa do ser que é a pesquisa fenomenológica: "o conhecimento (...) é uma particular forma de conhecimento de alguma coisa, que se funda sobre a consciência imediata dos fatos, que se dão eles mesmos (*selbstgegeben*)". Concluindo: "nenhuma *Erkenntnis* (conhecimento mediato) sem um precedente *Kenntnis* (conhecimento imediato); nenhuma *Kenntnis* [*conhecimento*] sem um *Selbstdasein* [*autoexistência*] ou uma *Selbstgegebenheit* [*autodadidade*] das coisas" (*Nachlass*, p. 286).

3

A teoria do conhecimento pressupõe a fenomenologia; a fenomenologia não pressupõe nada, nem mesmo a própria justificação. O ideal da fenomenologia é, portanto, a husserliana *Voraussetzungslosigkeit* [não admissão de pressupostos]; o seu caráter fundamental, pelo qual se coloca como atitude filosófica original, está no "contato mais vivo, mais intenso, mais imediato com o mundo, isto é, com as coisas, como elas se dão imediatamente no ato da consciência, como presentes nela e somente nela" (*Nachlass*, p. 267). Querendo classificá-la com esquemas já conhecidos, poder-se-ia defini-la como um empirismo ou positivismo radicais, desde que se cuide de não a confundir com as doutrinas do empirismo e do positivismo comumente entendidas, as quais, antes que fundar uma pesquisa pura e direta, pressupõem um determinado conceito de experiência, a experiência sensível; e, portanto, limitam desde o início a liberdade da pesquisa e comprometem a sua amplitude e fecundidade. Aliás, também por outro lado verdadeiramente decisivo, o empirismo e o positivismo radicais da fenomenologia não coincidem com o empirismo e o positivismo comumente entendidos: em relação ao valor e ao significado do *a priori*. Enquanto o empirismo e o positivismo não reconhecem o conhecimento ou o dado *a priori*, admitindo somente o conhecimento ou o dado *a posteriori*, a fenomenologia pode dizer-se essencialmente uma filosofia apriorística. Trata-se de ver em qual sentido: não no sentido kantiano, pelo qual é *a priori* a função categórica do intelecto, considerada como constitutiva e de algum modo produtiva da experiência, mas em um sentido próprio, que faz desta doutrina um dos motivos mais típicos da filosofia fenomenológica.[7] Como "*a priori*" Scheler indica todos aqueles significados e proposições ideais, que chegam a dar-se por si mesmos no conteúdo de uma intuição imediata, prescindindo de todo modo de determinação do sujeito que os pensa e da sua constituição natural,

---

7 Para esta parte veja sobretudo: *Vom Ewitgen...* [*Do eterno...*], pp. 440 e ss., e: *Der Formalismus...* [*O formalismo...*], pp. 43 e ss.

e de todo modo de determinação do objeto, ao qual seriam aplicáveis (*Der Formalismus* [*O formalismo*], p. 43). A esfera do *a priori* é a esfera das essencialidades e das relações essenciais, a esfera daquelas coisas e daquelas relações que valem necessária e absolutamente, independentemente do modo de existir e do modo de ser conhecidas. A diferença entre *a priori* e *a posteriori* para a fenomenologia não é distinção entre forma e conteúdo da experiência, mas é sim diferença implícita no conteúdo mesmo do dado. No dado da intuição, é *a priori* o complexo de todas aquelas determinações essenciais, alcançadas através da eliminação dos modos existenciais, que são indefiníveis e antes já pressupostos em toda tentativa de definição; *a posteriori* é todo o resto, que vem dado em uma intuição possível (*Von ewigen...* [*Do eterno...*], p. 444). A diferença entre o *a posteriori* e o *a priori* não é, principalmente, uma distinção entre dois modos de conhecer; é, sobretudo, uma distinção entre dois modos de ser, pela qual o conhecimento do *a priori* não é, de modo algum, um conhecimento *a priori*, no sentido que se poderia atribuir a esta expressão, de conhecimento inato ou de conhecimento produzido pela função categorial do intelecto. O *a priori* é, em relação ao *a posteriori*, o essencial em relação ao existencial, ou aquilo que vale universalmente, independentemente do fato contingente, através do qual se pode vir a conhecê-lo. A diferença entre os dois modos de conhecimento do *a priori* e do *a posteriori* é a diferença entre conhecimento intuitivo, isto é, imediato, e conhecimento indutivo; portanto, aquela evidência que é própria daquilo que é essencial não pode ser nem demonstrada, nem destruída, nem refutada pela experiência indutiva do fato acidental. A *aprioridade* quer dizer, para Scheler, sobretudo autonomia daquilo que é essencialmente em relação aos modos existenciais; *a priori* é aquilo que vale independentemente daquilo que se diz comumente experiência, mas não enquanto forma desta experiência, mas sim enquanto objeto de uma outra experiência logicamente antecedente àquela. Cuidando bem, o *a priori* formal kantiano, a categoria do intelecto, não é outra coisa, segundo Scheler, senão uma funcionalização do conhecimento essencial (*Vom ewigen...* [*Do eterno...*], p. 445 e ss.): ou seja, é propriedade, não ainda bem posta em relevo, pelo conhecimento essencial, de funcionalizar-se em uma lei da simples aplicação aos fatos contingentes, pelo qual aquilo que era antes uma coisa se transforma em uma forma intelectual acima daquela coisa, aquilo que era objeto do amor, torna-se forma do amor e assim por diante. O *a priori* subjetivo no sentido transcendental de Kant não é originário, mas derivado, não é produto originariamente da experiência, mas é ele mesmo um produto daquela experiência do *a priori* transformada em categoria mental, pela qual a sua função não é formadora, produtora ou sintetizadora, mas simplesmente limitadora ou negadora de todo aquele mundo acidental que não adequa ou não confirma de modo algum a essencialidade já intuída:[8] a categoria não é constituidora, mas sim classificadora, e, portanto, de certo modo delimitadora da experiência, possuindo uma função selecionadora e não produtora. Não se pode falar de conhecimentos *a priori* de modo absoluto, no sentido de conhecimentos produzidos pelo nosso espírito, mas somente em relação a outros conhecimentos, que na ordem da cognoscibilidade vêm depois: por isso, por exemplo,[9] a geometria e a doutrina dos números são *a priori* em relação ao conhecimento dos fenômenos naturais. "O *a priori* é somente uma consequência do fato que os fatos contidos no mundo se apresentam a nós em uma determinada ordem de cognoscibilidade" (*Nachlass*, p. 312).

Como confirmação dessa tese fundamental da doutrina fenomenológica, vale a pena recordar o que escreve Reinach[10] em referência ao problema do *a priori*. Ele alerta contra um mal-entendido e contra uma diminuição do significado do *a priori*: o mal-entendido consiste

---

8 No original, lê-se "*l'essenzialità già intuite*", porém, "*l'essenzialità*" está no singular e o adjetivo "*intuite*" está no plural, por isto optamos por considerar "*intuite*" como equívoco gráfico de "*intuita*" e, portanto, traduzimo-la por "intuída" (N. do T.).

9 No original se lê "*ad es.*", o que consideramos ser abreviatura de "*ad esempio*", aqui traduzido como "por exemplo" (N. do T.).

10 REINACH, Adolf. *Gesammelte Schriften* [*Escritos reunidos*]. Halle: M. Niemeyer, 1921, pp. 395 e ss.

em subjetivá-lo, a diminuição consiste em limitar voluntariamente a sua eficácia a poucas esferas de ser. Em relação à subjetivização do *a priori*, afirma que o *a priori* nada tem a ver com o pensar, enquanto representa uma necessidade do ser e não uma necessidade do pensar: as situações e as relações essenciais valem qualquer que seja a consciência que as colhe, e mesmo se tal consciência não exista; por isso, são ditas *a priori*, *a priori* pelo seu modo de ser, independentemente e indiferentemente do sujeito pensante. Em relação à outra errônea doutrina, não menos grave e mais difundida, do empobrecimento do *a priori*, é claro que uma vez aceita a identificação do *a priori* com a esfera da essencialidade, a esfera do *a priori* é "infinitamente grande": tudo aquilo que nós conhecemos possui a própria essência, e de toda essência valem leis essenciais; não existe, portanto, somente um *a priori* formal, aquele da doutrina comum, mas também um *a priori* material, donde a tarefa sempre inesgotável da filosofia de descobrir, estudar e descrever essas esferas de essencialidades e de relações essenciais, dando origem, assim, a uma doutrina essencial da esfera psíquica, a uma doutrina essencial da esfera física, da esfera jurídica etc.

4

E, exatamente sobre o significado de conhecimento, é preciso se entender para compreender e justificar a posição da teoria do conhecimento em relação à fenomenologia, como teoria da realidade essencial. Existem dois modos típicos de aprendizado do objeto ou, como diz Scheler, de se ter consciência de alguma coisa: o modo da imediatez, a intuição, e o modo da mediatez, que Scheler chama *Erkenntnis*. Na imediatez, o objeto se dá como é ele mesmo, na mediatez se dá simbolicamente, isto é, através de particulares formas seletivas do sujeito. Conhecer quer dizer exatamente colher mediatamente o objeto por meio de uma determinada organização psíquica, que a teoria do conhecimento, precisamente, tem a tarefa de relevar e de descrever. "O conceito de conhecimento pressupõe, em oposição ao conceito de objeto, a existência de um determinado suporte de uma qualquer organização essencial" (*Nachlass*, p. 288). O conhecimento, compreendido desse modo, é sempre um conhecimento *relativo*, relativo ao sujeito, assim como se dizem relativos (em relação à existência) os objetos que não podem dar-se senão em atos de uma determinada forma, qualidade, direção etc. Ideal do conhecimento é a *Selbstgegebenheit*, que dizemos como conhecimento adequado do objeto, pelo qual o objeto se dá ele mesmo na intuição pura, isto é, independentemente de determinada constituição do sujeito. "Tal objeto que é dado em um ato puro, de modo que entre a pura ideia do ato e o objeto nada exista daquilo que é forma, função, momento discriminativo, método e tanto menos organização do suporte do ato, é que se chama existente absolutamente" (*Nachlass*, p. 288). Ele é dado no modo da *evidência*.

Scheler aqui não se detém particularmente, mas, dos poucos acenos que dá, é claro que acolhe e apropria as pesquisas e as conclusões de Husserl. A evidência é constituída para ele pela *Deckungseinheit* [unidade de proteção] daquilo que é pensado com aquilo que é dado na intuição, exatamente como é pensado. Esta afirmação evoca a teoria de Husserl sobre a evidência, que, elaborada e fixada nas *Logische Untersuchungen* [*Investigações lógicas*], vem retomada, confirmada e desenvolvida em todas as outras suas principais obras,[11] tanto a tornar manifesta não somente a univocidade da impostação e da solução do problema também nas diversas configurações do seu pensamento, mas sobretudo a fundamentalidade do problema, precisamente, mediante o qual Husserl aborda a refutação do relativismo psicologista. É necessário entender, antes de tudo, que a evidência para Husserl não deve confundir-se com o sentimento da evidência, à qual o psicologismo reduz o problema; e Scheler acrescenta explicitamente que à pesquisa psicologista de um sentimento da evidência

---

11 Sobre o problema da evidência em Husserl, veja: *Logische Untersuchungen*, I, pp. 180-191, e II, 2, pp. 115-127; *Ideen* [*Ideias*], pp. 282-303; *Formale und transzendentale Logik* [*Lógica formal e transcendental*], pp. 139-148, e pp. 245-256; *Méditations cartésiennes* [*Meditações cartesianas*], pp. 10-16 e pp. 48-53.

alcança inevitavelmente aquele que queira encontrar o critério da evidência, isto é, um sinal particular distintivo da evidência na nossa consciência: pesquisa verdadeiramente contraditória, do momento que toda pergunta sobre o critério adquire o seu sentido lá onde a coisa não é dada ela mesma, mas sim um símbolo é dado para ela (*Nachlass*, p. 269). Desse modo, Scheler responde implicitamente a uma das mais insistentes objeções movidas à fenomenologia, sobre a dogmática, isto é, do seu ponto de partida e do seu ponto de chegada. A fenomenologia é tal enquanto mira à evidência, como a fim último; ora, defronte este fim último é contraditória toda pretensão de demonstrabilidade. A pretensa dogmaticidade da fenomenologia não se relaciona com uma arbitrária ou por si deficiente limitação da pesquisa, mas, quando muito, com a impossibilidade de uma ulterior pesquisa, posto que está na evidência perfeita o fato de que as coisas serem dadas, como são com uma certeza absoluta, exclui toda possibilidade de dúvida e consequentemente revela a absurdidade de colocar novas perguntas.

Husserl chega a fixar o significado da evidência através de uma pesquisa, como ele mesmo a chama, fenomenológica do conhecimento: esta pesquisa se centra sobre a determinação da *Erfüllung* [realização] nos atos cognoscitivos,[12] seja na relação dos atos significantes com os atos intuitivos, seja na relação dos atos intuitivos entre eles (é ato intuitivo por excelência a percepção, e o são também a imaginação, a recordação etc.). Por exemplo: se ressoa o início de uma melodia conhecida, isto suscita determinadas intenções, que encontram a sua *Erfüllung* no progressivo desenvolver-se da melodia. Mas o maior campo de observação sobre esse ponto nos oferece a percepção externa, ainda que com sua particular pretensão de dar-nos o objeto mesmo (e não, por exemplo, a sua imagem como o ato da imaginação); pode, então, tal ato constituir matéria

12 A *Erfüllung* ocupa um grande lugar na nossa vida psíquica, e não é somente limitada aos atos cognoscitivos: pense-se na realização de um desejo, de uma vontade etc. (*Logische Untersuchungen*, II, 2, p. 39).

de *Erfüllung* para os outros atos, mas não ter ele necessidade dela. E, no entanto, também a percepção não é um ato perfeito em si, que nos dê o objeto assim como é, sem necessidade do processo de sucessivas realizações. Estando bem atento, de fato, a percepção não capta o objeto assim como é, mas o capta sim desde um determinado ponto de vista, isto é, prospectivamente, portanto, capta somente um lado seu, uma parte, uma porção. Por exemplo: a parte posterior ou interna do objeto são pensadas junto com a parte dada diretamente na intuição perceptiva, mas não caem de forma alguma no conteúdo intuitivo da percepção, pela qual se dá a possibilidade de um número ilimitado de diversas percepções para um mesmo objeto; se a percepção fosse realmente aquilo que pretende ser, isto é, uma intuição plena do objeto mesmo, existiria para cada objeto uma só percepção (L. U., II, 2, pp. 56-57). Por isto se justifica, e ao mesmo tempo se elucida, o significado da *Erfüllung* também em relação ao ato da percepção: as diversas e múltiplas percepções pertencentes ao mesmo objeto se dispõem em uma série contínua de realizações, pelas quais cada percepção singular é um conjunto de intenções realizadas e não realizadas: as primeiras correspondem àquilo que é dado do objeto nessa percepção; as segundas, àquilo que ainda não é dado, mas que deveria ser realizado nas novas percepções (*Logische Untersuchungen*, II, 2, p. 58).

O conhecimento, assim, é entendido por Husserl como atuante e realizante em um processo de sucessivas realizações: esta série progressiva visa a um limite ideal, que põe um fim insuperável a cada processo: tal fim é o conhecimento absoluto, isto é, a manifestação adequada do objeto em si mesmo. O conhecimento absoluto é o conhecimento da verdade, definindo-se a verdade como acordo completo ou a adequação daquilo que é visado (*gemeint*) com aquilo que é dado (*gegeben*). O *estado de consciência da verdade é a evidência*. Por tal via se chega ao conceito de evidência, como correlato da verdade, isto é, como o *ato* do conhecimento absoluto ou adequado.

Porém, para entender o uso do termo evidência na obra de Husserl, é preciso manter distintos um sentido amplo e um sentido restrito dele. Em sentido estrito, segundo a definição que até aqui demos dela, evidência indica exclusivamente o limite último e insuperável do conhecimento, isto é, o ato da mais completa síntese de realização, pela qual o objeto não é somente pensado, mas também dado assim como é pensado e posto em unidade com o pensá-lo (e, sem dúvida, este é o sentido acolhido por Scheler, e, por outro lado, é o sentido genuinamente fenomenológico do conceito). Em um sentido mais amplo, Husserl indica com o termo evidência também qualquer ato intencional confirmado por uma intuição correspondente, em qualquer grau que esta se encontre no processo rumo à adequação. De um lado, a evidência é, em sentido próprio, o grau final da síntese; do outro, são ditos evidentes também os vários momentos da aproximação; por isso, Husserl fala dos diversos graus da evidência, de evidência mais ou menos perfeita, de evidência adequada e inadequada; ora indica o termo final, que é inerente ao conhecer, enquanto o conhecer é um tender à evidência, ora indica os graus do processo de aproximação ao termo final, em outras palavras, a tendência mesma.[13]

---

13 A refutação do conceito psicologista de evidência como sentimento da evidência, a distinção entre os dois sentidos de evidência se encontra em todas as obras de Husserl; várias são as definições dadas, mas todas representam o mesmo conceito. Aqui seguimos em particular as *Logische Untersuchungen*; nas *Ideen* a evidência é definida como a consciência posicional, dóxica, que colhe adequadamente e que exclui o ser outro; na *Formale und transzendentale Logik* como a forma típica universal de intencionalidade, na qual o objeto nela refletido é refletido no modo do *Selbsterfassten* [autocaptado], do *Selbstgeschenen* [acontecer por si só], da *bewusstseinsmässige Bei-ihm-selbst-seins* [consciência de estar consigo mesmo]; nas *Méditations Cartésiennes* como um fenômeno último e geral da vida intencional, no qual uma coisa, uma situação, uma essência, apresentam-se elas mesmas, oferecem-se e se dão pessoalmente; no qual a coisa está presente ela mesma, dada na intuição imediata, *originaliter*.

Em Scheler, esse duplo significado de evidência[14] não tem lugar: o termo evidência é acolhido somente no seu sentido denso, como o correlativo da adequação perfeita; todo outro modo de ter consciência do objeto, que não seja a *Selbstgegebenheit*, não pode dizer-se evidência, mas sim *conhecimento*, implicando tal termo aquele elemento subjetivo psíquico pelo qual o objetivo não é dado ele mesmo, mas em uma determinada forma subjetiva ou segundo uma determinada função psíquica. Admite, porém, Scheler, seguindo Husserl, que "o conteúdo do conhecimento transpassa continuamente na completa adequação ou ao menos em uma mais completa redução ao conteúdo da *Selbstgegebenheit*" (*Nachlass*, p. 288); portanto, ele também reconhece uma gradação progressiva do conhecimento rumo à evidência, se bem que juntamente reconheça que conhecimento e evidência permanecem dois momentos essencialmente diversos, porque o conhecimento nunca poderá se tornar o ser mesmo do objeto, como é dado na evidência.

Porque se refere ao conhecimento – que é por definição relativo –, surge o particular problema de estabelecer os vários graus de relatividade para os diversos modos de objetividade. Por exemplo: em relação àquele típico objeto de conhecimento que é a lei, deve-se perguntar: também Deus possui necessidade de leis ou elas são particulares objetos do conhecimento somente para entes finitos? Ou, mais restritamente, são elas apenas para entes viventes e corpóreos? Ou ainda, só para os entes da espécie humana? Qual é, em suma, o grau de relatividade da lei, como objeto de conhecimento? De qual suporte específico depende, a qual organismo cognoscitivo deve ser referida? Eis um vastíssimo e ainda inexplorado campo de pesquisa para a teoria do conhecimento, assim entendida como teoria dos graus de relatividade dos objetos, tarefa esta que mais uma vez deixa clara a função subordinada e secundária da teoria do conhecimento em relação ao problema do ser.

---

14 No original italiano está grafado "*evidena*", o que nos parece erro gráfico de "*evidenza*", aqui traduzido por "evidência" (N. do T.).

Esses diversos graus de relatividade se referem aos objetos do conhecimento, não ao conhecimento mesmo: por isto, precisa distinguir tal problema do problema da *adequação*, que se refere ao conhecimento; se é verdadeiro que na evidência se encontram juntas a absolutidade do objeto e a adequabilidade do conhecimento, não precisa por isto deduzir que adequação e absolutidade, inadequação e relatividade sejam termos correlativos. Apollo e Zeus são objetos religiosos relativos ao povo grego; mas, no âmbito mesmo desta esfera relativa, podiam ser diversos os graus da adequação, seja da intuição desses deuses, seja do sentimento religioso a eles dirigido. Igualmente, não se pode confundir a oposição de adequação-inadequação com a oposição de verdade-falsidade. Também uma grande adequação do conhecimento pode coincidir com um juízo verdadeiro como com um juízo falso.[15] Enfim, para fechar esta discussão, a oposição verdade-falsidade não tem nada a ver com os vários graus de relatividade: no mais baixo grau de relatividade do conhecimento, que é a alucinação, pode-se formular tanto um juízo verdadeiro quanto um falso.

5

Fixada a distinção dos dois modos que a nossa consciência tem de dirigir-se ao objeto, o modo da intuição pura e o modo do conhecimento mediato, abriu-se a nós a via para compreender a separação essencial daquelas que podemos dizer que são as duas formas típicas de saber: a *filosofia* e a *ciência*, às quais se acrescenta, como terceira forma, a forma inferior ou primitiva do saber, a *visão-de-mundo natural* (*natürliche Weltanschauung*).

---

15 SCHWARZ, Balduin. *Der Irrtum in der Philosophie* [*O erro na filosofia*]. Münster: Aschendorff, 1934, expõe com particular relevo essa diferença; afirma que o conhecimento errôneo é sempre um conhecimento inadequado, mas que nem toda forma de conhecimento inadequado é errôneo.

Na filosofia, o objeto é dado como ele é, nas outras duas formas de saber, a ciência e a experiência natural, ele é dado através de símbolos; daqui a distinção entre o conhecimento puro da filosofia e o conhecimento simbólico da ciência e da experiência. A diferença, pois, entre a ciência e experiência repousa essencialmente sobre a diversidade de relatividade do objeto que a elas é dado. As recíprocas relações entre essas três formas fundamentais são fixadas naquela que Scheler chamou doutrina dos "três fatos" (*Tatsache*). O fato da filosofia, ou fato fenomenológico, exatamente aquele pelo qual a fenomenologia se mostra descobridora de uma nova esfera de ser; e o *fato puro*, isto é, o fato do qual foram eliminados todos os elementos sensoriais por meio dos quais é dado. A fenomenologia se funda sobre o reconhecimento que tais fatos existam e sejam tais a ser o fundamento de todos os outros fatos, naturais e científicos.

Nenhuma dúvida que a ciência e a experiência natural sejam entre elas fundamentalmente diversas: na experiência natural não são dados nem átomos, nem moléculas, nem massas; a ciência começa exatamente com a distinção daquelas unidades de coisas e de acontecimentos nos quais é articulado o nosso mundo colorido e sonoro da experiência natural; porém, essa diferença pode ser posta com maior clareza mediante a diferença dos *fatos* respectivos: os fatos da experiência são as *coisas* ou os *acontecimentos*, os fatos da ciência são o *estado de coisa* (*Sachverhalt*); a experiência natural é caraterizada pela *percepção* das coisas e dos acontecimentos, a ciência da *observação* direta de um comportamento; não que a ciência desconheça fatos ou acontecimentos, mas estes não são dados como na experiência natural, mas construídos ou mediatamente pensados, como suporte de comportamentos. Ambos os fatos são transcendentes e simbólicos, isto é, não são, como os fatos puros, dados pessoalmente; mas uma grande diversidade existe no respectivo modo da transcendência e do simbolismo; enquanto o objeto da experiência natural é dado simbolicamente, mas se representa pessoalmente, o objeto da ciência é simbolicamente pensado e vem representado com um signo posto artificialmente. Experiência natural e ciência, por outro lado, distinguem-se também em relação ao seu suporte: suporte da primeira é a sociedade de vida do povo; suporte da segunda é uma instituição que ainda se chama "ciência" e cujos componentes são os canais; o reconhecimento comum do conteúdo da experiência natural acontece através da tradição; da ciência, ao contrário, através de uma convenção, própria e específica da instituição dos canais. A língua de uma é língua natural, e a língua da outra é língua de símbolos convencionais.

E aqui surge o problema: como se dá a comunicação, que é um fato puramente social, em relação aos fatos fenomenológicos puros que são independentes de toda condição social, seja natural ou institucional? Problema este que é frequentemente suscitado e conexo, por outro lado, com a mais comum objeção dirigida à fenomenologia, isto é, em relação à sua extra mundanidade, que para fundar a absoluta objetividade termina no mais incontrolável e dogmático subjetivismo. Scheler responde: o significado das palavras e das proposições que o fenomenólogo utiliza não dizem aquilo que ele pensa de modo que o ouvinte ou o leitor através delas venha a conhecer um pensamento que antes não conhecia; mas sim palavras e proposições são para o fenomenólogo somente instrumentos para estimular o ouvinte ou o leitor a ver aquilo que o fenomenólogo mesmo vê; o fenomenólogo não *demonstra*, mas *mostra*, isto é, indica, faz ver alguma coisa. Daqui se segue a inevitável consequência de que, se B afirma não ver aquilo que A lhe mostra, temos uma disputa não simplificável e insolúvel. Exatamente nessa direção, contra Wundt, que havia movido contra Husserl a objeção de não dizer aquilo que as coisas pesquisadas são, mas de dizer somente aquilo que não são para concluir, ao final, com uma tautologia, Scheler busca evidenciar aquela que ele chama a "disputa fenomenológica". Em primeiro lugar, trata-se de entender o sentido próprio de uma exposição fenomenológica, que é exclusivamente o de levar o leitor à intuição de alguma coisa; somente desse modo se entende, pois, a função das determinações negativas do objeto, consistentes em acercar por todas as partes o objeto até que não permaneça nada além do objeto mesmo, cuja não definibilidade em todas as possíveis tentativas de defini-lo mostra já a sua natureza de fenômeno puro. Claro que para uma tal filosofia surge o problema da possibilidade e do método da comunicação dos fenômenos dados na intuição pura, mas esse problema serve também para diferenciar de modo essencial a fenomenologia de todas as pseudofilosofias, que consideram cognoscível somente aquilo que se pode exprimir em símbolos socialmente válidos e reconhecidos, ou que por objeto se deva entender aquilo que é identificável por uma pluralidade de indivíduos mediante símbolos. *Objetividade* e *universalidade* não coincidem: não se deve excluir que uma essência e uma relação essencial sejam dadas a um só indivíduo. O adversário opõe: mas então como se distingue aquilo que é válido daquilo que não o é? Objeção fundamental que investe contra a essência da fenomenologia e de cuja resposta, melhor de que toda outra afirmação de princípio, elucida a natureza da atitude na base dessa orientação filosófica: o fato de que a verdade apareça a um só não quer dizer que aquela não seja verdade, mas sim pode depender de muitas circunstâncias de caráter inessencial, por exemplo, a ilusão de A sobre a efetividade da sua intuição, a insuficiência do seu modo de indicação a B etc.: o critério geral não existe: trata-se de decidir caso a caso. Retorna-se, portanto, ao ponto de partida: a fenomenologia não é uma teoria do critério, nem da verdade, nem do conhecimento: está antes e além de todo critério, posto que tais problemas não podem ser resolvidos em sede psicológica, e não se pode dar, portanto, senão uma solução insuficiente.

6

A filosofia fenomenológica, em contrapartida a toda forma de ciência, compreendida a psicologia, cujo conhecimento é sempre um conhecimento simbólico de um objeto transcendente, é a aprendizagem direta ou intuição do objeto mesmo. Para Husserl, à fenomenologia se chega através da redução fenomenológica e a característica pela qual se distingue das ciências é a absoluta falta de pressupostos. Scheler define a fenomenologia, em oposição exatamente às ciências singulares e à experiência natural, como a progressiva *Entsymbolisierung* [dessimbolização] do mundo. A fenomenologia terá atingido o seu escopo quando todo símbolo estiver repleto por aquilo que se dá por si e o transcendente se tornará imanente na intuição, em suma, lá onde não existem mais nem símbolos nem transcendência (*Nachlass*, p. 273). Também para ele a essência da fenomenologia e a falta de pressupostos (*Vom Ewigen*..., pp. 59-124): todas aquelas filosofias que pressupõem alguma coisa, ou a tradição, ou a ciência, ou a fé, não são filosofias no sentido autêntico da palavra: é filosofia somente "aquela que procura e encontra a própria essência e as próprias leis exclusivamente através de si mesma e em si mesma e na sua constituição" (*Vom Ewigen*..., pp. 61-62). A este conceito corresponde, exatamente, a ideia da fenomenologia.[16] Enquanto as ciências e a experiência natural são um conhecimento dirigido ao conhecimento mundo circundante (*Umwelterkenntnis*), a filosofia vai além da simples esfera do ser circundante e penetra no mundo mesmo: é conhecimento dirigido ao mundo (*Welterkenntnis*). De outro lado, para determinar o sentido da filosofia em si mesma e não mais em relação a outras formas de saber é também necessário, além da posição genérica do problema da evidência, fixar "a ordem das mais fundamentais evidências". Segundo Scheler, as evidências fundamentais são três e são dadas na seguinte ordem: 1º) o nada não é; 2º) existe um ser absoluto; 3º) todo ser possível possui necessariamente uma essência e uma existência. Sobre este ponto vale a lei *a priori* que aquilo que é contido na essência de um objeto qualquer é contido também em todos os possíveis objetos existentes da mesma essência, mas não a lei inversa. O conhecimento das essências se distingue do conhecimento da existência: ela tem esses três caracteres

16 A diferença entre Husserl e Scheler sobre esse ponto, diferença que à primeira vista pareceria grave, posto que para Scheler a fenomenologia é essencialmente distinta das ciências e para Husserl, ao contrário, a fenomenologia deve ser concebida como uma ciência rigorosa, como o próprio Scheler reconhece alhures (*Op. cit.*, p. 81), na verdade se reduz a uma questão terminológica sobre o modo de entender o termo ciência e o termo *Weltanschauung* [visão-de-mundo].

fundamentais: 1º) é um conhecimento completo em si mesmo, isto é, não aumentável nem diminuível; 2º) vale *a priori* para todo possível existente da mesma essência; 3º) é mais facilmente atuável na simples ficção do objeto que no objeto existente. Chega-se, assim, à definição da filosofia como *intuição evidente* (não modificável pela indução, válida *a priori* para toda existência acidental) *das essencialidades* e *das relações essenciais do ser, na ordem em que elas se encontram em relação ao ser absoluto*. Ainda uma vez, com a determinação da ordem das evidências, Scheler, que não iniciou, como o fizeram Descartes, Locke e Kant, do conhecimento, do pensamento ou da consciência, mas do ser; quis inequivocamente fixar a sua convicção sobre a prioridade do problema do ser em relação ao problema do conhecer, e distinguir-se da assim chamada filosofia moderna que começa com Descartes e culmina com o criticismo de Kant, e é, preponderantemente, teoria do conhecimento em contraste com a filosofia medieval que é, preponderantemente, filosofia do ser.

Porém, todo o significado da filosofia ainda não está explicitado enquanto ela for considerada somente como conhecimento; do ponto de vista do sujeito cognoscente, a filosofia não é somente um ato de conhecimento; é, em primeiro lugar, uma *atitude espiritual*, entendida como o ato de participação da essência de um ser finito à essencialidade de todas as coisas possíveis, ato de *amor* por excelência (*Vom Ewigen...*, p. 68). Não que com isso se queira atenuar e tanto menos negar o valor cognoscitivo da filosofia, antes, se existem outras formas de participação no ser que não sejam substancialmente formas de conhecimento, estas não são filosofia. Mas importa, sobretudo, reconhecer que, para surgir a autêntica filosofia, são necessárias certas premissas morais que constituem a condição preliminar para o formar-se daquela atitude espiritual da qual se falou anteriormente. A característica desse ato espiritual de participação no mundo essencial é de envolver toda a personalidade do homem; por isso a filosofia é uma e as ciências são muitas. Na filosofia e também na filosofia especial está empenhado o homem inteiro. Se a filosofia é redução ou abstração do mundo, estes procedimentos de caráter lógico não são possíveis sem uma atitude inicial do espírito, sem um particular ato de *elevação* (*Aufschwung*). A filosofia, já se viu, não é um conhecimento do mundo circundante, isto é, do mundo como relativo à vida, mas é conhecimento do mundo mesmo: atos de natureza moral são necessários para que o espírito cognoscente se libere da relatividade em que está prisioneiro. Os atos morais que põem as condições do conhecimento filosófico são essencialmente três: o amor da pessoa espiritual pelo ser e o valor absoluto, a humildade do eu natural, o domínio de si.

7

Querendo concluir com a exposição ultimada, ao menos dois elementos característicos, entre o multíplice entrelaçar-se de influxos variados, deve-se relevar na atitude filosófica de Scheler: a sua personalidade religiosa e a sua adesão ao endereço fenomenológico. Do primeiro, podemos prescindir por ora; em relação ao segundo, ao invés, duas perguntas se impõem. Em primeiro lugar: a fenomenologia de Scheler em que relação está com aquela de Husserl? Em segundo lugar: posto que se distinga, onde está o seu valor teorético ou a sua originalidade? Duas perguntas, das quais a primeira nos induz a uma precisão, a segunda a uma avaliação, pois ainda sumária e incompleta, da filosofia de Scheler.

Subitamente, já a um primeiro olhar aparecem decisivas as diferenças entre Scheler e Husserl: Husserl se volta nitidamente para o idealismo, Scheler é indubitavelmente realista; Husserl pretende pôr-se na tradição da filosofia moderna remetendo-se a Descartes; Scheler prescinde de toda a filosofia moderna e se vincula à tradição medieval. A personalidade de Husserl é toda voltada à pesquisa teorética pura sem preocupações de ordem metafísica; Scheler faz da pesquisa teorética um instrumento para convalidar as próprias convicções metafísicas. A fenomenologia para Husserl é o ponto de partida e o ponto de chegada; para Scheler é somente uma via de entrada. Trata-se por isso de resolver o equívoco pelo qual se indicam com o mesmo termo, fenomenologia, seja a filosofia de Husserl, que possui uma inconfundível determinação, seja o genérico método fenomenológico. Ora, Scheler é fenomenólogo no segundo e, claro, não no primeiro sentido. Husserl dera ocasião ao surgir do endereço fenomenológico como método de pesquisa com as pesquisas lógicas, nas quais mesmo sem específicas profissões de fé metafísica podiam encontrar-se as indicações para sustentar um realismo tradicional. Mas, depois, foi além, rumo à fundação sempre mais coerente de um idealismo transcendental; e deixou de herança para aqueles que não o quiseram seguir por essa estrada o método fenomenológico, donde aquela necessária separação, da qual já se falou outra vez,[17] entre filosofia de Husserl e tendência fenomenológica. Que Husserl esteja, já, da parte do idealismo, não obstante a ainda incerta interpretação da constitutividade do conhecimento, não pode existir dúvida;[18] que, de outro lado, a fenomenologia em seu primeiro aparecer com aquela atitude antipsicologista e anti-relativista em geral, e com aquele seu vir em contato com as coisas mesmas, e deixar falar os objetos, e descrever com atitude passiva os fenômenos assim como são, e em geral com aquela sua decidida orientação rumo a uma reconstrução, de qualquer modo, concebida

---

17 BOBBIO, Norberto. "La filosofia di Husserl e la tendenza fenomenológica" ["A filosofia de Husserl e a tendencia fenomenológica"]. *Rivista di Filosofia*, 1935.

18 Interessantes discussões husserlianas sobre o tema, precisamente, de idealismo e realismo foram feitas pela *Société Thomiste*, em 1932, publicadas no *Journée d'Études de la Société Thomiste. La Phénoménologie.* De outro lado, a aproximação Husserl-S. Tomás através de Brentano não foi esquecida: veja-se STEIN, Edith. "Husserl Phänomenologie und die Philosophie des hl. Thomas von Aquino" ["A fenomenologia de Husserl e a filosofia de S. Tomás de Aquino"]. *Festschrisft E. Husserl zum 70 Geburtstag gewidmet*, 1929; KREMER, *Gloses thomistes sur la phénoménologie* [Glosas tomistas sobre a fenomenologia], com a discussão sucessiva, in *Journée d'Études de la Société Thomiste. La Phénoménologie*, pp. 59-94; em geral se reconhece o idealismo de Husserl e se detectam mais as divergências que as afinidades com a filosofia escolástica.

da objetividade do saber, pudesse atrair a si os realistas, ansiosos por uma reavaliação do objeto contra todos os subjetivismos do último século, e também indubitável. Scheler está entre esses últimos; na atitude fenomenológica de pesquisa, dá vazão a todos os motivos polêmicos, que o molestam tanto na filosofia teorética quanto na moral, e juntamente encontra a direção rumo a uma filosofia que justifique a validade do conhecimento e a objetividade dos valores. A aparente incompatibilidade com o idealismo da filosofia de Husserl vem resolvida, afirmando que essencialmente a fenomenologia – no seu sentido próprio – é um método, antes uma atitude, diz Scheler; e que, como tal, não implica, por si mesma, uma metafísica.[19]

Mas, uma vez aceita uma atitude objetivista, a fenomenologia a justifica? E como a justifica? Pode fazer surgir alguma hesitação o fato de Husserl ter chegado, para dar um conteúdo e uma justificação à fenomenologia, a afirmar um idealismo transcendental e consequentemente a sustentar um subjetivismo constitutivo: a consciência não é mais somente espectadora, mas constituidora do mundo; e é esse – para Husserl – o único possível fundamento para a validade universal do saber; esta posição implica a "redução" fenomenológica para encontrar um ponto de partida, a certeza absoluta, o *ego cogito*; a fenomenologia não é mais genericamente ontologia, mas fenomenologia da consciência; e somente enquanto tal também ciência do ser. Esta elaboração particular do método fenomenológico falta em Scheler; ele mantém fé na objetividade, mas não a justifica; a afirma. Reconhece, sim, que o homem pode estar em contato com as coisas em si mesmas independentemente da particularidade da sua estrutura psíquica, mas além dessa afirmação peremptória não dá explicação

---

19 Essa, no fundo, também a conclusão das discussões da *Société Thomiste*: "a aproximação entre a fenomenologia e a filosofia medieval deve ser buscada na teoria das essências; esta não possui um valor metafísico, não é [mais] que uma análise. Não que a fenomenologia seja somente isto, mas ela começou sendo-o, e é o seu mérito principal; é por isto que ela é utilizável e foi influente: o seu influxo consistiu em abater o psicologismo, o empirismo e o relativismo" (*Op. cit.*, p. 90).

nem justificação. O problema da subjetividade do conhecimento, e com ele todos os psicologismos, os empirismos, os pragmatismos e as doutrinas relativistas em geral, é resolvido e eliminado com a posição da intuição pura que colhe as coisas em si mesmas. Se alguém objetasse a impossibilidade de um conhecimento direto das coisas, isto é, sem intermediação do sujeito, Scheler responderia evasivamente que o fenomenólogo não desconhece possuir olhos e ouvidos, mas reconhece também que uma coisa é o saber que ele, enquanto ser cognoscente, está vinculado à real constituição dos seus órgãos de sentido, outra é admitir que no seu modo de conhecer seja necessariamente vinculado à constituição intencional das coisas percebidas. Ou seja, tudo aquilo que se pode objetar contra a comunicação direta com as coisas não nega que essa comunicação exista: existe porque é necessário que exista. Nem se peçam provas racionais ou experimentais dessa intuição pura, porque tais provas não provariam nada, ou provariam muito menos do que o simples e direto intuir mesmo. Assim, definitivamente, Scheler identifica, para condená-la, a esterilidade da teoria do conhecimento e do problema crítico em geral. A intuição pura não tem outra justificação que si mesma: portanto, não há necessidade de justificação. "Decisiva para a fenomenologia é a fenomenologia mesma". Isto é tudo quanto diz Scheler sobre o ponto em questão e acrescenta:

> se, depois do cumprimento da redução fenomenológica, permanecem ainda certos fatos e certas relações... é com isso mesmo fornecida a prova que existe uma intuição pura e que os fatos são fatos puros e as relações são relações essenciais, que escapam a toda simples explicação causal. Se isso não acontece, não existe nenhuma intuição, e o nosso mundo é constitutivamente relativo às funções sensoriais (*Nachlass*, p. 333).

Não se trata de demonstrar: precisa pôr-se à prova. E é tudo? Mas então é claro que essa tese do ponto de vista teorético é absolutamente insuficiente. Remete a uma posição extra teorética do problema, pelo qual, no fundo, a solução já está dada antes que seja posto o problema. Husserl salva as inelimináveis exigências do sujeito pensante, reconhecendo como ponto de partida a certeza absoluta do sujeito pensante mesmo, o *ego cogito*; Scheler salta de pés-juntos o sujeito e se preclude de toda possibilidade de certeza. Husserl procura salvar-se do dogmatismo, pondo uma certeza inicial; Scheler não se preocupa de ser dogmático, porque – segundo ele – o dogmatismo é condenável somente do ponto de vista do criticismo, mas não de um ponto de vista, pelo qual a razão não é crítica, mas intuitiva. A sua filosofia permanece dogmática: e é um caso evidente daquele eterno dissídio pelo qual o ceticismo é eliminado com o dogmatismo.

Inconclusivas, portanto, as premissas gnosiológicas de Scheler? Inconclusivas por definição, porque Scheler não busca nelas a sua conclusão. Por isso, cuide-se que não pareça inconclusivo o querer julgar a partir das premissas em largo sentido metodológicas o valor de um pensamento que pretende ser essencialmente uma pesquisa e não quer, de modo algum, ser um método de pesquisa. Para uma avaliação efetiva do pensamento de Scheler será certamente mais profícuo, além de mais legítimo, seguir as suas investigações determinadas, pôr-se sobre sua via de pesquisa, lá onde ele tem verdadeiramente procurado, isto é, na esfera da religião, da moral e da sociedade. Mas aqui não é o lugar. Aqui importava, sobretudo, a precisão terminológica, a qual somente permitirá entender em seguida e, portanto, avaliar a atitude programática em confronto com as pesquisas substanciais, e pode por ora servir somente de introdução a um estudo sobre o pensamento de Scheler.

2.3

DIETRICH VON HILDEBRAND[1]

De Dietrich von Hildebrand, a editora Morcelliana havia publicado, em 1931, um breve ensaio, *Il matrimonio* [*O matrimônio*]; recentemente[2] publicou uma boa tradução de um ensaio mais amplo e exigente, *Liturgie und Persönlichkeit* [*Liturgia e personalidade*], (com o título italiano de *Liturgia e personalità*, tradução de Giulio Delugan, coleção *Il Pensiero Cattolico Moderno*, n. 8, 1935, p. XIX-235, L. 10). Nesse segundo escrito, o autor se propõe a destacar qual importância tem a liturgia na formação da personalidade do homem, entendendo por *liturgia* aquilo que "com este termo é entendido indubitavelmente por todos, sem distinção de opiniões particulares, ou seja, a Santa Missa – a liturgia no sentido mais alto da palavra –, o Ofício Divino, a administração dos Sacramentos e dos Sacramentais" (p. IX), e, por *personalidade*, não a pessoa simplesmente, mas a pessoa no sentido clássico da palavra, isto é, a pessoa "na qual os grandes lineamentos fundamentais do homem se

---

1 Ensaio sobre Dietrich von Hildebrand, originalmente qualificado como "Nota" e publicado na *Rivista di Filosofia*, 28, nº 4, out.-dez. 1937, pp. 341-351.

2 Ao se ler "recentemente", tenha-se presente que Bobbio está escrevendo essa "Nota" em 1937.

encontram genuínos e intactos" (p. 21), ou pessoa normal, atribuindo a este adjetivo não o significado comum de "medíocre", mas sim o significado de "conforme à verdadeira natureza do homem". Isto é, pessoa cujos elementos constitutivos são essencialmente dois: a integridade dos órgãos psíquicos essenciais – e é esse "um puro dom, pré-existente em nós, ao qual não podemos acrescentar nada, como não podemos acrescentar um côvado à nossa estatura" (p. 21), – e a abertura ao mundo dos valores – suscetível essa de intervenção do nosso livre-arbítrio. Em relação a esse segundo elemento, no presente ensaio, somente é considerada a importância da liturgia na formação da personalidade.

A pesquisa se desenvolve e se esgota no exame particular dos caracteres singulares essenciais da personalidade e na consideração respectiva daqueles aspectos da liturgia que a esses caracteres essenciais correspondem e nos quais esses caracteres encontram uma base para a completude e autenticidade da sua formação. Tais caracteres eminentes da personalidade são o sentido da solidariedade, a reverência, a resposta aos valores, a vigilância, a "*discretio*" ou discernimento sobre a estrutura e a ordem do universo, o sentido da continuidade ou coerência, a organicidade ou unidade racional consciente e livre em oposição àquilo que é mecânico e artificioso, todos compreendidos no caráter geral da "classicidade", atributo que exprime a plena conformidade do sujeito ao "*logos*" objetivo do ser, isto é, a essência mesma da verdadeira personalidade.

O interesse deste ensaio não está tanto no assunto principal, quanto no estudo da personalidade humana através da descrição de seus caracteres essenciais; ora, exatamente essa parte não se pode entender adequadamente sem uma evocação dos pressupostos filosóficos nos quais o autor se move, e, portanto, sem uma pesquisa retrospectiva de sua filosofia religiosa e moral. Desse modo, somente se torna possível atribuir a cada afirmação, por vezes puramente recapitulativa ou aparentemente dogmática, sua justificação teórica e seu justo valor em relação às outras afirmações. Tudo o que aqui parece vago ou aproximativo adquire sentido preciso nas classificações e distinções, sempre minuciosas e meticulosas, que são pressupostas. Tanto mais pode parecer útil tal pesquisa, se considerarmos que o pensamento de Dietrich von Hildebrand é quase desconhecido na Itália, pelo fato de que se conhece geralmente de um pensador a atitude pessoal moralizante diante de fatos e coisas muito antes que o fundamento filosófico do seu pensamento, se existe. Sorte essa que o nosso autor (do qual foi publicado na Itália, além dos ensaios acima mencionados, um artigo recente, *Lo spirito del nazionalsocialismo* [*O espírito do nacional-socialismo*], em *Studium*, nov. 1935, p. 655) tem em comum com aquele outro filósofo e moralista alemão, ao qual seu pensamento, aliás, está intimamente ligado, Max Scheler. Se acrescentarmos a consideração de que as obras filosóficas de von Hildebrand são lidas e difundidas na Alemanha, e se sente cá e lá o seu influxo em livros recentes, nos quais são discutidas e acolhidas algumas observações ou distinções suas, em particular aquela distinção entre *Kenntnisnahme* [tomada de conhecimento] e *Stellungnahme* [posicionamento], de que se falará em seguida,[3] pode ser reiterada a oportunidade, justamente por ocasião da nova tradução, de expor as linhas fundamentais e os resultados mais notáveis da sua obra teórica, os quais diferem das duas obras de caráter filosófico, *Die Idee der sittlichen Handlung* [*A ideia da ação moral*] (citada como I) e *Sittlichkeit und ethische Werterkenntnis* [*Moralidade e reconhecimento de valores éticos*] (citada como II), ambas publicadas no *Jahrbuch für Philosophie und phänomenologische Forschung*

3 Como confirmação, lembro aqui três livros de temas diversíssimos que acolheram essa distinção como ponto de partida: um livro de filosofia religiosa, GRÜNDLER, Otto. *Elemente zu einer Religionsphilosophie auf phänomenologischer Grundlage* [Elementos para uma filosofia da religião em uma base fenomenológica]. Munique: J. Kösel & F. Pustet, 1922; um de filosofia teorética, SCHWARZ, Balduin. *Der Irrtum in der Philosophie* [*O erro na filosofia*]. Münster: Aschendorff, 1934; e um de filosofia jurídica, SCHREIER, Fritz. *Grundbegriffe und Grundformen des Rechts* [*Conceitos fundamentais e formas fundamentais do direito*]. Wien: Deuticke, Leipzig, 1924.

[*Anuário de Filosofia e Pesquisa Fenomenológica*], respectivamente no vol. III (1920, p. 126-253) e no V (1922, p. 462-603).

Trata-se de duas pesquisas sobre problemas morais em sentido lato, cujo variado e rico conteúdo é unido por um fio condutor, no fundo, muito tênue. Portanto, aquilo que conta na realidade e que interessa a esta exposição não é tanto o problema geral proposto ou o motivo polêmico originário, mas sobretudo as análises singulares dos problemas especiais com a relativa casuística, independentemente do sutil liame que as une. O motivo polêmico do primeiro livro é a refutação da tese kantiana de que o "suporte" da moralidade seja somente a boa vontade. O escopo do trabalho é a determinação do significado da ação moral, enquanto suporte de valores morais e, portanto, com base na distinção entre suportes diretos e indiretos, a descrição de uns e dos outros. Começa com algumas considerações sobre a natureza da ação em geral, indicando os seus três elementos constitutivos: a "consciência de alguma coisa", uma tomada de posição diante de uma situação e a realização. Depois de haver precisado os termos do problema, o primeiro termo como conhecimento dos valores, o segundo como vontade dirigida a uma situação de fato, conclui que na ação moral o suporte direto do valor moral é somente a vontade, e os suportes indiretos são o conhecimento moral e a situação de fato. No segundo livro, o ponto de partida é dado pela exigência de demonstrar quais são as relações que intercorrem entre o conhecimento moral e a moralidade e, uma vez posta em evidência a relação de fundação, precisar se se trata de fundação somente necessária ou também necessária e suficiente. O motivo polêmico é a tese socrática de que o conhecimento moral funda a moralidade. A resposta é que a tese, assim abstratamente posta, se resolve em um círculo vicioso, porque, em linha abstrata, é verdadeiro tanto que uma pessoa não pode ser moral sem conhecer o bem, quanto que não pode conhecer o bem sem ser moral. Para resolver o problema, é preciso distinguir vários estratos do ser moral e vários estratos do conhecimento moral e dar diversas soluções segundo os vários estratos que vêm relacionados. Um comportamento moral pressupõe um conhecimento moral; este conhecimento moral pressupõe um comportamento moral, mas não aquele de antes, um outro. Assim, o círculo vicioso é evitado quando a relação se estabelece entre os estratos singulares do ser e os respectivos estratos singulares do conhecer moral. Nessa trama, desenvolvem-se todas as pesquisas particulares sobre os diversos modos de colher os valores morais, sobre os vários tipos de cegueira diante dos valores, sobre a estrutura da pessoa e das suas diversas atitudes diante do mundo dos valores. A trama é, mais do que qualquer outra coisa, a ocasião para tecer motivos particulares com aquela minúcia no distinguir e aquele discernimento no exemplificar que dão a esses dois livros frequentemente o aspecto de uma casuística moral. Prescindindo da particular configuração dos dois livros e não podendo, de resto, reproduzir a casuística, limitar-se-á a dar uma ideia das linhas dominantes e diretrizes do pensamento e do método de pesquisa do autor.

* * *

Na base de todas essas pesquisas está uma distinção fundamental entre dois grupos de atos do conhecimento: os atos *kenntnisnehmende* [de tomada conhecimento], ou em geral cognoscitivos, e os atos *stellungnehmende* [de tomada de posição], com os quais o sujeito toma posição diante do mundo (I, p. 134). Os atos cognoscitivos são receptivos, consistindo no simples possuir o objeto; neles, o eu cognoscente é absolutamente vazio. Nos atos de posição, ao contrário, intervém a atividade do sujeito: eles consistem eminentemente em uma resposta do eu ao objeto. Quando eu olho, da janela, um campo na iminência de um temporal, eu tomo conhecimento de um fato; se eu me alegro pela frescura produzida pelo temporal, eu tomo posição diante do fato, ou seja, eu respondo ao fato conhecido. Quando eu me irrito vendo, pela rua, uma criança maltratada, essa minha irritação diante da vilania não é, de modo algum, um conhecer aquela vilania, mas uma resposta a essa qualidade da qual previamente já tenho conhecimento. É uma tomada de posição diante do objeto. Portanto, duas são as típicas atitudes possíveis da consciência diante do objeto:

tomada de conhecimento (*Kenntnisnahme*) ou tomada de posição (*Stellungnahme*). Os atos de posição são atos fundados, enquanto pressupõem necessariamente "o conhecimento de alguma coisa", uma consciência que pode consistir em uma tomada de conhecimento em sentido estrito do objeto mesmo, ou também em algum outro ato análogo àquele do conhecer propriamente dito (*kennen*), como o ato do reconhecer (*erkennen*), que não é dirigido ao objeto, mas ao estado de coisas (*Sachverhalt*) (I, p. 143), ou o ato do saber (*wissen*) atual e inatual (I, p. 146) etc. Na esfera dos atos de conhecimento e naquela dos atos de posição, von Hildebrand volta sua atenção, em particular, aos atos de conhecimento do valor e aos atos de posição diante do valor. Uma coisa é a tomada de conhecimento da beleza de uma melodia, outra coisa é entusiasmar-se diante dessa beleza: no primeiro caso, o meu eu recebe o valor e o valor é possuído pelo sujeito; no segundo caso, responde ao valor e o valor é vivido pelo sujeito: o primeiro ato funda o segundo. Os atos de conhecimento são dirigidos às mais diversas regiões do ser e se diferenciam segundo o objeto que se torna seu conteúdo: a vista das cores, a escuta dos sons, a intuição categorial das essências, a percepção das coisas. Também os valores, enquanto objetos do mundo, podem ser dados ao nosso conhecimento e possuem, portanto, uma forma própria de serem apreendidos. Scheler chamou essa forma, não de todo propriamente, de "*Wertfühlen*" [sentimento de valor]; Husserl, de "*Wertnehmen*" [tomada de valor], e von Hildebrand, de "*Werterfassen*" [captação de valor]. Pertence a Husserl o mérito de haver refutado o preconceito de que só se podem ter conhecimentos intuitivos da esfera sensível, e de haver reaberto, desse modo, a estrada para a revalorização da filosofia tradicional.

> Existe, para a esfera dos valores, uma forma de conhecimento particular, em que nos são dados os valores objetivos fundados nas coisas, nas situações, nas pessoas, analogamente a como nos são dados, na vista, as cores; no ouvido, os sons; na percepção externa, as coisas (II, p. 468).

Essa apreensão dos valores, que é imediata e direta, ou sem dúvida intuição, distingue-se primeiramente pelo reconhecimento dos valores; em geral, o conhecimento intuitivo se distingue pelo reconhecimento: enquanto o primeiro é dirigido a uma coisa, o segundo é dirigido ao comportamento da coisa. Eu vejo o vermelho de uma rosa (*kennen*), e eu reconheço que aquela rosa é vermelha (*erkennen*). Na esfera dos valores, a diferença é evidente e pode dar origem a verdadeiros e próprios contrastes: de fato, a capacidade de reconhecer o valor pode ser, em um homem, diversa em profundidade e em amplitude da sua capacidade de intuí-lo. Por exemplo, uma pessoa, por força de certos preconceitos, pode reconhecer e, portanto, ter certeza de que a compaixão é uma fraqueza, isto é, não é um valor; mas o próprio homem, vendo sofrer um seu semelhante, corre imediatamente, sem refletir, em seu auxílio. Portanto, ele sente ou intui o valor da compaixão, sem reconhecê-lo (I, p. 205-6). Assim, também se deve distinguir a intuição de um valor do saber que se trata de um valor, donde pode haver divergências entre aquilo que se sabe ser um valor e aquilo que se sente como valor: é o caso do homem simples que, tomado de compaixão por um prisioneiro, o faz escapar secretamente, mesmo sabendo que age injustamente. O que ele sabe dos valores está em contraste com o que ele sente: vale dizer, o que sabe ser um valor, não o sente como tal, e o que sente, não sabe que seja um valor; antes, considera que o valor seja outro (I, p. 206).

Mas, para precisar ainda o sentido desse conhecimento dos valores, é necessário distinguir, no âmbito mesmo da apreensão intuitiva, o sentimento do valor (*Wertfühlen*) a partir da visão do valor (*Wertsehen*). Do ponto de vista da maior ou menor distância do dado, uma coisa é ver uma cor, outra coisa é sentir uma dor física: assim, na esfera da objetividade dos valores, pode-se intuir o valor sem vir particularmente em contato com ele, sem ser tocado por ele. Pode-se intuir claramente a beleza de uma melodia sem ser comovido por ela até às lágrimas: isto é, pode-se possuir a visão da beleza sem senti-la. Assim, na esfera dos valores morais, pode-se *intuir* o valor da pureza e não *sentir* o seu valor. No sentimento, começa o contato pessoal com o valor: ele é mais "criador" que a simples visão (II, pp. 469 e ss.). Os sentimentos do valor se distinguem, pois, uns dos outros segundo a clareza com que é dado o valor, a profundidade com que é colhido, a vivacidade, a proximidade etc. Mas ainda a precisão não é realizada: trata-se de distinguir a apreensão intuitiva do valor, mesmo nas suas duas formas do ver e do sentir, do conhecimento (cuide-se: *kennen*, não *erkennen*) intuitivo do valor, que é a intuição não do valor concreto naquela situação particular, mas sim do tipo abstrato daquele valor, independentemente do suporte *hic et nunc*. Existem homens que intuem o valor da pureza em relação a um homem corrompido, mas eles mesmos não possuem nenhuma relação estável e continuada com a pureza. Pode-se dizer puro somente aquele que não só apreende o valor concreto naquela particular situação que é suporte de uma pureza ou de uma impureza, mas que conhece sempre, sem solução de continuidade, aquele valor, e, portanto, há a possibilidade de representá-lo sem dever apoiá-lo em um determinado suporte (II, pp. 473 e ss.). Para religar a corrente das distinções, vale a pena recordar que esse conhecimento abstrato não deve ser confundido com o reconhecimento, que não é intuitivo: uma coisa é conhecer o valor da pureza em abstrato, outra é reconhecer que a pureza é um valor.

O ato de posição diante do valor pode ser definido, sem dúvida, como uma resposta ao valor (*Wertantwort*): quando eu me entusiasmo diante da beleza de uma melodia, no entusiasmo eu respondo com uma determinada atitude ao valor da beleza. O entusiasmo pertence àquela particular forma de tomada de posição diante do mundo que é a tomada de posição diante dos valores. Esta deve ser distinguida da tomada de conhecimento recém-ilustrada: aquela pressupõe esta. A resposta ao valor, ao contrário do conhecimento do valor, não é somente uma confirmação do valor, mas lhe acrescenta algo de novo, como a mercê ao trabalho, enquanto ela não somente reconhece o valor, mas é algo a mais, que pressupõe exatamente o conhecimento. Entre o valor e a resposta ao valor existe uma relação essencial, pela qual se pode formular a lei de que todo valor tem, ao menos idealmente, a resposta que lhe convém, independentemente do fato de que tal resposta tenha verdadeiramente lugar: a um valor positivo pertence uma resposta positiva, a um valor superior, uma resposta qualitativa e quantitativamente correspondente, diversa daquela correspondente a um valor inferior. Idealmente, é absurdo responder com o mesmo entusiasmo a uma bela melodia e a uma boa torta (I, p. 164). Pode existir, entre as diversas respostas aos valores, uma *incompatibilidade em relação ao objeto* e uma *incompatibilidade qualitativa* (II, p. 580). A primeira tem lugar entre duas respostas que se excluem reciprocamente, como a negação e a afirmação: eu não posso, ao mesmo tempo, entusiasmar-me e indignar-me pelo mesmo fato; trata-se de atos *contrários*. Mas existe também uma incompatibilidade fundada na qualidade mesma do ato, pela qual eu não posso ao mesmo tempo perdoar a um homem uma ofensa e preparar um plano de vingança contra outro: aqui, o objeto dos dois atos é diverso, mas os dois atos se excluem reciprocamente pela atitude diversa da qual têm origem. Ainda: existem atos *consonantes*, como o amor por alguém, o entusiasmo pelo que este faz, um comportamento amigável em relação a ele; e existem atos *dissonantes*, como a indignação e o amor.

Interessa a von Hildebrand, em particular na análise do primeiro livro sobre os elementos da ação, uma peculiar forma de tomada de posição, que é a *tomada de posição volitiva* (*Willenstellungnahme*): entendida a vontade em sentido estrito como direção a um estado de fato, a característica da tomada de posição volitiva é ser uma resposta ao fato na forma de um "tu deves" (I, p. 159). Assim como o entusiasmo ou o amor são formas particulares de resposta ao valor de um sujeito, o ato volitivo é aquela particular resposta ao valor de um objeto que se manifesta na seguinte expressão: aquele objeto deve ser. A tomada de posição volitiva pode ser definida como a atribuição de um dever ser a um objeto (*Sollzuteilung*). De tal atribuição existem dois tipos diversos (I, p. 162): um consiste em uma resposta ao valor objetivo, o outro em uma resposta *àquilo que é importante para mim*. Em suma, eu posso querer um objeto pelo seu valor ou pelo fato de que o objeto é importante para mim. Essa distinção serve a von Hildebrand como fundamento para encontrar o critério distintivo entre as ações moralmente boas e as ações moralmente más. A condição preliminar para que se dê uma ação moralmente boa é que o ato de vontade que ela implica seja uma resposta a um valor objetivo e, portanto, não àquilo que é importante para mim (I, p. 216). E cuide-se que a reação da nossa vontade deve ser dirigida ao valor, não somente ao fato suporte daquele valor: se eu salvo um homem da morte para receber uma medalha, é evidente que essa minha ação, apesar de o fato ser suporte de um valor muito alto, não tem valor moral porque a minha resposta é dirigida não ao valor do fato, mas ao fato em si mesmo. Para que a valorização se aperfeiçoe, é necessário distinguir, na resposta volitiva ao valor, os *suportes formais* dos *suportes materiais* (I, pp. 217 e ss.), e estabelecer entre eles uma gradação em relação à relevância na avaliação: menos relevantes são os suportes formais cuja ausência significa somente uma *falha* moral (e não a imoralidade) e cuja presença significa uma *preferência* moral, isto é, no sentido de que a ação moral sem falhas é apenas moralmente preferível àquela falha. Decisivos são, ao contrário, os suportes materiais, porque deles depende a determinação da moralidade da ação e a grandeza desse valor. Os elementos *formais* da resposta volitiva são os seguintes: 1) a convicção ou, em geral, a consciência da resposta dada ao valor; 2) a fundamentação da resposta, pela qual se distingue a resposta fundada sobre a consciência clara do valor daquela fundada sobre a consciência obscura; 3) a plenitude da resposta, pela qual se distingue a resposta fria daquela calorosa; 4) a imediatez da resposta. A condição *material* decisiva para que se verifique a ação moral é que o valor ao qual se responde seja um valor moral. Faltando essa condição material, mesmo estando presentes as condições formais, a ação não pode qualificar-se como moral. A presença em maior ou menor grau das condições formais e das condições materiais e a sua diversa combinação dão origem a diversas qualificações da ação: a falta dos elementos formais acompanhada do elemento material não pode dar origem, como se disse, a uma qualificação de imoralidade, mas somente de ação moralmente deficiente. Por outro lado, a presença de alguns elementos formais distingue a ação, que também implica um elemento materialmente imoral, da ação moralmente má, na qual faltam, além do elemento material, todos os elementos formais. O selvagem que mata o estrangeiro para obedecer ao comando da divindade realiza uma ação materialmente imoral e formalmente defeituosa, mas que se distingue essencialmente do assassinato, enquanto possui indubitavelmente uma base formal. Trata-se apenas de não superestimar o elemento formal, caso contrário se cai no erro da ética normativa que, enquanto dá preceitos formais, pretende apenas a retidão formal da ação e considera ideal de moralidade a ação sem defeitos, erro contra o qual se deve afirmar que a ação moralmente justa, isto é, legal, não é a ação moralmente mais elevada (I, p. 220).

Onde encontra lugar a ação moralmente má? Posto que, na ação boa, a condição preliminar é a resposta a um valor objetivo, na ação má, a condição preliminar é a presença daquele outro tipo de resposta volitiva, que é a resposta àquilo que é importante para mim, e não, como poderia parecer à primeira impressão, a resposta a um não-valor. Von Hildebrand afirma que uma resposta assim é um contrassenso: uma *Unwertantwort* [resposta sem valor] e uma impossibilidade em si mesma, porque a resposta é um abandonar-se, e abandonar-se àquilo que não tem valor não é possível; é necessário que o objeto tenha valor, senão objetivamente, ao menos para mim (I, p. 227). De resto, ele refuta também a teoria que faz derivar a ação má da preferência dada ao valor inferior sobre o valor superior, com a demonstração de que tal preferência é também ela um contrassenso, porque eu não posso preferir aquilo que é pior, assim como não posso entusiasmar-me por um valor negativo ou indignar-me por um valor positivo (I, pp. 228 e ss.). É evidente que a resposta àquilo que é importante para mim é apenas a premissa da ação má: em si mesma é moralmente irrelevante. Torna-se relevante quando eu quero alguma coisa importante para mim, *apesar de sua carência de valor*, e a quero pelo fato de ser importante para mim. O selvagem que mata o estrangeiro para comê-lo realiza uma ação essencialmente diversa do selvagem que mata o estrangeiro para obedecer à divindade, porque, neste novo caso, falta também o elemento formal da resposta ao valor: existe somente a resposta "àquilo que é importante para mim" em uma ação voltada a um fato suporte de um não-valor. Mas esta não é ainda a ação má por excelência; para que se dê uma ação assim, é necessária também a consciência do não-valor. A ação perfeitamente má pode apresentar-se em duas formas: no caso em que o valor ou não-valor, do qual tenho consciência, é-me perfeitamente indiferente: eu quero que aquele homem morra, sem me preocupar se este fato seja ou não um não-valor, porque quero viver sem incômodos; e no caso em que eu, mesmo não sendo indiferente ao não-valor, dou uma preferência a ele diante do valor, que me está diante. Note-se que, neste caso, mais do que da consciência de um valor material, trata-se da simples consciência do dever (I, p. 239).

Von Hildebrand distingue com muita acuidade e com evidente complacência polêmica contra a ética formalista kantiana a consciência vazia do dever da apreensão do valor material, da qual surge o dever fundado sobre a objetividade do valor. A ação moral se fundamenta na resposta a um valor moral material, e não na simples consciência de um dever cego. É evidente a diferença quando as duas atitudes entram em contato: um homem teoricamente limitado deve punir uma criança porque, diz ele, é seu dever; mas depois tem compaixão da criança e a deixa impune. Ora, a resposta mais pura ao valor é sem dúvida aquela ao valor sentido e não ao dever cego. E é cega toda consciência do dever que não seja secundária, isto é, que não derive da intuição de um valor material. Nem se creia eliminar a cegueira desse conhecimento do dever, fundamentando-se no valor moral da ação que dele deriva, isto é, transformando a proposição: "tu deves" nesta outra: "tu deves, porque, se tu o fazes, a tua ação é boa; se não o fazes, é má". Se eu vejo um semelhante na necessidade e o ajudo não porque tenha compreendido o *Unwert* [sem valor] desse fato, mas porque, assim o fazendo, eu posso dizer-me um homem bom, a minha ação não é uma ação moral. Aqui se tem uma verdadeira e própria perversão da vontade, típica da moral farisaica, comum nos ambientes filantrópicos, nos quais a pessoa rica dá ao pobre não por interesse pelo sofrimento dele, mas porque é seu dever, ou porque, assim fazendo, realiza uma ação boa. Essa pessoa que afirma orgulhosamente: o sofrimento me é indiferente, mas eu conheço e faço o meu dever, está mil milhas distante do mundo moral (I, pp. 231-234). Em geral, o critério discriminante da moralidade segundo Kant, fundado na distinção entre dever e inclinação, pela qual é moralmente boa somente a ação na qual se responde a um dever, não coincide com aquele proposto por von Hildebrand, fundado na distinção entre o valor e o importante para mim, entre aquilo que é absoluto e aquilo que é relativo. De fato, o amor e o entusiasmo, que para von Hildebrand são os protótipos da resposta ao valor moral, são considerados por Kant como inclinações, postas no mesmo plano do prazer da mesa. O mártir que vai ao encontro da morte pelo entusiasmo na sua fé age, segundo Kant, por inclinação, em oposição àquele que se decide após uma fria consideração daquilo que é objetivamente um dever. Entre aquele que salva da morte um homem por ter sentido compaixão e aquele que cumpre a mesma ação com a consciência de cumprir uma ação obrigatória, não existe, como dever-se-ia deduzir da distinção kantiana, uma oposição essencial, mas simplesmente uma diferença na forma da apreensão do valor, pela qual, na primeira forma, existe somente a intuição do valor, e na segunda, também o reconhecimento do valor. Mas, em ambos os casos, e isso é o essencial, trata-se de uma resposta ao valor (I, pp. 171 e ss.).

É possível que uma pessoa não tenha a capacidade de intuir um ou muitos ou todos os valores: essa falta von Hildebrand chama de *cegueira de valor* (*Wertblindheit*). Não se trata de uma disposição natural ou de um particular defeito orgânico, cuja posse ou não posse não se possa atribuir responsabilidade. A cegueira é fundada no ser moral, no comportamento da pessoa: não se pode, portanto, excluir a responsabilidade da pessoa *wertblind* [cega quanto a valores] como se se tratasse de um deficiente psíquico (II, p. 483). Existem três tipos de cegueira moral: a cegueira total, a cegueira *parcial* e a cegueira de *subsunção*. A cegueira total consiste em uma falta completa de compreensão dos conceitos de bem e de mal, assim como acontece com o cego em relação aos conceitos de vermelho e de verde. Tal atitude pode se apresentar em dois tipos de pessoas: o *indiferente* aos valores e o *inimigo* dos valores. O tipo clássico da primeira é Don Juan; da segunda, Caim. O fundamento de uma é a *concupiscência*; da segunda, o *orgulho*. O cego total por indiferença não se interessa pelos valores e sorri diante deles; o cego total por ódio escarnece e ataca os valores, considera a pureza impotência, a mansidão fraqueza, a humildade servilismo (II, pp. 514-524). A cegueira parcial é da pessoa na qual está presente a intuição fundamental do bem, mas falta completa e constantemente a intuição de qualquer valor particular, como a humildade, a pureza etc. (II, pp. 506-514). Na cegueira de subsunção não falta a compreensão completa para os tipos de valores singulares, mas falta em cada um dos casos a compreensão ou o reconhecimento do valor concreto. Uma pessoa entende perfeitamente o valor da verdade, mas não percebe, por exemplo, que a mentira por necessidade é também um atentado à verdade. Tal forma de cegueira deriva, na maioria das vezes, de um obscurecimento da visão dos valores produzido por um interesse concreto ou por uma paixão concreta. Um marido honesto que sempre condenou o adultério comete ele mesmo adultério por paixão por outra mulher; a quem busca reconduzi-lo ao bom caminho, responde: o meu é outro caso, ou, então, percebo agora que errei excessivamente no meu modo de ver anterior. Ora, nessa pessoa não falta a compreensão do valor da fidelidade conjugal, apenas se forma a convicção de que o seu caso individual não pode ser "subsumido" naquela categoria: cegueira, portanto, de subsunção (II, pp. 486-502). Semelhante à cegueira subsuntiva é a cegueira, ou melhor, o cegamento por *embotamento*, que se produz com a frequente repetição do mesmo pecado (II, pp. 502-506).

Muitas são as observações dedicadas ao comportamento da pessoa diante dos valores morais: aqui basta ainda recordar, como resumo, que os atos de posição do homem em relação aos valores morais podem ser agrupados segundo o seu lugar de origem, seu *centro-do-eu* (*Ichzentrum*). Três são esses centros, dois para os atos moralmente negativos, um para os atos moralmente positivos. Enquanto os atos positivos têm todos uma única raiz no eu que vê e busca os valores (*das wertsuchende Ich*), os atos negativos se distinguem em dois grupos fundamentais: uns têm raiz na concupiscência, da qual têm origem a busca dos prazeres, a ociosidade, a avidez, a acídia etc.; os outros no orgulho, do qual têm origem a inveja, o ódio, a malignidade, o ressentimento etc. O eu que cumpre atos positivos é caracterizado por um comportamento fundamental de *busca* dos valores, o eu orgulhoso por uma atitude de *hostilidade* contra os valores, e o eu concupiscente por uma atitude de *indiferença* diante dos valores. Essas três atitudes são qualitativamente inconfundíveis entre si, mas, na prática, todo comportamento pessoal é uma resultante dos três e é caracterizado pelo predomínio de uma sobre a outra (II, pp. 584 e ss.).

* * *

Aparece agora claramente destas anotações, já por si mesmas incompletas, que uma completa clarificação dos problemas aqui tratados não poderia ser oferecida sem evocar e remeter à filosofia dos valores de Max Scheler, da qual essas pesquisas recebem a orientação e a direção geral, e que, portanto, forma o pressuposto não somente ideológico, mas também metodológico.

O que são propriamente os valores morais e como se distinguem dos outros valores o nosso autor nunca diz expressamente: este é o pressuposto da pesquisa, e é também a resultante indireta. Os valores morais, assim como para Scheler, têm como suportes somente as pessoas ou os atos das pessoas, nunca as coisas ou os fatos. Mas é também verdade que nem todos os valores das pessoas ou dos atos são valores morais: uma determinação mais precisa von Hildebrand não dá. Diz claramente: "neste trabalho, uma delimitação dessa natureza não deve ser diretamente tentada, mas pressupõe-se aquilo que comumente se entende por moral e que culmina em particular no fenômeno do bem e do mal" (I, p. 132). Nem, se se pretendesse por determinação uma verdadeira e própria definição, a poderia dar. Diz a este propósito Scheler:

> (...) [o bem e o mal] são valores materiais de uma espécie determinada, claramente intuíveis. *De definição aqui naturalmente não se trata*, como em todos os fenômenos últimos. Nós podemos somente pretender guardar exatamente aquilo que vivemos imediatamente no sentimento de um bem ou de um mal (*Der Formalismus...*, p. 20).

A determinação que tenta Scheler é esta: posta uma ordem objetiva hierárquica de valores, pela qual se diferenciam valores inferiores de valores superiores, o valor do bem é aquele que se manifesta no ato de realização de maneira relativa no bem superior, de maneira absoluta no bem supremo.

No entanto, esta é a principal característica do método fenomenológico: a simples descrição dos fenômenos, os quais, enquanto fenômenos últimos ou essenciais, não podem ser outra coisa além de descritos, nunca definidos. O objetivo do pesquisador não é definir, mas entrar em contato com a coisa; e isso pode ser obtido com um trabalho gradual, às vezes trabalhoso, de aproximação através de eliminações e delimitações. No caso específico, não se trata de definir a moralidade, dando um conceito mediante um procedimento intelectualista, mas de evidenciar a essência através da sua fenomenologia. Eis porque em todas aquelas páginas em que se trata de filosofia moral não se diz jamais, e de propósito, em que consiste a moralidade. Pelo seu método de pesquisa, von Hildebrand pode ser, portanto, chamado de fenomenólogo, permanecendo, na estrutura metafísica do seu pensamento, católico. A fenomenologia é para ele, como para Scheler, essencialmente um método, que somente quando apoiado em uma sólida convicção metafísica e em uma clara visão do problema moral, pode produzir bons frutos. Penso que um estudo crítico sobre a moral de von Hildebrand deveria insistir sobre esse ponto: o enxerto do método fenomenológico sobre uma substância tradicional, que forma a ossatura de todo o sistema, em geral e nos particulares. Uma tal pesquisa poderia servir, além de compreender no íntimo o pensamento do nosso autor, para lançar nova luz sobre a natureza, o valor e as inclinações da fenomenologia como corrente de pensamento.

Querendo concluir de modo genérico, a ética de von Hildebrand é uma ética antirracionalista, mas não subjetivista, antes decididamente objetivista, assim como a moral racionalista. A sua diferença em relação ao racionalismo está, sobretudo, no antiformalismo, o que é próprio também da ética de Scheler. Certamente, uma ética dessa natureza, para aquele que busca uma solução racional do problema moral, poderá parecer excessivamente dogmática, se bem que corajosamente dogmática. Mas diante de uma avaliação crítica, encerra-se este relatório, com o qual se quis assinalar a obra de von Hildebrand não somente como obra de filósofo e de moralista, mas também, pela certeza com que vem sustentada aquela hierarquia de valores, ora muito frequentemente violada ou até mesmo invertida, como obra, e em sentido altíssimo, de pedagogia moral.

2.4

PREFÁCIO A KARL JASPERS, A MINHA FILOSOFIA[1]

Advertência

O existencialismo está ainda agora em discussão. Difundido rapidamente na Itália, como um antídoto ao estéril escolasticismo e à retórica otimista da filosofia oficial, acolhido como um convite para evadir dos vínculos de uma breve mas já pesada tradição historicista e como seguro asilo dos desiludidos e dos inquietos, dos insatisfeitos e dos melancólicos, parecia que seu sucesso deveria ser efêmero, confiado como era às vicissitudes do tempo que, impedindo uma pregação, e ainda mais uma ação libertadora, convidavam ao isolamento, ao recolhimento interior, à meditação da morte ou a uma comunhão, puramente ideal, de belas almas.

Mas a moda tornou-se agora costume: difícil dizer se bom ou mau costume. Certo, quem quisesse hoje desembaraçar-se do

---

1 Prefácio à obra de Karl Jaspers, *La mia filosofia* [*A minha filosofia*]. Trad. Renato De Rosa. Torino: Einaudi, 1946, XII, 280 p., com o título original de *Avvertenza*.

existencialismo com poucas palavras de condenação, ou pior, com um encolher de ombros, como fizeram em seu surgimento alguns representantes das correntes filosóficas oficiais, demonstraria não haver entendido o quanto a filosofia e a cultura em geral foram penetradas por certas atitudes existencialistas, e como delas não se pode prescindir para avaliar em sua amplitude a situação espiritual do nosso tempo. Hoje, do existencialismo se fala novamente com insistência, mais frequentemente com indulgência do que com ira, não somente nos livros de filosofia, mas também nas revistas de cultura e nos jornais de vanguarda. Aquilo que tinha sido considerado como a filosofia da crise vem se apresentando aqui e ali, alinhando-se com todos os direcionamentos anti-historicistas do pensamento contemporâneo, como a filosofia da solução da crise: aparecida em seu surgimento, depois dos primeiros entusiasmos, como a manifestação do decadentismo em filosofia, hoje assume tom e cor de uma filosofia do futuro, ou, de qualquer forma, do renascimento. Os pensadores "malditos" se transformam em filósofos civis; os epígonos se tornam precursores.

Tal situação é só aparentemente paradoxal. O existencialismo teve a função de estímulo. Quem deste estímulo foi despertado, por ter caminhado ou procurado caminhar pela sua própria estrada, não pode esquecer o estímulo inicial. A análise existencial, primeiramente, rompeu a crosta de gelo que sobre os problemas da consciência contemporânea haviam se estendido, congelando-os, o racionalismo metafísico do espiritualismo tradicional e o racionalismo historicista do idealismo atualizado. A ruptura, de improviso, libertou novos riachos, revelando novas e subterrâneas correntes; mas quem deu o primeiro golpe de picareta se vê refletido, e todo novo riacho, toda nova corrente, reflete sua imagem. Assim, o existencialismo esteve presente no renascimento do personalismo; acompanhou e apoiou as tentativas dos sepultadores do idealismo; uniu existencialismo e espiritualismo na França, existencialismo e fenomenologia na Alemanha. Hoje, fala-se um pouco por toda parte, com curiosidade e com paixão, de existencialismo e marxismo.

Desse fermento existencialista presente na filosofia contemporânea, a filosofia de Jaspers foi o principal fermento. Mais afastado, talvez porque mais cru nas asserções e na linguagem mais áspera, o existencialismo de Heidegger; menos eficaz, porque mais diluído na substância, e menos rigoroso na forma, o existencialismo espiritualista de Marcel: o pensamento de Jaspers representou, senão o mais genuíno, certamente o mais característico dos existencialismos contemporâneos. Mesmo sendo desejoso do novo, às vezes de uma forma bizarra e desorientadora, não esquece os títulos de glória de uma tradição, que ele encontra em Kierkegaard e Nietzsche; mesmo afrontando os mais diversos problemas da consciência moderna, como uma filosofia da cultura, reconduz continuamente a um núcleo metafísico central e os fecha nas malhas de um sistema tão fechado e simétrico que às vezes parece artificial, não diversamente da mais frígida filosofia universitária; caprichoso e rigoroso ao mesmo tempo, toca o fundo dos eternos problemas, mesmo que seja para retrair-se deles com uma resposta desesperada ou enigmática, e, ao mesmo tempo, toca com mão despreocupada e segura os mais diversos problemas do mundo espiritual de hoje, oferecendo a cada página pontos de meditação ou estímulos de pesquisa. Se de uma temática ou de uma terminologia existencialista se fala na filosofia de hoje, o modelo principal se encontra indubitavelmente nas páginas de Jaspers. Aquele tanto de existencialismo que encontramos em pensadores contemporâneos, que se podem chamar existencialistas, de Berdiaeff a Sartre, é propriamente de origem jaspersiana.

Por essas razões, pareceu que não fosse nem intempestivo nem inútil apresentar, justamente hoje, ao público italiano uma coletânea dos seus escritos, quase uma antologia comentada, em uma tradução que é fiel e justa, sem ser nunca gelidamente pedante. Encontrar-se-ão dois breves escritos completos e igualmente muito significativos, dos quais o primeiro, que abre a presente coletânea e lhe dá justificadamente o título, é ao mesmo tempo uma autobiografia espiritual e uma introdução a uma compreensão mais profunda de um pensamento tão árduo que às vezes parece extrínseco, e o segundo é um ensaio sobre a natureza e o valor da ciência em que é exposto o princípio da necessidade da investigação científica como premissa a toda ousadia filosófica. E junto com esses dois ensaios, alguns dos testemunhos mais interessantes do seu estilo filosófico e do seu modo de enfrentar os problemas da cultura, tirados de suas principais obras teóricas e históricas (mas aquelas históricas também são teóricas). Para Jaspers, uma filosofia não pode, em seu desenvolvimento, deixar de considerar a tradição e a herança dos grandes filósofos, o que justifica a escolha de trechos dedicados, na segunda e terceira parte, a filósofos do passado (Descartes e Nietzsche) e a Max Weber; ela deve também fundar-se no seu conteúdo essencial sobre uma viva consciência do tempo em que se vive e ser animada por um motivo originário próprio: daí, na quarta parte, os problemas do nosso tempo. Enfim, entre os motivos teóricos principais desta filosofia do nosso tempo, recolhidos na última parte intitulada *Exemplos do filosofar*, se quis pôr em evidência o método do descrever, próprio à pesquisa existencial, que não oferece um conhecimento demonstrável, mas impele, com um processo de progressiva iluminação do fundo obscuro da nossa existência, em direção a uma certeza especulativa imprevista: e se este método, no início, não se diferencia de uma investigação psicológica, como aparece no ensaio sobre *O amor dos sexos*, torna-se filosófico na obra maior que nos conduz da orientação no mundo, a que se refere o ensaio *A fé e a negação da fé*, onde se elucida que à base de toda filosofia não está somente uma fé, mas uma polaridade de fé e não fé; à transcendência, da qual nos revela um aspecto o ensaio sobre *A norma do dia e a paixão pela noite*, e nos indica o último limite atingível pelo filosofar humano, o ensaio final sobre *O ser no naufrágio*. Da orientação no mundo à transcendência se passa através da análise do homem enquanto existência, que nos faz ver na comunicação a condição necessária na qual conseguimos afirmar e realizar nós mesmos na profundidade da existência; na historicidade, essa mesma realização acima de toda exterioridade e de toda contingência; na fidelidade, o cumprimento do existir na existência; na liberdade, o vínculo necessário e supremo com a transcendência;

e, enfim, na morte e no suicídio, duas situações-limite do homem ao existir e um primeiro contato com o ser.

Jaspers é um autor difícil; tanto mais difícil quanto a dificuldade de lê-lo na sua língua e de ter à disposição os textos originais impediu até agora aos não especialistas um conhecimento que não fosse fragmentário ou de segunda mão. A presente coletânea, que abrange a mais vasta e variada esfera de sua atividade como escritor, poderá servir para eliminar desconfianças preconcebidas e entusiasmos inconsistentes; para fazer perceber as dificuldades reais e dissipar as presumidas, e, ao encontrar uma expectativa às vezes excessiva que existe em muitos, pôr fim ao privilégio dos poucos iniciados. Quem se aproxima pela primeira vez de Jaspers poderá ser ora incomodado, ora fascinado; mas não deixará de ser surpreendido e perturbado pela complexidade dos motivos, pela profundidade das sondagens, pela extraordinária riqueza das variações sobre um tema, pela multiplicidade das sugestões que naquelas páginas se encontram, se cruzam, se sobrepõem até dar a impressão de uma conquista difícil e laboriosa, de uma meta sempre atingida e sempre perdida.

Do resto, essa surpresa ou turbamento, ou até mesmo, para dizê-lo com as palavras mesmas de Jaspers, essa confusão, estão na origem de todo nosso contato com a filosofia de Nietzsche. E quando Jaspers nos mostra qual é o modo de entender a filosofia de Nietzsche, entendimento que arrisca se tornar continuamente mau entendimento, se em vez de nos colocarmos em direta comunicação com ele nos deixamos levar pelo fácil entusiasmo ou sermos sobrepujados pela desorientação, parece que nos queira sugerir um cânone para uma interpretação autêntica de sua própria filosofia: "indefeso contra o pensamento – ele diz entre outras coisas – é aquele que se imagina poder possuir a verdade sem esforço interior e sem contraste".

2.5

RETORNO À TRADIÇÃO[1]

O tema do fracasso final – com o qual se fechava a maior obra de Karl Jaspers (*Philosophie* [*Filosofia*], 1932) – não foi, e talvez não poderia ser, uma meta conclusiva (e de fato era uma profissão de inconclusão). Melhor representou uma pausa, uma espécie de decisão interlocutória, que remete a decisão definitiva a um momento futuro, se e quando forem recolhidos maiores testemunhos. Considerado como pausa, e não como meta, o tema do fracasso final só podia ter duas vias de saída: ou a queda no *niilismo*, inversão de todos os valores, que era o reconhecimento de que todas as vias conduziam ao naufrágio porque humanamente estéreis, e precisava, portanto, empreender uma viagem totalmente nova; ou então o *retorno à tradição*, conservação dos valores tradicionais; e, isto é, o naufrágio depende do fato de que se perdeu o sentido da origem e da continuidade do desenvolvimento histórico. A via seguida por Jaspers nesses últimos anos é, sem possibilidade de equívocos, a segunda. Desse modo, o "caso Jaspers" cessou de ser um caso extraordinário,

---

1 Texto publicado originalmente com o título: "Ritorno alla tradizione" ["Retorno à tradição"]. *Rivista di Filosofia*, 42, nº 2, abr.-jun., 1951, pp. 183-186.

e pode ser atribuído de modo bem preciso à casuística, normal após períodos de grandes abalos morais e sociais, das "crises resolvidas".

O elemento novo, mais decisivo, de fato, nas obras jaspersianas publicadas após a guerra é, a meu ver, o insistente apelo à *religião bíblica* como fundamento sólido da nossa tradição, como fonte não seca, antes, por aquilo que se pode prever, inesgotável, dos valores da nossa civilização. Nas obras publicadas antes da guerra, à religião bíblica Jaspers nunca havia dado particular destaque. Em *Die geistige Situation der Zeit* [*A situação espiritual do tempo*] (1931), a propósito da relação entre "cultura e antiguidade", limitava-se a dizer: "quem na juventude tenha aprendido o grego e o latim e lido os autores antigos, quem tenha se apropriado da matemática, e aprendido a Bíblia e alguns grandes poetas da própria nação, se encheu de um mundo que lhe proporciona em uma infinita variedade e abertura um conteúdo indestrutível, e lhe permite acessar todo outro conteúdo" (p. 101). Mas logo após, reafirmando que "a antiguidade de fato fundou aquilo que nós, no Ocidente, podemos ser como homens", referia-se, nas exemplificações, exclusivamente à Grécia. Bem diferente é a atitude de Jaspers nas obras recentes, tanto que consideramos lícito falar de uma mutação radical na visão geral do mundo, e, portanto, nas possibilidades e no destino da filosofia. Em *Der philosophische Glauben* [*A fé filosófica*] (1948), quase querendo intencionalmente corrigir o ponto de vista unilateral expresso na obra supracitada, ele se expressa assim: "os conteúdos filosóficos da filosofia ocidental têm a sua fonte histórica *não só no pensamento grego, mas também no pensamento bíblico*" (p. 34, grifo meu). E alhures: "a Bíblia e a religião bíblica são um dos fundamentos do nosso filosofar, uma constante orientação e uma fonte de conteúdo inesgotável. A filosofia ocidental – queira-se ou não consentir – procede sempre junto com a Bíblia, também lá onde a combate" (p. 75). E especifica que "esta obra única não pertence a nenhuma confissão, a nenhuma religião, de modo exclusivo, mas a todas" (p. 34). Os caracteres fundamentais do pensamento contido na religião bíblica são: 1) a unidade de Deus; 2) a transcendência do Deus criador; 3) o encontro do homem com Deus; 4) os mandamentos divinos; 5) a consciência da historicidade; 6) a dor; 7) a abertura para aquilo que é insolúvel. Apresenta, sim, a Bíblia, de vez em quando, deslizamentos em relação a esses temas principais. Mas isso não impede que esses princípios, que estão na base e na origem do nosso filosofar, sejam somente da Bíblia extraíveis, e compete, portanto, a uma filosofia que olha para o *futuro* sem negligenciar o *passado*, com o objetivo de sair da crise *presente*, procurar torná-los nucleares na sua simplicidade originária, libertando-os das cristalizações históricas.

Até aqui, a religião bíblica é considerada como um dos fundamentos – talvez o mais decisivo e o mais fecundo – da nossa tradição espiritual. E a Jaspers parece urgente chamar a atenção do pensamento contemporâneo para essa antiga sapiência, sobre a qual o racionalismo e o cientificismo modernos voluntariamente teriam lançado um véu de esquecimento. Mas na obra seguinte, *Vom Ursprung und Ziel der Geschichte* [*Origem e meta da história*] (1949), na qual Jaspers traça as linhas de uma filosofia da história, partindo da situação de crise da sociedade contemporânea, e procurando sua origem no passado e eventuais desenvolvimentos no futuro, a religião bíblica representa algo mais do que um complexo de conteúdos filosóficos a serem presentes e enucleados na sua verdade: fornece até mesmo os contornos da concepção jaspersiana da história; determina, ela só, ou ela principalmente, a visão da história, visão que está em nítida polêmica contra as concepções positivistas e sociológicas, enquanto exprime uma orientação nitidamente religiosa e propõe um êxito escatológico. Para colher o sentido da história, diz Jaspers, devemos partir da ideia diretriz de que a história humana tem uma origem e uma meta final; mas desta origem e desta meta final não podemos ter um conhecimento científico, mas sim somente simbólico. Ora, esses símbolos, através dos quais Jaspers considera poder interpretar a origem e o fim da história humana, são evidentemente os mitos bíblicos tradicionais: todos os homens são unidos em Adão, criados pelas mãos de Deus à sua imagem e semelhança; na origem existia a revelação do Ser em uma presença inconsciente, mas o pecado original fez com que nós devêssemos adquirir a clareza daquilo que é revelável mediante o conhecimento e a práxis histórica; com o cumprimento do fim atingimos o acordo das almas, nos vemos uns nos outros em uma presença de amor, em uma compreensão infinita, como pertencentes a um único reino dos espíritos eternos (pp. 17-18). Neste ponto e com essas premissas, não sei como se pode fugir ao reconhecimento de que a concepção jaspersiana da história termina por coincidir com a visão bíblica da história. Mas existe mais: a própria tradição bíblica não somente delimita o horizonte dentro do qual se desenrola a história humana, mas serve também de guia e de inspiração para reconhecer o curso da história nesta época de crise. O homem hoje – diz Jaspers – tem necessidade de fé e a fé é uma das tendências fundamentais da nossa época. Pois bem, há dúvida de que as igrejas sejam capazes de operar esse renascimento. Mas a dúvida não toca a religião bíblica: antes, a transformação pode advir provavelmente somente do restabelecimento da religião bíblica. "Parece certo que, em última instância, referente à fé, a decisão acerca do futuro da nossa humanidade ocidental repouse sobre a religião bíblica" (p. 281), de modo que parece ilusório esperar uma nova revelação divina. "O conceito de revelação pertence somente à religião bíblica. A revelação adveio uma vez no tempo e agora está completada. O pensamento da revelação permanecerá indissoluvelmente ligado à religião bíblica" (p. 282).

Se o tema do naufrágio final – como eu disse no início – podia deixar abertas duas estradas, o niilismo e a tradição, Jaspers, agora bem claro, escolheu a tradição. E a escolheu sendo bem consciente de que as vias de saída, uma vez posto o homem diante do naufrágio, eram aquelas duas e somente aquelas, e que, portanto, escolher a tradição queria dizer rejeitar o niilismo. A contraposição entre tradição e niilismo se torna, portanto, um tema obrigatório nessa nova posição. Diz, por exemplo, que as suas lições (aquelas recolhidas no primeiro dos livros citados, *Der philosophische Glauben*) "são, em geral, uma tentativa de fugir ao niilismo" (p. 109).

O niilismo é ali considerado como uma das três formas de "falta de fé" (*Glaubenslosigkeit*). "Todos os conteúdos de fé são para ele transitórios, e todas as interpretações do mundo e do ser ele mascarou como ilusões; toda coisa é para ele condicionada e relativa; não existe fundamento algum, nem incondicionalidade, nem ser em si. Tudo é problemático. Nada é verdadeiro, tudo é permitido" (p. 103).[2] Que deve fazer o filósofo diante da ameaça do niilismo? Uma das tarefas que Jaspers atribui à filosofia no tempo presente é aquela de "chegar a apropriar-se de novo da tradição depois de ter passado pelo niilismo" (p. 128). Antes, a experiência do niilismo, com o abismo que se abre diante de nós e no qual seria submerso todo valor humano, nos ajuda a reencontrar a tradição, a aprofundar, a tornar mais íntimo e sólido o nosso vínculo com a tradição. Parece quase que não se possa reencontrar a tradição senão quem se aproximou daquele abismo e sofreu o seu fascínio. O niilismo, portanto, aparece como a perene tentação do demoníaco. Mas, ao menos para Jaspers, parece uma tentação rejeitada. Veja-se o retrato que ele faz do niilista do nosso tempo:

> hoje se difunde no mundo o fascínio de uma filosofia que encontra a verdade no niilismo, chama a uma existência maravilhosamente heroica sem conforto nem esperança, na afirmação de toda dureza e de toda crueldade, em um humanismo que se presume puramente terreno (*Vom Ursprung*, pp. 168-169).

Não se assemelha, este retrato, como uma gota de água, à figura do existencialista, segundo o modo e justamente com o qual se falou de existencialismo como de filosofia da crise, da finitude

2 Também na segunda obra *Vom Ursprung*, recorre ao tema do niilismo como antítese da fé: cf. pp. 168, 268-269. Em uma obra mais recente, de caráter de divulgação, *Einführung in die Philosophie* [*Introdução à filosofia*]. Zurique: Artemis Verlag, 1950, – trata-se de doze conversas radiofônicas – Jaspers opõe à fé, em vez do niilismo, o Iluminismo (pp. 81 e ss.).

humana, da existência trágica do homem somente diante da morte, da angústia diante do nada? Portanto, Jaspers identifica niilismo e existencialismo, quando por existencialismo se entende filosofia da crise? Mas então ele termina por rejeitar, assim como Heidegger, junto com o niilismo também o existencialismo. Só que Heidegger rejeita voltar-se à tradição e anseia retornar à origem de todas as origens, a uma origem auroral, antes e fora da história, quando o mundo não era ainda viciado pela metafísica e o homem era próximo ao Ser; onde condena como niilismo toda tradição filosófica de Platão a Nietzsche, de um modo muito mais radical (mas também historicamente menos justificável) do que Jaspers.[3] Pode-se dizer que a aventura de Heidegger continua, enquanto Jaspers retorna, como o filho pródigo, à casa paterna. A sua aventura terminou.

---

3 Veja-se o ensaio *Nietzsches Wort Gott ist tot* [*A palavra de Nietzsche: Deus está morto*] no recente volume *Holzwege* [*Caminhos da floresta*]. Frankfurt: Klostermann, 1950, pp. 193-248. Sobre a última fase do pensamento de Heidegger, remeto ao meu artigo *Tre scritti brevi di Heidegger* [*Três escritos breves de Heidegger*], nesta mesma revista, 1948, fasc. 3, e à nota “Ritorno alle origini” [“Retorno às origens”]. *Minerva*, 1948, fasc. 12.

2.6

RESENHA DO LIVRO "JASPERS, KARL. DESCARTES ET LA PHILOSOPHIE"[1]

Jaspers, cujo pensamento representa uma das mais típicas encarnações da atual filosofia existencial, coloca-se diante de Descartes como antagonista: o seu plano crítico consiste em evidenciar os pontos frágeis do sistema cartesiano, buscando descobrir tudo aquilo que existe de irracional no pensamento do racionalista Descartes, evidentemente com o principal objetivo de contrapor à filosofia da razão a filosofia da existência. E então se trata de colocar de imediato a aporia fundamental, na qual o pensamento de Descartes se debate, derivada do contraste entre a origem existencial do seu filosofar e o revestimento racional que o recobre e termina por tomar a dianteira. A tese de representar Descartes como um pensador que ficou aquém das suas próprias premissas não é nova, e de outra parte o livro de Jaspers no seu conjunto retoma muitos motivos já desenvolvidos pela crítica cartesiana.

---

1 Resenha do livro JASPERS, Karl. *Descartes et la philosophie* [*Descartes e a filosofia*]. Trad. H. Pollnow. Paris: Alcan, 1938, p. 112, publicada na *Rivista di Filosofia*, 30, nº 3 (jul.-set., 1939), p. 285.

Retoma e desenvolve a crítica feita a Descartes de haver matematizado a filosofia, e prossegue com a desvalorização dos resultados alcançados na sua concepção dualista e mecanicista do mundo, com alguma observação útil sobre o íntimo dogmatismo cartesiano que o afasta do são empirismo de Galileu, e sobre a insanável antítese entre a sua mentalidade científica e as suas aspirações filosóficas, antítese que o leva a confundir continuamente o valor metódico de uma descoberta com o seu conteúdo objetivo, e a atribuir significado filosófico a uma absurdidade científica e, por vezes, veste científica a uma imaginação metafísica. Daí o caráter fundamental do pensamento cartesiano se encontrar na "inversão": inversão principalmente entre a fonte metafísica do seu pensar e as suas ambições científicas. Esta inversão não lhe permite encontrar um ponto de equilíbrio entre autoridade e razão, conduzindo-o frequentemente ao raciocínio vazio, fora da experiência e desprovido de concretude (o próprio oposto do raciocínio científico com base no qual, independentemente de Descartes, deviam progredir as ciências modernas); faz dele, antes que um iniciador do método crítico, o criador de uma nova dogmática e, pode-se dizer, de um escolasticismo fundado sobre a concepção mecanicista do mundo; e o representa por fim, não obstante sua tendência à evidência e à clareza linear da sua exposição, como um pensador enigmático. A conclusão, portanto, é que o influxo de Descartes sobre o pensamento subsequente foi extraordinário, mas de todo modo a importância da sua obra na história da filosofia é muito mais negativa que positiva, enquanto consiste não tanto nas verdades que ele vislumbrou, quanto no erro que cometeu, erro que o pensamento humano deveria uma vez cometer para poder-se libertar dele. O que, como cada um vê, é um belo modo de dizer que com aquele pensador não se quer ter nada a ver.

2.7

LIBERDADE E AÇÃO NA FILOSOFIA DE KARL JASPERS[1]

I

Em torno da filosofia da existência existe um ponto ao menos sobre o qual estamos, desde o início, todos de acordo: que na Itália se falou e escreveu demais sobre ela. Mas é preciso logo acrescentar, e isso me seja concedido como desculpa se falo novamente sobre ela eu mesmo ainda uma vez, que não se podia, ou melhor, não se devia deixar de falar e escrever sobre ela, porque a filosofia da existência não é mais, ou talvez nunca tenha sido, uma opinião pessoal de algum professor alemão ou de algum ensaísta francês, mas é um modo de filosofar que responde estranha e maravilhosamente à vocação filosófica e, eu diria até, ao gosto filosófico do nosso tempo. E exatamente por isso a levamos dentro de nós, como um germe ou, se quisermos, como um veneno, com complacência ou com desafio, com orgulho

1 Este ensaio, "Libertà e azione nella filosofia di Karl Jaspers", foi originalmente publicado em AA.VV. *Il problema dell'azione e le sue diverse concezioni* [*O problema da ação e suas diversas concepções*]. Milão: Bocca, 1943, pp. 11-30.

ou com repugnância, e já a carregávamos como aspiração ou como tentação, ainda antes que fosse revelada em palavras todas explicadas. Por outro lado, falar ou escrever sobre ela, isto é, tocá-la com as mãos, era talvez o único modo de se libertar dela, ou ao menos de tornar inócua aquela tentação e de extinguir, realizando-a, aquela aspiração. Para expeli-la, em suma, era necessário ter antes sofrido o seu contágio.

Para que a filosofia da existência seja a filosofia do nosso tempo, pode-se dizer, de modo mais breve possível, repetindo o juízo corrente segundo o qual ela é a filosofia da crise. Mas devemos só por isso nos escandalizar? Será este um bom motivo para nos retirarmos indignados e para justificar a inicial desconfiança e a nunca desmentida reserva? Ao contrário, é preciso ter a coragem de reconhecer que exatamente aquilo que nos atrai na filosofia da existência e nos impulsiona inevitavelmente a participar dela de algum modo, revivendo-a e talvez rejeitando-a depois de tê-la revivido, é aquele sentido de crise do qual ela está grávida e que leva consigo por toda parte; portanto, escandalizar-se diante dela seria pelo menos um ato de hipocrisia. A crise, gostemos ou não de reconhecê-la, é o modo de ser da nossa situação espiritual: não se entende hoje nem se pode tornar íntimo a nós mesmos um pensamento filosófico que, se a filosofia há de ser a consciência reflexiva do tempo, não assuma sobre si a crise e, assumindo-a, não se faça ora doloroso e aflitivo intérprete, ora trágico ou irônico revelador. O existencialismo é, talvez, dessa crise a interpretação mais autêntica e a mais profunda revelação: por isso, no momento mesmo em que gritamos à crise, não podemos deixar de nos aproximar, com atração e repulsão juntas, daquelas formas do pensar que, dando-nos dela a mais sensível prova, nos convidam a uma meditação rica de pressentimentos e anunciadora de válidas clarificações. Por outro lado, se a filosofia da existência é a filosofia da crise, não é preciso crer que seja ela a única: verdadeiramente, a muitos daqueles que olham aterrorizados para o sucesso do existencialismo como a turva insânia ou a caprichosa extravagância, viria a tentação de perguntar se eles próprios creem que a crise esteja somente lá onde eles a apontam, porque se revela com maior alarde, ou não esteja à espreita também em suas almas, em seus pensamentos, em seus gestos cotidianos, revelada em outras formas, mas não menos evidente, não igualmente clamorosa, mas não menos profunda, e se, antes, essa menor aparência não seria exatamente indício de um mal mais incurável e, portanto, mais mortal, do qual não se salva senão no dia em que se percebe que não existe mais salvação.

Antes de tudo, o que se entende por crise espiritual? Mais ou menos, sem pretender fazer uma teoria nem um diagnóstico, pode-se dizer que, por crise, se entende o fraturar-se de uma única verdade sofrida em mil verdades indiferentes, donde a apatia diante dos valores e o abandonar-se à corrente da sociedade e das coisas; o romper-se de uma única vontade consciente de si em mil veleidades, donde a descomposta inquietude da alma e a estéril timidez ou a rompante arrogância da ação; e ainda, o obscurecer-se da clareza interior e o representar-se, ameaçador e absorvente, do mito sob forma de superstição aceita e servida, donde o aguçar-se do dissídio, nunca totalmente resolvido, entre a cultura que se retira e a vida que se adentra triunfalmente no caminho da ação, impelida e sustentada por um cortejo de úteis falsidades. Na história do pensamento, a crise espiritual pode assumir duas formas, que são formas de cultura e de vida típicas e diversas: de um lado, o *decadentismo*, que é o modo de quem se lança de cabeça na dor universal e encontra motivo de inspiração, e quase diria de complacência, na própria inquietude e no próprio desespero; ao extremo oposto, a retórica, que é o modo de quem, para não mergulhar no abismo do pensamento, se refugia na paixão e no gosto da palavra, assumida como valor em separado e considerada como fim em si mesma. Em outros termos, pode-se dizer que a crise se revela, lá na forma da sinceridade absoluta até à crueldade contra si mesmos, e é o modo da filosofia existencial, que parece quase ter assumido sobre si a tarefa de revivê-la e teorizar em toda a sua vastidão, alimentando a chaga com a inquietude de um pensamento continuamente em equilíbrio instável e em tensão não resolvida; cá, na forma da absoluta insinceridade, que é o modo de ultrapassar a crise, deixando o problema para trás e correndo ao encontro da vida com cerimoniosa compostura. Queremos dizer, em suma, que ao lado de uma filosofia dos decadentes, existe, não menos representativa da atual crise espiritual, uma filosofia dos retóricos. Se uma escava dentro de si sem piedade, pondo a nu os magros resíduos da perdida metafísica, e entre a angústia originária e o naufrágio final não se comove nem busca comover, mas realiza a amputação mortal com frieza científica, a outra se infla de uma árida e complicada verbosidade, que suscita problemas já resolvidos, ou resolve problemas não suscitados porque inatuais, e altera fórmulas vazias de conteúdo moral, quase diria desvitalizadas pelo longo uso, com igual impassibilidade e compostura. Se a crise comporta fraqueza espiritual e tibieza moral, e não somente inquietação e desorientação, a filosofia dos retóricos é filosofia da crise não menos preocupante que a dos decadentes: uma crise se manifesta na ambiciosa grandiloquência do poeta barroco, tanto quanto no desespero do poeta decadente. Por outro lado, a bem observar, barroquismo e decadentismo muito frequentemente se encontram e se cruzam na mesma experiência cultural. Não é dito, de fato, seja advertido aqui por incidência, que a filosofia existencial, assim intimamente decadente, seja imune à retórica e ao maneirismo barrocos. O grito de desespero é frequentemente mascarado por uma fórmula pomposa; a necessidade de sinceridade se acompanha da preocupação de suscitar surpresa e clamor; a ulceração da alma e a engenhosidade mais extravagante, o apelo interior e o mascaramento artificioso, procedem, sobretudo em Jaspers, *pari passu*. Filosofia da crise, portanto, no sentido mais pleno da palavra, mas mais desconcertante e, portanto, mais viva, mais aberta e, portanto, mais estimulante que a filosofia dos retóricos. Dessa destruição implacável, talvez, se poderá tentar reconstruir. Quanto mais difícil é a construção sobre o vazio das fórmulas, pagas de si mesmas, e insensíveis aos abalos do tempo! A falsa santidade do academismo filosófico não nos poderá curar da morbidez da filosofia existencial, sobretudo porque não se aproxima do doente para medicar, mas se afasta aterrorizada para evitar o contágio. O existencialismo, ao menos, é um convite à sinceridade até a eliminação de todo cômodo refúgio ou de toda fictícia sustentação. Por isso, é, querendo ou não, uma dura prova. Mas também é, se se quer recomeçar, se se quer retornar à clareza interior, uma prova necessária.

Além disso, indicar o decadentismo da filosofia existencial quer dizer tomar posição diante dela atribuindo-lhe um limite preciso, e, portanto, nos colocar em guarda contra aquele fanatismo que imita seus gestos e movimentos. É preciso reconhecer que existe sinceridade e sinceridade: uma sinceridade humilde e medicadora, instrumento de clarificação nas próprias ações e na comunicação com os outros, e uma sinceridade orgulhosa e pungente, exercitada quase com o prazer esnobe da revelação misteriosa e desoladora, sem outro fim que o de expor a própria degradação e de se comprazê-la como um ato de bravura ou de desafio. Exatamente essa complacência da ferida infligida a si mesmos e indiretamente aos outros é uma das características mais evidentes da poesia e, em geral, da arte decadente,[2] e encontrá-la no existencialismo é prova da afirmada participação desse pensamento na cultura decadentista e é, ao mesmo tempo, um estímulo a uma precisão do juízo inicial. Tanto mais que ver no existencialismo uma espécie de final filosófico do decadentismo pode produzir algum bom fruto para fins de uma maior aproximação ao espírito que o anima, e pode ser, sob muitos aspectos, uma chave para uma mais clara explicação; nem deve aparecer ilegítimo, como produto de falsa analogia e, portanto, de contaminação entre literatura e filosofia, porque a filosofia da existência é claramente, diria quase programaticamente, uma filosofia de inspiração literária, com seu emergir de um estado de ânimo antes que de uma dúvida crítica, com seu aberto e corajoso aceitar uma linguagem já comprometida pelo uso literário e, portanto, pela evocação eminentemente estética

2 Para as indicações sobre o decadentismo poético me vali sobretudo do ensaio de BINNI, Walter. *La poetica del decadentismo italiano* [*A poética do decadentismo italiano*]. Florença: Sansoni, 1936.

e não lógica que suscita (pense-se na *Sorge* [cuidado] de Heidegger, ou na "lei do dia" e na "paixão da noite" de Jaspers), com seu dizer por imagens imediatamente poéticas (pense-se na "cotidianidade" heideggeriana) aquilo que é inexprimível em uma fórmula técnica.

Antes de tudo, de um ponto de vista geral, o existencialismo é, como todo o decadentismo contemporâneo, a extrema propagação do romantismo: ele leva à exasperação o motivo romântico da personalidade humana, como centro, como individualidade originária, como singularidade heroica e solitária, exasperação que se torna evidente através da dissolução do titanismo romântico em uma análise refinada e atormentada do indivíduo, feita à guisa de revelação e de confissão íntima. O super-homem de Nietzsche abre o caminho para o ser angustiado de Heidegger ou para a existência falida de Jaspers. Por essas mesmas razões, o existencialismo representa imediatamente a extrema e mais aguda reação ao gosto iluminista da "*raison*", ao conceitualismo da filosofia tradicional, da mesma forma com que o decadentismo poético consagra, na defesa da poesia pura, a reação contra toda forma de classicismo poético condenado como retórica, conceitualismo decorativo e assim por diante.

De um ponto de vista particular, a atmosfera decadente da filosofia existencial pode ser determinada por três motivos fundamentais, que se encontram de forma variada em Heidegger e em Jaspers, mas com maior acentuação no segundo: ou seja, o *antinaturalismo*, o *simbolismo* e o *hermetismo*. Não há dúvida de que o pensamento decadente, e com ele toda a filosofia existencial, reassume um complexo variado e flutuante de atitudes antinaturalistas e antipositivistas; mas nos filósofos existencialistas a tendência, que é própria de toda a filosofia contemporânea, a quebrar o cerco fechado da natureza considerada deterministicamente como mecanismo e a desbancar o mito do cientificismo, se tornou extremamente aguda e vibrante; e essa maior acuidade e mobilidade, que se transforma em mais densa plasticidade de expressões e de imagens, deriva ao existencialismo daquilo que de literário, na esteira da tradição de Nietzsche, persiste aqui e ali nas dobras da rigorosa estrutura do sistema, formando aquele característico clima, entre poético e místico, no qual se eleva grau a grau o seu edifício conceitual, que exatamente por isso conserva sempre a figura de um prédio encantado. O antinaturalismo da filosofia existencial não é aquele, digamos, da filosofia idealista, que constrói conceitual e abstratamente a contraposição entre natureza e espírito, entre necessidade e liberdade; o antinaturalismo existencialista é impregnado de antinaturalismo estetizante, onde a natureza é sentimentalmente degradada à esfera do viver opaco, uniforme e impessoal. Um dos temas recorrentes no pensamento de Jaspers é a ruptura do mundo natural pela existência na sua incondicionalidade, isto é, na sua liberdade; ora, a natureza é aqui entendida não mais no sentido do naturalismo filosófico como esfera da necessidade, mas mais propriamente no sentido do naturalismo romântico, como a pátria da plana segurança vital e animal que não conhece impulsos nem ímpetos, donde a atribuição a ela de um desvalor e a necessidade da evasão[3] em que somente a existência realiza plenamente a si mesma. Nesse antinaturalismo de origem romântica insere-se sobretudo um dos temas mais sugestivos e mais largamente difundidos do existencialismo: o tema heideggeriano da banalidade como degradação e queda, e da autenticidade existencial como fuga da banalidade. Mesmo a sua maior difusão em comparação com outros temas existencialistas demonstra ainda melhor a ressonância do existencialismo em função da sua inspiração decadentista: não há motivo, de fato, em torno do qual a literatura decadente de todo país não tenha se exercitado em maior medida que aquele do horror da banalidade, do cotidiano, do convencional, ao qual responde, variadamente caracterizada e impelida, uma ânsia de libertação e de purificação, uma incessante invocação do extraordinário, do extravagante, uma tormentosa busca do "singular", e uso esta palavra intencionalmente para me vincular ao "indivíduo"

---

3 Sobre a evasão, "mal do século", se ocupa E. Lévinas. LÉVINAS, Emmanuel. "De l'evasion" ["Da evasão"]. *Recherches Philosophiques*, V, 1935-1936, pp. 373-393.

kierkegaardiano, que não é somente uma categoria metafísica, mas uma atitude de vida.

A natureza, degradada a mundo da objetividade e da necessidade, é reavaliada como símbolo do ser que ela mesma não é, mas ao qual continuamente remete: o antinaturalismo deságua no simbolismo. A concepção jaspersiana do real como símbolo da transcendência, isto é, como revelação analógica de uma realidade mais real que não se pode captar senão simbolicamente, é uma interpretação, quase diria a teorização, de uma característica exigência pós-romântica, segundo a qual a natureza é uma "floresta de símbolos" (Baudelaire). A natureza não vale por aquilo que a razão e a experiência colhem, porque, antes, desse ponto de vista é exasperadamente monótona, uniforme, convencional, mas vale exatamente em razão daquilo que nela se revela, daquilo que ela é não como realidade, mas como símbolo, por isso mesmo que ela é a linguagem com que fala o transcendente, que é romanticamente o mistério, isto é, o além das coisas. Em Jaspers, a natureza, ou mais genericamente o mundo da objetividade, que em um primeiro momento aparece como esfera da infinita pesquisa teórica, na qual o homem mesmo está inserido e procura orientar-se, e em um segundo momento é quebrada pelo irromper da iniciativa absoluta da existência, reaparece em um terceiro momento como a sede dos símbolos da realidade, ou, segundo a expressão mesma de Jaspers, como a linguagem cifrada pela transcendência, que compete à metafísica, terceiro e mais alto grau da pesquisa filosófica, decifrar. "Não existe nada – diz Jaspers – que não possa ser cifra... o mundo, seja natureza ou homem, seja firmamento ou história, a consciência em geral não apenas existe. Mas tudo aquilo que existe é ao mesmo tempo para intuir fisionomicamente" (*Philosophie*, III, p. 168). A cifra é o único modo com que a transcendência aparece à existência; e o esforço, sempre ameaçado pelo naufrágio, de captar a transcendência através do mundo como cifra, é a metafísica. Da psicanálise, intérprete de sinais e de sonhos, à metafísica de Jaspers, leitura da linguagem cifrada da transcendência, em várias formas e através de diversíssimas experiências, o homem, desiludido ou inexperto do ver sensível e do entender racional, tenta conquistar-se uma segunda vista, ao mesmo tempo mais aguda e mais desinibida, tanto mais pretensiosa de verdade quanto mais alucinada e fantástica, suscitando, quase como nova magia, uma realidade atrás da realidade: uma infrarrealidade, como aquela da psicanálise, ou uma super-realidade, como aquela de Jaspers, de que a realidade, a nossa realidade, não é senão o sinal a interpretar.

Partindo desse sentido secreto das coisas, toda cultura decadente se torna esotérica e, portanto, hermética; o hermetismo é o esoterismo em seu aspecto puramente extrínseco e verbal, ainda uma vez de natureza mais estética do que mística. Não há dúvida de que a filosofia da existência seja uma filosofia hermenêutica. Ela foi construindo sua linguagem, forjando novas palavras ou dando significado pregnante a palavras antigas, as quais têm, além disso, uma vastíssima ressonância e, apenas pronunciadas, despertam ecos profundos: palavras alusivas e sugestivas, que adquirem pouco a pouco o valor de uma fórmula de encantamento, que têm uma corporalidade própria e uma força evocativa em sua própria estrutura, palavras cujo significado vai muito além do sinal e da coisa significada. Ouso dizer que qualquer um, após o primeiro momento de surdez ou de desorientação ou de aborrecimento, tendo acreditado ter adquirido pleno entendimento daquelas fórmulas e ter a estrada aberta para se introduzir e caminhar naquele novo reino espiritual, não pode se subtrair à impressão de ter passado por um processo de iniciação. Por outro lado, quem pretendesse dissolver aquela estrutura verbal movido pela intenção de familiarizar o existencialismo com a filosofia tradicional, e dessas tentativas se faz todos os dias, mas são estéreis e vácuas, atingiria o núcleo vital do existencialismo e, acreditando tirar-lhe uma máscara, o decapitaria. Quando falo de hermetismo, portanto, quero dizer que a obscuridade da filosofia existencial é uma obscuridade não ocasional, mas intencional, e intencional porque necessária: também a clareza, não se ria do paradoxo, é para um existencialista um preconceito iluminista. A obscuridade é ela mesma um instrumento da clarificação existencial, porque é reveladora da obscuridade profunda e insondável do ser. Hermetismo, no fundo, quer dizer, de um lado, reconhecimento da inadequação da palavra como sinal, de outro, importância dada à própria palavra como força evocativa. É, em suma, outro aspecto daquela fundamental inadequação entre realidade e pensamento, daquela separação entre a forma e a vida, em que se revelam momentos decisivos de uma crise espiritual. É, enfim, outra manifestação daquela fuga do real, daquele medo do ser, daquela separação da vida, que trai a presença de uma cultura decadente. Ambos os significados do hermetismo se encontram na filosofia existencial: em primeiro lugar, a palavra é considerada como instrumento inadequado e, portanto, atormentada e desfigurada; em segundo lugar, é atribuída a ela, para suprir esse vazio incalculável de sua inadequação, uma plenitude puramente exterior. A linguagem se torna evocativa porque inadequada, sugestiva porque insuficiente, tanto mais rica em ressonância formal quanto mais pobre de significado real. E ainda uma vez, portanto, através do hermetismo, a filosofia existencial entra no clima do decadentismo pós-romântico.

II

Considerar, como fizemos até aqui, a filosofia existencial como filosofia decadente implica, na melhor das hipóteses, um juízo moralista, mas ainda não empenha a nossa atitude sobre o seu valor especulativo. O existencialismo pertence à cultura decadente, mas é antes de tudo uma corrente de pensamento e, enquanto tal, pertence à história da filosofia e não pode ser explicado senão com a filosofia. Assim como o juízo de decadentismo em relação a uma obra de arte não representa um juízo estético,[4] também em relação a um sistema filosófico não representa um juízo especulativo. Digamos mais claramente que o decadentismo é o clima no qual a filosofia existencial se

---

4 Cf. BINNI, Walter. *La poetica del decadentismo italiano* [*A poética do decadentismo italiano*]. Florença: Sansoni, 1936, p. 4.

formou, mas que nesse clima pode prosperar tanto uma grande quanto uma pequena filosofia, uma especulação intensa, viva e operosa ou uma ilustração fraca e estéril de pensamentos herdados. Não que a atmosfera não se faça sentir no próprio empenho do filosofar, porque antes o "*cupio dissolvi*" da atitude pós-romântica é o estímulo ou o fermento daquela extrema lucidez com que a filosofia existencial abordou os temas do pensamento filosófico moderno e conquistou um lugar tão importante no pensamento filosófico contemporâneo, toda tomada por um aceso *páthos* teórico que perscruta, escruta, põe a nu, dilacera, talvez sem medicar, e agarra inevitavelmente a atenção ou pelo menos convida honesta e lealmente a um exame de consciência. Mas isso tudo, assim como não forma a substância filosófica do existencialismo, também não aumenta ou diminui o seu valor especulativo; antes, pode induzir a crer que ele seja somente literatura, contribuindo para aumentar a desconfiança ou a indisposição em relação a ele. Trata-se, portanto, de observar no clima a própria paisagem, de olhar a filosofia existencial como filosofia, de julgá-la pelo que é e pelo que conta como filosofia.

Escolhemos, entre os filósofos existencialistas, o mais decadente, Karl Jaspers. Teremos a oportunidade de destacar aquilo que no pensamento de Jaspers responde às exigências mais profundas do pensamento filosófico moderno, desde que se queira captar, além de uma temática típica e excepcional, a ânsia de um genuíno filosofar.[5] Para esse propósito, nos detemos sobre dois temas fundamentais da clarificação existencial, o da *liberdade* e o da *ação*, ambos estreitamente conectados e ambos reveladores de uma corrente de pensamento dentro da qual se insere e se encontra a tradição mais viva

5 Ao encargo de indicar os vínculos da filosofia existencial com o pensamento moderno, e, portanto, de captar seu núcleo especulativo, dedicou-se excelentemente Paci. Em particular, em relação a Jaspers. Cf. PACI, Enzo. *Pensiero, esistenza e valore* [*Pensamento, existência e valor*]. Milão-Messina: Principato, 1940, pp. 116 e ss.; para Heidegger cf. a *Introduzione* [*Introdução*] à tradução de *Che cosa è la metafisica* [*O que é a metafísica*]. Milão: Bocca, 1942, p. 47.

da filosofia contemporânea, quando se entenda com esta expressão a crítica, ora mais aberta e amarga, ora mais branda e velada, da metafísica construtiva.

Na corrente anti-metafísica, a filosofia existencial representa uma corrente inconfundível, mas confluente com todas as outras em uma direção única: a impossibilidade de afirmar o ser como objeto e, portanto, de colocar o problema do ser como problema de um saber objetivo; donde a revelação da ilusão da metafísica de um lado e a crítica de toda ontologia de outro. O existencialismo é talvez mais agressivo e mais cru, mas exatamente por isso o esforço de libertação é tanto mais claro e estimulante: ele se abre com a angústia de Heidegger, e se fecha com o naufrágio de Jaspers. Contra as pretensões da metafísica objetiva, é conhecido o que diz o primeiro: "nenhuma pergunta metafísica pode se colocar se não é posto em questão – como tal – aquele que faz a pergunta, *se ele mesmo não se torna pergunta*".[6] Mas o tema é desenvolvido e aprofundado com singular penetração na filosofia de Jaspers, a qual foi até mesmo apresentada como uma filosofia, em certo sentido, conclusiva, porque revelando a impotência da metafísica destruiu definitivamente a ilusão filosófica:

> nenhuma filosofia, creio que se possa afirmar – diz a Hersch –, foi por si mesma de uma semelhante transparência. Nenhuma soube tão claramente aquilo que era, aquilo que fazia, aquilo que queria dar – e aquilo que não podia dar. A *ilusão filosófica... me parece aqui completamente destruída* por uma impiedosa clareza do espírito para consigo mesmo.[7]

Certamente, a parte mais viva do pensamento jaspersiano é a meditação sobre o inevitável fracasso de toda tentativa de agarrar a

6 *Che cosa è la metafisica. Op. cit.*, p. 55.

7 HERSCH, Jeanne. *L'illusione della filosofía* [*A ilusão da filosofia*]. Torino: Einaudi, 1942, p. 150.

transcendência, contida no terceiro volume de sua filosofia, onde se examinam as várias vias percorridas pelo pensamento para captar a transcendência e se indica às vezes o fundo cego, e que se enriquece nos opúsculos sucessivos com a descrição da multiplicidade e instabilidade dos horizontes e a enunciação do conceito do limite circunscrevente e incircunscrevível (*Umgreifend*). Para Jaspers, a existência não pode prescindir da transcendência, seja que a negue, seja que a combata, seja que vá ao seu encontro. "A existência é somente em relação à transcendência ou não é de modo algum. Nesta relação há a sua insatisfação ou então a sua satisfação possível na eliminação do ser temporal" (*Philosophie*, III, p. 6). Mas esta transcendência, que está presente na minha própria existência, é inatingível por qualquer forma de saber objetivo. Enquanto a metafísica pretende ser o saber objetivo da transcendência, está destinada ao fracasso: ela é a presença real, na minha existência, da transcendência, ou não é nada. A metafísica tradicional não tem valor em si mesma, mas somente como pressuposto para a metafísica de mim que atualmente procuro o ser.

> O conhecimento da realidade empírica da metafísica na história tem sentido propriamente somente partindo da origem de uma metafísica presente do pesquisador, a qual se clarifica a si mesma sobre a base da tradição. Sem isso, a história da metafísica seria uma coleção de curiosidades (*Philosophie*, III, p. 10).

A metafísica, que é para o saber uma ilusão, é, ao invés disso, uma realidade para a existência, a qual apreende nela uma das linguagens da transcendência. A última e mais alta forma da metafísica é a leitura da escritura cifrada da transcendência, mas exatamente porque a transcendência não se dá como realidade, mas como cifra, é impossível a metafísica tradicional, isto é, a ontologia que se coloca como saber objetivo do ser, ou ao menos se tornou impossível para nós que perdemos a ingenuidade, isto é, revelamos a ilusão da objetividade do saber.

> A ontologia como saber e como querer saber aquilo que é propriamente o ser, em uma forma conceitual que no-lo apresente construtivamente, tornar-se-ia para nós a destruição da autêntica pesquisa do ser própria de uma existência possível na relação transcendente da sua decisão. A ontologia engana com a absolutização de algo do qual se deve deduzir o outro. Ela vincula a um ser tornado objetivo, e tira a liberdade. Ela paralisa a comunicação, como se eu pudesse atingir o sentido do meu ser de mim só; ela torna cegos diante de uma possibilidade verdadeiramente significativa, impede a leitura da escritura cifrada e faz perder a transcendência (*Philosophie*, III, p. 161).

O ser não se dá nunca todo e definitivamente: apenas o agarro, o perco; mas, exatamente ao perdê-lo, eu experimento o ser. E este mesmo perdê-lo é uma cifra, isto é, um sinal, uma indicação da transcendência. "A ontologia é a via para a fixação do ser próprio em um saber do ser; a leitura da escritura cifrada, ao invés, é a experiência do ser no seu flutuar (*im Schweben*)" (*Philosophie*, III, p. 161), isto é, na contínua ameaça de perdê-lo.

Por outro lado, a filosofia existencial, enquanto combate impiedosamente a metafísica, não cai na platitude positivista. Nisto se liga a todo o movimento antipositivista da filosofia contemporânea, que procura fugir aos limites do positivismo sem renovar as ilusões da metafísica construtiva. Da transcendência, existe na filosofia existencial a paixão, mas não o saber, a revelação continuamente lacerada e dispersa, mas não a formulabilidade objetiva. Por outro lado, da situação natural existe, sim, o limite, mas também a exigência do ultrapassamento. Contra a concepção positivista do mundo, a filosofia da existência rompe o horizonte da realidade natural e abre a pesquisa em uma infinita e inexaurível problemática. Tanto a metafísica tradicional quanto o positivismo são, com maior ou menor amplitude, dois horizontes fechados; a filosofia existencial é ruptura do limite e abertura em direção ao transcendente. Na *Introdução à filosofia da existência*, Jaspers parte justamente da polêmica contra a filosofia científica, que acusa de haver posto a filosofia no mesmo plano das ciências e, portanto, de haver jogado o descrédito sobre a pesquisa filosófica; ao contrário, ele põe em relevo a independência da filosofia da ciência, afirmando que a filosofia:

> Não pode realizar-se somente mediante o modo de pensar científico e no saber científico; ela requer um outro tipo de pensamento, um pensamento que, ao pensar, me faz presente a mim mesmo, me torna vigilante, me conduz em direção a mim mesmo, me transforma.[8]

Do pragmatismo ao intuicionismo, do contingentismo à filosofia da ação, do idealismo historicista ao atualismo, a filosofia contemporânea está empenhada no esforço de evadir do mundo fechado e deterministicamente regulado pelo positivismo, e de salvar a iniciativa do ato ou a originalidade do espírito ou a autonomia do querer, em uma palavra, de fundar uma filosofia da liberdade, saindo das duas encruzilhadas da metafísica racionalista e do materialismo antimetafísico. O tema da liberdade, portanto, está plantado no coração da filosofia existencial, e é ao mesmo tempo o tema mais conclusivo aos fins do presente discurso, porque com ele a filosofia existencial, por um lado, desempenha na sua plenitude a inspiração romântica, reconfirmando o nosso primeiro assunto do decadentismo existencialista, e, por outro lado, se religa à melhor tradição do pensamento moderno, afirmando, além ou em razão da sua mesma inspiração, o seu valor especulativo.

A atmosfera romântica da qual surge a exigência do problema e a tonalidade da apresentação, liberdade como evasão e fratura, não impede de perseguir na temática jaspersiana da *liberdade* filões de derivação kantiana, do Kant da dialética transcendental e do primado da razão prática. A Kant, por outro lado, o mesmo Jaspers

---

8 JASPERS, Karl. *Filosofia dell'esistenza* [*Filosofia da existência*]. Milão: Bompiani, 1940, p. 30.

se remete precisamente nesse argumento, mesmo se interpretando-o a seu modo: em um curso universitário sobre Kant, do qual nos dá notícia Hersch, Jaspers teria celebrado Kant como filósofo que ainda não foi superado ou foi pelos assim ditos superadores banalizado, e teria indicado na filosofia kantiana uma filosofia incompleta, aberta a todas as possibilidades, que destruiu a solidez do mundo deixando um só ponto sólido, a liberdade, sobre o qual reconstrói todo o universo humano.[9] A interpretação jaspersiana da liberdade kantiana, segundo o que é lícito deduzir das páginas da Hersch,[10] nos ajuda a entender a sua mesma doutrina da liberdade. A célebre frase "tu podes porque deves", observa Jaspers, quer dizer que a crença na liberdade repousa sobre o fato de que um imperativo categórico existe, ou seja, que a liberdade não pode ser provada com raciocínio, mas se manifesta no ato livre, que a liberdade em suma não se pode afirmar senão realizando-a. Ora, justamente a doutrina jaspersiana da liberdade começa com a afirmação que a liberdade não pode ser objeto de saber, não é nem demonstrável nem refutável (*Philosophie*, II, p. 169). O demonstrar e o refutar conduz, mediante um ato de hipostatização, às afirmações do determinismo e do indeterminismo.

> Até que se busque uma decisão sobre o sentido da liberdade – ele diz – com aqueles argumentos objetivos, a luta entre determinismo e indeterminismo deve necessariamente durar, porque nela ambas as partes perdem de vista a liberdade autêntica (*Philosophie*, II, p. 169).

Indeterminismo e determinismo estão sobre um plano falso: o primeiro faz da liberdade um objeto e, portanto, a suprime; o outro a nega, mas não atinge a liberdade, mas sim um seu fantasma. O erro de ambos depende do fato de que reduzem todo ser a ser objetivo.

---

9 HERSCH, Jeanne. *L'illusione della filosofía* [*A ilusão da filosofia*]. Torino: Einaudi, 1942, pp. 104 e ss.

10 HERSCH, Jeanne. *L'illusione della filosofía* [*A ilusão da filosofia*]. Torino: Einaudi, 1942, p. 110.

Por isso perdem o sentido da liberdade, porque a liberdade é in-objetificável. É como se, acrescenta Jaspers com expressão incisiva, a *essência mesma do homem pudesse depender de uma decisão teórica sua*. Aqui Kant é expressamente mencionado (*Philosophie*, II, p. 169), mas Jaspers observa em seguida que Kant comete o erro de exaurir a investigação da liberdade na compreensão da sua ininteligibilidade, enquanto é preciso ir além, porque a exigência da liberdade surge justamente imediatamente do fracasso do saber objetivo: ou seja, eu tenho necessidade da liberdade, porque o meu saber é finito e determinado, e, portanto, a liberdade me revela como problema, em seguida ao reconhecimento desse limite.

> Se eu conhecesse – afirma Jaspers – o ser da transcendência e de todas as coisas na sua eternidade, a liberdade não seria necessária e o tempo seria realizado: eu estaria em uma eterna clareza lá onde não haveria mais nada a decidir (*Philosophie*, II, p. 191).

A existência não sofre de modo absoluto do seu não saber, porque quer em liberdade. Se ao não saber se devesse acrescentar o pensamento de uma irresistível falta de liberdade, seria o desespero. Em uma fórmula pregnante e conclusiva Jaspers diz: "eu sou necessitado a querer, porque *não* sei. Só ao meu querer se pode manifestar o ser inacessível ao saber. O não saber é a origem do dever querer" (*Philosophie*, II, p. 191). A afirmação do limite do saber objetivo é, ao mesmo tempo, a afirmação da ultrapassagem do limite mediante a afirmação da liberdade: a liberdade existe, porque eu não sei, porque o meu saber tem alguns limites. Em suma, a liberdade começa lá onde termina o saber.

Se toda tentativa de demonstrar a liberdade falha, se toda possível determinação da liberdade operada com os meios de uma pesquisa objetificante conduz, ao contrário, à negação da liberdade, resulta, em definitivo, que a liberdade existe porque eu a quero. "A pergunta, se a liberdade existe, tem a sua *origem* em mim mesmo, que *quero* que seja" (*Philosophie*, II, p. 175). E este meu querer eu o ponho em ato no momento mesmo em que me coloco o problema da liberdade. Pôr o problema da liberdade é já uma afirmação de liberdade. Se é verdade que em toda pergunta o sujeito é condição do modo de perguntar e de responder, na pergunta em torno da liberdade o ser pessoal autêntico é, juntamente, o interrogante e o respondente. "A liberdade ou não é de modo algum ou é já no perguntar sobre ela". (*Philosophie*, II, p. 176) A liberdade, em suma, é problema que não encontra lugar na esfera do saber objetivo, mas naquela da clarificação existencial: é um problema que eu resolvo não teoricamente, isto é, conhecendo, mas praticamente, isto é, existindo. Se compreende aqui em ato o sentido da análise existencial, a qual se contrapõe à pesquisa objetificante endereçada unicamente a constituir-nos uma orientação no mundo. A característica da análise existencial é aquela de nos pôr em contato, através de uma clarificação que é revelação e não explicação, evocação e não determinação objetiva, com a existência mesma, entendida como aquilo que é por essência inobjetificável e, portanto, inatingível por toda forma de saber objetivo. Próprio por esta mesma irredutibilidade ao saber objetivo, o problema da liberdade é problema pertencente à clarificação existencial, que tanto mais se revela na existência quanto mais se torna teoricamente evasivo. Pressuposta a distinção jaspersiana entre os três momentos da pesquisa filosófica, a orientação no mundo, a clarificação existencial, a metafísica, se entende facilmente o seguinte passo:

> A liberdade como primeiro e último tema da clarificação existencial se revela somente aqui, não na orientação no mundo, não na transcendência. Na *orientação no mundo* existe o ser como substância, como objetivo e válido; até onde chega o conhecimento, não existe ainda alguma liberdade. Na *transcendência* não há mais alguma liberdade; a liberdade seria falsamente absolutizada no ser transcendente. A liberdade existe somente como existência no estar no mundo temporal... A liberdade é sempre ainda o ser da existência, não de uma transcendência (*Philosophie*, II, p. 177).

E ainda: "na preocupação com o ser da liberdade já é implícita a atividade, da qual a liberdade se realiza" (*Philosophie*, II, p. 176). Portanto, existir é existir na liberdade: o problema da liberdade surge ao mesmo tempo que o problema da existência, enquanto a existência se revela como ruptura do mundo, abertura em direção à transcendência, liberação do estar no mundo naturalista. Por isso, eu não me coloco o problema da liberdade em abstrato, mas na medida em que eu mesmo sou.

> O princípio e o fim da clarificação da liberdade consistem no fato de que *a liberdade não pode ser conhecida*, não pode de algum modo ser *pensada* objetivamente. Eu estou certo dela *para mim*, não no pensamento, mas no existir; não no tratar dela ou no perguntar sobre ela, mas no realizá-la; todas as proposições sobre a liberdade são antes somente um meio de comunicação sempre ambíguo, e somente indiretamente indicativo (*Philosophie*, II, pp. 185-186).

Podem-se conceber vários modos da liberdade, mas somente na liberdade existencial que é ininteligível se realiza a consciência da liberdade. A liberdade existencial é a liberdade como escolha. Se existir quer dizer escolher-se, a liberdade existencial é aquela liberdade com a qual eu decido ser eu mesmo. Ainda mais se estreita o nexo entre liberdade e existência: a existência é o ser realizado na decisão, a decisão é o produto da liberdade. "Eu sou enquanto escolho; se não sou, não escolho" (*Philosophie*, II, p. 182).

A existência se revela, portanto, como liberdade. Assim como liberdade quer dizer falta de condição, ela aparece em um segundo tempo como incondicionalidade. Mas não se trata naturalmente de incondicionalidade absoluta: a existência é, ainda, o ser de um ente finito que não sai do mundo do qual surge, e é aberto, sim, à transcendência, mas não consegue agarrá-la. O homem é, ainda, determinado em uma *situação*;[11] e por mais que possa sair de uma situação, não pode nunca sair da situação de estar sempre em alguma situação; não pode sair, em suma, de uma situação senão para entrar em outra. Para as situações das quais o homem não pode sair, Jaspers adota, como é sabido, o termo *situação-limite*: entre estas, a morte, a dor, a culpa; mas a situação-limite por excelência é a situação pela qual eu estou sempre em uma situação. As situações-limite não se transformam; elas são, em relação ao nosso estar-no-mundo, definitivas; não são ultrapassáveis; no nosso estar-no-mundo nós não enxergamos nada mais além delas.

> São como uma parede, contra a qual batemos, e na qual naufragamos. Nós não podemos modificá-las, mas somente torná-las claras para nós mesmos, sem podê-las explicar ou deduzir de outra coisa. Elas são como o nosso estar-no-mundo mesmo (*Philosophie*, II, p. 203).

Antes, nós nos tornamos verdadeiramente nós mesmos enquanto entramos em uma situação-limite. "Existir e experimentar as situações-limite é uma só coisa" (*Philosophie*, II, p. 204). Mas nos perguntamos: deste modo a liberdade não é comprometida ou até mesmo definitivamente submersa? Esta determinação que marca a necessidade do nosso limite não está em contraste com a afirmação da liberdade? No homem, portanto, que não pode fazer outra coisa

---

11 À questão da "situação" dedicou atenção Marcel em um dos primeiros ensaios jaspersianos publicados fora da Alemanha: "Situation fondamentale et situations limites chez Karl Jaspers" [Situação fundamental e situações limite em Karl Jaspers]. *Recherches Philosophiques*, II, 1932-1933, pp. 317-349, onde indica o valor de tal problema em função sobretudo antiidealista. Diz bem Guzzo que "situação" é uma das palavras mágicas do nosso tempo (*Sic vos nonvobis* [locução latina que significa: "Assim como vós[trabalhais] não para vós"]. Napoli: Loffredo, 1940, II, pp. 79 e ss.). Como confirmação, lembre-se do livro recente de LUPORINI, Cesare. *Situazione e libertà nell'esistenza umana* [Situação e liberdade na existência humana]. Florença: Le Monnier, 1942, sobre o qual nos deteremos de modo particular em breve.

senão assumir sobre si a própria situação ou aceitar o próprio destino, reaparece o *amor fati* nietzschiano, ao qual, por outro lado, o próprio Jaspers se evoca expressamente:

> Seria sem sentido que eu quisesse ser outro em outro mundo; mas eu sou na determinação histórica e esta não é definitiva, mas na forma que eu me torno temporalmente, eu que sou eterno. Neste imergir-me eu agarro o destino não como algo externo, mas como o meu destino no *amor fati*. Eu o amo, porque me amo, porque somente nele me torno certo de mim existentivamente... A consciência histórica como consciência do destino quer dizer o assumir com toda seriedade o estar-no-mundo concreto (*Philosophie*, II, pp. 218-219).

Amor fati, certo, é aceitação, reconhecimento dos próprios limites, reiteração de si mesmo; mas não se pode dizer que seja negação da liberdade, eliminação da originalidade e absolutidade da iniciativa, porque, antes, a mesma aceitação do destino é a primeira e mais alta afirmação da nossa liberdade; não é verdade que uma vez postos os limites, o único modo de ultrapassá-los é reconhecê-los por aquilo que são? Sócrates afirma a própria liberdade não escapando à condenação, mas aceitando os grilhões e a morte. A situação-limite não é o fato que destrói a liberdade, mas justamente é o limite dentro do qual a nossa liberdade, que é liberdade finita, pode realizar-se. A liberdade de Jaspers não é liberdade absoluta: ele mesmo toma uma posição fortemente polêmica contra a liberdade absoluta de Hegel. A liberdade absoluta, observa, ou é um mito ou então é o revelar-se de uma forma de consciência absoluta, mas em ambos os casos o homem não agarra o ser da liberdade de modo a ser verdadeiramente nele; a liberdade absoluta, além disso, não é autêntica, porque nela desaparece a exigência mesma da existência em favor de uma totalidade; enfim, é contraditória, porque a liberdade é vazia onde é sem oposição: “ela não pode parar-se em nenhum ponto atingido; o seu conteúdo autêntico está no desaparecer; no manifestar-se da existência no estar-no-mundo é o seu lugar, por isso não na transcendência e não na natureza. O seu último sentido pode ser no querer-se superar de si mesma; mas lá onde ela se supera, não é mais liberdade ameaçada, mas exatamente por isso é nossa liberdade, ou até mesmo exatamente por isso é liberdade, porque a liberdade ou é própria da existência ou não é liberdade". A liberdade existencial, precisa Jaspers, está entre duas necessidades, aquela natural e aquela moral. "Ela é em perigo de ser, entre as duas, desgastada. Mas se quer escapar a ambas em vez de mover-se em uma mais íntima proximidade a elas, é necessário que se perca em uma fantasia" (*Philosophie*, II, p. 193). Assumir o próprio destino é o supremo ato de liberdade, porque toda outra atitude de vida, seja aquela de quem se perde no mundo acomodando-se na corrente das coisas, seja aquela de quem se separa totalmente do mundo na aspiração a sublimar-se, é de qualquer modo uma atitude de renúncia, ou de esquiva ou ao menos de atenuada responsabilidade. Lá onde o risco é maior, é maior a responsabilidade; e onde é mais alta a responsabilidade, mais eficaz e operativa é a liberdade. É verdade, sim, que eu não posso ser diferente daquilo que sou; mas daquilo que sou posso ou não posso assumir o risco e a responsabilidade. A situação-limite é o tema obrigatório da minha liberdade, mas o ato da minha liberdade consiste exatamente no me propô-la como tema. Por outro lado, se as situações-limite, que marcam os contornos da nossa comum humanidade, são intransponíveis, não são, entretanto, intransponíveis as situações particulares que delineiam a minha singularidade: diante destas situações a existência se revela como ruptura, como incondicionalidade. A liberdade aqui não opera sobre um tema obrigatório, mas é iniciativa incondicionada.

Nesse ponto entra em jogo a ação. Que no pensamento de Jaspers aparecem alguns motivos de uma filosofia da ação me parece indubitável: quando falamos de derivação de Kant do primado da razão prática, já indicamos a possibilidade de um reencontro desses motivos. Destruídas como castelos de carta as sutilezas dialéticas da filosofia especulativa, a ação irrompe na filosofia contemporânea com todo o peso da sua validade imediata e decisiva. A dúvida metódica, da qual a filosofia moderna toma início, tem guiado a filosofia especulativa, abriu as portas à filosofia da escolha, e foi quebrada pela filosofia da ação: poderíamos dizer que o nó da filosofia que o intelecto não conseguiu dissolver a ação acreditou poder cortar. À importância que Jaspers atribui ao problema da ação não foi dada suficiente atenção. Vale a pena se deter no momento que a dignidade que ele lhe confere aparece desde a primeira afirmação: agir pertence somente ao homem, as plantas e os animais não agem. No agir, o homem sabe aquilo que ele quer, o agir é a atividade que se determina sabendo-se (*Philosophie*, II, p. 292). Podem-se distinguir vários momentos da ação: a ação impulsiva, a ação final, a ação vital; nestes momentos se trata sempre de um fazer condicionado, o qual encontra somente por um instante um repouso aparente, mas é continuamente atormentado pela saciedade e pelo cansaço, sem possibilidade de atingir uma posição definitiva. Mas ao lado existe também um agir que não é determinado por nenhum impulso, por nenhum escopo, não pela vida mesma: é o *agir incondicionado*, em que a existência humana se revela em toda a sua inconfundível dignidade, enquanto é existência na liberdade. O agir incondicionado é positivamente presente como consciência do ser, mesmo no naufrágio é presente negativamente como irrequietude do perder-se, mesmo na plenitude do estar-no-mundo. Em contraposição ao agir impulsivo, é a expressão da existência autoconsciente e voltada à transcendência; em contraposição ao agir final, não quer outra coisa que si mesma; em contraposição ao agir vital, ilumina o impulso com uma certeza do ser que permanece, não obstante o naufrágio, porque a ação é de uma mesma origem com a existência (*Philosophie*, II, p. 294). O agir puro e simples é ligado às situações; o agir incondicionado rompe as situações particulares e põe a existência diante do risco da ruptura. O agir incondicionado não tem outro limite que a situação-limite; o que quer dizer que as situações particulares, entre as quais o estar-no-mundo está fechado, podem ser quebradas unicamente pela ação. Diz claramente Jaspers: "o agir cessa de ser incondicionado lá onde o homem *se perde no mundo*" (*Philosophie*, II, p. 295). Se o homem vai além do mundo, quer dizer que o seu agir pode não ser determinado pelo mundo.

> Se tudo fosse somente estar-no-mundo, seria sem sentido morrer por alguma coisa, porque a vida seria não somente condição preliminar de todo estar-no-mundo, mas não poderia haver nada acima dela. Somente esta incondicionalidade é, entretanto, a origem da possibilidade de uma radical *renúncia às singulares possibilidades da vida no mundo* (*Philosophie*, II, p. 296).

O agir incondicionado, em suma, é aquele fazer com o qual o homem rompe o cerco fechado do estar-no-mundo. E assim como não existe outra incondicionalidade no homem que a ação, é a ação que põe em questão a absolutez do acontecer sob as leis naturais; ela prova no irromper mediante o ato que não era lei aquilo que aparecia somente como lei; mostra com o seu mesmo realizar-se aquilo que é possível. Nas palavras de Jaspers: "o homem, o único ser *agente*, está de fato em ruptura com o seu estar-no-mundo" (*Philosophie*, II, p. 296). Nesta ruptura, experimenta a sua essencial diferença dos brutos, os quais vivem em uma condição de perfeita adequação à natureza, no estado da segurança.

> Na ruptura com o estar-no-mundo, o homem segundo o seu aparecer não é mais uma realidade natural... Ele é dilacerado em si mesmo dentro da sua consciência, porque perdeu a segurança da natureza... Que ele possa ser incondicionado pressupõe que ele tenha saído do curso daquilo que é somente vital (*Philosophie*, II, p. 298).[12]

---

12 Desse motivo existencialista, P. Wust retirou a inicial e fundamental inspiração para o seu ensaio sobre a incerteza e o risco na vida humana (*Ungewissheit und Wagnis* [*Incerteza e risco*]. Salzburg-Leipzig: A. Pustet, 1957), sobre o qual cf. a minha nota: "Temi della filosofia esistenziale. II, L'insecuritas humana" [Temas de filosofia existencial. II, A insecuritas humana]. *Rivista di Filosofia*, XXXIII, 1942, f. IV.

Por mais difícil que seja uma interpretação unívoca do pensamento de Jaspers, me parece que, do que foi dito, se pode tirar a afirmação de que a ação, considerada como sede do incondicionado, representa o ponto em que a existência se resgata do estar-no-mundo natural, rompendo a resistência que o mundo opõe, aquela resistência que o intelecto em suas várias manifestações não consegue vencer e nem mesmo agarrar; que, em suma, a ação, não o intelecto, realiza a existência humana em sua tipicidade e em seu valor. Mais difícil é seguir Jaspers na enumeração e na descrição dos tipos singulares de ações incondicionadas; ainda assim, interessa notar, também porque, à medida que nos aproximamos de seu pensamento, este nos aparece cada vez menos excêntrico e menos paradoxal, que ele distingue as ações incondicionadas em duas classes: aquelas que ultrapassam o estar-no-mundo e aquelas que permanecem no estar-no-mundo. Entre as primeiras, o *agir religioso*; entre as segundas, o *agir ético*. A religião torna possível o abandono do mundo mesmo permanecendo no mundo, e é através da ação religiosa que eu tomo contato com Deus. A reflexão sobre Deus não conduz a Ele, antes, o torna mais problemático; somente de uma relação real do homem com Deus poderia derivar um pleno conhecimento de Deus. Nesta relação real, surgiria a incondicionalidade do agir, que não poderia ser suficientemente descrito como estado psicológico, nem, por outro lado, teria validade universal. A característica do agir incondicionado é ser sem um escopo: justamente o agir religioso leva em si a transcendência sem algum fim no mundo: é satisfeito de si e nada quer fora de si, senão o divino que é nele. Por isso se atua sem algum rigor aos resultados que pode obter no mundo (*Philosophie*, II, p. 315).

> O agir religioso incondicionado realiza a relação real com Deus e cumpre através desta mesma relação as exigências reveladas de Deus. Nele, a existência renuncia à própria liberdade pessoal, quase abandonada diante de Sua onipotência. O cumprimento na presença da onipotência não deixa mais lugar algum ao ser próprio. Eu tenho uma ajuda em qualquer necessidade, porque me imerjo completamente. Nele, sou somente um Seu

> instrumento e, como Sua criatura, sou guiado por Ele. Eu me dou a Ele em plena obediência (*Philosophie*, II, p. 322).

Quanto ao agir ético, ele é o análogo no mundo e pelo mundo do agir religioso, que é, sim, no mundo, mas somente para ultrapassá-lo. "O agir ético se realiza em tensão com o agir religioso" (*Philosophie*, II, p. 321). Sua autoconsciência é o filosofar: daí a analogia entre o agir religioso, que é o agir que ultrapassa o mundo, e o agir filosófico, que é interno ao mundo. O análogo da oração no mundo é a contemplação ativa do filosofar; entende-se aquela filosofia que não se fecha em uma doutrina, mas é a mesma vida filosófica entendida como ação, através da qual o singular se torna a si mesmo.

> No filosofar é possível como específica realização a *contemplação ativa* como um fazer interior mediante o pensamento da transcendência. Ela é um análogo do agir religioso, sem eficácia final no mundo. Enquanto incondicionada, ela é diversa do intuir, do refletir e do perscrutar objetivo não vinculantes: nela surge a clarificação e a purificação do ser pessoal através da consciência da transcendência (*Philosophie*, II, p. 327).

Também o filosofar é um pôr-se em relação com a transcendência, por mais que não seja mais uma relação real como aquela que se realiza no agir religioso, mas uma experiência indireta, como se realiza na contemplação do transcendente ou através do pensamento formal ou através da aprendizagem daquilo que se revela da transcendência na existência ou então através da leitura das cifras do estar-no-mundo.[13] *Religião* e *moral*, portanto, uma entendida como agir religioso, a outra como agir interno ao mundo que culmina no filosofar como tomada de consciência de si em relação à transcendência,

---

13 Para aprofundar as relações entre filosofia e religião em relação ao contato de ambas com a realidade, Cf., JASPERS, Karl. *Filosofia dell'esistenza* [*Filosofia da existência*]. Milão: Bompiani, 1940, pp. 129 e ss.

são as principais vias pelas quais o homem se realiza como incondicionado, e rompe com o mundo.

O nosso itinerário jaspersiano nos indicou estes pontos fundamentais: a existência surge de uma situação e se revela como liberdade; esta liberdade se define como incondicionalidade, isto é, como possibilidade de ultrapassar os limites da situação; esta incondicionalidade se realiza naquelas formas de ação que não são determinadas por algum impulso sensível ou vital, nem por algum escopo determinado, como o agir religioso e o agir moral. A quem queira classificar esta experiência filosófica, recorre à mente sobretudo um nome: irracionalismo. E, no entanto, é preciso entender bem também esta palavra, que é usada não sem ambiguidade por aquela filosofia retórica da qual se falou no princípio. Trata-se, na verdade, de distinguir o irracionalismo do antirracionalismo. Antirracionalista é a atitude de quem rejeita a mitificação da razão que é própria do racionalismo. Neste sentido, o existencialismo é indubitavelmente uma filosofia antirracionalista; basta pensar nas fortes sugestões que lhe provêm da acirrada polêmica anti-hegeliana de Kierkegaard. Irracionalista, ao contrário, é a atitude de quem não se contenta em negar a onipotência da razão e em lhe pôr limites, mas sim afirma que toda solução é encontrada antes que sobre o plano da razão, sobre um outro plano, que é o da vontade ou mais explicitamente da fé. O irracionalismo é a transposição da problemática filosófica da razão teorizante para a vontade decisória; no irracionalismo o fechamento da infinita problemática da existência não é um ato teórico, mas um ato prático; não é uma solução, mas uma decisão. Neste sentido, a filosofia existencial não é irracionalista; irracionalista é, se muito, a atitude de Kierkegaard que, entre o escândalo e a fé, escolhe a fé, mas não pode ser tal um pensamento que, longe de deter-se diante do paradoxo da razão e indignar-se e salvar-se no *credo quia absurdum*, teoriza esse paradoxo e, teorizando-o, o justifica. O existencialismo, enquanto teorização dos limites da razão, enquanto teoria do irracional[14] é, se se pode dizer, um trans-racionalismo, que neste seu ir além da razão, não a nega, porque faz uso dela, mas mostra sua laceração, e ao mesmo tempo em que indica as chagas, é incapaz de saná-las. É inútil dizer que, com esta atitude, a filosofia existencial toca um dos pontos vivos do pensamento filosófico moderno como infinita pesquisa e entra a pleno direito na situação do pensamento contemporâneo. Daqui, enquanto nos parece estéril uma rejeição preconceituosa, não nos parece vã a tentativa de entendê-la no seu esforço de sinceridade e na sua tensão não resolvida, uma vez indicada e, portanto, tornada inofensiva a atmosfera decadentista em que é envolvida, e uma vez conquistado, mesmo que incansavelmente e superando a inicial desconfiança, o seu genuíno significado especulativo, de filosofia que, ao pôr a angústia como início e o naufrágio como meta final da metafísica, procura salvar a existência humana como valor na sua originária e irredutível liberdade.

---

14 Esse motivo foi indicado várias vezes por Paci, ainda por último na *Introduzione* [*Introdução*]. *Op. cit.*, pp. 21 e ss.

TERCEIRA PARTE

DO HEIDEGGER DA FENOMENOLOGIA E ALÉM

3.1

FILOSOFIA CONTEMPORÂNEA[1]

São doze conferências feitas à rádio bávara sobre doze filósofos do nosso tempo. Essas conferências, apesar de ampliadas e revistas para a publicação, como se lê, conservam visivelmente o caráter primitivo de textos escritos para serem ouvidos: um pouco de biografia, acenos sobre as obras, frequentes citações textuais.

Os filósofos escolhidos são: Hegel, Schopenhauer, Kierkegaard, Nietzsche, Bergson, Croce, Hartmann, Dewey, Russell, Jaspers, Sartre e Heidegger. As muitas páginas dedicadas a cada autor não são, nem pretendem ser, ensaios críticos, são retratos, às vezes, revividos por recordações pessoais: Croce sentado à sua mesa de trabalho que escreve, escreve sem parar e expõe ao visitante estrangeiro o próprio juízo sobre a filosofia da existência; Heidegger, pontificando em sua cátedra, proferindo à maneira de oráculo palavras que "parecem vir do profundo de uma sapiência que se desvela somente aos iniciados" (p. 244).

---

1 Resenha do livro HUBSCHER, Arthur. *Von Hegel zu Heidegger*: Gestalten und Probleme [*De Hegel a Heidegger*: Formas e problemas]. Stuttgart: Philipp Reclam, jun. 1961, p. 278; o texto original foi publicado na *Rivista di Filosofia*, 54, nº 2, abr. 1963, p. 249.

Arthur Hubscher é, desde 1936, presidente e zeloso animador da *Schopenhauer Gesellschaft* (*Sociedade Schopenhauer*), e publicou recentemente o seu trigésimo quarto *Jahrbuch* (*Anuário*). Isto explica a visão desde a qual é observado o progresso da filosofia contemporânea, as preferências e os silêncios, algum juízo escapado, as considerações do epílogo.

Hegel seria ademais distante do nosso tempo, uma experiência grandiosa e conclusa; enquanto Schopenhauer teria iniciado, além da idade das ciências naturais e da técnica, "a reviravolta antropológica da filosofia dos nossos dias" (p. 50), vislumbrado a psicologia profunda, antecipado a filosofia da vida. A escolha dos filósofos depois de Hegel, ou seja, de Schopenhauer, Kierkegaard, Nietzsche, revela uma certa linha de desenvolvimento: a filosofia depois de Hegel como preâmbulo do existencialismo. Depois disso, não se espere um ensaio sobre Marx. Talvez surpreenda a falta de um ensaio sobre Husserl; mas não surpreende a exclusão de Wittgenstein (que também era um admirador de Schopenhauer).

No epílogo, o autor se limita a exprimir, mais que um juízo conclusivo, um angustiado lamento sobre a situação da filosofia no mundo contemporâneo (mas há o olhar voltado especialmente ao próprio país), destronada do *status* de rainha das ciências, demasiadamente imersa nas pesquisas parciais, demasiadamente comprometida com a ação no mundo, demasiadamente assídua companheira de viagem e colaboradora das ciências especiais, para haver ainda a força de subir de dominadora a uma visão total. Mas o nobre e patético apelo à sinceridade, com que o livro se fecha, pode ser o princípio de uma prevenção, não é ainda um remédio.

3.2

DOIS ESTUDOS SOBRE EXISTENCIALISMO NA ITÁLIA[1]

Os estudos sobre o existencialismo aumentam na Itália de hora em hora. Agora é a vez de novos ensaios publicados nos *Guide di cultura contemporânea* [Guias de cultura contemporânea], sob organização de G. Flores d'Arcais, R. Mazzetti, G. Vigorelli, os quais já nos haviam dado sobre o mesmo tema um ensaio de E. Paci. Enquanto o estudo de Del Bo tem modestas pretensões, não conseguindo perseguir, além de uma fiel mas genérica e pouco incisiva informação, os motivos sociais que animam a filosofia personalista de Berdiaeff, o estudo de Stefanini, mesmo tendo prevalentemente caráter informativo, é interessante, principalmente porque a exposição do pensamento de Heidegger é feita nele com uma sobriedade e com uma perspicácia difícil de ser atingida diante de uma obra tão "hermética" como é

---

1 Sob esse título, apresenta-se uma pequena resenha de dois livros publicados na Itália nos anos quarenta: DEL BO, Dino. *Persona e società nella filosofia di N. Berdiaeff* [*Pessoa e sociedade na filosofia de N. Berdiaeff*]. Padova: Cedam, 1944, p. 107; STEFANINI, Luigi. *L'esistenzialismo di M. Heidegger* [*O existencialismo de M. Heidegger*]. Padova: Cedam, 1944, p. 74. O texto original foi publicado sem título em *Rivista di Filosofia*, nº 1-2, jan.-jun., 1944, p. 100.

aquela do primeiro existencialista alemão, e depois porque os rápidos e claríssimos motivos críticos, de dissenso e de consenso, resumem e evidenciam com particular eficácia e força de convicção o estado de ânimo de grande parte da filosofia acadêmica italiana diante do niilismo existencialista.

A atitude de Stefanini, como ele incisivamente delineia, é, por um lado, de absoluta negação em relação à exclusiva *Diesseitigkeit* (*imanência*) da análise heideggeriana, mas é, por outro lado, de pleno consenso enquanto, dadas as premissas das quais Heidegger parte, as consequências não poderiam ser senão aquelas que ele tratou. Por isso o juízo final de Stefanini se recolhe em um silogismo (p. 60); sem totalidade não existe possibilidade de encontrar o fundamento; mas a totalidade não é condição humana; portanto, o fundamento não é buscado de cá, mas de lá. Se poderia objetar que a filosofia de tal modo se salvaria ainda uma vez religando-se a uma experiência religiosa. E neste caso o experimento do existencialismo não constituiria somente na crise do historicismo, como parece a Stefanini, mas até mesmo na crise da filosofia. Stefanini, porém, vê muito bem que não se pode reduzir todo o experimento existencialista à conclusão consequencial do processo de dissolução ínsito no historicismo moderno, lá onde, em uma bela página, remetendo-se às sagas nórdicas, a Lutero, ao romantismo de Novalis, a Schopenhauer, a Wagner, a Kierkegaard, conclui: "a angústia de Heidegger é o motivo em que se centraliza não só o pensamento de Heidegger, mas também o processo secular de uma cultura e de uma civilização" (p. 51). O historicismo não tem nada a temer da brutal sinceridade heideggeriana, porque persegue um outro caminho, aquele da razão; enquanto o existencialismo sobe das obscuras forças da paixão.

3.3

TRÊS ESCRITOS BREVES DE HEIDEGGER[1]

Enquanto o existencialismo vulgar faz tanto barulho revolvendo águas turvas, Martin Heidegger, pai do existencialismo (apesar de não ter reconhecido essa paternidade), continua pacatamente o seu caminho a passos lentíssimos e circunspectos; sem impaciências, com sobriedade de palavras, com um esforço sempre mais visível de atingir uma limpidez essencial fora do emaranhado das palavras da cultura corrente (a qual mostra não dar nenhuma importância), e uma simplicidade primitiva que mira com olhos novos e imaculados o problema dos problemas, o problema da verdade do ser.[2] Esse caminho o conduz sempre mais distante do existencialismo e o

---

1 Artigo de Norberto Bobbio intitulado originalmente: "Tre scritti brevi di Heidegger". *Rivista di Filosofia*, vol. 39, nº 3, 1948, pp. 1-16. Esta tradução foi primeiramente publicada em *Veritas*, Porto Alegre, vol. 66, nº 1, jan.-dez. 2021, pp. 1-10.

2 Nos textos em que Bobbio comenta Heidegger, o termo "ser" aparece no original italiano com maiúsculas (*Essere*). Já que, na filosofia de Heidegger, *ser* é compreendido em seu sentido, já sempre referido aos entes, então temos que este não é o *Ser* absoluto, tal como compreendido por doutrinas metafísicas como, por exemplo, a de Hegel. Por essa

encaminha rumo a uma meta tão fora do modo comum de pensar e de comunicar os próprios pensamentos que não me parece lícito continuar a falar de filosofia em relação a ele (e nem mesmo de uma filosofia da contemplação do ser ou de uma filosofia da revelação, como poderiam dar a entender algumas expressões), rumo a uma problemática que me parece difícil, por ora, tentar uma interpretação (se não em termos puramente psicológicos), tanto é ousada e gratuita – ousadamente gratuita – a impostação dos próprios termos do problema; tanto é preciosa, extravagante, caprichosa a linguagem que se vale sempre mais de metáforas e de imagens encorpadas; tanto se torna incerto – sobre aquele plano de radical e declarada antitradição, naquele horizonte de brilho auroral na qual se coloca e busca conduzir o leitor – a fronteira entre a instância da explicação racional e a sugestão poética; e se mostra equívoco o nexo entre a alusão poética (indubitavelmente buscada e almejada) da linguagem metafísica e a evidência metafísica da linguagem poética.

De todo modo, para o momento, não importa o juízo, que poderia ser imaturo, sobre o resultado da investigação heideggeriana, posto que a presente análise é intencionalmente descritiva (uma filosofia "contracorrente", como essa de Heidegger, é preciso deixar sedimentar, pois querendo enfrentá-la logo, existe o risco de não a aferrar ou, o que é pior, de ser aferrado por ela); importa indicar preliminarmente que o caminho percorrido pelo pai do existencialismo é marcado pelo desenvolvimento de um só – e do menos vistoso – dos temas propostos em *Ser e tempo* (*Sein und Zeit*), que depois se tornaram vigoroso fermento da filosofia contemporânea: o tema da existência da verdade. A este tema Heidegger dedicou dois ensaios, o primeiro de apresentação explicativa do problema (*Vom Wesen der Wahrheit – Da essência da verdade*), o segundo, digamos assim, de validação histórica (*Platons Lehre von der Wahrheit – A doutrina de Platão da verdade*); chegando, por fim, a um ensaio de

---

razão, optamos por não utilizar letras maiúsculas ao traduzir o termo, evitando a absolutidade que estas poderiam sugerir (N. do E.).

entonação polêmica (*Brief über den Humanismus – Carta sobre o humanismo*), à definição da própria posição por meio de um movimento de ataque e defesa; ataque à tradição metafísica da filosofia ocidental na sua totalidade e defesa das mais insistentes objeções aos mal-entendidos do "existencialismo".

* * *

Quem quer que tenha lido *Ser e tempo* (*Sein und Zeit*) não pode deixar de lembrar que um longo parágrafo[3] era dedicado, naquele livro, ao desenvolvimento da crítica da concepção tradicional da verdade e à exposição de uma nova concepção, que não se punha como derrubada da antiga, mas como reinterpretação genuína, como verificação e similares. A tese crítica, ali sustentada, era a de que a concepção tradicional, presente em toda a história da filosofia ocidental, a começar por Aristóteles, não conhecia outro modo de considerar a verdade senão como "*adaequatio rei et intelectus*", como concordância (*Übereinstimmung*) entre sujeito e objeto. Enquanto tal, a verdade tem sede no juízo, onde só do juízo se pode dizer que é verdadeiro ou falso. Mas a verdade – se perguntava Heidegger – tem sede no juízo de modo originário? O modo de compreender a verdade como adequação é o modo originário, o modo que funda e exclui todo outro modo de considerar a verdade? Esta pergunta o conduz a analisar a essência da verdade e, através dessa análise, chegou às conclusões que põem em discussão e abalam a concepção tradicional. Dizer que o juízo é verdadeiro significa que ele descobre o ente em si mesmo, isto é, enuncia, mostra, "deixa ver" o ente no seu ser-descoberto (*Entdeckt-sein*), poderíamos dizer, na sua nudez. A verdade do juízo consiste, portanto, na operação do "descobrimento", o que mostra como a verdade originalmente não tem a estrutura de uma adequação entre o conhecer e o objeto no sentido de uma correspondência entre um ente (o sujeito) e um outro ente (o objeto).

3 Trata-se do § 44 (pp. 212-230), contido no sexto capítulo que desenvolve o tema do "cuidado" (Parte I).

Dessa interpretação da verdade como "desvelamento", Heidegger buscava também dar uma convalidação histórica, mostrando que essa concepção da verdade era exatamente aquela que a filosofia mais antiga prenunciou e expressou na palavra grega *ἀλήθεια* [verdade], a qual significa a propriedade de não se encobrir, que Heidegger traduz, não sem conhecimento de tradução literal, com *Unverborgenheit* (literalmente "não-ocultação"). A verdade, compreendida como *Unverborgenheit*, quer dizer, em outras palavras, que o ente se mostra a partir de um originário ser-encoberto (*Verborgenheit – encoberto*), quer dizer, retornando à expressão da qual se partiu, o ser-desvelado do ente.

Passando, depois, a inserir a tese da verdade (como desvelamento daquilo que está oculto) na analítica da existência humana, Heidegger, nas mesmas páginas de *Ser e tempo*, especificava que a verdade como desvelamento é um modo de ser do ser-aí (*Dasein*), enquanto o ser-aí é aberto para o mundo. Essa abertura – ou mais literalmente esse "descerramento" – ele denominou *Erschlossenheit.* Na mesma obra, em um passo precedente (Heidegger, p. 132),[4] havia já afirmado que o ser-aí (*Dasein*) é a sua abertura; aqui ainda reforça que a abertura é aquele modo fundamental do ser-aí, com base na qual ele é o seu "aí". Com a abertura e mediante a abertura do homem se acompanha o ser-desvelado do ente; e, portanto, somente com a abertura, somente enquanto o homem é, na sua estrutura fundamental, aberto rumo àquilo que é, ele atinge o fenômeno originário da verdade. Enfim, o fato de a abertura pertencer à constituição existencial do ser-aí, significa, em outras palavras, que o ser-aí é na verdade.

4 Estamos cientes da imprecisão metodológica em todas as citações diretas feitas por Norberto Bobbio, que referenciou somente a página, sem indicar o autor e o ano; porém, é insanável, pois não temos como saber quais edições ele utilizou quando escreveu o artigo em 1948 (N. do E.).

Mas o ser-aí não é somente e exclusivamente na verdade. Como ente decaído, posto constitutivamente em uma situação de decadência (*Verfallen*), é também, constitutivamente, na não verdade. Ao seu descerramento (*Erschlossenheit*) contrapõe-se o seu ser-fechado (*Verschlossenheit*), paralelamente, ao desencobrimento (*Entdecktheit*) do ente que se contrapõe à simulação (*Verstelltheit*). Por isso, a afirmação "o ser-aí é na verdade" significa originariamente o mesmo que: o ser-aí é na não-verdade. O homem deve continuamente garantir aquilo que é já descoberto contra a falsificação, e aproximar-se sempre de novo daquilo que é descoberto para dele se assegurar. A verdade, portanto, deve ser continuamente sacada; e o ente deve vir continuamente retirado de seu ser-encoberto. Retornando à crítica da concepção tradicional de verdade, da qual partiu, depois de haver tentado elucidar como foi possível passar da compreensão originária da verdade como o ser-descoberto do ente, diante da abertura do ser-aí, à concepção tradicional da *adaequatio* – adequação, o texto heideggeriano termina com esta conclusão: "não é o juízo a sede primária da verdade, mas, ao contrário, o juízo como modo da apropriação do ser-descoberto e como modo do ser-no-mundo se funda no descobrir, na abertura do ser-aí" (Heidegger, p. 226).[5]

* * *

Esse mesmo tema da essência da verdade constitui objeto dos dois últimos ensaios heideggerianos, apresentados ao público depois de muitos anos de silêncio: *Vom Wesen der Wahrheit – Da essência da verdade*, da qual só recentemente apareceu a tradução francesa sob o título *De l'essence de la verité* [*Da essência da verdade*],[6] a

5 Este é um trecho do § 44 de *Ser e tempo*, a paginação é do original alemão. Muito provavelmente é uma tradução feita pelo próprio Bobbio (N. do E.).

6 Na coleção *Philosophes contempraines. Textes et études* dos editores E. Nauwelaerts de Louvain e J. Vrin de Paris, 1948. A tradução e a longa introdução (minuciosa e diligentemente expositiva) são curadas por A. De Waelhens e W. Biemel.

única que nos foi possível considerar aqui, já que até agora estivemos impedidos de ter em mãos o texto original, quase impossível de encontrar; e *Platons Lehre von der Wahrheit*[7] (*A doutrina de Platão da verdade*), cuja primeira edição no Anuário *Geistige Überlieferung* (*Tradição espiritual*), estabelecida por E. Grassi, em 1942, passou quase despercebida, não só pela situação de guerra, mas também porque suas recensões foram proibidas e interditada sua publicação em estrato. Embora seja recente a publicação, a idealização e a elaboração original de ambos os ensaios remontam a muitos anos atrás, isto é, ao período em que apareceram – antes do longo silêncio, interrompido somente, salvo engano, pelo escrito sobre a poesia de Hölderlin (1936) – os últimos escritos filosóficos: *Was ist Metaphysik?* (1929) (*Que é metafísica?*) e *Vom Wesen des Grundes* (1929) (*Da essência do fundamento*). O primeiro dos dois ensaios acima citados, de fato, foi extraído de uma conferência ministrada no outono e no inverno de 1930, em Bremen e em Marburgo, e no verão de 1932, em Dresden; o segundo, escrito em 1940 para uma conferência em um pequeno cenáculo, deriva de lições públicas ministradas nos anos 1931-1932 e 1933-1934.

O escrito sobre a essência da verdade se apresenta como uma retomada e um desenvolvimento do problema da verdade, como fora impostado em *Ser e tempo*: crítica da concepção tradicional e exposição da concepção que se põe como originária. Segundo a teoria da adequação, como se viu, a verdade consiste em uma certa relação que se estabelece entre o enunciado e a coisa. Nesse novo ensaio se precisa que a essência dessa relação está no apresentar (*Vorstellen*, no significado etimológico de "pôr diante"), isto é, em tornar presente a coisa, em deixar surgir a coisa diante de nós como objeto. Mas essa apresentação tem lugar somente enquanto e no

7 E o quinto volume da elegantíssima coleção *Überlieferung und Auftrag* [*Tradição e ordem*], dirigida por E. Grassi, com a colaboração de W. Szilasi, publicada por A. Francke de Berna, 1947. Contém também o *Brief über den Humanismus* [*Carta sobre o humanismo*], do qual se falará posteriormente.

momento em que o ente, aquilo que é presente, percorre, atravessa o domínio aberto ao nosso encontro. Retorna o tema da abertura do homem ao ser. Somente muda a terminologia com o abandono da palavra pouco usual *Erschlossenheit* (*descerramento*) e a volta a um termo mais corrente *Offenheit* (*abertura*), ou também *Offenständigkeit* (*o caráter de estar aberto*). Essa nova terminologia, além disso, permite estabelecer, se não uma derivação, uma aproximação (sobre a qual é bom chamar a atenção) à família de termos relativos ao conceito de revelação (*Offenbarung*). Também aqui, como em *Ser e tempo*, desse conceito de abertura, do "estar aberto" do homem, Heidegger parte para superar a concepção tradicional da verdade como conformidade. Essa abertura, de fato, não é produzida pela apresentação, mas é investida e assumida dessa como campo de relação. E é mediante essa abertura que aquilo que se revela (*das Offenbare – o revelado*) pode se tornar a medida diretiva de uma apresentação adequada. O comportamento aberto (cada relação de abertura é um comportamento) deve deixar-se guiar por essa medida. Mas, se é somente mediante a abertura do comportamento que a conformidade do enunciado se torna possível, então daqui resulta que aquilo que torna possível a conformidade possui um direito mais originário, sendo como que a essência da verdade. Logo: a verdade não possui a sua sede originária no juízo, mas no revelar-se do ente à abertura do homem, que torna possível o juízo.

No que diz respeito à pesquisa contida em *Ser e tempo*, o ensaio sobre a essência da verdade insere nessa problemática um tema novo, aquele da liberdade, e desenvolve mais amplamente um tema implícito, aquele da não verdade. O tema da liberdade se oferece imediatamente sem uma precisa justificação: é um daqueles temas que revelam que o jogo ao qual se confia Heidegger, às vezes, é demasiado hábil, demasiado tenso para ser compreendido sem um esforço além de meditação e de imaginação, quase uma caprichosa irregularidade que dá à sua obra aquele caráter tão singular de aventura do pensamento que atrai e afasta, mas às vezes também se esgota em si mesma. A pergunta, na resposta à qual intervém o tema da liberdade, é a seguinte: posto que a verdade está na abertura do comportamento, o que funda essa abertura e, portanto, o que possibilita a apresentação que se resolve na conformidade do juízo com a coisa? O fundamento da abertura, responde Heidegger, é a liberdade. A abertura, em outras palavras, não é possível senão quando o homem é liberado por esse campo de encontro com o interno do qual somente pode aparecer aquilo que é manifesto. Mas, para se libertarem, precisam ser livres em relação àquilo que é manifesto no seio do ser-aberto. "A abertura do comportamento, aquilo que torna intrinsecamente possível a conformidade, funda-se sobre a liberdade. A essência da verdade é a liberdade" (Heidegger, p. 79).[8]

Mostra-se o perigo que esse pôr a verdade na liberdade abandone a verdade ao arbítrio humano, e a reconduza à subjetividade. Diante desse perigo (uma filosofia do "desencobrimento" nada teme mais do que o subjetivismo), Heidegger indica que a liberdade não deve ser entendida em nenhum dos dois significados tradicionais, nem como arbítrio, nem como ausência de constrição: a liberdade é o abandono ao desvelamento do ente como tal, é aquilo que "deixa ser" o ente. Esse "deixar-ser" significa "dar-se ao ente", significa que nós nos expomos ao ente como tal e nos abandonamos à abertura dentro da qual todo ente entra e reside, levando-a, por assim dizer, consigo. Mas esse "deixar-ser" o ente, essa liberdade, é a existência, no conhecido sentido heideggeriano de *ex-sistere*, de ser para fora (*hinaussteben*), de sair rumo ao ser. "A existência, radicada na verdade como liberdade, é o expor-se ao ser-desvelado do ente como tal" (Heidegger, p. 86). A existência do homem histórico começa no momento em que o primeiro pensador é tocado pela verdade, quando a verdade for entendida no seu sentido originário e fundamental de desvelamento do ente que se desencobre (*Unverborgenheit*), mas se mostra a partir da obscuridade inicial em que é envolvido e que o

8 No original alemão (na numeração da edição *standard*, única que, à época, estava disponível a Bobbio), a página que contém essa passagem é a 81 e não a 79 (N. do E.).

encobre (*Verborgenheit*), ou, para adotar o termo do tradutor francês, a partir da obnubilação (a tradução literal de *Verborgenheit* seria "encobertidez", ou, se parece menos áspero, "encobertidade" ou "velado").

Dizer que a verdade desvela o ente implica que o ente estaria velado, encoberto, obnubilado. A verdade é o não ser oculto do ente, enquanto o ente é oculto: sem o ser-oculto e o velamento não teria sentido falar de ser-descoberto e de descobrimento. Nesses termos, o problema da verdade implica o problema da não-verdade. A implicação é tão rigorosa que "o problema da essência da verdade não atinge o seu domínio original senão quando a visão preventiva da plena essência da verdade permite englobar, no desvelamento desta, a reflexão sobre a não-verdade" (Heidegger, p. 88).

A passagem da pesquisa sobre a verdade à pesquisa sobre a não verdade é marcada pela aparição de uma nova noção: aquela de *Gestimmtheit* – afinação – ou *Stimmung* – tonalidade afetiva, que é a disposição afetiva fundamental (porque não é um sentimento, nem um estado de ânimo no sentido comum da palavra) rumo ao ente na totalidade, disposição que é gerada pela liberdade entendida como abandono ao desvelamento do ente na totalidade, como deixar-ser o ente na totalidade. Em outras palavras: a liberdade, que deixa ser o ente na totalidade, gera um acordo afetivo com o ente na totalidade, que permanece sobre o fundo – principalmente ignorado e posto de lado no horizonte das preocupações e dos cálculos cotidianos – do processo de desvelamento do ente particular. Porquanto a revelação do ente na totalidade penetre o comportamento do homem, ele permanece indeterminado e indeterminável. E quanto mais se alarga no nosso saber corrente o conhecimento das determinações particulares, tanto mais é relegado à sombra o ente na totalidade. De um lado nós, portanto, desvelamos o ente particular nas suas determinações; mas pari passu com este desvelamento o ente na totalidade se oculta, esconde-se, isto é, procede também a "ocultação" (*Verbergung*)[9] do ente na totalidade. Aclara-se, assim, a implicação da verdade com a não verdade, como implicação do "descobrir" e do "ocultar". "Em si, o deixar-ser [que é próprio, como se viu, da liberdade] é simultaneamente um velamento. Na liberdade existente do Dasein se realiza o velamento do ente na totalidade". Esse ente na totalidade, assim oculto, é a não verdade entendida como *Verborgenheit*, isto é, como obnubilação. A obnubilação é aquilo que rejeita à verdade o desvelamento. E, portanto, a não verdade originária própria da essência da verdade; e é mais antiga desse ou daquele ente; e mais antiga do próprio deixar-ser que desvelando oculta. Como explica o tradutor-comentador, a obnubilação é o pressuposto da verdade como desvelamento; é o fundamento sobre o qual se funda a ação mesma do desvelar, donde resulta que a relação entre verdade e não verdade não é de oposição lógica, mas é a relação que intercorre entre o fundamento e o fundado (Heidegger, p. 45). A não verdade como obnubilação é a pré-verdade.

O ocultamento dessa não verdade originária, literalmente o ocultamento do que se oculta (*die Verbergung des Verborgenen*), é o mistério, do qual o homem é circundado e dominado. Dado que o desvelamento é sempre somente parcial, o ser na totalidade é como arremessado na obnubilação e essa obnubilação faz resplandecer o mistério do ser. Esse mistério envolve o homem; mas o homem (o homem do "cuidado") deixando ser o ente particular para correr atrás dos próprios projetos e das próprias necessidades de todo dia, esquece o mistério. Mas o mistério esquecido não é eliminado: enquanto se renega no esquecimento e pelo esquecimento, constrange

9 O tradutor francês traduz *Verbergung*, em falta de termo melhor, por "*dissimulation*"; mas é tradução equivocada e enganosa. Verdadeiramente, havendo traduzido *Verborgenheit* com "obnubilação", dever-se-ia agora traduzir *Verbergung* por "obnubilamento". Mas deixo imaginar o efeito grotesco que viria – querendo ser fiel à expressão várias vezes usada no texto, *die Verbergung des Verborgenen* – por dever dizer a cada momento: "o obnubilamento do obnubilado"!

o homem histórico a contentar-se com a vida cotidiana e os seus falsos poderes. A humanidade realiza o próprio mundo partindo das próprias necessidades e cálculos; e, esquecida do ente na totalidade, aceita dele as próprias medidas. E se engana sobre a essência autêntica dessas medidas tanto mais gravemente quanto mais considera a si mesmo como medida de todas as coisas.

O esquecimento do mistério é o segundo aspecto com o qual se apresenta, segundo Heidegger, a não-verdade: a não-verdade como o erro (*die Irre*). Também aqui é evidente a tentativa de interpretar o problema do erro, assim como aquele da verdade, partindo do significado originário da palavra. O homem erra de uma coisa cotidiana à outra: nesse irrequieto, preocupado em errar, o homem esquece o mistério, e cai na não verdade do esquecimento da obnubilação originária que fundamenta a verdade. Também o erro pertence, como o mistério, à essência originária da verdade. Heidegger o define como "a antiessência fundamental da essência originária da verdade". Mistério e erro se encontram e se implicam na essência mesma da verdade, e envolvem o homem na obra de desvelamento da verdade. A existência – disse Heidegger – é grávida de mistérios, apesar de mistérios esquecidos: "eis porque o homem está, na existência do seu *Dasein* [ser-aí], submisso simultaneamente ao reino do mistério e à ameaça do erro" (Heidegger, p. 98). O homem é na não verdade enquanto a verdade é oculta, e quanto mais ele desvela o ente nas suas determinações particulares, mais o oculta na sua totalidade; então o homem é ainda na não verdade enquanto esquece que a verdade está oculta no mistério. Se a verdade originária se entendesse como o oposto da verdade, os dois aspectos da não verdade (como mistério e como esquecimento do mistério ou erro) seriam contraditórios. Mas, ao invés, a verdade emerge de uma não verdade fundamental e se disperde em uma não verdade corrente, isto é, está entre o mistério que implica a rejeição de uma verdade total, o erro que, como esquecimento do mistério, representa a satisfeita aceitação da verdade parcial. Em ambos os casos a verdade leva consigo a não verdade: no primeiro caso, porque se destaca do fundo do mistério sem poder iluminá-lo repentina e totalmente; no segundo, porque, exatamente enquanto desvelamento daquilo que é oculto, esquece a própria obnubilação e o velamento daquilo que é oculto, isto é, o mistério.

* * *

No segundo ensaio, Heidegger busca surpreender historicamente, com uma investigação interpretativa do mito platônico da caverna, o momento da passagem da concepção originária da verdade à concepção tradicional. Em *Ser e tempo*, a análise histórica da concepção tradicional não fora além de Aristóteles, considerado o principal iniciador e o mais típico representante dela. Aqui, em vez disso, entra em questão a teoria platônica do conhecimento, como é exposta no célebre mito do Livro VII da *República*. O mito nos apresenta quatro graus de verdade, entendida no sentido originário de revelação daquilo que é velado. Na primeira fase, o homem, ainda prisioneiro, vê sombras; na segunda, tiradas as correntes, ainda cego pela luz à qual o olho não está habituado, considera aquilo que viu até agora, as sombras, como mais verdadeiro do que aquilo que agora se lhe mostra; na terceira, fora da caverna, mira as ideias; de volta à caverna, na quarta e última fase, não se encontra mais confortável, em perigo de sucumbir à prevalência da verdade ali dominante. Não há dúvida, segundo Heidegger, que a verdade nessas quatro fases, e no significado completo do mito, deva ser entendida como *Unverborgenheit – desencobrimento*. "Verdade significa, inicialmente, aquilo que é arrancado a alguma coisa que está oculta. A verdade é, portanto, esta 'entrada' (*Entringung*) no modo do 'descobrimento' (*Entbergung*)" (Heidegger, p. 32).

Todavia, no próprio mito da caverna termina por vir à luz um outro significado de verdade, aquele significado que orientará o pensamento sucessivo rumo à concepção, assim chamada, da verdade como adequação ou conformidade. Se se presta atenção, observa Heidegger, a *Unverborgenheit* é tomada em consideração enquanto torna acessível alguma coisa que aparece no seu mostrar-se e torna visível essa alguma coisa que se mostra: essa alguma coisa é a ideia. O verdadeiro e próprio conhecimento, portanto, compete à ideia. A ideia é o puro resplandecer no sentido da frase: o sol resplandece, isto é, no sentido de vir à luz (*Scheinen*), não no sentido de aparecer (*Erscheinen*), como se se tratasse de uma pura e simples aparência por trás da qual existisse alguma outra coisa. Por trás da ideia, não existe nada: é ela mesma que se mostra resplandecendo (*das Scheinsame*). Aquilo que a ideia leva à vista e, portanto, dá a ver, é a verdade daquilo que ela mesma mostra no seu resplandecer. A verdade vem, assim, compreendida, antes de tudo e unicamente, como aquilo que se apreende no tomar da ideia. Portanto, a verdade significa aquilo que é acessível através do resplandecer da ideia. Mas, assim como este acesso à ideia é realizado mediante um "ver", a verdade se resolve em uma relação com o ver, é relativa ao ver. Ora, se aquilo que importa é a vista da ideia, a verdade no significado originário de *Unverborgenheit* perde o seu primado diante da ideia, "se apresenta sob o jugo da ideia". E, portanto, de agora em diante, todo esforço deve ser empregado para tornar possível uma visão da ideia. A esse fim, é necessário o "olhar retamente"; e de fato a passagem de uma fase à outra do mito da caverna é determinada pelo fato de o olhar se tornar sempre mais "reto", sempre mais adequado. Mas, então, é evidente que a verdade será, consequentemente, encontrada na adequabilidade, na correção (*Richtigkeit*) do olhar. Nesse modo, partindo do primado da ideia sobre a verdade, entendida como *Unverborgenheit*, há lugar uma transformação da essência mesma da verdade, a qual consiste na adequação da aprendizagem e do juízo. Nesta transformação, muda também a sede da verdade, que, desde que é *Unverborgenheit*, é um traço fundamental do próprio ente, enquanto, concebida como adequação, torna-se uma característica do comportamento humano diante do ente. Na doutrina platônica da verdade, permanece ainda uma necessária ambiguidade entre os dois significados de verdade. Essa mesma ambiguidade permanece em Aristóteles, mas agora a sede da verdade e da falsidade é o juízo; em Aristóteles desaparece toda referência à *Unverborgenheit*. A verdade é, agora, entendida somente como adequação. E é essa a definição de verdade que se torna decisiva para todo o pensamento ocidental (Santo Tomás, Descartes, Nietzsche).

* * *

A metafísica ocidental, como aparece agora claramente no ensaio precedente, é caracterizada, segundo Heidegger, pela concepção da verdade como conformidade, tendo sede no juízo. A descoberta do significado originário da verdade assume, portanto, em Heidegger, o significado, ou pelo menos sugere a indicação para uma revisão da história da filosofia de Platão a hoje, ou, com as próprias palavras do autor, para uma superação da metafísica. Não por nada, ele fala em uma nota, introduzida no ensaio sobre a essência da verdade, sobre revolução na interrogação metafísica (Heidegger, p. 105). Como se vê, a impostação, acima descrita, dada ao problema da verdade, tem uma importância decisiva nas intenções explicitamente declaradas do seu sustentador. O reencontro da concepção originária da verdade põe em questão a filosofia como foi concebida até aqui. Porque a vida da cultura contemporânea tem nos habituado aos radicalismos, às posições explosivas e eversivas, às fúrias de recomeçar do começo, creio que em filosofia, ao menos depois de Nietzsche, não se tenha apresentado um furor de antitradicionalismo mais insidioso e insistente do que aquele que Heidegger mostra nesses últimos escritos: furor, note-se, mais pela intenção e pelos efeitos que pela expressão, a qual é sempre, ao contrário daquela incandescente de Nietzsche, calma, pacata, separada dos sentimentos, parca de palavras.

A metafísica tradicional, que constitui a essência do pensamento ocidental, começa com a subordinação da verdade, como atributo do ser, à ideia; e da consequente consideração da verdade como adequação à ideia. O homem, como ente racional, deve atingir o mais possível claramente a visão das ideias, que é a posse da verdade. Onde a concepção metafísica domina e dirige a mesma função educativa que tende a levar o homem, liberando-o de todos os impedimentos que o retêm e o desgastam no viver irracional das paixões, à posse da verdade, que consiste na excelência do ser-humano. O início da metafísica no pensamento de Platão é, portanto, também o início do *humanismo*. Aqui, humanismo significa, no seu sentido mais amplo, o evento ligado ao início, ao desenvolvimento e ao fim da metafísica, pelo qual o homem, "em vários aspectos, mas, de todo modo conscientemente, se encontra no meio daquilo que é, sem por isso ser o ente supremo" (Heidegger, p. 49).

Entende-se que a revisão ou a superação da metafísica deveria levar consigo à revisão ou à superação do humanismo. Portanto, a filosofia heideggeriana é uma filosofia anti-humanista? Esta é a pergunta que lhe lança Jean Beaufret e provoca a resposta da *Brief über den Humanismus* (*Carta sobre o humanismo*), publicada junto com o escrito de interpretação platônica. Mas o que significa filosofia anti-humanista? Em uma época em que todas as filosofias, do espiritualismo ao marxismo, passando pelo existencialismo, declaram-se humanistas, e reclamam, cada uma para si, a parte maior, e, segundo os diversos pontos de vista, mais genuína, do humanismo, há ainda sentido falar de humanismo e de anti-humanismo filosóficos?

A essas interrogações, Heidegger responde na carta citada, que é, note-se, o único escrito verdadeiramente recente entre aqueles examinados até aqui (a carta de Beaufret, que provoca a resposta, é datada em 10 de novembro de 1949). Essa carta é extremamente clarificadora, porque representa quase um rápido olhar retrospectivo, mais maduro e mais geral, dado por Heidegger aos temas fundamentais da sua pesquisa, postos em confronto com as mais comuns objeções, resumidos e projetados em uma perspectiva larguíssima de trabalho filosófico ainda a ser realizado. A linguagem, nessa carta, tornou-se muito mais filtrada (o que não quer dizer menos abstrusa), menos amaneirada e mais genuína, menos pedante e mais caprichosa, e, mesmo permanecendo esotérica, mais límpida, na tentativa – que me parece ademais evidentíssima – de atingir e desfrutar a eficácia evocativa da linguagem poética para exprimir ideias, sem por isso renunciar totalmente à clarificação conceitual.

Para aclarar o significado do humanismo, para Heidegger se trata de pensar de modo mais originário, de modo mais "essencial", a essência do homem. O significado tradicional de humanismo é ligado ao destino da metafísica. Todo humanismo se funda sobre uma metafísica ou se põe, ele próprio, como fundamento de uma metafísica. Ora, a metafísica pressupõe o ente, mas não põe em questão a verdade do ser; e não a põe porque não a pode pôr, mas porque o problema da verdade do ser é inacessível à metafísica enquanto tal. Segundo a metafísica e, portanto, segundo o humanismo que sobre ela se funda, o homem é o animal racional; mas essa definição é válida dentro dos limites da metafísica, enquanto é condicionada pela metafísica que pensa o ente, mas não a verdade do ser. Para atingir a essência mais originária do homem, precisa ultrapassar a metafísica e problematizar a verdade do ser. Então, o homem se revela na sua essência originária, que consiste no "por-se à luz do ser". Mas esse ficar à luz do ser é aquilo que Heidegger mesmo já tinha chamado, em obras precedentes, de "existência", no sentido muitas vezes elucidado de projetar-se rumo ao ser, de um "instar estático na verdade do ser". Portanto, a essência do homem, não mais condicionada pela metafísica, mas pensada à luz de um pensamento que põe em problema a verdade do ser, está na existência. Essa existência não deve ser entendida no sentido tradicional, segundo a qual ela se contrapõe à *essentia*, como *actus* à *potentia* (e aqui encontra lugar uma rejeição do existencialismo de Sartre, que considera ainda a contraposição de *essentia* e *existentia* nesse sentido tradicional), mas no sentido, revelado já em *Ser e tempo*, segundo o qual a essência originária do homem está em somente o homem ser, dentre todos os outros seres, investido pela verdade do ser; assim que ele, jogado do ser na verdade do ser, está cuidando, existindo da verdade do ser de modo que apareça, à luz do ser, o ente como aquilo que é. O homem não teve do ser o encargo de fazer dissolver, como sujeito, o ente na tão decantada objetividade. O destino do homem é de guardar a verdade do ser; e, aqui, a partir da ideia da guarda, há uma metáfora incrivelmente especial: o homem é o guardião, o pastor do ser (Heidegger, p. 75).

Até esse ponto, segundo Heidegger, os humanismos tradicionais nunca chegaram; isto é, eles não puseram suficientemente alto a *humanitas* do homem, dado que a supremacia do homem não está no ser sujeito, presumido dominador e real destruidor do ser, mas no estar próximo ao ser, na proximidade do ser, de ser o vizinho do ser. Refutar o humanismo, assim como foi entendido até agora, quer dizer talvez afirmar aquilo que não é humano? Absolutamente não: em vez disso, quer dizer fazer o homem reencontrar a sua essência originária, fazer o homem retornar na sua pátria, que é a vizinhança do ser, aquele homem que hoje se encontra perdido, sem pátria, abandonado, como é, no esquecimento do ser. O ser sem pátria do homem (*Heimatlosigkeit* – apatricidade) consiste no esquecimento do ser, no qual a verdade do ser permanece não pensada, e no qual se preocupa somente com o ente, das determinações particulares do ser. Certo, esse retorno à pátria do homem esquecido não é coisa que se realize de hoje para amanhã. Se nós nos perguntarmos, hoje, o que é o ser, não podemos dar outra resposta senão que o ser é si mesmo; e o prová-lo e o dizê-lo compete ao pensamento futuro. Aquilo que podemos dizer – afirma Heidegger – é somente isto: o ser é o que existe de mais próximo ao homem; o ser é o próximo (*das Nachste*), mesmo se essa proximidade permanece distantíssima do homem. Desde o princípio, o homem se sente, sempre e somente, próximo de cada coisa que é. Mas é evidente que, se o pensamento apresenta a si o ente como ente, não pode não se referir ao ser. No entanto, é exatamente esse ser, ao qual cada ente remete, que escapa à metafísica. E o homem, esquecendo o ser para o ente, desconhece aquilo que é mais próximo; e vai além, e crê que aquilo que está além seja aquilo que é mais próximo. "E, no entanto, mais próximo do que aquilo que é próximo – mesmo se, para o pensamento corrente, mais distante do que aquilo que é remoto – é a proximidade mesma: a verdade do ser" (Heidegger, p. 77).

Dever-se-á dizer que essas teses (duas são as teses fundamentais: "o ser é o próximo do homem" e "o homem é pastor do ser", e ambas são expressas com metáforas) têm muito mais o tom e a sugestão da revelação poética que aquela da reflexão filosófica: o próprio Heidegger está convencido disso, e não se perturbaria pela objeção. Ainda uma vez, nesse ensaio, cita o seu poeta predileto, Hölderlin, cujo pensamento considera mais originário e mais voltado ao futuro do que aquele de Goethe (Heidegger, p. 86). As tragédias de Sófocles, ele disse em um outro ponto (Heidegger, p. 106), revelam o *ethos* na forma mais originária do que as lições de Aristóteles sobre a ética. Os poetas são mais primordiais, isto é, mais próximos da origem que os pensadores sistemáticos. E o "retorno às origens", o "gosto do primordial" (mito de todo grande decadentismo, de uma cultura "sem pátria" na sociedade em que se exprime, mas que não exprime) é o tema fundamental da *Weltanschauung* (visão-de-mundo) heideggeriana, como se delineia com clareza nesse último ensaio.

Esse retorno às origens, Heidegger o anuncia a nós como um programa de trabalho para o pensamento futuro. O seu dizer de hoje não tem outra pretensão que aquela de oferecer aquilo que deve ser ainda pensado (*das Zu-denkende* – a se pensar). Não pretende dar uma resposta à pergunta, somente anunciada como pergunta, sobre a verdade do ser. Aquilo que sabe e sobre o qual insiste é que a filosofia até hoje, desviada por uma falsa concepção da verdade e do homem, nem mesmo chegou a entrever a questão que somente a consideração do homem como "existência" revelou e pôs em pauta. Ele as ancora e repete que aquilo que ele revela é uma coisa extremamente simples: "aquilo que surpreende nesse pensar do ser é a sua simplicidade" (Heidegger, p. 116); e que exatamente a essa simplicidade originária, primitiva, auroral, é preciso voltar, àquela simplicidade da qual a filosofia perdeu o sabor e a paixão:

> Porque nesse pensamento deve ser pensado algo de simples, assim resulta difícil ao modo de apresentar, transmitido como filosofia. Só que o difícil não consiste no perder-se em uma particular profundidade e formar conceitos complicados, mas se oculta no passo atrás que faz entrar o pensamento em um perguntar que procede experimentando e faz cair o modo habitual de pensar próprio da filosofia (Heidegger, p. 91).

Enfim, não pretende ter dado grandes passos, mas aqueles poucos passos realizados pelo seu pensamento ele considera que não tenham sido ainda superados pelo pensamento contemporâneo (existe aqui uma alusão também a Jaspers) (Heidegger, p. 92). Se o caminho empreendido por ele for um beco sem saída não se pode dizer olhando a partir de fora e de longe; pode julgá-lo somente quem tenta percorrer a estrada ou indicar uma estrada melhor. Donde o convite que ele dirige aos pensadores contemporâneos a permanecerem, ainda em futuro próximo, sobre o caminho, como viajantes na proximidade do ser.

O essencial para a renovação profunda no pensar é, para Heidegger, a recusa à subjugação do pensamento à ação, que reduz a filosofia ao nível de toda outra ciência; a condenação da interpretação técnica do pensamento no qual é perdido o ser como elemento do pensamento. Por causa dela, "se avalia o pensamento com uma medida inadequada. Esta avaliação assemelha-se ao procedimento de quem buscasse medir a natureza e a capacidade de um peixe pelo tempo em que ele é capaz de viver fora d'água". Já há tempo, há demasiado tempo, o pensamento está fora d'água. Talvez se possa chamar "irracionalismo" – ele se pergunta – o esforço de levar novamente o pensamento ao seu elemento (Heidegger, p. 55)? Levar o pensamento ao seu elemento quer dizer reaproximar o pensamento do ser; enquanto saída do seu elemento, a filosofia se torna uma técnica. E então: "não se pensa mais, ocupa-se de filosofia" (Heidegger, p. 58). Naturalmente, não se trata de falar sobre a verdade do ser. Trata-se de que o pensamento venha à língua, que no seu dizer leve à língua a palavra inesperada do ser. A língua é a morada do ser; e nessa morada habita o homem. E a língua exige muito menos a precipitada expressão que não o reto silêncio. Três advertências se leem ao final dessa carta, quase como custódia da dignidade do pensar e como guia para o renascimento do filosofar: "rigor da reflexão, acuidade do dizer, sobriedade de palavras". E depois se reforça: menos filosofia, mais circunspecção no pensar; menos literatura, porém, mais cuidado com a escrita. E, na conclusão, uma previsão:

o pensamento futuro não será nem uma filosofia nem o hegeliano amor da sapiência. O que será? Seguem palavras sibilinas:

> O pensamento desce na pobreza da sua essência provisória. O pensamento aduna a linguagem no simples dizer. A linguagem é, assim, a linguagem do ser, como as nuvens são as nuvens do céu. O pensamento traça, com o seu dizer, invisíveis sulcos na linguagem. Mais invisíveis do que aqueles que lentamente traça o agricultor no campo (Heidegger, p. 119).

3.4

RETORNO ÀS ORIGENS[1]

O “retorno às origens” – entendido como retorno à simplicidade primitiva, como idealização de um estado de inocência antes e fora da história – é um tema característico de uma sociedade em crise. Não podia deixar de florescer na cultura de hoje, que teve no existencialismo a manifestação mais transparente da própria decadência e, ao mesmo tempo, a consciência teorizada da própria situação de crise.

Nos seus últimos escritos, que somente recentemente vieram a lume, sobretudo na *Carta sobre o humanismo* (*Brief über den Humanismus*, Berna, 1947), exatamente o pai do existencialismo contemporâneo, Martin Heidegger, revela o sentido profundo do seu pensamento, que havia sido, desde o aparecimento da sua primeira obra (*Sein und Zeit* [*Ser e tempo*], 1927), objeto de pacientes análises mas também de memoráveis mal-entendidos. E o sentido profundo desse pensamento, já talvez latente, mas até agora não expresso, é justamente a idealização do primitivo, uma espécie de *renovatio ab imis*, que se manifesta agora sem véus, de modo inesperado, sob a

1 Pequeno ensaio de título “Ritorno alle origini”, originalmente publicado em *Minerva*. A. 58, nº 12, dez. 1948, pp. 365-367.

forma de "retorno às origens". A metafísica ocidental e, junto com ela, o humanismo que do conceito metafísico do homem como "animal racional" extrai o próprio conteúdo, estão, segundo Heidegger, condenados, destinados mais cedo ou mais tarde a morrer. A nossa época está próxima de uma radical revolução metafísica. Aquilo que acontecerá com o pensamento humano ninguém sabe dizer com segurança: mas é certo que não haverá mais filosofia no sentido tradicional da palavra. A filosofia, de Platão em diante, por causa da sua equivocada concepção da verdade como adequação do intelecto à coisa, afastou o homem do ser, pouco a pouco e cada vez mais colocando-o no esquecimento do ser. E o homem, hoje, encontra-se desterrado, sem pátria, errante de coisa em coisa, empurrado de preocupação em preocupação pelas necessidades cotidianas, e quanto mais voltado para as verdades particulares, tanto mais envolto pelo mistério. Somente uma nova revelação da essência originária da verdade, que abale e ultrapasse de um salto toda a filosofia até hoje, somente um pensamento que pense de modo mais originário e mais essencial a essência mesma do homem, atingindo o humanismo no seu coração, será capaz de fazer voltar o homem à sua pátria, isto é, de colocá-lo novamente em contato com o ser, de restituí-lo à proximidade do ser. A essência do homem está na "existência": o homem é homem, e se diferencia dos outros seres, enquanto "existe". Existir significa para o homem, no sentido já conhecido pelos leitores de Heidegger, "projetar-se para fora em direção ao ser", "estar à luz do ser", "estar dentro da verdade do ser". Enquanto o homem é existência, o ser é aquilo que existe de mais próximo ao homem; o ser é o nosso próximo, mesmo que essa proximidade pareça, ao homem decaído, muito distante. Mas, justamente, compete ao pensamento, a um pensamento não mais subordinado à ação, não mais colocado ao nível das ciências particulares, não mais reduzido a instrumento do nosso agir como qualquer técnica, reconduzir o homem à proximidade do ser. E isso será possível somente mediante uma radical transformação na concepção da verdade, substituindo a concepção tradicional da verdade como *adaequatio*, que do mito da caverna até hoje dominou sem contestação as escolas filosóficas, por uma nova concepção da verdade, como "desvelamento" daquilo que é originariamente oculto, como "descoberta" daquilo que é coberto, como "abertura" para o ser; não como visão de uma luz que já por si mesma resplandece (a ideia platônica), mas como um arrancar véu após véu uma originária e fundamental não-verdade, como um subtrair o ser ao seu originário e fundamental ser-oculto. Nova concepção da verdade, mas ao mesmo tempo uma concepção antiquíssima: é a concepção do primeiro homem que se pôs a filosofar, depois ofuscada pela orgulhosa e ignorante sabedoria dos filósofos doutrinados, concepção já insinuada, segundo Heidegger, no próprio significado etimológico da palavra grega *ἀλήθεια* (que significa "desvelamento").

Portanto, para pensar de modo radicalmente novo a essência do homem, para fundar um novo humanismo que substitua o falso humanismo da tradição platônico-cristã, o homem novo deveria reconduzir-se à forma mais antiga do pensamento, fazer ressurgir e reviver a revelação da verdade própria dos primitivos, ainda não corrompidos pela cultura de uma civilização voltada à ação, não subjugados pelas sempre mais complicadas necessidades que caracterizam a existência histórica, puros e nus na sua simplicidade. Assim, o novo e o antigo deveriam se reconectar, sobrepondo e ultrapassando com um gigantesco e rápido passo a história de dois mil anos. O modo originário de atingir a verdade, de fato, é o modo de atingir a verdade que é próprio das origens do homem. A grande revolução se resolve, portanto, em um grande retorno.

Certamente, toda cultura teve os seus "retornos"; mas foram retornos a uma tradição. Basta pensar no humanismo e no romantismo, onde retorno significa descoberta de uma tradição esquecida, ou revigoramento de uma tradição enfraquecida, ou, ainda, correção de uma tradição degenerada; mas, em todo caso, o retorno que um e o outro promovem pressupõe o homem histórico, de uma história em processo, não ainda uma vez por todas cumprida, de uma história que procede, justamente, sobre este ritmo do contínuo retorno das grandes tradições. O "retorno às origens", em vez disso, sai da história, não se vincula a nenhuma tradição: antes, é a negação de toda tradição enquanto tal. A "origem", de que se fala desses novos "primitivos", não é um tempo histórico, mas um tempo ideal: quando é assumida como norma do futuro, representa o supremo ultrapassamento e, portanto, o fim da história. O retorno às origens é um mito: além de tudo, é um mito que não aparece hoje pela primeira vez. Há grandes e clássicos exemplos nos períodos de transição entre uma cultura envelhecida incapaz de regenerar-se e as aspirações à *renovatio* próprias da nova cultura em formação: o estado de inocência simbolizado por Adão, nas representações da primeira Renascença; o estado de natureza, simbolizado pelo "bom selvagem", nas idealizações do jusnaturalismo iluminista. Em todas essas representações da origem, o originário perde o seu significado temporal e adquire um ideal-normativo. Originário quer dizer simples, puro, inocente; e o retorno às origens é o mito da simplicidade, da pureza, da inocência. Se se apresenta hoje nos porta-vozes do decadentismo filosófico, entende-se bem qual é o motivo profundo: em uma sociedade em crise, na qual as antíteses sociais são exacerbadas e aparecem como inconciliáveis, a cultura perde a própria direção unívoca, dissolve-se aquela autoridade espiritual que está no centro de toda manifestação do espírito como princípio constitutivo da teoria e como critério regulativo da prática, as correntes de pensamento se multiplicam e se confundem, são como fios que derivam da mesma meada, mas, uma vez soltos, se embaraçam. Há quem neste emaranhado se acomoda e se exalta: são, na filosofia, os existencialistas vulgares. Existe quem, ao contrário, não se orienta, perde a paciência, termina por deixar as coisas como estão, e evade para fora do mundo onde esteja seguro de não encontrar mais nem fios nem emaranhados. Esta é a nova posição de Heidegger: a história das ideias é, para ele, esse imenso emaranhado: não se tira nada disso. Não existe mais nada a fazer: abandoná-la, alcançar aquele momento do tempo em que os mil fios hoje confusos não eram nem mesmo ainda saídos da matéria cinza da qual são formados. Recomeçar, portanto, do início da história, como se nada daquilo que o homem fez nunca tivesse existido ou tivesse, no tempo de hoje, valor: isto é negar a história para ver a aurora onde o primeiro dia do homem iniciou o seu curso. Mas não é esta nova *magna restauratio* uma expressão característica da nostalgia – recorrente de tempos em tempos – do paraíso perdido? E de quem hoje vem esta nostalgia se não daquele que, representante de uma sociedade em declínio, imersa na corrupção, não compreende a sociedade nova que está se formando, apesar de si mesmo, e crê que a história deve parar-se porque ele, exilado em sua pátria, ele, sim, verdadeiramente sem pátria, desorientado no mundo contemporâneo, se estagnou irremediavelmente? Felizmente, também há quem nem se acomoda nem tenta antigas evasões; há quem, ainda hoje, ou antes, hoje mais que nunca, toma em mãos à meada emaranhada, não para deixar-se enredar, mas para desatar paciente e virilmente, com laboriosa obstinação, o emaranhado. É aquele que aceita a história com suas complicações, com seus paradoxos, suas contradições, não para se comprazer nelas ou para lamentar-se delas, mas para trabalhar com a própria razão para libertar-se delas, para libertar a si e aos outros. Não economiza esforço, porque sabe que esse esforço é o melhor do homem. Não adia a própria obra ao futuro, porque sabe que deve operar aqui e agora. O retorno às origens lhe parece uma cômoda evasão, ou, na melhor das hipóteses, uma ingênua ilusão: em ambos os casos, um modo de subtrair-se às responsabilidades históricas que todo homem tem no seu tempo e não pode colocar fora do tempo senão ao custo de renunciar à missão da filosofia militante. Esse homem de razão, que está na grande linha do pensamento investigativo, em contraste com o pensamento contemplativo, felizmente, digo, não se deixa seduzir pela tentação do grande retorno; e a ele se deve, laboriosamente, em meio aos olhares hostis dos contempladores, suscitando o escândalo dos idealizadores da inocência traída, a nossa cultura não seguir fatalmente o declínio da sociedade, mas, ao contrário, encaminhar-se a sair do estado de decadência, a dilacerar, trazendo atrás de si nova luz, as nebulosas nostalgias do paraíso perdido.

3.5

O ÚLTIMO HEIDEGGER[1]

Na Itália, o existencialismo foi um "fogo de palha", uma espécie de momento de transição, ou melhor, de suspensão, entre o idealismo moribundo e a filosofia militante de hoje. Acelerou, talvez, a abertura da crise, mas não lhe ofereceu uma solução. Aqueles que se aproximaram dele não só não queimaram as mãos, mas voaram rapidamente alhures: Pareyson, em direção ao personalismo; Luporini, rumo ao marxismo; Paci, nestes últimos anos, com férvido empenho, rumo à fenomenologia. E Abbagnano, que nunca foi existencialista no sentido de filósofo da crise, constatou a sua "morte e a transfiguração".

Também Heidegger não é mais existencialista: e segue dizendo que nunca o foi. A analítica existencial foi substituída, nos últimos escritos, pelo problema do ser, por um retorno para trás, para além de Platão, além da metafísica ocidental, em uma espécie de contemplação absorta, originária, auroral do ser. Mas é um caminho tão diverso daquele seguido pelos filósofos que, porém, o haviam acolhido mestre, como Sartre de *L'ètre et le néant* [*O ser e*

---

1 Resenha do livro CHIODI, Pietro. *L'ultimo Heidegger* [*O último Heidegger*]. 2ª ed. Torino: Taylor, 1960, 138 p., originalmente publicada em *Paese Sera-Libri,* A. 2, nº 26, jun.-jul., 1961, pp. 7-10.

o nada], que é difícil entender onde vai chegar, e se tenha uma finalidade. Aquilo que se consegue compreender – e o livro de Chiodi, pela acuidade da exposição e a abundância das citações textuais, serve otimamente como guia – é que a meta se tornou tão distante e inacessível, induzindo-nos a perguntar se vale ainda a pena nos fatigar para seguir as incertas pegadas desse viajante solitário nos "caminhos da floresta".

Depois de vinte anos de quase silêncio, transcorridos entre *Sein und Zeit* (1927) e *Brief über den Humanismus* (1947), Heidegger voltou a escrever e publicar com uma certa assiduidade: mas os seus escritos são, ademais, monótonas variações de um único tema: a condenação total da metafísica, dos gregos em diante, como pensamento cujo caráter fundamental foi o esquecimento do ser. Essa condenação é acompanhada pelo anúncio profético do fim da filosofia através do retorno à auscultação do ser, e da contraposição do pensamento tradicional, do qual bem ou mal conhecemos os procedimentos, as operações, e do qual somos capazes de controlar os resultados, a um pensamento "memorativo", do qual não sabermos nada, exceto algumas coisas pouco iluminadoras como estas: que a linguagem na qual se exprime é "a morada do ser", e as atitudes fundamentais nas quais se resolve são a *Besinnung* – *meditação* –, reflexão como re-espelhamento do ser em si mesmo através de nós, e a *Gelassenheit* – *serenidade* –, confiante e consciente abandono ao ser, ou entrega às coisas.

A essa incompressibilidade dos conceitos fundamentais – vejam-se, por exemplo, as análises dos conceitos de *Geschick*[2] (destino) e de *Geviert* (a quadratura de terra, céu, divino e mortal) –, corresponde a uma indiscutível simplicidade das ideias quando ele nos fala do nosso tempo e da perversidade da técnica: os lugares mais comuns do moralismo espiritualista. Faz pensar que, se aquilo

2 No original há um evidente erro tipográfico: o termo está grafado "*Geschik*"; a grafia correta é *Geschick* (N. do E.).

que se entende sem demasiados esforços é tão banal, aquilo que não se entende não deva ser, então, tão profundo. Diante do imanente perigo da era atômica, Heidegger não sabe propor outro remédio que a passagem da era do pensamento calculador àquele da *Besinnung*, isto é, a conversão da humanidade à atitude de entrega ao ser, que é uma só coisa com a abertura rumo ao mistério.

A primeira edição do livro de Chiodi tinha saído em 1952. A nova edição é atualizada até as últimas obras de Heidegger e serve bem ao escopo de orientar o leitor desprovido (e aquele provido) no labirinto heideggeriano. Seguem dois apêndices sobre Heidegger e alguns poetas (Rilke, Trakl, Hebel e George). Na sua interpretação, Chiodi insiste algumas vezes sobre o paralelo Hegel-Heidegger, e fala desta última fase do pensamento heideggeriano como de um romantismo desmitificado, ou seja, de uma filosofia que, levando à extrema consequência a problemática romântica do ser enquanto ser, desvela as implicações irracionalistas: um momento, o mais impressionante, da destruição da razão, que em Heidegger toma a forma nova da dissolução da palavra como meio de comunicação, de informação, de relação entre os homens.

Essa filosofia do silêncio, essa filosofia sem homens, na qual, como escreveu recentemente Abbagnano, "é o ser na sua totalidade, que faz tudo; o homem não faz nada" parece, singularmente, uma sinistra prefiguração do mundo pós-primeira (e última) catástrofe atômica.

3.6

PESSOA E SOCIEDADE NA FILOSOFIA DA EXISTÊNCIA[1]

O escopo deste ensaio é examinar a filosofia da existência a partir de um ponto de vista peculiar, que é aquele do problema da sociedade. O interesse especulativo dirigido aos filósofos existencialistas nestes últimos anos, primeiramente na França e, portanto, na Itália, elevou o problema da pessoa a problema central do existencialismo. Pareyson, no seu belo livro sobre a filosofia da existência, disse exatamente que "a filosofia da existência está impregnada profundamente pela exigência personalista, isto é, pela tentativa de uma fundação filosófica da pessoa",[2] e orientou a sua pesquisa com base na tese

---

1 Ensaio, "Persona e società nella filosofia dell'esistenza", originalmente publicado em *Archivio di filosofia*. 11, fasc. 3 (1941), pp. 320-336. Tradução publicada anteriormente na *Revista Quero Saber*, no "Dossiê A Filosofia de Norberto Bobbio", vol. 4, nº 2, 2023. DOI: https://doi.org/10.58942/rqs.v4n2.202310.

2 PAREYSON, Luigi. *La filosofia dell'esistenza e Carlo Jaspers* [*A filosofia da existência e Karl Jaspers*]. Loffredo: Napoli, 1940, p. 75. Cf. também, do mesmo, o agudo e límpido ensaio "Genesi e significato dell'esistenzialismo" [*Gênese e significado do existencialismo*]. *Giornale Critico della Filosofia Italiana*, XXI, 1940, na qual a filosofia da existência é

que o existencialismo é a afirmação mais vigorosa do personalismo contemporâneo. O próprio Berdiaeff havia afirmado que "o problema da pessoa é o problema fundamental da filosofia existencial",[3] ou, ainda mais nitidamente, que "a filosofia existencial é a única que pode enfrentar o problema da pessoa" (p. 181). Assim como aqui se parte da consideração que a exigência personalista não possa ser satisfeita senão no aprofundamento da posição da pessoa diante das outras pessoas, enquanto a pessoa é essencialmente relação com o outro e a personalidade se adquire e se recebe no recíproco reconhecer-se,[4] a mesma asserida centralidade do problema da pessoa é aquela que induz a considerar não totalmente fora de lugar o exame em torno daquilo que a filosofia da existência meditou e disse sobre o conceito de sociedade; conceito, precisamente, que deve também chegar a colher a pessoa, exatamente, na sua mais rica e urgente problematicidade, como existência em relação a outras existências.

Por outro lado, embora até agora o motivo religioso tenha sido objeto da mais ampla atenção na filosofia da existência, e com razão, não é incorreto observar que ela retira seu tom surpreendente e desconcertante ao trazer de volta, no contexto da filosofia moderna, uma terminologia de caráter místico-religioso com conceitos como queda, destino, culpa, angústia etc. Da mesma forma, o motivo social – a abordagem do problema da sociabilidade e da relação entre indivíduo e sociedade – pode ser examinado com algum proveito, especialmente para adicionar novos elementos à compreensão da coloração dramática e pessimista do pensamento existencial e encontrar nele

considerada como "a manifestação mais vigorosa e a expressão mais audaz da exigência personalista" (p. 328).

3 BERDIAEFF, N. *Cinq méditations sur l'existence* [*Cinco meditações sobre a existência*]. Aubier: Paris, 1936, p. 165.

4 Remeto-me aos meus ensaios anteriores: "La persona nella sociologia contemporânea" ["A pessoa na sociologia contemporânea"]. *Annali dell'Università di Camerino*, XII, 1, 1938, pp. 219-255, e "La persona e la società" [*A pessoa e a sociedade*], *Annali dell'Università di Camerino*, XII, 2, 1938, pp. 161-177.

conexões úteis com a cultura contemporânea e revelar atitudes ainda não aclaradas. A sociedade humana, não em sua generalidade, mas especificamente em suas instituições, constitui essa multidão opaca e desolada, dissolvida no anonimato e dissipada na banalidade, da qual a existência singular se revela como libertação, fuga, conquista, decisão por contraste. Portanto, um dos dramas mais intensamente vividos do existencialismo é o drama social, expressão de uma tensão nunca resolvida em síntese e nunca pacificada em compromisso, entre o indivíduo como singularidade e a sociedade como massa. Se a palavra "existência" já soa como um grito de guerra, deve ser imediatamente elucidado que uma das batalhas mais exigentes e vigorosas travadas pelo existencialismo é contra o espírito social da época. A existência é, por si só, um ato de rebelião: principalmente, uma rebelião contra a sociedade.

Assim, vem se tornando claro que uma pesquisa sobre as perspectivas sociais do existencialismo apresenta, além disso, dois interesses secundários. Por um lado, enquadra-se na tendência viva e, na minha opinião, importantíssima do pensamento contemporâneo de abordar o problema da sociedade em um nível especulativo, elevando-o além do nível histórico no qual a sociologia positivista o havia colocado e posteriormente abandonado, e resgatando-o do desprezo e da indiferença que tem sido alvo, principalmente, por parte dos filósofos insatisfeitos com o enciclopedismo metodológico e o agnosticismo especulativo dos sociólogos. Por outro lado, busca apontar para o que se poderia chamar de atual inatualidade da filosofia da existência, que está impregnada do espírito do tempo, mas ao mesmo tempo se retira do tempo, numa solidão desdenhosa, marcada por nostalgia e espera. Isso indica que nossa atitude em relação ao existencialismo busca manter-se distante dos fervores juvenis e das repreensões senis, e simplesmente se apresentar como um contato realizado com o objetivo de ouvi-lo nas sugestões diretas e indiretas que ele suscita, e, se necessário, realizar um exame de consciência após tê-lo ouvido atenta e pacientemente.

Sem dúvida, a filosofia da existência tem como pano de fundo a experiência social do nosso tempo. Se não se colhe o íntimo nexo que a vincula por contraposição à evolução da sociedade moderna, priva-se de uma das perspectivas mais interessantes para avaliar o seu significado histórico e se elimina a possibilidade de entender o seu significado polêmico. Histórica e psicologicamente, alguns dos mais profundos temas do existencialismo são temas de reação contra a sociedade voltada à organização coletiva do homem através do mecanicismo, que significa nivelamento, e através do tecnicismo, que significa materialização da vida. O coletivismo é um desafio à singularidade da existência, a qual se retira para o lado com o desespero para a iminente e contínua ameaça do absorvimento, e busca a salvação no ser próprio escapado da inautenticidade da anônima multidão. O nivelamento exterior e objetivo intensifica a nostalgia pela individualidade pessoal, que é subjetividade originária, insusceptível de objetivação, livre formadora do próprio destino. A materialização da vida, derivada do triunfo da técnica, por reação, desperta mais galantes e mais vivas as energias de uma espiritualidade operativa e criadora. Propriedade da existência, pessoalidade e espiritualidade são precisamente temas determinantes no pensamento dos três filósofos que, até agora, têm representado, com maior consciência e recíproca independência, o pensamento existencial: Heidegger, Jaspers e Berdiaeff; e ocorrem de tempos em tempos em suas obras com diversas nuances de acentuações e ênfases.[5]

Não se deve, portanto, transcurar no estudo do existencialismo, tão sensível ao valor da "situação", a análise da situação histórica em que se formou gradualmente; e, por outro lado, ajuda ao aclaramento

---

5 Desse estado de espírito é preciosamente indicativo o conhecido livreto de Jaspers sobre a situação espiritual contemporânea (*Die geistige Situation der Zeit* [*A situação espiritual do tempo*]. Walter de Gruyter: Berlin, 1932), no qual a investigação sobre o mal da época expõe a despersonalização do ser humano causada pela civilização da tecnologia, enquanto a análise dos remédios ressalta os valores do espírito e da liberdade criativa.

e, quase diria, à simplificação desse pensamento que, à primeira vista, parece tão ótico e excluído da história, colocá-lo em relação, para contrapô-lo, à moderna tendência em relação àquelas formas de vida que podemos chamar coletivistas, mesmo se nem sempre nem totalmente organizadas no coletivismo político, isto é, com temas de modo algum peregrinos, mas tão difundidos na literatura filosófica, poética, jornalística de hoje, a ponto de se tornarem objeto de polêmica superficial e de espetáculos populares. Também a filosofia da existência se insere, com os meios que lhe são próprios, nessa polêmica, e responde, por sua vez, à reação anti-materialista, que clamou de várias partes à crise da civilização e expôs de várias maneiras as linhas de uma reconstrução. Nela, de fato, existe tanto o sentido da crise, quanto a pesquisa da reconstrução. O indivíduo, insatisfeito com o convívio ameaçador e invasivo, refugia-se na sua singularidade; e é o momento da crise na qual Heidegger se detém. Em um segundo momento, o indivíduo, ao qual paira o perigo de se tornar árido na sua solitária e desolada singularidade, procura o outro e, encontrando-o na comunicação existencial ou na comunhão espiritual, reconquista a socialidade perdida, não mais como instituição objetiva, mas como comunidade pessoal e espiritual; e é o momento da reconstrução, ao qual chega Jaspers e, nas suas pegadas, mas com acentuação fortemente original do personalismo, Berdiaeff. O existencialismo procede, portanto, do indivíduo conflituoso e socialmente áspero de Kierkegaard, da existência impessoalmente dispersa na multidão de Heidegger, seguindo a existência em comunicação com as outras existências de Jaspers e a pessoa que se encontra no outro de Berdiaeff. Do ponto de vista do problema da sociedade, o existencialismo procede da sociedade perdida no âmbito da realidade objetiva à sociedade encontrada no âmbito da existência: pode-se, portanto, falar do existencialismo como uma experiência social que, diante da ruptura do equilíbrio entre indivíduo e sociedade, em prejuízo desta, inicialmente coloca-se ao lado do indivíduo, quase para buscar um contrapeso, e, depois, pouco a pouco, repropondo *ex novo* a exigência da sociedade, encontra o equilíbrio em uma mais alta harmonia dos dois termos contrapostos. Permanece a inicial inspiração profundamente antissocial, que é o timbre comum de todos os existencialistas, mas a exigência da sociabilidade se faz sentir irresistivelmente: o indivíduo, refugiado em si mesmo para escapar da dispersão da multidão, não se acomoda, mas se projeta para fora de si mesmo, transcende-se no outro e, mesmo mantendo-se em uma atitude de obstinado despeito em relação à sociedade objetiva, tenta construir uma mais ampla e intensa sociabilidade para salvar-se da desolação da solidão. Tão fortemente age no nosso tempo a exigência especulativa do problema da sociedade que determina uma direção social em uma filosofia que é, inicialmente, individualista e que parte da consideração da sociedade como degradação e queda do indivíduo.

* * *

O "indivíduo" é a categoria de Kierkegaard, que serve para marcar a sua individualidade filosófica. Fala-se do "indivíduo" de Kierkegaard como se fala do "único" de Stirner[6] ou do "super-homem" de Nietzsche. É conhecida a importância que possui a singularidade da existência nesse pensamento, que é a expressão de uma agitada vocação religiosa. Na singularidade, que é solidão e desorientação diante do divino e, portanto, desejo de transcendência, de superação da finitude, polariza-se e se determina a consciência religiosa de Kierkegaard. A existência humana é o ponto em que o infinito encontra o finito; o homem encontra Deus enquanto se põe diante dele na sua absoluta singularidade, que é isolamento e destaque dos outros. Contra a filosofia hegeliana, que, reduzindo o indivíduo à manifestação particular e incompleta do Espírito universal, havia perdido de vista o valor da individualidade e havia feito do homem

---

6 Sobre a diferença entre o indivíduo de Kierkegaard e o único de Stirner entretém-se BUBER, Martin. *Die Frage an den Einzelnen* [*A pergunta ao indivíduo*]. Berlim: Schocken, 1936, pp. 17 e ss. Sobre a relação de Kierkegaard com Stirner, também chama a atenção LOMBARDI, Franco. *Kierkegaard*. Florença: La nuova Italia, 1936, p. 234.

"um gênero animal dotado de razão", ele invoca o cristianismo, que pôs o indivíduo acima do gênero. A consideração da singularidade do indivíduo é aquela que salva o homem do nivelamento universal: "o indivíduo é e permanece o ponto firme, que pode resistir à confusão panteísta" (p. 296).[7] Reconhecer a singularidade quer dizer reconhecer uma dignidade na existência finita, que é o vestígio do seu encontro com o absoluto, em suma, quer dizer reconhecer a personalidade. Portanto, o pensamento humano, pensativo sobre o destino do homem, e não somente aceso de vaidoso espírito de sistematização, não pode prescindir dessa categoria: "o indivíduo é a categoria através da qual (...) a época, a história, a humanidade devem passar" (p. 295). Nela, de fato, ele encontra o sentido da sua originalidade filosófica: "o indivíduo não é uma descoberta tardia minha, mas é, pelo contrário, a proposição com a qual comecei. À categoria do indivíduo permanece ligado incondicionalmente qualquer significado ético que eu tenha" (pp. 295-296). Essa sua convicção filosófica está tão radicada no seu íntimo que quase gostaria de fazê-la a marca distintiva do seu pensamento e a síntese epigráfica da sua vida: "a categoria do indivíduo é tão ligada com o meu nome, que eu desejaria que sobre a minha tumba se escrevesse: "aquele indivíduo..."" (p. 295). E, sobre o leito de morte, diz a um amigo: "eu levei o meu espinho nas carnes, como o fizera Paulo. Por isso eu não podia entrar na relação dos homens. Eu concluíra daqui que a minha tarefa era extraordinária" (p. 322). O indivíduo é só; em comunicação somente com o infinito não comunica com os outros seres finitos. Os "outros" constituem a multidão, que é tanto indiferenciada e amorfa quanto diferenciado e determinado é o indivíduo. A multidão, disse Kierkegaard, é a não verdade: somente o indivíduo é a verdade. Na massa dos outros, o homem se dispersa como singularidade, diminui-se como valor, enfraquece-se

7 Essa e as seguintes citações são retiradas dos fragmentos publicados por Lombardi em apêndice ao volume citado.

como existência.[8] "A ninguém é negada a possibilidade de se tornar um indivíduo, exceto àquele que se nega por si mesmo, querendo ser multidão".[9] Para Kierkegaard, tudo que concerne à sociedade entra no conceito depreciativo de multidão: portanto, para o homem não existe um problema social. Antes, é um sinal de decadência do tempo a importância dada aos problemas sociais e políticos em detrimento da vocação religiosa.

> Aquilo de que o nosso tempo possui necessidade no seu mais profundo – escrevia – se pode exprimir somente em uma proporção: ele tem necessidade da eternidade. A desventura do nosso tempo é que ele se fez somente tempo, somente temporalidade, e que não quer saber do eterno.[10]

Entre as inspirações que a filosofia existencial logrou de Kierkegaard, uma das mais ricas e, eu quase diria, mais determinantes é perceptível exatamente na abordagem do problema das relações entre indivíduo e sociedade. O mesmo dualismo, tanto em Heidegger quanto em Jaspers, entre indivíduo como singular e sociedade como multidão, dualismo que se revela, em Heidegger, como contraste entre o ser próprio, que é o modo do ser da existência individual, e o ser impróprio, que é o modo do ser da existência difusa na sociedade e, portanto, impessoal; e se determina, em Jaspers, como contraste entre a existência, que é o ser pessoal, e o ser-aí, que é o ser objetivado no mundo e nas instituições sociais. Com essa diferença, enquanto a filosofia de Heidegger, mais cruamente pessimista, volta

---

8 L. Lavelle destaca particularmente esse motivo kierkegaardiano em seu breve ensaio sobre Kierkegaard, LAVELLE, Louis. "L'individu et l'absolu" ["O indivíduo e o absoluto"]. *In*: ______. *Le moi et son destin* [*O eu e seu destino*]. Paris: Aubier, 1936, pp. 81-92.

9 Citação retirada do livro de Buber. BUBER, Martin. *Die Frage an den Einzelnen* [*A pergunta ao indivíduo*]. Berlim: Schocken, 1936, p. 48.

10 LOMBARDI, Franco. *Kierkegaard*. Florença: La nuova Italia, 1936, p. 232.

sua atenção para o segundo termo e, portanto, pode ser definida como uma teoria do ser decadente ou, usando as próprias palavras de Heidegger, como uma hermenêutica do ser-aí, a filosofia de Jaspers, mais otimistamente exuberante, fixa o olhar no primeiro termo e pode ser chamada de uma teoria do ser pessoal, ou, nas palavras de seu autor, uma clarificação da existência.[11]

* * *

O ser próprio de Heidegger é o que encontra a si mesmo na angústia diante do nada; o ser impróprio é o lançado no mundo. Sujeito do ser-aí, enquanto ser-no-mundo, é o impessoal, *das Man*. O ser-aí não pertence primeiramente a mim, como existência singular e pessoal, mas pertence a mim enquanto sou alguém da multidão, um dos tantos, um como os outros, todos juntos indiferenciados e anônimos seres, viventes no vazio da cotidianidade. O sujeito do ser-no-mundo é, portanto, o ser qualquer, impessoal e neutro que, sem nome e sem rosto, vive a vida cotidiana. "O impessoal é um existencial e pertence como fenômeno originário à constituição positiva do ser-aí" (*Sein und Zeit* [*Ser e tempo*], p. 129).

Na vida cotidiana, nós vivemos sob a ditadura do impessoal: nos divertimos como se diverte, lemos e julgamos como se lê e se julga. "O impessoal, que não é nada de determinado e que todos somos, embora não como soma, prescreve o modo de ser da cotidianidade" (p. 127). O impessoal de Heidegger tem as mesmas características da multidão de Kierkegaard: representa a esfera da publicidade em contraste com a esfera da intimidade; os seus caracteres principais

11 Essa diferença entre Heidegger e Jaspers foi destacada com a habitual lucidez como uma diferença entre o existencial, anônimo, neutro, indistinto (*existential*) e o existenciário, singular, concreto, diferenciado (*existentiell*), por PAREYSON, Luigi. "Note sulla filosofia dell'esistenza" ["Notas sobre a filosofia da existência"]. *Giornale Critico della Filosofia Italiana*, XIX, 1938, pp. 407-438, e resumido brevemente em uma nota do livro citado, pp. 77-78.

são a mediania e o nivelamento. Na vida cotidiana, do homem é tirada toda a responsabilidade pelos atos que realiza, porque os realiza o impessoal por ele, é subtraída toda possibilidade de livre decisão porque é o impessoal quem decide. Ele é autor daquelas ações das quais se diz que não foi ninguém. Kierkegaard expressou a mesma ideia, afirmando que, lá onde intervém o indivíduo, existe uma responsabilidade assumida; lá onde intervém a multidão, uma responsabilidade evitada e, assim, a comentou:

> Não se encontrou um só soldado para colocar as mãos em Caio Mario: esta é a verdade. Mas três ou quatro mulheres, na ilusão de ser uma multidão, e pensando que ninguém teria sabido dizer quem o tinha feito ou tinha começado, teriam tido essa coragem. Cada homem isolado tem, em geral, duas mãos, e quando põe as suas duas mãos sobre Mario, são as suas mãos, não aquelas do seu vizinho, nem aquelas da multidão que não tem mãos.[12]

No anonimato da vida cotidiana, segundo Heidegger, o homem está confortável como se estivesse em sua própria casa; lançado no mundo como ser que tende ao nada, abandona-se confiante à dispersão da impessoalidade mediana e niveladora. Antes, justamente para escapar da angústia diante do nada, que ele experimenta toda vez que tem consciência do próprio ser próprio, refugia-se na impropriedade do anônimo, que é o seu estado de queda. "Na queda não se trata de outra coisa senão de poder ser no mundo, mesmo que no mundo da impropriedade" (p. 179). Ao se reencontrar, ele experimenta a ameaça que paira sobre seu próprio ser e se perde no estado de ânimo da insegurança; somente se refugiando no banal cotidiano se aquieta e se acalma. A queda do existente no anônimo representa uma fuga de si mesmo. O homem que se subtrai ao próprio ser e entra no anônimo é como o exilado que volta à pátria. Portanto,

---

12 *Op. cit.*, pp. 83-84 [a citação é da obra de Kierkegaard *Ponto de vista explicativo da minha obra como escritor*].

a pátria do homem não é a singularidade, na qual, perdendo ele a confiança no ser, encontra-se desorientado e age como o fugitivo que prefere a tranquila escravidão da prisão à ameaçada liberdade da máquina, mas é o impessoal, no qual a ameaça é afastada e a confiança reencontrada. Essa existência impessoal é a vida social: mais uma vez, portanto, embora Heidegger evite qualquer atitude moralista e, portanto, uma avaliação, a vida social é considerada como uma degradação do ser próprio. A vida social é a pátria do homem decaído.

Desse estado de queda, que é o seu ser social, o homem não pode libertar-se: a coexistência não é um dado de fato, mas uma estrutura essencial do seu ser.[13] Ao existente, segundo Heidegger, é essencial existir com outros. O ser no mundo, que é o seu modo de ser, implica o ser no mundo junto com outros. E é, precisamente, do mundo circundante que nos é dada a existência dos outros: o mundo circundante é, para o homem, o conjunto dos instrumentos que ele utiliza; estes instrumentos não podem não remeter aos possíveis suportes deles, que são exatamente os outros seres existentes. O mundo é, em todo caso, aquilo de que eu me sirvo e aquilo de que eu me sirvo não sozinho, mas junto com os outros. Heidegger considera

---

13 Essa tese é desenvolvida por Heidegger em *Sein und Zeit*, § 26, pp. 117-126. O tema da coexistência ocupa um lugar central na filosofia existencial de Abbagnano, segundo a qual existem dois horizontes existenciais do ser, o mundo e a coexistência. A coexistência é dada pela necessária transcendência do ente em direção a outro ente, de modo que se pode afirmar que a estrutura existencial é uma estrutura de coexistência, e que o ser, enquanto existe, coexiste (*La struttura dell'esistenza* [*A estrutura da existência*]. Torino: Paravia, 1939, cap. V). "Ao nos enraizarmos nessa universalidade [na universalidade do ser], que é o dever-ser e o valor, coexistimos com outros, com outros seres também subjetivos, porque eles também estão enraizados no mesmo ser universal. Essa coexistência expressa todo o significado da existência" ("L'uomo e la filosofia" ["O homem e a filosofia"]. *Archivio di Filosofia*, X (1940), p. 363). Abbagnano também elucida a relação essencial entre personalidade e comunidade, segundo a qual a constituição da individualidade na história é sempre simultaneamente a constituição de uma comunidade.

como um equívoco deduzir os outros do eu, como sujeito que tem consciência dos outros sujeitos; segundo ele, eu deduzo os outros do mundo, enquanto eu também estou no mundo com os outros. Os outros não significam o mundo fora de mim e do qual o eu se separa e adquire relevo, mas são aqueles do qual não se distingue, entre o qual estamos *também* nós, onde este "também" quer dizer igualdade e, portanto, indiferenciação de mim e dos outros seres-no--mundo em comum. Portanto, o mundo da minha existência é um mundo compartilhado (*Mitwelt*), o ser-no-mundo é um ser-com [os outros] (*Mitsein*), o ser-aí é sempre um coexistir (*Mitdasein*). Que o ser-com seja essencial ao ser do existente quer dizer que o indivíduo é, por estrutura do seu ser, com os outros, mesmo que os outros não estejam, de fato, presentes; em suma, quer dizer que o homem é coexistente por essência, independentemente da efetiva presença dos outros. O ser só é, segundo Heidegger, simplesmente um modo deficiente do ser-com os outros; como a presença de um ou dez homens ao meu lado não me livra de ser só, assim, a solidão não me priva da minha situação essencial de coexistente. Mas que se tenha em mente que a estrutura coexistencial não quer dizer sociabilidade, no sentido de vivacidade, de plenitude, de multiplicidade de relações sociais entre homem e homem. Heidegger, pelo contrário, manifesta uma extrema desconfiança em relação à chamada natureza social do ser humano: observa, de fato, que as relações cotidianas entre indivíduos são de indiferença e não de recíproco empenho, e se a preocupação (*Fürsorge*) é a característica da existência enquanto coexistente, as relações sociais cotidianas são, em grande parte, de falha e não de plena preocupação, como o não se importar ou não se interessar uns pelos outros.[14] A coexistência não implica, portanto,

---

14 Heidegger menciona uma classificação dos diferentes tipos de relações sociais, distinguindo dois modos extremos de solicitude: o primeiro consiste em retirar dos outros o cuidado (*Sorge*), assumindo-o para si mesmo e, assim, intervindo pelos outros, nesse caso, o outro se torna dominado; o segundo, por outro lado, consiste em devolver aos outros o cuidado, ajudando-os a se tornarem livres e conscientes. Um é o modo de intervir e comandar, o outro é o de prevenir e liberar (p. 122).

a comunicação. A coexistência é a estrutura do ser no mundo, que é neutro e impessoal; a comunicação, por outro lado, pressupõe a elevação do ser anônimo à pessoa. Mas esse passo, ao qual Heidegger se recusa, será dado por Jaspers.

* * *

Foi dito que, diante do contraste apontado por Kierkegaard entre o indivíduo e a multidão, enquanto Heidegger enfatiza o segundo termo e nos apresenta uma teoria do ser anônimo, neutro e impróprio, Jaspers, herdeiro, se não ortodoxo certamente mais genuíno, do mestre comum retorna com maior consciência ao problema da singularidade. Mas desta vez o mundo social não é mais rejeitado. Naquela soma filosófica que é o seu sistema, encontra lugar também uma breve investigação sobre a sociedade e o Estado, quase uma Flosofia do Direito *in nuce*:[15] a sociedade e o Estado não são mais considerados como a esfera do homem decaído, mas vistos na sua objetiva necessidade. A existência, mesmo sendo, em sua íntima estrutura, singularidade, não pode viver sem instituições objetivas em que se insira na relação com os outros; é, na verdade, a partir do efetivo funcionamento das instituições sociais que a existência obtém as condições para o livre desenvolvimento de sua singularidade. A sociedade não é uma prisão ou um refúgio, mas um quieto asilo; desde que não absorva e não mortifique a existência. O indivíduo kierkegaardiano faz valer os seus direitos também no pensamento de Jaspers. A sociedade é, sim, uma necessidade conveniente, mas ai do indivíduo que se anula nela: a sociedade é, no entanto, sempre constituída a fim de satisfazer a exigência da subjetividade, nunca é fim de si mesma. Retorna, portanto, o tema da contínua tensão entre indivíduo e sociedade: "o indivíduo se torna uma personalidade plena não somente se está em sociedade, na qual ele se identifica com uma ideia, mas também se ele conserva aquela independência que é irredutível em toda sociedade. O indivíduo que se isola cai no

15 JASPERS, Karl. *Philosophie*, II, pp. 363-393.

nada, mas igualmente aquele que se perde na generalidade da objetividade e subjetividade sociais" (p. 383). Esta tensão se manifesta em toda a história das instituições sociais: toda Igreja tem os seus heréticos, todo Estado, os seus rebeldes. A tensão é insuperável, mas a filosofia da existência diante da alternativa indivíduo-sociedade se põe ao lado do indivíduo: a existência deve ter o primeiro lugar. O indivíduo é potencialmente sempre um herético que, para salvar a própria intimidade e, portanto, o valor da própria pessoa, se o considera oportuno, evita e condena a sociedade.

> Na filosofia da existência, há necessariamente uma tendência em direção àqueles homens que se puseram com incondicionada seriedade a escolha da própria existência e da sua verdade, isto é, em direção aos heréticos ou aos indivíduos; àqueles que, fiéis a si mesmos e a seus sequazes, cumpriram o seu ser empírico no entusiasmo do amor e com o olhar em sua transcendência (p. 342).

A existência, em suma, afirma as instituições sociais, mas simultaneamente luta pela própria independência. Limita-se porque respeita o outro; mas o respeita porque dele tem necessidade; e dele tem necessidade porque a liberdade do outro põe em perigo a sua própria liberdade. E verdadeira liberdade não existe senão lá onde é ameaçada. Uma liberdade transmitida e aceita por outros não é verdadeira liberdade. "Toda nova geração deve conquistar a liberdade originariamente, com o olhar para as outras existências e em comunicação com elas. Somente aquela conquistada por si é liberdade" (p. 392).

Mais uma vez, a sociedade é deixada em segundo plano: o indivíduo retorna em primeiro plano, único e insubstituível protagonista. Mas o existente, de Jaspers, não está mais só; ele é pessoa e, enquanto pessoa, está em *comunicação* com os outros,[16] os quais não são a massa indiferenciada de Kierkegaard, nem a multidão impessoal de Heidegger, mas são igualmente existências, idênticas a mim na sua singularidade e, portanto, na relação com o absoluto e com os outros. Antes, eu não sou verdadeiramente pessoa, isto é, não me torno verdadeiramente eu mesmo, senão na comunicação com os outros. Como a sociedade objetiva é a dispersão da individualidade, assim, a comunicação é o veículo da personalidade. Na comunicação, o outro não é um objeto nem um instrumento, mas um outro eu mesmo. O vir em comunicação com os outros não é uma degradação, mas um encontro no mesmo nível, ao contrário, é um integrar-se reciprocamente. A comunicação das existências, que quebra o férreo limite da singularidade kierkegaardiana e, simultaneamente, liberta o existente da sociedade dispersiva de Heidegger, é a nota característica do existencialismo de Jaspers:[17] o existente não está somente em contato com o absoluto, mas também com outras existências, e experimenta na comunicação o mais alto grau da sua personalidade. Jaspers detém-se a descrever os modos com os quais os indivíduos estão ligados uns aos outros na vida empírica dos grupos sociais, segundo os vínculos que os unem, ou naturais, ou intelectuais, ou espirituais. Existe um primeiro modo de viver socialmente, é o modo ingênuo, no qual eu não tenho consciência nem

---

16 Jaspers dedica o terceiro capítulo de sua obra *Existenz-Erhellung* [*Elucidação da Existência*] (Filosofia, II, pp. 50-118) à comunicação existencial.

17 Devido à importância do conceito de comunicação no pensamento de Jaspers, podemos ver a determinação da verdade como comunicabilidade em *Vernunft und Existenz* [*Razão e existência*], J.B. Wolters: Groningen, 1935, pp. 50 e ss., onde os vários sentidos da verdade são distinguíveis em relação aos vários modos de comunicação. A comunidade está na base do ser humano. "Não pode haver nenhum ser humano que seja apenas um ser humano por si mesmo, como uma singularidade pura e simples" (p. 30). A existência se manifesta e se realiza na comunicação. "A existência se torna manifesta e real para si mesma quando ela se encontra com outra existência, por meio dela e simultaneamente com ela" (p. 62).

de mim mesmo, nem dos outros e faço aquilo que fizeram e fazem os outros sem me dar conta disso. Só quando me ponho diante do outro na compreensão de um objeto comum ou no alcance de um escopo comum surge uma sociedade mais consciente, a sociedade fundada no fim, mas se trata, no entanto, sempre de uma sociedade impessoal, onde o meu conhecer e o meu fazer são perfeitamente substituíveis pelo conhecer e pelo fazer dos outros. Finalmente, chega-se à sociedade realizada na comunhão de uma ideia, que é a sociedade espiritual. Mas também nessa união eu não atinjo a proximidade absoluta do outro. Esta proximidade é dada somente na comunicação existencial. A insatisfação que sinto nas três formas descritas de união decorre de nunca me sentir verdadeiramente eu mesmo nelas, mas sim como uma simples existência empírica, ou uma consciência em geral, ou uma função de um todo ideal. Na comunicação, torno-me verdadeiramente eu mesmo, porque encontro o outro como o outro assim como a mim mesmo. Se estou só me torno árido; se entro em contato com um outro me perco, quando o outro não seja um outro eu mesmo. Para atingir a comunicação é necessário que tanto eu quanto o outro nos encontremos não como recíprocos instrumentos, mas como pessoas. "Eu alcanço o sentido da comunicação não somente através da minha própria ação, mas deve vir ao meu encontro também a ação do outro" (p. 57). Se o outro me faz seu escravo ou me domina, no meu comandar ou no meu obedecer, deixa de existir a possibilidade da comunicação. "Somente no reconhecimento recíproco nós surgimos como nós mesmos. Somente juntos podemos alcançar aquilo que cada um quer alcançar" (p. 57). A comunicação existencial acontece entre duas pessoas que são aquilo que são, e, portanto, insubstituíveis. "Somente nela a pessoa é para a pessoa em relação de recíproca criatividade. Na decisão histórica, ligando-se a ela, saiu do seu ser pessoal como ser isolado impessoal, para alcançar o seu ser pessoal na comunicação" (p. 58). Portanto, se entro em comunicação com o outro como ser pessoal, saio do meu isolamento e me torno pessoa; se me subtraio à comunicação, juntamente com o outro também traio a mim mesmo.

* * *

Berdiaeff, como se sabe, chegou à filosofia da existência na fase mais recente de seu pensamento. E pode-se dizer que uma das mais fortes inspirações para alcançar essa fase proveio, exatamente, da exigência de pôr, especulativamente, o problema da sociedade.[18] A sua orientação desperta, aqui, particular interesse porque pode ser considerada como síntese das duas direções fundamentais que vimos personificadas em Heidegger, por um lado, e em Jaspers, por outro: a direção rumo ao ser perdido como multidão na sociedade cotidiana e a direção rumo ao ser reencontrado como pessoa na comunicação existencial. A acolhida dessa dupla exigência tornou-se possível pela concepção eminentemente dualista que Berdiaeff tem da realidade, e, no dualismo, fortemente dramática; ele mesmo adverte que a essência da pessoa não pode ser entendida por uma filosofia racionalista e monista (p. 181). Berdiaeff não rejeita o social cotidiano de Heidegger, nem a comunicação de Jaspers, mas os dispõe em dois níveis diversos, os níveis da objetividade e da subjetividade, da natureza e do espírito, do ser e da existência, e dessa aproximação extrai o efeito de um profundo e insanável contraste.

A sociedade é a esfera da objetivação do eu, a região em que o eu *não encontra nada mais que coisas ou indivíduos reduzidos a coisas, isto é, reduzidos a instrumentos* do fazer ou a objetos do conhecer; e nesta relação objetificante ele mesmo é coisa, instrumento, objeto. Da sociedade surge a comunhão quando o eu reconhece no outro não mais uma coisa, mas um outro eu, um tu: deste encontro nasce a pessoa. O eu, portanto, é algo menos que a pessoa: "eu digo a mim antes de ter me reconhecido como pessoa (...). O eu é *posto*, inicialmente, a pessoa é *proposta*. O eu tem a tarefa de realizar em si a pessoa; e esta realização é uma luta incessante" (p. 165). O eu,

---

18 Duas das *Cinq méditations sur l'existence* [*Cinco meditações sobre a existência*] são dedicadas a esse problema; a segunda (pp. 91-131) e a quinta (pp. 163-208).

portanto, não é pessoa; deve se tornar pessoa. O que acontece na comunhão em que o eu tende para o outro e o encontra como um outro si mesmo. "A pessoa se afirma na comunhão, onde cada um sai de si para o outro" (p. 119). Mas o eu é também, ao mesmo tempo, a implicação da pessoa, porque quando ponho o meu eu ponho também aquele do outro: não pode dar-se um eu sem o tu. "O eu não existe senão à medida em que se transcende" (p. 97). Transcender-se quer dizer ir em direção ao outro, encontrar o outro. Quando o eu imerge nas coisas, dissolve-se como pessoa e se objetiva nas instituições sociais; quando transcende em direção ao outro, reencontra a essência pessoal e se põe como objeto na comunhão. Objetivação e personalidade, relação eu-coisa e relação eu-tu, em suma, *sociedade* e *comunhão* são para Berdiaeff os dois termos do contraste existencial.

Entre os dois termos opostos, o eu degradado a coisa e o eu elevado a pessoa, ele encontra um termo de conjunção, ou ao menos um estágio intermédio: a *solidão*. A solidão de Berdiaeff está na mesma linha da singularidade de Kierkegaard; e é da situação de solidão que ele empreende o seu itinerário existencial procedendo, abaixo, em direção à queda de Heidegger e, acima, em direção à comunicação de Jaspers. Solidão é, de um lado, afastamento da sociabilidade obscura e banal da vida cotidiana; na solidão eu tomo consciência de mim e me reencontro como pessoa. "Quando eu estou só, sinto-me só, de maneira dolorosa e aguda, eu experimento a minha personalidade, a minha originalidade, a minha singularidade, a minha irreversibilidade, a minha diferença de quem quer que seja e de qualquer coisa no mundo" (p. 98). Nessa tomada de consciência de mim mesmo como singularidade, sinto a nostalgia de escapar da minha solidão, que é o desejo de comunhão não com objetos, mas com outros eus. "Reconhecendo-me como pessoa e querendo realizar em mim a personalidade, simultaneamente, reconheço a impossibilidade de permanecer confinado em mim mesmo" (p. 100). Portanto, solidão é, sim, afastamento da sociedade quotidiana, mas é também, por outro lado, aproximação de comunhão com as pessoas.

Bem como em Kierkegaard, o itinerário existencial de Berdiaeff é um itinerário essencialmente religioso: "a solidão não pode ser superada senão através de Deus" (p. 127); o transcender-se em direção ao outro, que constitui a comunhão, é um ato profundamente religioso; procurar o outro como pessoa quer dizer procurar Deus, porque "a pessoa é a imagem e a semelhança de Deus e existe somente a este título" (p. 175). A extrema forma de objetivação a que pode alcançar a sociedade é o Estado; a comunhão é, ao contrário, relação de amor como reflexo do amor divino. Com expressão mais nítida: "toda sociedade é o reino de César; a comunhão é o reino de Deus" (p. 199). Só o cristianismo pode entender a pessoa que não foi entendida nem pela filosofia grega nem pela filosofia indiana. Donde as palavras com que se fecha o livro: "uma filosofia da existência humana é uma filosofia cristã, teândrica" (p. 208). Essa religiosidade de Berdiaeff não é somente uma entonação, como em Heidegger ou em Jaspers, mas é o princípio, o motivo e o fim da pesquisa filosófica, exatamente como em Kierkegaard; e é aquela mesma atormentada e ansiosa religiosidade, donde ele imerge no mistério e o invoca,[19] aquele mesmo prazer agradável diante do paradoxo,[20] aquele mesmo dilaceramento em um contraste trágico e insuperável.[21]

* * *

A filosofia da existência, que ao início parecia exprimir uma ideologia antissocial, fecha o seu primeiro ciclo com uma instauração do problema social através do conceito de pessoa. Inegavelmente, a exigência personalista e o nascimento de uma filosofia da sociedade,

---

19 "Parece que o enigma da pessoa é o mais impenetrável de todos para o pensamento filosófico e aquele que mais precisa da revelação, de se alimentar da revelação" (p. 174).

20 De fato, fala-se de um "paradoxo fundamental da pessoa" (p. 200), que é o paradoxo da coexistência na pessoa da mudança e da imutabilidade, do tempo e do eterno.

21 O antagonismo entre pessoa e sociedade é considerado como insolúvel e pertencente à "tragédia eterna da vida humana" (p. 194).

que são temas fecundos do pensamento filosófico atual, determinam-se e se elucidam um ao outro, até fundirem-se nos últimos desenvolvimentos da filosofia existencial em uma única problemática: de um lado, o problema especulativo da sociedade pressupõe a aquisição do conceito de pessoa; de outro, o conceito de pessoa não é alcançável senão pondo a questão da multiplicidade dos indivíduos e da sua realização. Deste ponto de vista, é instrutivo o desenvolvimento do existencialismo, do qual se podem mover em uma direção, que eu estaria tentado a chamar, com significado polêmico, intelectualista, isto é, pondo entre parênteses os preconceitos religiosos e as preocupações metafísicas, em direção a uma fundação social da pessoa em contraste com a comum concepção individualista. A pessoa não é substância, mas relação. A pessoa surge da comunicação. Pessoa não se dá senão em comunhão com outras pessoas. Pessoa e comunidade são dois termos correlativos. O homem como pessoa é um produto da sociedade dos homens.

Eu não sou, mas me torno pessoa, na medida em que, reconhecendo outros seres idênticos a mim, propendendo-me em direção a eles, e neste propender-me, exijo ser reconhecido por um igual propender-se dos outros em minha direção. Em suma, eu me torno pessoa à medida em que me comunico com os outros. Personalidade, portanto, como diz Berdiaeff, é mais que individualidade: é um valor que se acrescenta a mim na comunicação das existências. Isolo-me, e então renuncio ao meu valor de pessoa; insiro-me total e servilmente na sociedade, e então o destruo. E esse valor, no qual eu, indivíduo, identifico-me e me embelezo, e no qual me elevo como pessoa, é a sociedade que me confere. A personalidade é um valor social. Eu valho como pessoa por tudo aquilo que os outros me atribuem de confiança, de respeito, de afeto, de reverência e de amor. A personalidade não é um fato natural, nem um dom gratuito: é uma dignidade que eu adquiro, ao me libertar da escravidão da coletividade ou da tirania do meu eu individual, e que conservo apenas se, ao respeitar os outros, também sou respeitado. A pessoa é uma conquista mútua que eu e os outros alcançamos juntos em um esforço comum; se eu domino brutalmente e os outros obedecem passivamente, não há comunidade de pessoas, pois dominar é destruir valores e obedecer é aceitar forçadamente essa destruição. Ao dominar, contribuo para destruir; ao obedecer, contribuo para consolidar e perpetuar a obra de destruição. A personalidade, enquanto valor, não existe e não se mantém senão na avaliação mútua, não nessa supervalorização de si mesmo que é a vontade despótica, nem nessa subvalorização que é a cega aquiescência.

Pessoa não é singularidade irrelevante e solitária, centro de si mesma, centralidade ignorante e ignorada, mas é o indivíduo que, encontrando e reconhecendo no outro indivíduo um outro si mesmo, completa a própria singularidade incompleta e enriquece a própria esfera do ver e do agir. Pessoa é a minha finitude multiplicada pela finitude dos outros. Até que minha finitude seja sentida como limite, e a finitude do outro como obstáculo, o eu ainda é indivíduo. A pessoa nasce quando a finitude é sentida não como limite, mas como necessidade de transcender-se, e a finitude do outro não é obstáculo, mas incremento. Pessoa implica encontro, troca e comunicação. A comunidade é inerente à pessoa. Portanto, a pessoa não indica uma individualidade autossuficiente, mas sim a rica, intensa e livre sociabilidade dos seres humanos em contraposição à sociedade deficiente e coercitiva das instituições objetivas. Não é uma recusa em se socializar, mas sim uma conquista de uma sociabilidade mais plena. Assim, tornar-se pessoa não significa sair do social, mas aprofundá-lo, tornando-o íntimo e profundo. Portanto, a sociedade e a comunidade não são dois termos contrastantes, como parecia a Berdiaeff: são os dois polos de uma oposição que se resolve e se reproduz incessantemente. Não se trata, portanto, de separação entre sociedade e comunidade, mas de interpenetração e fusão: isso pretende ser um início para superar o dualismo próprio dos filósofos existencialistas, entre a sociedade como degradação e a comunidade como elevação. A finitude do ser humano se revela na sociedade, mas ao mesmo tempo é a condição para o estabelecimento da comunidade. Isso significa que, considerando o homem como um ser finito e coexistente, a sociedade é um pressuposto necessário e a comunidade é uma consequência obrigatória. A sociedade é, poderíamos dizer, com a linguagem da filosofia existencial, a *situação* do homem, e a comunidade é o produto de sua *decisão*. Mas como decidir, se a situação não é dada? E como aprofundar a situação, se uma decisão não for tomada?

Sociedade e comunidade não são dois tipos empíricos de união, colocados lado a lado como duas categorias da realidade social, como classificou a morfologia sociológica positivista. Mas também não são a representação de dois mundos em conflito, o mundo do pecado e o mundo da redenção, da natureza e da graça. Sociedade e comunidade devem ser consideradas, aqui, como os dois modos de inserção do homem no mundo dos homens: elas se implicam e se integram mutuamente. Se concebemos a sociedade como degradação, inautenticidade, natureza, e a comunidade como elevação, autenticidade, espiritualidade, não conseguimos encontrar a ponte de transição entre uma e outra: e, eis, a desvalorização da sociabilidade cotidiana, a insatisfação com a sociedade organizada e a condenação das instituições objetivas, que resulta, na submissão, no impessoal de Heidegger; na rebelião, no herege de Kierkegaard; na abstenção, no solitário de Berdiaeff. Somente ao buscar a implicação dos dois termos encontramos a unidade da vida social, que é uma e a mesma coisa que a unidade essencial do ser humano. As instituições sociais, por um lado, são a condição para a formação da comunidade de pessoas: de fato, a comunidade não pode surgir senão sobre o terreno e dentro dos limites das instituições objetivas. A comunidade familiar, a comunidade escolar e a comunidade estatal pressupõem as instituições social-jurídicas da família, da escola e do Estado. A comunidade, por outro lado, constitui a condição para a continuidade das instituições sociais: uma instituição não se mantém se não for sustentada pela força unitária que é própria da comunicação pessoal. A instituição familiar é apenas um nome vazio se não for sustentada pelo afeto e pelo mútuo respeito de seus membros; a instituição escolar é apenas um aparato burocrático se for apenas um instrumento de interesses pessoais, por mais nobres que sejam, e não também uma fusão de almas; o Estado é um poder ameaçador e absorvente se não ameniza e vivifica a consciência solidária dos súditos. A sociedade é o tecido sobre o qual a comunidade é construída.

Dessa forma, o vazio deixado entre os dois termos pelos filósofos existencialistas é preenchido, a separação desaparece e o drama se acalma. A sociedade não é mais vista como degradação, mas sim como o terreno em que a comunicação floresce; a comunidade não é mais elevada a um relacionamento místico, mas encontra sua justificação na objetividade das instituições. A banalidade cotidiana encontra na comunicação seu fermento; e a comunidade se estabelece sem destruir o organismo social, mas sim integrando-o. Por outro lado, a comunidade se alimenta do cotidiano social; e a sociedade não é dissolvida, mas sim acolhida e confirmada. É a confiança que estabelece o contrato; mas são as necessidades cotidianas do contrato que inspiram a necessidade da confiança. E o termo unificador desse relacionamento é a pessoa, que, enquanto se relaciona com o outro, emerge da sociedade e, enquanto valor, pressupõe a comunicação. Onde a pessoa surge do contato do eu com o tu não há mais dispersão nem exaltação do eu, mas sim integração da sociedade e da comunidade.

É óbvio que essa integração não é um dado de fato, mas uma ideia reguladora, em que a exigência personalista não atende apenas a uma demanda teórica, mas também desempenha uma função normativa, da qual nenhum posicionamento especulativo pode escapar, pois, enquanto tal, é uma tomada de posição diante do mundo fenomênico. Tornar-se pessoa significa, de fato, sair da tensão histórica na qual o homem social se debate entre o eu que se retira egoisticamente e a sociedade que ameaça absorvê-lo. A pessoa não está nem no indivíduo que se opõe à sociedade nem na sociedade que se sobrepõe ao indivíduo, mas sim no indivíduo que se coloca na sociedade para se determinar e na sociedade que se compõe de indivíduos para se fecundar. Portanto, é através da pessoa que se trilha o caminho que leva a uma vida social mais elevada e rica.

QUARTA PARTE

A FILOSOFIA DA EXISTÊNCIA ENTRE KIERKEGAARD E CAMUS

4.1

KIERKEGAARD[1]

Os vínculos que unem a atual filosofia existencial ao pensamento de Kierkegaard são muito mais estreitos do que geralmente se diz ou se crê, e vão muito além de frases vagas ou alusões genéricas. Isso aparece de forma evidente nesse trabalho de Lombardi, o qual, além dos méritos intrínsecos de uma investigação rigorosa e de uma exposição exaustiva, também possui a qualidade da atualidade. Lombardi quis tratar o assunto com completude para nos oferecer o livro que a extraordinária fortuna póstuma de Kierkegaard merecia; ele examina do início ao fim toda a vasta e não sistemática obra de Kierkegaard, procura o seu fio condutor, consegue colocar um pouco de ordem naquele tumultuoso suceder-se de ideias, e no final nos dá uma imagem clara, mesmo em sua complexidade. Ficam suspensos aqui e ali alguns julgamentos sobre pontos controversos; parece quase que Lombardi não quer tomar uma posição, nem resolver sua perplexidade em um sentido ou no outro. Em geral, ele não adota uma atitude crítica e deixa que o relato se desenrole por

---

1 Resenha do livro: LOMBARDI, Franco. *Kierkegaard*. Florença: La Nuova Italia, 1936, p. 322, originalmente publicada em: *Rivista di Filosofia*. – nº 2 (abr.-jun., 1939), pp. 186-187.

si só, sem adicionar comentários, exclamações ou protestos. É claro que Lombardi procurou manter um certo distanciamento de seu autor; dessa forma, evitou dar ao seu livro um tom apologético ou de busca inútil de uma justificativa válida para cada afirmação. Além disso, a moral da obra é: estudar Kierkegaard significa libertar-se de Kierkegaard: uma moral que explica bem suas razões e seu tom, e define sua função precisa.

Após uma bibliografia detalhada e extremamente útil das obras de e sobre Kierkegaard, Lombardi examina, mantendo quase a ordem cronológica, as principais obras de Kierkegaard e conduz paralelamente a análise crítica e o relato de vida, desde os estudos e experiências juvenis até as polêmicas e desabafos dos últimos anos, todos mantidos sempre em um plano de excentricidade e, portanto, despertando um interesse que vai além da simples curiosidade biográfica. Exceto pelo primeiro período estético e o último de recolhimento e crise religiosa, o pensamento maduro de Kierkegaard está quase todo contido naquele grupo de obras que vai do *Entweder – Oder* [*Ou-ou*] de 1843 ao *Die Krankheit zum Tode* [*A doença mortal*] de 1849: neste período, os conceitos fundamentais de seu pensamento, como existência, indivíduo, instante, angústia e desespero, são elaborados para serem retomados, refundidos e reafirmados inúmeras vezes. O problema teórico mais vivo e sobre o qual Lombardi se detém por todo o livro, dando-lhe justamente um lugar proeminente, é o dos relacionamentos entre religião e filosofia: em contato com esse problema, vê-se Kierkegaard se distanciar, como Feuerbach, de Hegel, e encontrar justamente no afastamento da filosofia racionalista de Hegel uma das maiores motivações para sua inspiração profundamente irracionalista. A atitude religiosa, que destaca a singularidade da existência humana diante de Deus através da consciência do pecado, serve como antídoto à filosofia, que avassala e aniquila o conceito de pessoa. Nesse contraste entre o sentido filosófico e o sentido religioso da vida, desenrola-se o drama teórico e humano de Kierkegaard; o motivo religioso triunfa no final, e a obra teórica de Kierkegaard, em uma visão retrospectiva, aparece como um esboço genial, toda agitada por problemas ainda abertos e por sugestões não mais ouvidas. Além disso, a filosofia existencial que ouviu essas sugestões também não conseguiu resolver esses problemas: uma filosofia que se exalta diante do paradoxo nunca poderá encontrar repouso na verdade.

4.2

KIERKEGAARD E NÓS[1]

O novo humanismo terá compreendido que o homem é um ser com múltiplas dimensões (e aqui está a grandeza do homem): religioso e racional, fantástico e inteligente, histórico e meta-histórico.

Não é mais possível entender-se sobre a palavra "humanismo". Todas as filosofias, hoje, se dizem humanistas (assim como todos os regimes se dizem democráticos). A filosofia tradicional é humanista (desde o humanismo integral de Maritain até o humanismo cristão de Russell); mas o marxismo não é menos humanista (leiam Lefèbvre na França, Banfi e Della Volpe na Itália; vocês encontrarão, ao final de todas as justificações do marxismo, a apologia do novo humanismo). Humanismo no campo existencialista: "o existencialismo é um humanismo" é o título do ensaio filosófico mais conhecido de Sartre. Mesmo Heidegger, na *Brief über der Humanismus* [*Carta*

1 Ensaio "Kierkegaard e noi", originalmente foi publicado em *Comunità*, 4, nº 6, jan.-fev., 1950, pp. 54-55.

sobre o humanismo], condena todo o humanismo de Platão em diante, mas para abrir caminho para o "verdadeiro" humanismo. E por que não deveriam ser chamadas de humanistas as filosofias de tradição empirista (do neoempirismo ao pragmatismo e ao instrumentalismo) que trabalham, como dizem, nos limites do humano para o bem-estar e a felicidade dos homens?

Não é possível chegar a um acordo sobre a palavra "humanismo", e não vale a pena. Humanismo é uma palavra ambígua, que tem tantos significados quantos são os significados de "homem". Humanismo simplesmente indica a filosofia do homem próprio, do homem "verdadeiro". Mas qual é o homem "verdadeiro"? O da antropologia cristã ou o da antropologia marxista? O do existencialismo ou o da sociologia? Como não há filosofia que não seja filosofia do homem e não há filosofia do homem que não se baseie em uma determinada concepção do homem, todas as filosofias, enquanto tais, são humanistas. Seria surpreendente se uma filosofia não fosse humanista e se proclamasse anti-humanista enquanto tal.

As disputas sobre o humanismo dessa ou daquela filosofia são, portanto, ociosas. Duas filosofias que se excluem mutuamente podem ser chamadas com igual direito de humanistas. Tomemos Kierkegaard: do ponto de vista do humanismo racionalista e historicista, não há filosofia mais anti-humanista. Mas o humanismo racionalista e historicista abrange todo o homem? Quem se opõe a um ou outro desses dois humanismos pode ser considerado como alguém que nega o homem? Não há também em Kierkegaard uma concepção do homem, que rejeita o homem genérico, abstrato, achatado pela sociedade e pelas convenções, para afirmar o homem singular e interior; que rejeita o homem mutável e fechado no horizonte do mundo para proclamar o homem eterno, emergindo dos limites do mundo e voltado para a transcendência? Anti-humanismo contra humanismo, ou não seriam antes duas concepções contrastantes do homem, um humanismo antropocêntrico e um humanismo teocêntrico?

Nesse ponto, o problema, se é que há um problema, é este: esse contraste entre humanismo mundano e humanismo extramundano é irreconciliável? O homem é inteiramente razão, e o homem racional exclui todos os outros aspectos do humano? Ou não há também algo no homem além da razão, na fantasia, na iniciativa moral, na vocação religiosa? O homem é inteiramente história, ou ele próprio não é suporte de um impulso meta-histórico que atravessa continuamente a história e o coloca fora da sucessão temporal dos fatos como juiz e justiceiro? A tarefa do homem é compreender o mundo com sua razão. Mas, para abraçá-lo, não deve ele se colocar acima? É conquistar o mundo com sua ação. Mas, para conquistá-lo, não deve fugir dele?

Diante de tal contraste, abrem-se duas alternativas: ou se aceita a irreconciliabilidade dos termos, e então se deve admitir que a disputa sobre o humanismo é um jogo de palavras. Ou se reconhece que o contraste é resolvível. Este segundo caminho conduz inevitavelmente à proposta de um novo humanismo que compreende os outros dois e os supera. É o caminho do humanismo aberto que diz aos dois contendores: "o seu conceito de homem é unilateral e exclusivo. O homem não é nem só isso nem só aquilo. O homem é mais rico do que a sua filosofia, que tenta enclausurá-lo em uma fórmula. O verdadeiro humanismo é a síntese de humanismo e anti-humanismo". Esse novo humanismo não será mais dogmático, mas *crítico*; não mais rígido, mas *problemático*; não mais unilateral, mas *pluridimensional*. Terá compreendido que o homem é um ser com múltiplas dimensões (e aqui está a grandeza do homem): religioso e racional, fantástico e inteligente, histórico e meta-histórico. Dirá que no humanismo racionalista há lugar para o homem religioso; no humanismo religioso, há lugar para o homem racional. E então não mais Kierkegaard contra Marx. Mas com Marx e com Kierkegaard contra as mentes estreitas, os espíritos limitados, os conformistas de toda ortodoxia, contra as categorias de uma filosofia congelada pela *rotina* profissional, contra as convenções e os lugares-comuns de um pensamento que se tornou um ofício.

Na estrada de tal humanismo "aberto" está Remo Cantoni em seu belo livro sobre Kierkegaard (*La coscienza inquieta* [*A consciência inquieta*], Mondadori, 1949), um livro que, pela maneira como é escrito, pelos problemas vivos de que é tecido, pelo tom nunca árido, às vezes até fervorosamente retórico, leva a filosofia um pouco para fora, justamente, do escritório, e a coloca em contato com um mundo cultural mais amplo. Cantoni propõe justificar o significado positivo de Kierkegaard para a nossa cultura e reivindicar seu valor de atualidade contra os apologistas existencialistas e contra os detratores racionalistas (e historicistas), ou seja, contra aqueles que, de um lado e de outro, se fecham nas posições de uma concepção unilateral do humanismo. Os apologistas, exaltando-o, acabam no irracionalismo; os detratores, condenando-o, desembocam no intelectualismo. Mas Kierkegaard, se é anti-intelectualista contra os primeiros, não é, com os segundos, irracionalista. Aliás, se os detratores o mutilam, os seguidores o falsificam. Nem os existencialistas de esquerda nem os de direita são kierkegaardianos genuínos: os primeiros, ao negar a transcendência, o aviltam; os outros, ao aceitar junto com a transcendência também a tradição institucional, o petrificam. Para colocar em seu devido lugar um pensador tão rico e multiforme como Kierkegaard, é preciso, segundo Cantoni, compreender exatamente o que ele combate e o que ele preserva. Kierkegaard combate a exterioridade em nome da intimidade, o sistema em nome da experiência individual, o conformismo filisteu em nome da aventura do espírito, as objetividades sociais em nome da responsabilidade subjetiva, os acomodamentos cotidianos em nome da seriedade interior, o homem público em nome do homem privado. Ora, o que ele combate não é a razão, mas a cristalização da razão no costume; não é a história, mas a mortificação da história nas instituições objetivas que não têm mais história. E nisso, o que têm a censurar nele os racionalistas e os historicistas? E o que ele preserva após essas negações radicais, além da transcendência e do homem religioso, é também "o princípio da interioridade contra sua dissolução em um espírito viscoso e totalitário, a afirmação da personalidade como identidade de pensamento e vida, a ruptura da síntese insincera entre espírito burguês e espírito cristão" (p. 226). E é nessa posição que Kierkegaard, paradoxal e absurdo, desafia os historicistas. Esse é, segundo Cantoni, o seu recado para os homens de hoje. Como para acolher essa mensagem, Cantoni conclui:

> Eu espero e acredito que o racionalismo futuro acolherá em si a problemática e o paradoxo, que o coletivismo ouvirá as exigências pessoais do indivíduo, que as máquinas estarão a serviço dos valores humanos e espirituais, que a vida pública não será inimiga da vida privada (p. 358).

Crê e espera, portanto, Cantoni – traduzindo esta profissão de fé nos termos expostos acima – que surgirá um novo humanismo que saberá compreender também o homem de Kierkegaard.

Mas é esse o humanismo que Cantoni professa? Esse humanismo é tão aberto a ponto de compreender *todo* o homem de Kierkegaard? Há também – ele diz – uma parte "desanimadora" no pensamento de Kierkegaard. "Sua filosofia depende de Deus contra os homens, é insensível aos valores coletivos que a história e a ciência indubitavelmente possuem" (p. 358); é apolítica e, portanto, como toda a política dos apolíticos, reacionária; sua religiosidade é hostil à vida; sua consciência inquieta "é muito inclinada a refugiar-se na autoridade de um Deus desconhecido e terrível contra o homem natural" (p. 358). Desse ponto de vista, o pensamento de Kierkegaard parece "inconsistente e, até mesmo, prejudicial" (p. 226).

Portanto, há algo em Kierkegaard que Cantoni rejeita. Perguntamo-nos: o que o crítico moderno rejeita não é precisamente o verdadeiro rosto de Kierkegaard, o seu centro mais profundo? E o fato de rejeitá-lo não significa que entre os dois humanismos ainda se abre um abismo? Trata-se de saber se o que está além do abismo é essencial ou não para compreender o pensamento de Kierkegaard. Pois bem, além do abismo, que Cantoni com seu humanismo não entende e não pode atravessar, está nada menos que a personalidade religiosa de Kierkegaard. Talvez esse elemento não seja essencial para compreender aquele que se chamou de "discípulo de Cristo"? Cantoni divide a personalidade de Kierkegaard em duas partes. Mas aquela de que ele se apropria é a mais vital? E, além disso, a personalidade de Kierkegaard é divisível como uma coisa material? É possível separar Kierkegaard de sua luta contra o mundo (e não apenas contra o mundo burguês), de sua polêmica contra a razão construtiva (e não apenas contra o intelecto sistemático)? É possível deixar de lado como "desencorajante" a dimensão religiosa de sua personalidade que, de um certo ponto de sua vida, se torna a única dimensão e constitui a razão exclusiva de sua obra como escritor? Entre Deus e os homens, entre o infinito e o finito, entre a solidão e a sociedade, entre a edificação e o trabalho social, Kierkegaard também teve que fazer sua escolha. E foi uma escolha radical, cheia de espírito agressivo e de intolerâncias. É possível, hoje, em nome de uma crítica aberta (mas que não quer ser neutra), fazer entrar quase de surpresa esse paladino da fé no campo de Agramante daquele humanismo ao qual Cantoni se inspira? E achar quase que ele está qualificado para entrar na companhia, que ele teria desdenhosamente recusado, daqueles que estão exclusivamente voltados para a conquista do mundo? Aquele que aceitou e defendeu essa escolha radical, e a empunhou como arma ofensiva contra todos os buscadores de vitórias e esforços mundanos, teria jamais aceitado a tolerante e crítica sabedoria (que ele teria considerado como fruto de complacência mundana) do desvio crítico moderno? Ele alguma vez se preocupou em ser desanimador? Não queria ele, talvez, escandalizar, desanimar a sabedoria do mundo? Não teria ele respondido ao crítico de hoje, que quer salvá-lo ao custo de fazê-lo perder a alma, que ele veio para se perder aos olhos dos salvadores deste mundo e não para se salvar na companhia das pessoas que considerava perdidas? Que ele veio justamente para "desanimar" e não para atrair?

Empreendimento difícil, quase desesperado, é justificar Kierkegaard aos olhos daqueles que não fizeram sua escolha e não têm a intenção de fazê-la, nem agora nem no futuro. Parece-me ler nas entrelinhas o esforço que deve ter custado a Cantoni essa tentativa de trazer Kierkegaard para o nosso meio não como inimigo, mas como amigo; não como estranho, mas como aliado. Ele o lisonjeia; perdoa-lhe os deslizes, justifica seus maus humores. Mas Kierkegaard resiste, bizarro e hostil. Não se deixa mover nem desmontar. E, no final, o crítico acredita ter-lhe arrancado uma parte viva quando nos mostra seu rosto esteta, sua defesa dos direitos da fantasia contra o intelecto. E, em última análise, resolve sua defesa mostrando-nos seu rosto de esteta (uma das duas faces do Janus bifronte), sua reivindicação do sentimento contra a árida lógica dos panlogistas. Mas aqui surgem duas perguntas espontaneamente: mesmo não aceitando com Cantoni a explicação póstuma que Kierkegaard deu de sua atividade estética juvenil, não é verdade que na fase madura essa chama da arte foi apagada pela ventania da vocação religiosa? E mesmo admitindo que a defesa da fantasia contra o intelecto seja um ensinamento genuíno de Kierkegaard, isso é suficiente para justificar hoje sua vitalidade, para fundamentar sua defesa? Ou não existem outros caminhos, muito mais próximos de nós e do humanismo caro a Cantoni, para defender a dignidade e a autonomia da estética? Havia necessidade de incomodar Kierkegaard para isso? Não teria sido melhor deixá-lo seguir seu caminho que o conduzia cada vez mais longe do mundo e abrir caminho, para colocar a fantasia e a arte ao lado do intelecto, em países mais conhecidos e menos estranhos e selvagens?

Para aceitar Kierkegaard em nosso mundo, o crítico de hoje lhe pede que se mostre com o rosto que menos lhe pertence. E, por outro lado, o verdadeiro rosto do "discípulo de Cristo" esse mesmo crítico rejeita como a parte "desanimadora" do autor. Assim, Kierkegaard entra por esse caminho na rede que lhe é estendida pelo humanismo aberto e crítico. Mas também entraria com aquela parte viva de sua personalidade que o faz dizer que "Deus é o inimigo mais terrível do homem, inimigo até a morte"? Kierkegaard fez sua escolha. Mas Cantoni também fez a dele. E quando a escolha é feita, a conciliação está encerrada. Remo Cantoni, espírito penetrante e intelecto claro, homem de boa-fé, leal e franco em suas opiniões, corajoso ao professá-las, encontrou-se com Kierkegaard, mas, apesar de seus esforços para ser um bom companheiro para ele, não pode caminhar por muito tempo com ele. As duas estradas que acabaram de se cruzar se separam. E é justo que seja assim. Nós aceitamos de Kierkegaard sua luta contra o mundo burguês e filisteu. Mas também aceitamos sua forma de combatê-lo? Era este o único caminho? Refugiar-se na solidão, na intimidade da consciência, evadir-se do mundo social e da história? Então, não é verdade que nossos caminhos, mal tocados, se afastam? Nosso caminho não é o de entrar ainda mais fundo no mundo à medida que o encontramos estranho e violento, penetrante e amargo? Não é este, amigo Cantoni, também o seu caminho?

4.3

DIE FRAGE AN DEN EINZELNEN – A PERGUNTA AO INDIVÍDUO[1]

Motivos kierkegaardianos circulam agora por todo o pensamento contemporâneo. Um dos mais difundidos é o tema da "singularidade", da existência humana em seu valor mais elevado, que é o valor religioso: somente no isolamento, estranhando-se do mundo e dos outros, o homem encontra Deus, comunica-se com Deus. Contra essa tese, Buber assume uma posição polêmica e, nessa tomada de posição, retornam os motivos inspiradores de um ensaio anterior e mais conhecido, recentemente traduzido para o francês (*Je et tu* [*O eu e o tu*], Paris: Aubier, 1938), no qual ele examina com detalhes os desenvolvimentos dialéticos e não sem uma certa dose de retórica filosófica, as duas relações fundamentais do eu-tu e do eu-ele, consideradas como as categorias universais da existência humana, e conclui com uma análise do fenômeno religioso entendido como a relação entre o eu humano e o Tu eterno. Neste novo ensaio, Buber,

1 Resenha do livro: BUBER, Martin. *Die Frage an den Einzelnen*. Berlim: im Schoken Verlag, 1936, p. 124, originalmente publicada em *Rivista di Filosofia*. – 30, nº 3 (jul.-set., 1939), p. 283. Título originalmente em alemão (N. do E.).

após aclarar o significado do "singular" de Kierkegaard, especialmente em oposição ao "único" de Stirner, considera-o como um conceito estéril, absolutamente incapaz de compreender a riqueza de determinações da existência humana, inclusive na própria relação com a divindade. Segundo Buber, o singular se completa apenas ao colocar o outro diante de si, o eu colocando o tu: o homem que afasta o outro de si mesmo acaba por não encontrar mais sequer a Deus. Apenas dessa forma se compreende o valor da vida em sociedade, do estar em comunhão com outros seres, um valor que permanece incompreensível para Kierkegaard, o qual insiste em encapsular toda a vida social e política na categoria da "multidão", ou seja, da quantidade indiferenciada. O problema mais angustiante neste tempo de crescente coletivização, segundo Buber, é o de reencontrar na pessoa humana a pessoa e devolver-lhe o sentido de sua própria responsabilidade. Dois são os conceitos que estão passando por uma crise: o da pessoa e o da verdade. A pessoa está prestes a ser submersa no coletivo e, portanto, negada; a verdade está sendo reduzida à política e, portanto, relativizada. Para que o homem não se perca, conclui Buber, é necessário que nele surja a pessoa, e finalmente que a verdade se afirme e que se saiba assumir a responsabilidade a cada momento. Palavras claras, como todos veem, e das quais todos podem compreender o significado.

4.4

VON HEGEL BIS NIETZSCHE – DE HEGEL A NIETZSCHE[1]

Löwith reúne e ordena neste livro um rico material de estudos sobre a filosofia alemã pós-hegeliana, publicados a partir de 1928 em várias revistas alemãs e francesas. Destaco, em particular, porque constitui a tese central e a parte mais original da obra, o extenso ensaio "L'achèvement de la philosophie classique par Hegel et sa dissolation chez Marx et Kierkegaard" ["O fim da filosofia clássica por Hegel e sua dissolução em Marx e Kierkegaard"]. In: *Recherches Philosophiques IV* (1934-1935), pp. 232-268. Acrescento que Löwith havia começado com um livro personalíssimo, embora ainda obscuro e não homogêneo, de fenomenologia social, intitulado *Das Individuum in der Rolle des Mitmenschen* [*O indivíduo no papel do próximo*] (Mônaco, 1928), no qual já demonstrava um vivo interesse pela filosofia de Feuerbach, destacando sua doutrina de comunidade. Os vários ensaios subsequentes, conectados por uma interpretação idêntica do significado da filosofia hegeliana e de sua dissolução,

1 Resenha do livro: LÖWITH, Karl. *Von Hegel bis Nietzsche*. Zurich, Nova York: Europa Verlag, 1941, p. 538, originalmente publicada em *Rivista di Filosofia*, 36, número único (jan.-dez., 1945), pp. 99-101.

sobre *Feuerbach e o fim da filosofia clássica alemã*, sobre *M. Weber e K. Marx*, sobre *Kierkegaard e Nietzsche*, sobre *A crítica filosófica da religião cristã*, e o livro sobre Nietzsche (*Nietzsches Philosophie der ewigen Wiederkunft des Gleichen* [*A filosofia de Nietzsche do eterno retorno do mesmo*]. Berlim: Die Runde, 1935) despertaram o desejo de que seu autor resumisse o trabalho realizado em uma exposição orgânica e tirasse todas as conclusões sobre os problemas centrais de nosso tempo.

A obra esperada é aquela que agora apresentamos, embora com alguns anos de atraso, aos nossos leitores. Está dividida em duas partes: a primeira, histórica, começa com um finíssimo paralelo entre Goethe e Hegel, considerados como os dois grandes espíritos universais da Alemanha. Ele, portanto, se detém em uma interpretação da filosofia hegeliana, na qual já está contida a ideia principal da obra, ou seja, que o grande sistema de Hegel, exatamente como Hegel o concebia, constitui a última e maior tentativa de conciliar a filosofia com a realidade, tanto no terreno político quanto no religioso, a última e mais vasta manifestação do espírito burguês-cristão. A ruptura da filosofia hegeliana, operada tanto pelos jovens hegelianos na direção principalmente da filosofia política, quanto por Kierkegaard no âmbito do cristianismo, representa, por um lado, uma divisão irreparável entre filosofia e cristianismo, e, portanto, o início daquela descristianização e desumanização da filosofia que conduz através dos jovens hegelianos a Nietzsche. Por outro lado, a dissolução daquele mundo burguês-cristão, no qual refletia a tradição político-religiosa de uma cultura já milenar, e que após a dissolução do pensamento do grande mediador desemboca na crítica social e religiosa de uma era revolucionária ainda não exaurida. Os principais expoentes dessa dissolução são: Feuerbach e Ruge, que transformam a filosofia de Hegel no espírito-do-tempo alterado; Bauer e Stirner, que resolvem a filosofia em um criticismo radical e niilismo; e principalmente Marx e Kierkegaard, que extraem consequências extremas da dissolução hegeliana, colocando-se Marx como o destruidor do mundo burguês-capitalista, Kierkegaard do mundo burguês-cristão, muito distantes um do outro por tradição, ambiente e maneira de ser e pensar, mas próximos pelo revés por eles realizado, ainda que por caminhos e em campos diferentes, da conciliação hegeliana entre a filosofia e a realidade terrena do estado (Marx), e entre a filosofia e a realidade divina do cristianismo (Kierkegaard). Esta primeira parte histórica, que também contém uma apresentação dos mais importantes jovens hegelianos, dos neohegelianos contemporâneos, e uma análise da filosofia de Feuerbach, termina com um capítulo sobre Nietzsche, no qual se procura superar a interpretação tradicional que o relaciona a Schopenhauer, e o liga, em vez disso, à esquerda hegeliana, entre outras coisas, por meio de um paralelo com Marx: Nietzsche, juntamente com Marx e Kierkegaard, é o único que teve como objeto de pesquisa a decadência do mundo burguês-cristão, e sua crítica à cultura burguesa pode ser equiparada à crítica marxista do capitalismo.

A segunda parte, sistemática, reapresenta as doutrinas dos mesmos pensadores diante dos problemas mais importantes do mundo burguês-cristão: o problema da sociedade civil, considerado como o problema do conflito entre o homem e o cidadão, entre a antiga tradição do patriotismo e a tradição cristã da humanidade, aprofundado então por Hegel e Marx como o conflito entre a sociedade civil e o Estado; o problema do trabalho e o da cultura, o problema da humanidade e o do cristianismo. Frente a este último problema, um por um, os pensadores individuais da grande crise pós-hegeliana são chamados, com menos possibilidade de se ocultarem, a prestarem contas de suas teorias, e suas responsabilidades respectivas são reveladas com maior clareza: Hegel representa a redução da religião à filosofia, Strauss a redução do cristianismo ao mito, Feuerbach a redução da religião cristã à natureza humana, Ruge a substituição do cristianismo pela humanidade, Bauer a destruição do cristianismo e da teologia, Marx a consideração do cristianismo como um mundo invertido, Stirner a destruição do divino e do humano, Kierkegaard o paradoxo da fé e a polêmica contra o cristianismo presente, e por fim Nietzsche, a crítica mais amarga já feita da ética e da cultura cristã. O grande edifício da filosofia hegeliana desabou, e com ele todo um sistema de certezas, uma autoridade religiosa e racional, sem a qual a humanidade perdeu o caminho de sua própria salvação. Após Hegel, o pensamento não encontrou outra via senão a da desesperança, da qual tentou escapar com certezas fictícias. No fundo, o eterno retorno de Nietzsche não é nada mais do que um substituto da religião, assim como o paradoxo cristão de Kierkegaard: uma tentativa de avançar a partir do vazio, com o qual nos sentimos cercados, em direção a algo que não seja o vazio.

A conclusão de Löwith é breve e extremamente eloquente, e encapsula o significado não apenas teórico e histórico, mas também ético da obra: "O que está acontecendo na Alemanha no presente é a chave para entender o que aconteceu cem anos atrás, assim como isso abre o caminho para entender o presente" (p. 530). Para nós, o livro de Löwith tem também outro valor, pois nos fornece novas e mais perfeitas ferramentas para entender aquela enorme crise da cultura ocidental da qual surgiram os dois mais terríveis abalos de nosso mundo moral e espiritual: o existencialismo e o materialismo histórico. Ele nos coloca no caminho, até agora não trilhado por ninguém, para entender suas inter-relações, não facilmente visíveis por aqueles que não se ponham no caminho do pensamento de Hegel, e para iluminá-las muito melhor, através de sua conexão com o início de uma crise religiosa e social, como foi aquela que determinou a dissolução do hegelianismo, da sua natureza e de seu respectivo significado teórico e histórico.

4.5

SARTRE E OS JUDEUS[1]

Por parte dos marxistas, foi feita a Sartre, entre outras acusações, também a de negar a história, ou seja, de não reconhecer que os indivíduos são moldados pela história e não se fazem por si mesmos. Efetivamente, para Sartre, o homem não tem nenhum vínculo com a natureza, com os outros ou com seu próprio passado: ele é o que se faz; e é absolutamente livre para se fazer conforme seu projeto; é o que escolheu ser e é responsável perante todos os homens por sua escolha: é, em suma, uma contingência absoluta. Um indivíduo assim não tem história; a história começa e termina com ele, ou melhor, começa e termina em cada ato que ele realiza, o que é o mesmo que dizer que falar da história de um indivíduo ou de vários indivíduos não pode ter, para Sartre, nenhum sentido preciso.

É de se admirar que, com uma concepção tão semelhante do homem, Sartre pretenda resolver problemas sociais e políticos, para os quais, aliás, mostra, especialmente nos últimos tempos, uma propensão particular: como os problemas da luta de classes, da

1 Ensaio "Sartre e gli ebrei", originalmente publicado em *Comunità*, A. 2, nº 24 (Sabato 29 nov. 1947), p. 5.

condição dos negros na América e agora, em seu último livro,[2] do antissemitismo. Mas se examinarmos de perto a maneira como o problema, digamos, do antissemitismo é abordado, qualquer razão para admiração desaparece. Na verdade, Sartre não se preocupa com a história, e onde menciona questões de ordem histórica, vê-se que ele se move como um iniciante. Aliás, está implícito em todo o livro o conceito de que a história não explica nada; e é, de resto, dito expressamente que a questão judaica não é uma questão que possa ser clarificada analisando-se a história dos fatos que levaram os judeus aos países europeus e das relações que ao longo dos séculos se desenvolveram entre eles e as nações cristãs. A questão judaica é, para Sartre, uma questão de magia existencialista. Os judeus, ele diz, não existiriam se não existissem os antissemitas. O antissemita é aquele que traz o judeu à existência. Para usar suas palavras: "o hebreu está em uma situação de hebreu porque vive no seio de uma coletividade que o considera como tal" (p. 93).

Richard Wright diz que não existe uma questão dos negros na América, mas sim uma questão dos brancos. Sartre, parafraseando, comenta: não existe um problema judaico; existe um problema do antissemitismo, que é um problema exclusivamente nosso. Muito provavelmente os antissemitas existiriam mesmo se os judeus não existissem.

Não digo que, ao colocar o problema dessa forma, Sartre não capture uma meia verdade, no sentido de que há, de fato, no ódio antissemita uma certa gratuidade, que falta, por exemplo, no ódio de classe do proletariado, ou também no sentido de que o antissemitismo é uma manifestação de uma fase pré-lógica do desenvolvimento do homem e da sociedade, à explosão da qual a presença do hebreu é, mais do que uma causa, uma ocasião. Mas uma meia verdade, da qual não se busca descobrir a outra metade – neste caso, as razões

2 SARTRE, Jean-Paul. *Réflexions sur la question juive* [*Reflexões sobre a questão judaica*]. Paris: Paul Morihien, 1946. Em breve [1947] sairá a tradução italiana pela editora Comunità.

históricas dessa aparente gratuidade ou do fato de que essa explosão tenha ocorrido em contato com os judeus e não com outros grupos sociais ou étnicos –, uma meia verdade que é tomada como uma verdade completa, acaba levando ao paradoxo, ou, na melhor das hipóteses, ao amadorismo genial.

De qualquer forma, postulada a tese inicial de que o antissemita é um indivíduo que se escolhe como tal, independentemente do fato de que os judeus sejam de um jeito ou de outro, segue-se que as reflexões de Sartre não se desenvolvem sobre as razões históricas da questão hebraica, mas unicamente sobre os caracteres existenciais do antissemita e, paralelamente, do hebreu que se encontra em uma sociedade onde existe o antissemitismo, e diante da qual pode adotar duas atitudes diferentes: a da autenticidade, que consiste em aceitar sua condição de hebreu, e a da inautenticidade, que leva a negar ou a evitar seu destino de hebreu e a fugir de suas responsabilidades. Assim, essas reflexões sartreanas assumem, no conjunto, o aspecto de uma fenomenologia do antissemitismo. Dentro desses limites, são sem dúvida interessantes e atraentes. Nessa análise fenomenológica, Sartre consegue jogar completamente seu jogo, que é um jogo astuto, sutil, original e cheio de surpresas. Por exemplo: o racionalismo judaico não é um gosto abstrato e estéril pela disputa, como pretende o antissemita, mas é uma maneira própria do judeu impróprio se evadir da sua própria condição de judeu, consistente não em ocultar na sua pessoa ou no seu corpo o que os outros condenam ou ridicularizam como caráter judaico, mas de escolher uma concepção de mundo, aquela própria do racionalismo, na qual a própria ideia de judeu é contraditória. Se a razão existe, não há mais uma verdade francesa e uma verdade alemã, uma verdade negra e uma verdade judaica. Não há senão uma única verdade, e cabe ao melhor homem descobri-la. Entende-se que, às vezes, a habilidade no jogo é excessivamente evidente, e se revela em um excesso, por assim dizer, de inteligência, ou, em outros termos, em uma desproporção entre a coisa a ser explicada e o modo usado para explicá-la. Por exemplo: o antissemitismo não é apenas uma opinião. É também uma concepção do mundo: uma concepção maniqueísta, na qual os acontecimentos da história se explicam pela luta do princípio do bem contra o princípio do mal, e o princípio do mal é o judeu. E ainda: o antissemita é aquele que tem medo: de si mesmo, da sua consciência, da sua liberdade, dos seus instintos, das suas responsabilidades etc.; tem medo de tudo, exceto dos judeus. É o medo diante da condição humana. É o homem que quer ser uma rocha implacável, uma torrente furiosa, um raio devastador: tudo, exceto um homem.

No entanto, apesar desse exibicionismo metafísico, não se pode dizer que o jogo de Sartre seja um jogo frio: eu diria que Sartre se apaixona por ele, e a análise fenomenológica alcança aqui e ali a temperatura de um ensaio moralista. Na postura diante do antissemita, há uma indignação sincera, uma paixão moral, um senso concreto do ser humano: sob o fenomenólogo, espreita o moralista. Nessa direção, o opúsculo de Sartre supera seus próprios limites e merece ser lido e difundido também na Itália, onde a questão hebraica, apesar de hoje estar relegada entre as coisas sobre as quais não se deve falar, existe e precisa ser debatida e estudada, talvez, como propõe Sartre, fundando uma liga (não de judeus, mas de arianos) – ou desenvolvendo aquelas já existentes – contra o antissemitismo, que se una internacionalmente às ligas análogas de outros países e contribua para formar uma forte corrente de opinião pública contra toda forma de perseguição antissemita. "A causa dos judeus estaria meio ganha se seus amigos encontrassem, para defendê-los, um pouco da paixão e da perseverança que seus inimigos investem em atacá-los" (p. 198).

Os limites dessas reflexões, se é que existem, estão em outro lugar; são os limites implícitos no próprio método fenomenológico, que é um método descritivo e não explicativo. Estes são os limites em que a fenomenologia se encontra em relação à pesquisa histórica como pesquisa causal dos eventos humanos. Esses limites se revelam bastante claramente onde Sartre quer indicar o remédio para curar a sociedade do antissemitismo. A maior ou menor eficácia de um remédio está relacionada com a maior ou menor clareza com que se conhecem as causas do mal. Mas Sartre, dessas causas, como se disse, não se preocupou. E então o remédio adquire um caráter taumatúrgico e parece mais um adiamento do problema do que uma solução. Como o antissemitismo é, segundo Sartre, uma representação mítica e burguesa da luta de classes, e, portanto, não poderia existir em uma sociedade sem classes, aqui está o único remédio: fundar uma sociedade sem classes. Mas como não perceber que essa sociedade sem classes, que surge no final quando menos esperávamos, é um pouco como o reino de Deus dos teólogos, a cidade ideal dos utopistas, o reino dos fins de Kant, ou seja, um conceito limite, ou até mesmo um mito. Teria razão da mesma forma quem dissesse que em uma sociedade cristã, onde reinasse o amor fraterno entre os homens, não existiria o antissemitismo. Mas como poderia escapar à acusação de ser um visionário, um sonhador, um idealista sem raízes na terra?

No fundo, a sociedade sem classes é para o existencialista Sartre uma solução mágica. A magia acolhida no princípio não pode deixar de reaparecer no final. Mais uma vez, o existencialismo não é capaz de ultrapassar o círculo mágico dentro do qual se enclausurou.

4.6

CAMUS E O TEMPO DA LOUCURA[1]

Pertenço, mais ou menos, à geração de Albert Camus, à geração que, nos anos da maturidade, se encontrou atravessando, tendo previsto obscuramente, mas não conseguido deter antes que fosse tarde demais, o tempo da "loucura", para usar uma expressão querida ao nosso autor, ou do "sangue da Europa", para lembrar mais uma vez o título de um livro-símbolo: o tempo em que ocorreram aqueles eventos extraordinários (e terríveis) que colocaram em questão tudo aquilo em que tínhamos acreditado, tudo o que tínhamos pensado sobre o destino do homem, sobre o progresso histórico, que as filosofias da história do século passado haviam considerado indefinido, sobre a inevitável perfectibilidade do gênero humano, sobre as razões ou não-razões da existência, sobre a relação entre Deus e o mundo, entre homem e homem, e dentro de cada um de nós, entre o homem íntimo e o homem político. Foram os anos em que, não por acaso, o existencialismo se difundiu em suas duas versões, laica e religiosa, uma filosofia da finitude, da angústia, da situação-limite,

---

1 Ensaio "Camus e il tempo della follia", originalmente publicado em *Mondoperaio*, 39, nº 4 (abr. 1986), p. 120.

que eu havia interpretado, para encontrar uma justificativa, como "filosofia do decadentismo".

São os anos em que nos aparece em toda a sua extensão e intensidade o "rosto demoníaco" do poder, e se apresenta em suas principais representações históricas: a *hýbris* dos antigos, a *libido dominandi* de Santo Agostinho, a "raposa" e o "leão" de Maquiavel, os dois monstros, Leviatã e Behemoth, de Hobbes, a fúria da destruição de Hegel, o elogio do carrasco de De Maistre, e, para terminar, a "vontade de poder" de Nietzsche, com seu inevitável companheiro, o niilismo.

De todos aqueles que refletiram sobre esses acontecimentos e deles extraíram temas de meditação que não perderam nada do seu significado original, Camus foi talvez quem tirou as consequências mais radicais e se fez as perguntas mais tormentosas. Tormentosas, porque são as eternas perguntas que não têm resposta, ou são de tal natureza que a resposta, qualquer que seja, remete imediatamente a outra pergunta. O próprio Camus não teve a pretensão de respondê-las.

Entre essas perguntas, gostaria de evocar brevemente duas em particular: a pergunta sobre o sentido da história e aquela sobre a relação entre ética e política.

Qual é o sentido da história? Com a queda do mito do progresso e a revelação da ficção da providência, que por caminhos inescrutáveis leva a bom termo até as ações mais perversas, a história ainda tem um sentido? Há uma razão na história? Mas uma história sem Deus e sem razão não se torna o reino do absurdo, e seu símbolo não é mais Prometeu ou Ulisses, mas se torna Sísifo, condenado a empurrar montanha acima uma pedra que, ao chegar ao cume, cai novamente? O mito de Sísifo lembra um trecho de um autor que lhe era caro, Dostoiévski: nas *Memórias do subsolo*, ele descreve a pena dos condenados que, a cada dia, erguem um monte de areia que no dia seguinte é derrubado.

Um dia, ao ter que dar uma aula sobre ética e política, me ocorreu citar duas breves falas de um diálogo extraídas de uma peça de Camus. Um dos personagens elogia o princípio maquiavélico de que os fins justificam os meios. O outro retruca: "mas quem justifica os fins?". Pois é, o problema é exatamente esse: quem justifica os fins? Admitamos: o bom fim justifica também o meio mau. Mas e se o fim também fosse mau? No famoso trecho do capítulo XVIII de *O príncipe*, Maquiavel afirma que o príncipe que realizou "grandes coisas" pode não levar em consideração a fé. Mas quais são as grandes coisas? Conquistar um Estado é uma "grande coisa"? O massacre da Noite de São Bartolomeu, que foi justificado pelo maquiavélico Gabriel Naudé, era uma "grande coisa"? Camus está certo, quem justifica o fim? O segundo trecho: um dos terroristas da peça *Les justes* [Os justos], para justificar o atentado que está prestes a cometer, exalta a felicidade da sociedade futura que nascerá da violência revolucionária. Dora o interrompe e lhe diz: "e se não fosse assim?" Verdade: e se não fosse assim? Quantas vezes na história "não foi assim".

As perguntas que Camus se fez são as perguntas que não podemos evitar fazer a nós mesmos. Será que o rosto demoníaco do poder desapareceu? E a vontade de potência? Camus fez essas perguntas a si mesmo com particular clarividência e com obstinação. Por isso, sua obra, que, pelo menos na Itália, causou menos alvoroço do que a de Sartre, é talvez hoje mais atual, porque seu compromisso foi menos importuno, menos obsessivo, menos preocupado em estar sempre na linha certa (que muitas vezes se revelou ser a errada).

Na relação entre intelectuais e política, Camus soube evitar as duas posições extremas: aquela rígida e fria de Benda, da separação nítida entre o compromisso com a verdade e o compromisso com o mundo, e a do intelectual engajado, ou até mesmo partidário, que considera seu dever estar sempre de um lado (não ter dúvidas diante de quem lhe pergunta: "e você, de que lado está?").

Fascinado pelos grandes e insolúveis contrastes da existência, Camus foi um homem de grandes contrastes interiores: um exemplo de paixão e lucidez, de forte emotividade e, ao mesmo tempo, de rigor intelectual, de extroversão e reflexão, de imaginação e raciocínio (que às vezes parece até demasiado sutil). Patético e, ao mesmo tempo, logicamente implacável: sua foi uma lógica implacável a serviço da demonstração do absurdo. Agitado pelas fúrias e, ao mesmo tempo, calmo como um deus do Olimpo, sem esperança, mas não desesperado. Sua vida foi um exemplo de dignidade, de dignidade no sofrimento.

QUINTA PARTE

ABBAGNANO: UMA AFINIDADE ELETIVA

5.1

ABBAGNANO, AMIGO DE PENSAMENTO E DE VIDA[1]

Conhecemo-nos em 1936, quando ele veio ensinar filosofia na Universidade de Turim, há mais de cinquenta anos. Embora eu fosse alguns anos mais jovem e estivesse no início da minha carreira acadêmica, estabeleceu-se imediatamente uma boa amizade entre nós. Tendo alguma curiosidade pelo existencialismo, que começava a ser discutido na Itália naquela época, escrevi em 1941 uma resenha de *La struttura dell'esistenza* [*A estrutura da existência*] (1939), um livro original com o qual Abbagnano deu início à corrente de pensamento conhecida como existencialismo italiano, também chamado de "positivo", para distingui-lo do existencialismo negativo, que culminava em várias formas de niilismo dos existencialistas alemães, ou "humanístico", para distingui-lo do existencialismo religioso de Marcel, Berdiaeff, Bultmann. Através de Pavese, que ele lembra com profunda simpatia humana em vários lugares, entrou em contato com a editora Einaudi, que o fez escrever o prefácio de um livro que

---

1 Com esse breve texto, Bobbio lembra o filósofo falecido *Abbagnano, amico di pensiero e di vita*, originalmente publicado no jornal *La Stampa*, 11 de setembro de 1990, Società e Cultura, p. 19.

ele mesmo havia indicado, de uma aluna de Jaspers, Jeanne Hersch, *L'illusione della filosofia* [*A ilusão da filosofia*] (1942).

Abbagnano era um homem confiável sem ser expansivo. Nossa amizade foi genuína, mas discreta, baseada em estima mútua, concordância em alguns pontos essenciais e divergências igualmente sérias, embora nunca abertamente declaradas devido a uma certa reserva e pudor em expor demasiado abertamente os próprios sentimentos. Nunca compartilhei, por exemplo, de sua atitude polêmica em relação a Croce, que ele expressou principalmente nos últimos anos, com críticas direcionadas não apenas ao filósofo, mas também ao homem, que considero injustas e erradas, muitas vezes impulsivas. Longa, fecunda e, pelo menos para mim, muito instrutiva, foi a nossa colaboração em iniciativas comuns, que deixaram algumas marcas na tentativa de renovação da filosofia em nosso país após a Libertação. Refiro-me em particular à codireção da *Rivista di Filosofia*, a revista que foi de Piero Martinetti e Gioele Solari, quando, tendo se tornado há alguns anos uma publicação de Turim, passou a ser publicada pela editora Taylor (a senhora Marian Taylor, americana, com quem ele se casou em 1946, foi sua segunda esposa), a partir de 1952.

A colaboração de Abbagnano na revista havia começado alguns anos antes, com dois artigos, "*Nota sui termini: scienza, conoscenza, mondo*" [*Nota sobre os termos: ciência, conhecimento, mundo*] e "*Verso un nuovo iluminismo*" [*Rumo a um novo Iluminismo*], ambos publicados em 1948, considerados como uma espécie de manifesto da renovação filosófica, sob a égide de uma revalorização do saber científico, que o idealismo havia posto à margem da cultura italiana. O principal artífice dessa revalorização foi Ludovico Geymonat, promotor, juntamente com físicos, matemáticos e biólogos, do *Centro di Studi Metodologici*, ao qual o próprio Abbagnano aderiu desde o início, conferindo-lhe autoridade e contribuindo com suas ideias.

Iniciando a nova série da *Rivista di Filosofia*, sob sua codireção, ele escreveu o prefácio, no qual afirmou, entre outras coisas:

"queremos combater o perigo (real pelo menos na Itália) de que a filosofia se torne um exercício verbal insincero e um pretensioso instrumento de domínio mental". No prefácio da edição da revista dedicada a ele por ocasião de seu octogésimo aniversário, eu disse que "nessas palavras, escritas há trinta anos e ainda hoje extremamente atuais, a revista encontrou sua constante inspiração e sua própria razão de ser".

Entre abril e junho de 1951 (o episódio é pouco conhecido e, por isso, gosto de recordá-lo), ocorreram algumas intervenções na rádio, por mim solicitadas (sob a égide e a benevolente, embora um pouco preocupada, proteção de Carlo Emilio Gadda), sobre as "tarefas da filosofia". Em sua intervenção, publicada na revista *Filosofia* (1953) junto com a de Guzzo e com minhas perguntas, que questionavam a sobrevivência da filosofia pressionada entre religião e ciência, Abbagnano, com a clareza e a simplicidade de linguagem que lhe eram habituais (e que lhe permitiram escrever obras filosóficas de grande difusão, como a *Storia della filosofia* [*História da filosofia*] em três volumes e o *Dizionario di filosofia* [*Dicionário de filosofia*]), explicou que "apenas no terreno da filosofia a religião e a ciência podem se encontrar e se confrontar, reconhecendo cada uma o lugar que lhe cabe na vida e no destino do homem", concluindo: "uma filosofia que cumprisse essas tarefas contribuiria verdadeiramente para orientar o homem no mundo e tornar o próprio mundo mais humano. Uma tal filosofia poderia, portanto, ser saudada como um novo Iluminismo".

Em 1965, a administração municipal de Salerno, sua cidade natal, decidiu homenageá-lo publicamente com uma cerimônia, um discurso e uma coletânea de escritos. O discurso, que me foi confiado, foi proferido após o do prefeito e antes da resposta do homenageado, em 4 de dezembro. Nele, eu delineava a figura do novo filósofo, não mais um profeta, mas "um homem que fala a outros homens e busca resolver com eles as dificuldades que um mundo não benigno lhes impõe", e concluía: "nesta representação do filósofo novo, a voz de Abbagnano tornou-se cada vez mais intensa e segura, e, eu gostaria de acrescentar, cada vez mais persuasiva. É a voz de uma sabedoria moderada, sem ambições desmedidas, sem poses proféticas ou, pior ainda, professorais, que aborda os problemas do homem no mundo (...), fazendo projetos realizáveis, indicando objetivos comuns".

Possuo uma cópia do volume de *Scritti scelti* [*Escritos selecionados*], publicado pelo município de Salerno, com esta dedicatória do próprio Abbagnano: "A Norberto Bobbio, que quis dar um tão belo testemunho da nossa antiga amizade, nascida e renascida sem sombras". Na resposta, ele saudava a cidade de Turim, "que há muitos anos me acolheu e onde encontrei discípulos e amigos queridíssimos, bem como auxílios de toda espécie e em todas as classes sociais nos momentos difíceis que atravessei". Aquele dia permaneceu vivo na minha memória também porque minha esposa e eu fomos alegremente hospedados na casa de suas irmãs.

Aposentado em 1971, e casado novamente com a senhora Gigliola Toninelli, em 1972, mudou-se para Milão. Sempre foi uma pessoa sedentária. Tornou-se ainda mais sedentário nos últimos anos. Desde então, vimo-nos raramente. Embora fosse membro nacional da *Academia dei Lincei* desde 1964, ia a Roma raramente. Escrevia poucas cartas, e essas poucas eram muito breves. Desejava ficar recluso. Recebia com prazer, com a requintada gentileza do napolitano de boas maneiras, as visitas alheias, mas fazia poucas visitas.

Não se deixou ser levado pela fama, que aumentou desde que começou a escrever para os jornais e publicou livros de grande sucesso como *La saggezza della vita* [*A sabedoria da vida*] (1985) e *La saggezza della filosofia* [*A sabedoria da filosofia*] (1987). Normalmente, não participava de congressos. Não aparecia na televisão. De vez em quando, concedia algumas entrevistas a amigos ou discípulos. Continuou a ler, ajudado por uma "longevidade ainda lúcida", como ele dizia, muitíssimo de filosofia, ciência e literatura. Via poucas pessoas, mas mantinha-se atualizado através dos livros. Ele próprio conta que, desde menino, era um leitor ávido.

Nos últimos anos, traduziu a visão de mundo que havia se formado em tantos anos de exercício do pensamento filosófico em breves reflexões sobre problemas de teoria e de ética (muito mais de ética do que de política), que a curiosidade insaciável do leitor sempre ávido de novas conhecimentos lhe ia suscitando. Recusava qualquer concepção totalizante da natureza e da história que as filosofias dominantes por mais de um século, da matéria e do espírito absolutos, haviam alimentado. O ponto de partida de seu pensamento foi o homem concreto, o indivíduo, em sua finitude intransponível e, ao mesmo tempo, em sua livre criatividade, finito, mas aberto a infinitas possibilidades, finito, mas artífice, dentro de seus próprios limites, de seu próprio destino e do destino dos outros homens. Acreditava, ainda, sem nutrir muitas ilusões e sem assumir uma postura de superioridade, na "missão do erudito".

5.2

DISCURSO SOBRE NICOLA ABBAGNANO[1]

1

Não posso esconder meu embaraço ao falar sobre a obra de Nicola Abbagnano. Por duas razões, pelo menos: antes de tudo, trata-se de uma obra longe de estar concluída, uma obra que, na verdade, continua a evoluir internamente, com uma extraordinária capacidade de dominar os principais pontos de desenvolvimento do saber contemporâneo. Em segundo lugar, é uma obra demasiado entrelaçada com a história da cultura contemporânea na Itália, há pelo menos trinta anos, para que alguém, como eu, que se move dentro dessa história, possa falar dela com suficiente distanciamento, como historiador e não como testemunha. Digo desde já que, se o meu discurso não for histórico e crítico, também não será – e não preciso

---

1 O presente texto é a introdução à obra *Scritti scelti / Nicola Abbagnano* [*Escritos selecionados / Nicola Abbagnano*]. Curada por Giovanni de Crescenzo e Pietro Laveglia; com introdução de Norberto Bobbio. Torino: Taylor, 1967, pp. 1-30; originalmente publicada com o título "Discorso su Nicola Abbagnano".

explicar o porquê – uma *apologia pro amico*. Abbagnano e eu temos em comum uma qualidade "que naturalmente consideramos uma virtude": não gostamos de discursos muito longos e nos entendemos com poucas palavras. Em nosso "universo de discurso" não há lugar para os elogios excessivos.

Para deixar claro o meu enfoque sobre o tema, quero dizer mais isto: não pude reconstruir a evolução do pensamento de Abbagnano sem percorrer as etapas do meu próprio itinerário mental, sem refletir sobre os meus próprios casos pessoais, sem reexaminar de modo furtivo e de maneira transversal a história paralela da minha vida. Por isso, meu discurso será ao mesmo tempo história e memória, análise e testemunho, reconstrução objetiva e reflexão interior. Peço desculpas desde já se não souber eliminar toda tentação à autobiografia. Mas confesso que ter que buscar o núcleo essencial e o sentido da filosofia de Abbagnano, com quem compartilho não apenas a direção de uma revista filosófica, mas também uma posição cultural há anos, foi uma boa oportunidade para fazer um balanço pessoal.

2

Acredito que todos concordamos que os anos decisivos para a crise do idealismo e para o surgimento dos novos fermentos que alimentariam as principais correntes do pós-guerra são os anos de 1930 a 1940.

Com o *Concordato* de 1929, o idealismo contemporâneo de Giovanni Gentile, uma filosofia radicalmente imanentista, laica, que reivindicava antecessores como Giordano Bruno e mestres como Bertrando Spaventa, havia deixado de ser a filosofia oficial do regime. Para a cultura oficial, começava a longa noite da repetição de palavras de ordem, da ortodoxia comandada, do conformismo estéril e esterilizante. Mas por trás da fachada, após o esgotamento da força expansiva do idealismo, o debate filosófico tornou-se mais vibrante, mais intenso, mais aberto a novas vozes ou mais disposto a ouvir vozes que por muito tempo haviam sido sufocadas. A discussão começou dentro do próprio idealismo. A escola de Gentile se dividiu em uma ala direita que gradualmente retomou e redescobriu temas e motivos do espiritualismo cristão, e em uma ala esquerda que se dissolveu no problematicismo. Por um lado, *II mito del realismo* [*O mito do realismo*] de Armando Carlini é de 1936, *Idealismo e cristianesimo* [*Idealismo e cristianismo*] de Augusto Guzzo também é de 1936. Por outro lado, em 1937 é lançado *La vita come ricerca* [*A vida como busca*] de Ugo Spirito, que representa muito bem a consciência inquieta de uma filosofia que perdeu irremediavelmente a confiança na autossuficiência. Um outro aluno de Gentile, Guido Calogero, que havia começado naqueles anos a reunir em torno de si grupos clandestinos de resistência ao fascismo, publicou em 1938 uma pequena soma de suas teses filosóficas, *La conclusione della filosofia del conoscere* [*A conclusão da filosofia do conhecer*], e em 1940 um livro de ética e pedagogia, *La scuola dell'uomo* [*A escola do homem*], claramente voltado às tarefas de uma filosofia libertadora em um mundo que se encaminhava através ditadura para a tempestade da Segunda Guerra Mundial: com Calogero não se podia mais falar nem de direita nem de esquerda, porque o atualismo não era apenas desenvolvido ou completado de dentro para fora, mas invertido. Com uma singular intuição antecipatória, Franco Lombardi teorizou em 1935, com um livro sobre Feuerbach, e em 1936 com outro sobre Kierkegaard: dois filósofos que haviam ficado à margem da filosofia acadêmica, mas que seriam encontrados poucos anos depois no centro das atenções, um na renascença marxista, o outro no existencialismo. Fora do idealismo, não devemos esquecer que, nos mesmos anos, Ludovico Geymonat estava estabelecendo os primeiros contatos com a então pouco conhecida Escola de Viena, e estava escrevendo suas primeiras obras engajadas na redescoberta da filosofia da natureza e do positivismo modernizado: *La nuova filosofia della natura in Germania* [*A nova filosofia da natureza na Alemanha*] é de 1934, *Ricerche filosofiche* [*Pesquisas filosóficas*], onde ele expõe as teses teóricas da fundação neo-positivista do conhecimento, é de 1939. Quando Antonio Banfi fundou em 1940 a revista *Studi Filosofici*, juntamente com alguns discípulos, a revisão do idealismo já estava em andamento e os temas da "retomada" já haviam ressurgido e sido novamente propostos para discussão. Não obstante o silêncio e a rigidez censória, até mesmo o marxismo teórico não estava morto: viríamos a apreender após a Libertação que, nos mesmos anos, na superfície aparentemente estagnantes, mas agitados por correntes subterrâneas, Antonio Gramsci, em sua cela de prisioneiro, também estava lidando com o idealismo, reexaminando e renovando a concepção marxista da história através de Lenin e escrevendo um dos capítulos mais teoricamente ricos da influência, nada efêmera, do marxismo teórico na Itália.

3

Em 1939, foi publicado *La struttura dell'esistenza* [*A estrutura da existência*] de Nicola Abbagnano. Entre as obras de ruptura, foi certamente a mais chocante. Não se parecia com nenhuma das obras filosóficas que estavam sendo escritas naqueles anos, inclusive na forma, que era áspera, linear, sem os habituais ímpetos oratórios e as habituais virtuosidades dialéticas. Mesmo as obras envolvidas na polêmica idealística mantinham o habitual ar de família: a filosofia italiana não estava acostumada à sobriedade. O livro de Abbagnano era tão pouco vestido que deixava claramente à mostra o esqueleto, e era um esqueleto bem-feito, completo, harmonioso, onde cada coisa estava em seu lugar. Com isso, não quero dizer que fosse um livro fácil; pelo contrário, devido à sua novidade, era um livro quase secreto, do qual era necessário encontrar a chave que não se encontrava nos lugares comuns. Não era um livro fácil, mas justamente porque foi escrito com rigor, guiado e sustentado por uma rara disciplina mental, ele se deixava compreender. No entanto, foi uma surpresa, talvez a maior surpresa daqueles anos. Lembro vividamente que, para mim e para muitos outros na época, parecia um meteorito caído do céu. Apesar de se começar a falar sobre existencialismo há alguns anos, ninguém estava preparado para se deparar com um filósofo existencialista italiano, muito menos com uma versão italiana, já completa e perfeita, do existencialismo. Confesso que, ao pensar nisso agora após tantos anos, o sentido da surpresa não desapareceu completamente. Como Abbagnano chegou ao existencialismo e chegou tão rapidamente com tanta segurança, como um mestre, ainda permanece envolto em mistério. Em um ensaio autobiográfico de 1940, ele próprio se limita a dizer que, após o ensaio anterior *II principio della metafisica* [*O princípio da metafísica*] de 1936, a filosofia da existência de Kierkegaard e Heidegger lhe ofereceu os termos para satisfazer a exigência que ele havia formulado, mas não resolvido, de "subtrair o princípio da metafísica de toda interpretação objetivista e subjetivista, e aquela, igualmente resoluta e firme, de ligá-lo à constituição do homem como tal".[2]

Nos anos anteriores, ele foi um escritor particularmente precoce e prolífico. Começou com apenas vinte e dois anos com *Le sorgenti irrazionali del pensiero* [*As fontes irracionais do pensamento*] (1923), seguido por *Il problema dell'arte* [*O problema da arte*] (1925), *Il nuovo idealismo inglese e americano* [O novo idealismo inglês e americano] (1927), *La filosofia di Emile Meyerson* [A filosofia de Emile Meyerson] (1929), uma monografia completa sobre *Guglielmo di Ockham* [*Guilherme de Ockham*] (1931), *La nozione del tempo secondo Aristotele* [*A noção do tempo segundo Aristóteles*] (1933), *La fisica nuova: Fondamenti di una teoria della scienza* [*A física nova: Fundamentos de uma teoria da ciência*] (1934), *Il principio della metafisica* [*O princípio da metafísica*] (1935). Os temas abordados, como se vê, eram muitos e de uma amplitude singular: inscreviam-se em um horizonte cultural que abrangia todos os pontos cardeais do pensamento filosófico, desde a história da filosofia, passando pelo pensamento antigo, medieval, moderno e contemporâneo, até a filosofia teorética, com especial atenção para o problema da ciência e da arte. No entanto, mesmo a última obra antes do encontro com

2 "Metafisica ed esperienza" ["Metafísica e experiencia"]. In: *Filosofi italiani* [*Filósofos italianos*], organizado por M. F. SCIACCA. Marzorati, 1940, p. 14.

o existencialismo, *Il principio della metafisica* [*O princípio da metafísica*], mencionada há pouco, com a necessidade de fundamentar uma metafísica como especulação absolutamente autônoma, ou seja, incluir em sua própria constituição as condições de sua validade, com a determinação do pensamento como princípio da metafísica, ou seja, como a própria metafísica em sua realização, não antecipava a virada existencialista. Talvez a preparasse no sentido de que desobstruía o caminho de todas as metafísicas anteriores e expressava a necessidade de uma auto fundação da metafísica garantida pelo próprio pôr-se fora de qualquer fundação subjetivista ou objetivista tradicional. Quem, como eu, interpretava o existencialismo como uma filosofia da crise, como uma espécie de acerto de contas final do irracionalismo contemporâneo, do qual eu percebia, aliás, o valor da denúncia implacável da retórica dos falsos ideais, talvez pudesse vislumbrar uma antecipação do existencialismo de 1939 nas teses irracionalistas da obra juvenil. Mas outros poderiam, com igual razão, talvez, ver no interesse pelos problemas que eram propostos à filosofia pela nova física, uma razão pela qual o existencialismo, no mesmo momento em que foi aceito em seu princípio inspirador, foi imediatamente transformado em sua substância, quase transmutado na concepção de mundo e do homem que lhe era própria.

A única coisa que se pode dizer com certeza é que, para Abbagnano, o existencialismo chegou nos anos da maturidade e da plena realização, através de um aprendizado exemplar pela riqueza de experiências e pela vastidão de documentação; um encontro congenial, que serviu para desfazer os nós que o debate filosófico pós-idealista havia emaranhado, ajudando-o a encontrar um caminho, em um momento em que se pedia à filosofia, além de uma teoria dos primeiros princípios, uma mensagem humana.

4

A mensagem contida na obra se expressava na assunção consciente e responsável, ao mesmo tempo apaixonada e rigorosa, sem ilusões, mas também sem autoflagelações, da finitude do homem: com algumas fórmulas incisivas que serão frequentemente, desde então, ecoadas, a existência como *compromisso total*, como *fidelidade ao próprio destino*, como *escolha apaixonada* da finitude, em última instância como escolha da escolha, que é a escolha existencial por excelência, na medida em que garante a possibilidade de todas as escolhas e, portanto, faz do homem um ser livre, não abandonado ao curso dos eventos nem submisso aos outros, mas dono de si mesmo e de suas próprias obras, voltado, embora sem garantias e, portanto, sempre sob risco de não conseguir, em direção a uma comunidade de homens livres.

Por trás dessa mensagem, podia-se entrever uma impaciência tanto pelo otimismo obrigatório do atualismo quanto pelo pessimismo catastrófico daqueles que, movendo-se fora da filosofia acadêmica, denunciavam os primeiros sintomas de uma imensa "crise da civilização". Também Abbagnano reconhecia a crise. Mas, ao contrário dos profetas da crise, ele propunha uma solução. A obra de 1939 não era, de forma alguma, uma obra apenas polêmica: era uma obra construtiva. Se havia uma polêmica, esta estava dentro do próprio existencialismo, do qual se aceitavam a concepção da filosofia como análise existencial, algumas categorias fundamentais, como as de possibilidade, de escolha, de finitude; alguns valores últimos, como o de autenticidade contraposta à dispersão, de fidelidade, de existência como responsabilidade e risco, mas rejeitavam-se as soluções em nome de uma maior coerência com os próprios princípios aceitos e de uma implementação mais rigorosa dos valores assumidos.

Aceita a definição da existência como esforço em direção ao ser, parecia a Abbagnano que, na filosofia de Heidegger, o esforço em direção ao ser, considerado apenas em seu ponto de partida, que é o nada, acabaria se tornando um existir para o nada; na filosofia de Jaspers, o mesmo esforço em direção ao ser, considerado apenas em seu ponto de chegada, conduziria ao fracasso final: em ambos os casos, o esforço em direção ao ser se transformava em seu contrário, ou seja, no esforço em direção ao nada. O problema central da filosofia de Abbagnano, a partir dessa obra, é salvar a função categorial preeminente e o valor normativo da categoria da possibilidade, de modo a impedir que ela decaia, como ocorre nas outras formas de existencialismo, não apenas nas originárias de Heidegger e Jaspers, mas também naquelas que surgirão posteriormente através do existencialismo francês, nas formas opostas da necessidade ou da impossibilidade. O único remédio para essa queda é a superação da possibilidade na possibilidade da possibilidade ou possibilidade transcendental: se a possibilidade é condição de liberdade, a possibilidade, por sua vez, é garantida apenas se o possível é sempre possível, ou seja, se não se transforma, por uma incoerência fatal, no necessário ou no impossível. Neste ponto, a análise dá lugar a uma doutrina de sabedoria: para que o possível não se degrade em seu contrário, é necessário não apenas escolher, mas escolher o escolher, e, portanto, escolher de modo que uma escolha seja sempre possível. A escolha da escolha é a escolha existencial, ou seja, é a escolha que, tornando sempre possível o possível, ou seja, libertando-o do fracasso, garante a liberdade, entendendo-se a liberdade finita da qual apenas o homem é capaz. Com essa doutrina de sabedoria, Abbagnano se colocava além da crise da qual o primeiro existencialismo era uma expressão, uma denúncia e, em última análise, uma aceitação.

Posteriormente, seria proposta a contraposição entre existencialismo negativo e existencialismo positivo. A positividade do existencialismo de Abbagnano era clara, ainda que não totalmente explicada, desde o início: e consistia naquilo que daquelas mesmas categorias filosóficas, que haviam servido aos primeiros existencialistas e, ainda mais cruamente, aos existencialistas literários para proclamar a insuficiência do homem, o fracasso de todo esforço em direção ao ser, o escândalo da existência, Abbagnano se valia e valer-se-ia cada vez mais, à medida que prosseguia na investigação das possibilidades efetivas do homem, para traçar as linhas de um humanismo construtivo, distante tanto do otimismo triunfante quanto do pessimismo heroico. O existencialismo de Abbagnano nunca foi, como se disse de outros existencialismos, uma teologia invertida. Desde o primeiro momento, foi uma inversão da antropologia religiosa: aqueles traços do homem que, para a antropologia religiosa, são sinais da *misère* [miséria] da condição humana, são para Abbagnano sinais, não digo de sua *grandeur* [grandeza], mas certamente de sua dignidade, os pressupostos de todo valor ou mérito da aventura humana no mundo. Era, portanto, claro, desde essa primeira obra, que Abbagnano se movia contra dois adversários filosóficos ao mesmo tempo: a filosofia como posse total e a filosofia como renúncia igualmente total, em nome do ideal de uma posse sempre contestada e sempre reconquistada. Em um ensaio muito conhecido, escrito muitos anos depois e às vezes considerado uma virada decisiva, Abbagnano falará de morte e transfiguração do existencialismo: mas a transfiguração já havia começado na primeira obra, e, portanto, antes mesmo da morte.

O tema da possibilidade do possível torna-se, a partir de agora, o tema central não mais esquecido, antes sempre retomado, desenvolvido, enriquecido e precisado. Na *Introduzione all'esistenzialismo* [*Introdução ao existencialismo*], que é de 1942, o conceito-chave para compreender o significado e o resultado da conversão do existencialismo em uma filosofia positiva é aquele da possibilidade transcendental, que permite considerar a existência em uma contínua tensão problemática com o ser, sem fazê-la decair na impossibilidade ou na necessidade.

Convidado em 1950 pela Universidade de Pádua a expor sua perspectiva filosófica, Abbagnano, ao distinguir o possível, que pode se realizar, do necessário, que já está realizado, e do impossível, que não pode se realizar, chamava a atenção para o fato de que, ao se realizar, o possível permanece possível apenas se se relaciona à sua possibilidade constitutiva. Isso ocorre quando o realizar-se de uma possibilidade não representa o extinguir-se da possibilidade, mas "o consolidar-se e o manifestar-se autêntico da própria possibilidade e seu representar-se incessante como possibilidade".[3]

Em uma conferência de 1951, voltando ao problema, ele o formulava de maneira sintética da seguinte forma: "o critério para julgar os possíveis e para escolher de maneira consciente entre eles é o próprio possível".[4] Finalmente, no ensaio já citado, *Morte e trasfigurazione dell'esistenzialismo* [*Morte e transfiguração do existencialismo*], de 1955, ele reiterava o conceito de que, para mostrar a alternativa positiva do existencialismo, a única via era assumir a categoria em todo o seu significado e fazer um uso coerente dela, e explicava: "por 'uso coerente', entendo um uso que não transforme sub-repticiamente a categoria em uma categoria diferente e oposta... E por 'inteiro significado', entendo aquele que compreende as duas faces do possível e evita sacrificar uma em benefício da outra. De fato, a perspectiva aberta por uma possibilidade não é nem a realização infalível nem a impossibilidade radical, mas sim uma busca direcionada a estabelecer os limites e as condições da própria possibilidade e, portanto, o grau de garantia relativa ou parcial que ela pode oferecer".[5]

5

Depois de definir uma certa interpretação do existencialismo por meio de uma polêmica interna com outros existencialismos, interpretação que deu origem a uma nova forma de existencialismo que, para ser claro, chamaremos de "existencialismo aberto", o

---

3 ABBAGNANO, Nicola. *La mia prospettiva filosófica* [*A minha perspectiva filosófica*]. Padova: Editrice, p. 20; Liviana, 1950, p. 20.

4 ABBAGNANO, Nicola. "Esistenzialismo come filosofia del possibile" ["Existencialismo como filosofia do possível"]. *In*: ______. *Possibilità e libertà* [*Possibilidade e liberdade*]. Torino: Taylor, 1965, p. 21.

5 ABBAGNANO, Nicola. "Morte e trasfigurazione del esistenzialismo" ["Morte e transfiguração do existencialismo"]. *In*: ______. *Possibilità e libertà* [*Possibilidade e liberdade*]. Torino: Taylor, 1965, pp. 33-34.

próximo passo, quase obrigatório, era o confronto, por oposição ou por afinidade, com outras posições de pensamento que dominavam o campo ou que o estavam rapidamente conquistando. Esse confronto foi facilitado, ou melhor, tornado necessário, pela ruptura das barreiras ocorrida no final da guerra e pelo retorno ao livre debate de ideias e à comunicação intelectual normal entre os países. Quando, através dos dois livros fundamentais de 1939 e 1942, Abbagnano havia caracterizado sua postura filosófica, ele também estabeleceu as bases para uma exploração e uma declaração das convergências e divergências.

A convergência mais fecunda foi certamente aquela que o aproximou das correntes neoempiristas, com particular simpatia e consenso pelo instrumentalismo de John Dewey. Mas foi uma convergência, não, como outros sugeriram, uma conversão. Em relação ao neoempirismo e ao instrumentalismo, tratou-se de reconhecer e esclarecer que o existencialismo positivo se movia no mesmo horizonte cultural, compartilhava a mesma concepção do homem, estava disposto a conduzir lado a lado com ele a mesma batalha filosófica, pois tinha, em grande parte, os mesmos inimigos.

Decisivo a esse respeito é o que se lê no artigo, com um título que é um programa, *Verso un nuovo illuminismo: John Dewey* [*Rumo a um novo Iluminismo: John Dewey*], publicado no final de 1948 na *Rivista di Filosofia*. Depois de identificar no instrumentalismo de Dewey, no neopositivismo e no existencialismo as três filosofias militantes daqueles anos, Abbagnano escrevia que essas três correntes, apesar de suas diferenças, partiam de um pressuposto comum, o caráter problemático do homem e do mundo:

> para essas correntes – explicava ele – o mito de uma ordem estável, de uma razão absoluta que a domine e dirija, de um destino feliz e progressivo que conduza o homem infalivelmente às suas últimas metas, caiu por terra. O mundo foi reconhecido em sua instabilidade e precariedade fundamental; a razão foi reconduzida ao problema da razão, ou seja, às

> suas estruturas e categorias, que, portanto, perderam todo caráter pré-formado e necessário; o homem foi reconhecido como o problema dos problemas, como o ponto crítico em que a problematicidade do universo atinge uma possibilidade de solução e de escolha.[6]

No final do artigo, recapitulando os pontos salientes do pensamento de Dewey, ele falava, aludindo à filosofia europeia da qual se sentia portador, de uma "inspiração comum", e a fazia consistir na "exigência de uma filosofia humana, através da qual o homem se reconheça como homem, e não como anjo nem como matéria bruta, e projete na história sua vida futura, enraizando-se no mundo que é sua morada".[7]

A determinação dos pressupostos e dos objetivos comuns não impediria que cada um seguisse seu próprio caminho, adotando seus próprios critérios de validação e justificação da postura assumida. Abbagnano não apenas não renunciou ao existencialismo, mas procurou mostrar, em vários ensaios escritos em diferentes ocasiões, desde *Esistenzialismo positivo* [*Existencialismo positivo*] de 1948 até *Morte e trasfigurazione dell'esistenzialismo* [*Morte e transfiguração do existencialismo*] de 1955, a plena adesão do existencialismo reinterpretado ao programa iluminista. Antes, ele queria demonstrar que, se o novo Iluminismo se distinguia do antigo, isso se deveria ao fato de que a filosofia europeia havia passado pela crítica existencialista da razão e pela conscientização de que apenas o existencialismo havia alcançado com extrema lucidez a finitude intransponível da existência humana. No mesmo ano em que anuncia o programa neo-iluminista, Abbagnano publica dois ensaios

---

6 ABBAGNANO, Nicola. "Verso il nuovo illuminismo: John Dewey" ["Rumo ao novo Iluminismo: John Dewey"]. *Rivista di Filosofia*, XXXIX, 1948, p. 313.

7 ABBAGNANO, Nicola. "Verso il nuovo illuminismo: John Dewey" ["Rumo ao novo Iluminismo: John Dewey"]. *Rivista di Filosofia*, XXXIX, 1948, p. 324.

dos mais significativos sobre a natureza e as tarefas do existencialismo (*Che cosa è l'esistenzialismo?* [*O que é o existencialismo?*] e *L'esistenzialismo è una filosofia positiva* [*O existencialismo é uma filosofia positiva*]). O existencialismo não é apenas a conscientização da finitude humana, mas também o comprometimento com ela, ou seja, o reconhecimento e a aceitação dos próprios limites e do próprio papel através do aprofundamento dos temas fundamentais da transcendência, da coexistência e do destino. A filosofia, para o existencialismo, nunca é um saber total, mas sempre um saber problemático. Como filosofia da possibilidade transcendental, é uma reivindicação de liberdade. Contra as filosofias divinizantes, a resposta do existencialista é a que confia ao homem, apenas ao homem, a escolha, e, portanto, a responsabilidade e o risco do seu próprio caminho neste mundo.

Em uma límpida conferência de 1951, o mundo é comparado a um grande livro escrito em caracteres nem sempre claros e acessíveis. Por um lado, há filósofos que pretendem ter encontrado a chave e apresentam sua leitura como a única verdadeira; por outro, há filósofos que, considerando o livro completamente incompreensível, acreditam que todas as leituras são igualmente falsas. O existencialista não pertence nem ao grupo dos primeiros nem ao dos segundos: para ele, essa leitura nunca será definitivamente verdadeira nem definitivamente falsa, mas deverá ser continuamente verificada para ser confirmada ou refutada. Certamente, o caminho do existencialista é menos cômodo, mas é ao mesmo tempo mais razoável, distante tanto da imobilidade do dogmático quanto da inconclusividade do cético.

Resta apenas perguntar-se se essa representação do filósofo, para quem o grande livro do mundo não está nem totalmente aberto nem totalmente fechado, mas apenas entreaberto, não poderia igualmente servir para caracterizar o filósofo empirista. Talvez, já neste ponto, a convergência entre existencialismo e empirismo tenha dado lugar a uma sobreposição. No ensaio *Morte e trasfigurazione dell'esistenzìalismo* [*Morte e transfiguração do existencialismo*], de 1955, que é em muitos aspectos resumido e conclusivo, isso será indicado de forma bastante clara, quando, após elogiar a função libertadora do existencialismo, constatará que o existencialismo, esgotada sua função crítica, "evolui para um empirismo radical".[8] A convergência, então, terá se tornado uma confluência.

6

Essa convergência-confluência não foi sem algum efeito sobre o estilo e o trabalho filosóficos de Abbagnano nos últimos vinte anos. Algumas palavras ou fórmulas sugestivas do primeiro existencialismo, como destino, fidelidade, escolha apaixonada, autenticidade e dispersão, caíram em desuso; a linguagem tornou-se cada vez mais sóbria, simples, clara, severa e, embora não acadêmica, direcionada às coisas, essencial, raro exemplo de abstinência, de medida, de lealdade com o leitor. O existencialismo perdeu seu caráter defensivo primitivo, próprio de uma filosofia que é forçada a viver em uma cidadela assediada, e se transformou em uma postura expansiva, voltada para a investigação e a exploração de campos de experiência sempre novos. A esfera dos problemas e dos interesses foi se ampliando, especialmente em duas direções: as *ciências* e a *sociedade*.

No que diz respeito ao problema da ciência, a participação de Abbagnano no *Centro de Estudos Metodológicos*, que surgiu em Turim logo após a guerra por iniciativa de Ludovico Geymonat e alguns de seus amigos, foi particularmente fecunda. Não gostaria de errar, mas, naqueles anos, o primeiro escrito metodológico de Abbagnano foi a nota apresentada como tema de discussão no *Centro* em dezembro de 1947, intitulada *Nota sui termini: scienza, conoscenza, mondo* [*Nota sobre os termos: ciência, conhecimento, mundo*], publicada na *Rivista di Filosofia* no primeiro fascículo de 1948, que também marcou o início de sua colaboração com essa

---

8 ABBAGNANO, Nicola. "Morte e trasfigurazione del esistenzialismo" ["Morte e transfiguração do existencialismo"]. *In*: ______. *Possibilità e libertà* [*Possibilidade e liberdade*]. Torino: Taylor, 1965, p. 34.

revista. Em 1949, seguiu-se a conferência sobre a *Metodologia delle scienze nella filosofia contemporanea* [*Metodologia das ciências na filosofia contemporânea*], que serviu de introdução a uma série de aulas dos membros do *Centro*, posteriormente publicadas no volume *Saggi di critica delle scienze* [*Ensaios de crítica das ciências*] (Turim: De Silva, 1950). As questões de método e, em geral, de filosofia das ciências continuaram a constituir um dos polos de seu interesse pelos problemas do mundo contemporâneo. Outros ensaios sobre o mesmo tema estão reunidos no volume *Possibilità e libertà* [*Possibilidade e liberdade*], de 1956. A empreitada mais importante a que Abbagnano se dedicou nesse campo foi a promoção e a coordenação da imponente *Storia delle scienze* [*História das ciências*], publicada pela UTET em 1962, da qual ele mesmo escreveu o capítulo introdutório. Seu posicionamento em relação à ciência sempre esteve distante tanto da exaltação incondicional do positivismo acrítico quanto das recriminações dos espiritualistas: ele se posiciona diante da ciência com uma "confiança razoável". Considerar a ciência em suas "justas proporções", significa vê-la como "uma tentativa do homem, sempre renovada e nunca totalmente bem-sucedida, de fazer do mundo a sua própria casa: uma casa na qual ele possa viver confortavelmente e em paz".[9]

O interesse pelos problemas gerais da metodologia das ciências foi acompanhado pelo interesse por uma ciência particular, a sociologia. Nesse campo, a obra de Abbagnano foi tanto promotora quanto guia. É inútil renovar as lamentações sobre o estado de abandono em que a sociologia se encontrava na Itália após a guerra. Para restaurar sua honra, era necessário fazer um trabalho de documentação inteligente, de separação clara entre as impurezas e os germes fecundos, de clarificação conceitual e de delimitação das tarefas. Abbagnano se dedicou a essa obra no quinquênio de 1950-1955, nos anos em que começou a reflorescer na Itália, entre

---

9 ABBAGNANO, Nicola. *Storia delle scienze* [*História das ciências*]. vol. I. Torino: UTET, 1962, p. 9.

contrastes, dissensões e as primeiras ingênuas paixões, o gosto pela pesquisa sociológica. Em 1951, fundou, juntamente com um jovem aluno, Franco Ferrarotti, a primeira revista italiana de sociologia após a longa letargia, os *Quaderni di Sociologia*, e nela publicou regularmente uma série de ensaios, hoje reunidos em um volume (*Problemi di sociologia* [*Problemas de sociologia*], 1956), voltados para elaborar os cânones metodológicos da sociologia como ciência empírica e para fixar, por meio de uma análise conceitual das noções fundamentais usadas pelo sociólogo, uma teoria geral da sociedade. O maior perigo em que uma nova ciência incorre é aquele do amadorismo e da repetição mecânica e estereotipada de modelos já estabelecidos: a função de Abbagnano nesse campo foi a de um convite à seriedade e ao rigor.

Assim como os estudos de metodologia das ciências certamente exerceram uma influência sobre a forma com que Abbagnano se aproximou, nesses anos, do tradicional problema do conhecimento, os estudos sociológicos lhe ofereceram novos estímulos e novas ferramentas para abordar, de maneira nova, o igualmente tradicional problema da ética. No desenvolvimento da teoria gnosiológica de Abbagnano, marca uma etapa importante o artigo de 1952, *L'appello della ragione e le tecniche della ragione* [*O apelo da razão e as técnicas da razão*]. Quanto ao problema moral, basta recordar que desde o ensaio de 1955, *Sul metodo della filosofia* [*Sobre o método da filosofia*], mencionando no final, como exemplo de um problema filosófico, o problema moral, ele acrescentava incidentalmente que não havia escolhido o exemplo por acaso, pois estava "envolvido em uma pesquisa desse tipo".[10] Quem acompanha de perto, e não apenas através do papel impresso, o seu trabalho nos últimos anos, sabe que o problema moral e o jurídico são atualmente o principal

---

10 ABBAGNANO, Nicola. "Sul metodo della filosofia" ["Sobre o método da filosofia"]. *In*: ______. *Possibilità e libertà* [*Possibilidade e liberdade*]. Torino: Taylor, 1965, p. 158.

objeto de suas pesquisas e quão estreitamente essas pesquisas estão ligadas ao estudo da sociedade.

7

Não há movimento de convergência entre duas correntes de pensamento sem que corresponda, em sentido oposto, um movimento de divergência e diferenciação em relação ao adversário comum. Sem dúvida, uma das razões da convergência do existencialismo positivo com o neoempirismo foi que ambos, naqueles anos de reconstrução, se encontraram, no grande conflito das filosofias e das ideologias, do mesmo lado. Um dos resultados dessa convergência foi, para o existencialismo positivo, a individuação mais clara e direta do adversário: até então, o existencialismo positivo estava demasiado envolvido em uma polêmica interna com o próprio existencialismo para se ocupar dos adversários externos. A polêmica externa com o idealismo, com o espiritualismo e com a metafísica tradicional era implícita, mas nunca havia se tornado um tema dominante. Somente com a aproximação ao neo-empirismo e com a inserção no horizonte neo-iluminista o existencialismo positivo encontrou seu verdadeiro e único alvo no adversário tradicional do Iluminismo, o Romantismo. É difícil entender a personalidade filosófica de Abbagnano nos últimos anos e o papel que ele representou na filosofia italiana sem compreender sua batalha anti-romântica. O Romantismo foi finalmente reconhecido como o ponto de encontro de todas as negações e todas as insatisfações. No plano do pensamento militante, o objetivo mais tenazmente perseguido por Abbagnano nos últimos dez anos tem sido libertar a filosofia italiana do peso da tradição romântica, cuja última manifestação foram os dois irmãos inimigos: o positivismo oitocentista e o idealismo contemporâneo.

No trabalho historiográfico de Abbagnano, um dos pontos centrais é a interpretação e a crítica do Romantismo, entendido, pelo menos em seu aspecto filosófico, como a ideia de uma razão infinita que se manifesta necessariamente no mundo finito ou, o que é o mesmo, a ideia de um finito que se realiza necessariamente no infinito. Dessa maneira surgem os caracteres, comuns tanto ao idealismo alemão quanto ao positivismo francês, do otimismo ético, do providencialismo histórico e da fé na inevitabilidade do progresso.

Em síntese, do mesmo modo que a categoria fundamental de todas as filosofias de inspiração iluminista, incluindo o existencialismo, é a possibilidade, a categoria fundamental de toda manifestação da filosofia romântica é a necessidade. Enquanto a concepção necessitarista da realidade une Hegel e Comte, a concepção possibilista reúne, além do tempo, por mais paradoxal que possa parecer, Heidegger e Locke. Necessidade significa segurança, garantia absoluta na estabilidade, reconciliação definitiva e satisfatória com o mundo hostil; possibilidade, por outro lado, significa insegurança, risco, consciência de estar se movendo em um mundo hostil no qual toda reconciliação é sempre provisória. Em duas páginas do ensaio de 1955, frequentemente citado, a contraposição entre romantismo e existencialismo é desenvolvida de maneira incisiva através de uma série de opostos: infinito-finito, ordem-ausência de ordem, incondicionalidade-condicionamento, progresso-ausência de progresso, intimismo espiritualista-mundanidade, insignificância-significância dos aspectos negativos da experiência humana como a dor, a doença e a morte.[11]

O filósofo deve se fazer hoje a pergunta: qual das duas concepções corresponde melhor à situação do homem após uma crise mortal de todos os valores, cujo palco foi a Segunda Guerra Mundial?

Concluindo a exposição de sua própria "perspectiva filosófica", Abbagnano responde pacatamente, mas com firmeza, a essa pergunta: a segurança proclamada pelas filosofias românticas não serviu para nada; não basta acreditar na segurança absoluta para que tal segurança exista; pelo contrário, o melhor modo de colocar em risco os valores fundamentais da vida é considerá-los absolutamente

11 *Op. cit.*, p. 27.

garantidos. O primeiro dever do filósofo é advertir: *estote vigilantes* [*estejam atentos*].

No esforço de libertação de todo resíduo de espiritualidade romântica, nasce a figura do novo filósofo, que não é mais um profeta, um anunciador de verdades absolutas, um portador de mensagens consoladoras, mas é mais modestamente e mais utilmente um homem que fala a outros homens e busca evidenciar e resolver com eles as dificuldades que um mundo não benigno impõe. Nessa representação do novo filósofo, a voz de Abbagnano tornou-se cada vez mais intensa e segura, e eu gostaria de acrescentar, cada vez mais persuasiva. É a voz de uma sabedoria temperada, sem ambições desmedidas, sem vaidades infantis, sem poses proféticas ou, pior, professorais, que aborda os problemas do homem no mundo, uma sabedoria terrena e não divina, e busca ser útil, aprimorando os únicos instrumentos de que o homem dispõe para dominar a natureza e regular pacificamente a vida social, fazendo projetos realizáveis e indicando os fins comuns. Não se trata da filosofia daquele que possui uma grande quantidade de ouro e vai dizendo que o ouro é a única riqueza e que ele é o único rico, mas sim daquele que se mistura com os outros e usa o ouro para facilitar as trocas e melhorar as condições da sociedade em que vive.[12]

8

A essa representação do filósofo está ligada a concepção que Abbagnano repetidamente expressou e praticou sobre a história da filosofia. Em um retrato como este, eu precisava insistir na concepção filosófica. Mas essa insistência não deve fazer esquecer a contribuição dada por Abbagnano à historiografia filosófica com a monumental *Storia della filosofia* [*História da filosofia*], publicada

---

12 ABBAGNANO, Nicola. “Sul metodo della filosofia” [“Sobre o método da filosofia”]. *In*: ______. *Possibilità e libertà* [*Possibilidade e liberdade*]. Torino: Taylor, 1965, p. 141.

em três volumes nos anos imediatamente após a guerra (1946-1950) e agora lançada em uma nova edição, consideravelmente ampliada. Para muitos, Abbagnano é principalmente o autor dessa história que se encontra em todas as estantes, mesmo nas menos providas, dos estudantes de filosofia. Mas nem todos compreendem claramente a conexão entre o filósofo e o historiador. Pois bem, a elucidação dessa conexão requer o discurso feito até aqui: a concepção que Abbagnano tem da história da filosofia é antitética à concepção romântica, cuja expressão mais elevada foi a história da filosofia de Hegel. Isso significa que, para Abbagnano, os sistemas não se desenvolvem uns a partir dos outros de acordo com uma necessidade interior que é tarefa do filósofo-historiador descobrir, nem são determinados pelas condições histórico-sociais das quais o filósofo seria a consciência refletida: os sistemas filosóficos são a expressão da personalidade do filósofo em sua singularidade e na comunicação com os outros; a história da filosofia não é, por sua vez, um sistema *in fieri* [em formação], mas um diálogo contínuo entre sistemas diferentes. A tarefa do historiador é mostrar não a concatenação interna, mas a solidariedade dos esforços "que visam a aclarar, tanto quanto possível, a condição e o destino do homem".[13] Dessa perspectiva, não faz sentido falar de progresso no desenvolvimento da filosofia como se fala nas ciências: o historiador da filosofia se depara não com verdades objetivas, mas com pessoas dialogando sobre seu destino, "e as doutrinas não são senão expressões desse diálogo ininterrupto, perguntas e respostas que às vezes se chamam e se correspondem através dos séculos".[14]

Somente um estudioso como Nicola Abbagnano, que havia adquirido tanta familiaridade com as doutrinas clássicas e modernas dos filósofos, podia conceber o grandioso projeto, aparentemente

---

13 ABBAGNANO, Nicola. *Storia della filosofia* [*História da filosofia*]. Torino: UTET, ed. 1963, p. XVIII.

14 ABBAGNANO, Nicola. *Storia della filosofia* [*História da filosofia*]. Torino: UTET, ed. 1963, p. XIX.

até mesmo temerário, de escrever sozinho, página após página, verbete após verbete, um dicionário filosófico. Mas Abbagnano é um homem tenaz, que sabe impor a si mesmo uma disciplina e, o que é mais, sabe mantê-la. Acredito que o trabalho no dicionário tenha sido o esforço mais árduo de sua vida, um trabalho absorvente e exclusivo, como bem sabem os amigos que o frequentavam naquela época. Foram necessários sete anos; mas, finalmente, em 1961, o dicionário com suas mil páginas densamente preenchidas em duas colunas foi publicado. Foi uma grande novidade, mesmo para os mais próximos que acompanharam o progresso da obra dia após dia. Naquelas mil páginas está concentrado, em definições e exemplos, o pensamento filosófico de dois mil anos, de Platão a Wittgenstein. Cada verbete, mesmo o menor, é um convite e uma ajuda para entender a filosofia; os verbetes mais complexos, como conhecimento, Deus, ser, experiência, filosofia, natureza, possibilidade, religião, história, tempo e vontade, são tratados *in nuce* [em essência], pequenas sínteses de uma doutrina tão bem assimilada que se tornou essencial. Esse trabalho do dicionário também foi, para Abbagnano, uma batalha iluminista. Desde as primeiras linhas da *Prefazione* [*Prefácio*], lê-se que a obra obedece, antes de tudo, à exigência de clareza, que é "condição essencial para que a filosofia possa exercer qualquer função de iluminação e de orientação em relação aos homens".[15] A tarefa da filosofia é frequentemente tornada vã pela obscuridade calculada ou insipiente sob a qual se escondem a vacuidade da mente, a confusão das ideias e, o que é pior, a presunção professoral, perpetuando uma sabedoria enganosa feita de castelos de cartas. Para quem deseja entrar no recinto da filosofia, esse dicionário é um vestíbulo quase obrigatório. Além disso, é uma obra que corresponde com particular tempestividade à necessidade filosófica destes anos: não precisamos de sistemas, tantos sistemas e "sisteminhos", competindo entre si quantos são

15 ABBAGNANO, Nicola. *Dizionario di filosofia* [*Dicionário de filosofia*]. Torino: UTET, 1961.

os professores que ocupam cátedras. Precisamos aprender a raciocinar, a usar da maneira mais eficaz possível os recursos limitados de nossa razão, para melhorar as condições de nossa existência no mundo, no único mundo em que parece que estamos destinados ou condenados a viver (pois, se houver outro, a razão, essa razão falível, não deveria ser de grande utilidade). Considero esse dicionário como um antídoto saudável à paixão sistemática. A um jornalista que me perguntou um dia, em uma entrevista, qual era, na minha opinião, o livro de filosofia mais importante lançado nos últimos anos na Itália, eu respondi: o *Dizionario di filosofia* [*Dicionário de filosofia*] de Abbagnano. "Como assim – ele me perguntou, surpreso – um dicionário?" Tentei explicar-lhe que, em um período de confusão das línguas, é necessário começar pelo dicionário e que, de qualquer forma, para reaprender a se comunicar, é melhor um bom dicionário do que um poema ruim.

9

Eu dizia um dia ao amigo Abbagnano que as nossas gerações, a dele e a minha, passaram por tempestuosas eras filosóficas diferentes. Havia o perigo de ficarmos continuamente à mercê das ondas, talvez de encalharmos ou de batermos em algum rochedo. Acredito que, no fim das contas, podemos dizer que não perdemos a bússola e encontramos nossa direção. É uma direção que não promete um destino maravilhoso e definitivo, mas apenas pequenas etapas para descansar um pouco antes de recomeçar. Conforta-nos não estarmos sozinhos, embora tivéssemos esperado, dissipadas as fumaças da última embriaguez metafísica, encontrar-nos em companhia mais numerosa. O importante é manter a posição e não voltar atrás. Não faltou na história da filosofia italiana alguma época iluminista, mas foi geralmente de curta duração. Talvez, hoje, na rápida transformação da sociedade e da escola italianas, estejam finalmente estabelecidas as condições para uma estação mais longa e, esperemos, mais fecunda.

Chegamos de longe, eu dizia, e chegamos por caminhos diferentes. Quando Abbagnano veio ensinar na Universidade de Turim, em 1936, eu estava nos primeiros passos. Eu me havia libertado de um surto realista através do estudo da fenomenologia e já estava me dedicando a pesquisas muito específicas de metodologia jurídica. Abbagnano vinha da cidade de Croce, mas nunca fora croceano: de resto, naquela época, a cidadela do croceanismo militante era muito mais Turim do que Nápoles: pense-se em estudiosos, ilustres em seus campos, como Mario Fubini e Federico Chabod. Proveniente da escola de Aliotta, que, como ele mesmo escreveu recentemente, havia "erguido" as bandeiras do experimentalismo e do relativismo quando o idealismo assumia o *status* de filosofia oficial ou semioficial,[16] Abbagnano representava uma voz nova, uma experiência filosófica diferente daquela puramente historicista que alimentava a parte mais viva da nossa universidade, com interesses nas correntes filosóficas anglo-saxônicas, estranhos aos da cultura turinesa da época. Embora vivesse afastado, seguindo uma vocação natural e o costume de uma cidade tão fechada que parecia inóspita, eu o encontrei, creio, nos primeiros tempos de sua estadia em Turim: nossos relacionamentos foram imediatamente cordiais e logo se tornaram amigáveis. Renato Treves e eu o apresentamos ao nosso mestre, Gioele Solari, que tinha o nome de um profeta e a aparência de um patriarca, e assim o aproximamos da parte que ainda hoje acredito ser a mais nobre da tradição cultural de Turim daqueles anos de espera. Aos poucos, o círculo de amigos comuns foi se ampliando, à medida em que ele se inseria na vida de uma cidade que ele achava cada vez mais correspondente às suas necessidades de uma vida ordenada, metódica e reservada. Entre estes, há um que eu gostaria de lembrar, o mais desventurado, cujo rosto pálido e carrancudo não podemos recordar sem um sobressalto, sem que nos coloquemos novamente o problema dos problemas: "para quê?" Falo de Cesare Pavese.

---

16 ABBAGNANO, Nicola. "Antonio Aliotta". *Rivista di Filosofia*, 1964, p. 445.

Embora tenhamos chegado por caminhos diferentes, há tempo seguimos a mesma estrada. Desde 1952, dirigimos juntos a *Rivista di Filosofia*, que deveria ser, se não presumimos demais, a expressão e o lugar de encontro de todos aqueles que acreditam na função evidenciadora da filosofia. No programa acordado, mas escrito por Abbagnano, estava dito: "nós queremos combater o perigo (pelo menos na Itália, real) de que a filosofia se torne um exercício verbal insincero e um pretensioso instrumento de domínio mental". Não nos é dado saber quão longo será o caminho à nossa frente. Hoje, o melhor desejo que podemos fazer é permanecer fiéis ao programa de 1952 por todo o tempo, longo ou curto, que estaremos no caminho, antes, de enriquecê-lo, aperfeiçoá-lo, ampliá-lo a novos colaboradores. Não nos fazemos muitas ilusões; mas não nos iludir (e não iludir os outros) é, também essa, uma boa regra da nossa filosofia.

5.3

ABBAGNANO PROTAGONISTA DE UMA ÉPOCA[1]

"Protagonista por mais de cinquenta anos": assim o definiu Norberto Bobbio na lembrança, articulada e tocante, que se segue. Nicola Abbagnano foi um dos animadores da renovação filosófica italiana que se seguiu à grande época da filosofia idealista personificada por Croce e Gentile. Aquela renovação foi chamada, no segundo pós-guerra, de "neo--Iluminismo" e teve início na antiga Rivista di Filosofia de Turim, de Martinetti e Solari, da qual o nosso foi codiretor.

Abbagnano, que faleceu na noite entre 8 e 9 de setembro de 1990, na clínica La Madonnina de Milão, nasceu em Salerno, em 15 de julho de 1901. Ele se formou em Nápoles em 1922. Ele estudou e difundiu o existencialismo na Itália. Seu livro, La struttura dell'esistenza *[A estrutura da existência], de 1959, é considerado um dos clássicos da filosofia contemporânea na Itália e teve um papel estimulador. Suas obras importantes incluem ainda* L'esistenzialismo positivo *[O existencialismo*

1 Ensaio "Abbagnano protagonista di un'epoca", originalmente publicado em *Nuova Antologia*. A. 125, vol. 564, fasc. 2176 (out.-dez., 1990), pp. 245-248.

positivo] de 1948 e La storia della filosofia *[A história da filosofia] de 1946-1950, os três volumes de sucesso que se unem ao* Dizionario della filosofia *[Dicionário de filosofia] publicado pela UTET em 1961 e continuamente reimpresso.*

Abbagnano, depois de ter ocupado por muitos anos a cátedra de História da Filosofia em Turim, transferiu-se para Milão e, nessa cidade, também desenvolveu uma atividade política e civil, candidatando-se às eleições municipais de 1985 pelo Partido Liberal e, por um certo período, ocupando – na última administração de centro-esquerda liderada por Tognoli – o cargo de assessor de cultura.

Desde 1979, ele foi um colaborador atento e assíduo da "Nuova Antologia", cuja iniciativa renovadora ele compartilhou com entusiasmo e desinteressada paixão.

Publicamos, após o escrito evocativo de Bobbio, a lista dos ensaios que ele destinou à nossa revista no período de 1979 a 1985.

Ele [Abbagnano] permaneceu na cena filosófica italiana como protagonista por mais de cinquenta anos, desde quando, em 1938, publicou o livro que marcaria a data de nascimento do existencialismo italiano, *La struttura dell'esistenza* [*A estrutura da existência*] (mas sua primeira obra, *Le sorgenti irrazionali del pensiero* [*As fontes irracionais do pensamento*], foi publicado em 1923, quando ele tinha apenas 22 anos). Após a Libertação, junto com os amigos matemáticos, físicos, economistas e juristas do *Centro di Studi Metodologici di Torino* e como codiretor da *Rivista di Filosofia*, a antiga revista de Martinetti e Solari, ele deu vida e ideias à renovação filosófica italiana, que, apagado o eco das últimas filosofias neorromânticas, representadas na Itália pelo idealismo de Croce e Gentile, foi chamada de neo-Iluminismo.

Verso un nuovo illuminismo [*Rumo a um novo Iluminismo*] intitulou o artigo publicado na *Rivista di Filosofia* em 1948, e se tornou para muitos jovens da época um programa de vida e de estudos. Em pouco mais de vinte anos de trabalho extremamente fecundo, mesmo continuando a desenvolver e a aperfeiçoar seu pensamento original, *L'introduzione all'esistenzialismo* [*A introdução ao existencialismo*] é de 1942, *L'esistenzialismo positivo* [*O existencialismo positivo*] é de 1948, ele escreveu duas obras que se tornaram instrumentos indispensáveis para a formação de jovens estudiosos, a grande *Storia della filosofia* [*História da filosofia*] em três volumes (UTET 1946-1950) e o *Dizionario di filosofia* [*Dicionário de filosofia*] (UTET 1961), continuamente reimpressas.

Após encerrar a docência em 1971, intensificou cada vez mais a colaboração com jornais como *La Stampa* e *Il Giornale*, dos quais extraiu coletâneas de escritos muito bem-sucedidas, como *La saggezza della vita* [*A sabedoria da vida*] (1985) e *La saggezza della filosofia* [*A sabedoria da filosofia*] (1987), que o fizeram conhecido muito além do restrito círculo dos entusiastas de estudos filosóficos. A última dessas coletâneas, *Ricordi di un filosofo* [*Recordações de um filósofo*], que contém muitas belas páginas autobiográficas, foi lançada no início deste ano, quando o autor já estava próximo dos noventa anos.

Napolitano de formação, e evocador feliz da velha Nápoles, passou em Turim os anos decisivos de sua produtividade e da sua docência. Em nossa cidade, ele teve seus alunos, publicou suas principais obras. Ele não tinha nada da exuberância do sulista. Comedido, parcimonioso em palavras e gestos, afabilíssimo, mas sem efusões, aparentemente frio e distante, mas com um vivo senso de amizade, além das divergências de ideias e modos de vida, deixou naqueles que, como eu, o conheceram por mais de meio século a lembrança de um homem pensante que tentou iluminar, como ele próprio disse várias vezes, o caminho da vida para si e para os outros, sem nunca querer fazer da filosofia "um pretensioso instrumento de domínio mental".

* * *

Conhecemo-nos em 1936, quando ele veio ensinar filosofia na Universidade de Turim, portanto, há mais de cinquenta anos.

Embora eu fosse alguns anos mais jovem e estivesse no início da minha carreira acadêmica, estabeleceu-se imediatamente uma boa amizade entre nós. Tendo alguma curiosidade pelo existencialismo, sobre o qual se começava a falar também na Itália, escrevi em 1941 uma resenha de *La struttura dell'esistenza* [*A estrutura da existência*] (1939), um livro original com o qual Abbagnano deu início àquela corrente de pensamento que foi o existencialismo italiano, também chamado de "positivo", para distingui-lo daquele negativo, que desembocava em várias formas de niilismo, dos existencialistas alemães, ou "humanístico", para distingui-lo daquele religioso de Marcel, Berdiaeff, Bultmann. Através de Pavese, que ele lembra com profunda simpatia humana em vários lugares, ele entrou em contato com a editora Einaudi, que o fez escrever a introdução para um livro que ele mesmo havia indicado, de uma aluna de Jaspers, Jeanne Hersch, *L'illusione della filosofia* [*A ilusão da filosofia*] (1942).

Abbagnano era um homem afável sem ser expansivo. Nossa amizade foi autêntica, mas discreta, feita de estima mútua, de concordância em alguns pontos essenciais e de divergências não menos sérias, embora nunca abertamente declaradas, por uma certa reserva e pudor em revelar muito abertamente nossos sentimentos.

Eu nunca compartilhei, por exemplo, sua atitude polêmica em relação a Croce, a quem ele deu vazão especialmente nos últimos anos, com críticas dirigidas não apenas ao filósofo, mas também ao homem, que considero injustas e erradas, frequentemente impulsivas.

Longa, fecunda e, pelo menos para mim, muito instrutiva foi, em vez disso, nossa colaboração em iniciativas comuns, que deixaram algum traço na tentativa de renovação da filosofia em nosso país após a Libertação. Refiro-me em particular à codireção da *Rivista di Filosofia*, a revista que fora de Piero Martinetti e Gioele Solari, quando, há alguns anos estabelecida em Turim, foi publicada pela editora Taylor (a senhora Marian Taylor, norte-americana, com quem ele se casou em 1946, foi sua segunda esposa), a partir de 1952.

A colaboração de Abbagnano com a revista havia começado alguns anos antes, com dois artigos, *Nota sui termini: scienza, conoscenza, mondo* [*Nota sobre os termos: ciência, conhecimento, mundo*] e *Verso un nuovo illuminismo* [*Rumo a um novo Iluminismo*], ambos publicados em 1948, considerados uma espécie de manifesto da renovação filosófica, sob a bandeira de uma reavaliação do saber científico, que o idealismo havia marginalizado na cultura italiana. O principal artífice dessa reavaliação foi Ludovico Geymonat, promotor, juntamente com físicos, matemáticos e biólogos, do *Centro di Studi Metodologici*, ao qual me referi.

Iniciando a nova série da *Rivista di Filosofia*, sob sua codireção, ele [Abbagnano] escreveu a introdução, na qual disse, entre outras coisas: "nós queremos combater o perigo (pelo menos na Itália, real) de que a filosofia se torne um exercício verbal insincero e um pretensioso instrumento de domínio mental". Na introdução ao número da revista dedicado a ele por ocasião de seu octogésimo aniversário, eu disse que "nessas palavras, escritas há trinta anos e ainda hoje muito atuais, a revista encontrou sua constante inspiração e sua própria razão de ser".

Entre abril e junho de 1951 (o episódio é pouco conhecido e por isso gosto de recordá-lo), ocorreram algumas intervenções na rádio, por mim solicitadas (sob a égide e a benevolente e um tanto preocupada proteção de Carlo Emilio Gadda) sobre as "tarefas da filosofia". Em sua intervenção, publicada na *Filosofia* (1953) junto com a de Guzzo e com minhas perguntas, que colocavam em dúvida a sobrevivência da filosofia entre a religião e a ciência, Abbagnano, com a clareza e simplicidade de linguagem que lhe eram habituais (e que lhe permitiram escrever obras filosóficas de grande difusão, como a *Storia della filosofia* [*História da filosofia*] em três volumes e o *Dizionario di filosofia* [*Dicionário de filosofia*]), explicou que "apenas no terreno da filosofia religião e ciência podem se encontrar e se confrontar, reconhecendo cada uma o lugar que lhe compete na vida e no destino do homem", concluindo: "uma filosofia que cumprisse essas tarefas contribuiria verdadeiramente para orientar o homem no mundo e tornar o próprio mundo mais humano. Uma tal filosofia poderia, portanto, ser saudada como um novo Iluminismo".

Em 1965, a administração municipal de Salerno, sua cidade natal, decidiu prestar-lhe homenagem pública com uma cerimônia, um discurso e uma coletânea de escritos. O discurso, confiado a mim, foi proferido após o do prefeito e antes da resposta do homenageado, em 4 de dezembro. Eu esboçava a figura do filósofo novo, não mais como um profeta, mas como um "homem que fala com outros homens e procura resolver com eles as dificuldades que um mundo não benigno lhe impõe", e concluía: "nesta representação do novo filósofo, a voz de Abbagnano tornou-se cada vez mais intensa e confiante, eu acrescentaria, cada vez mais persuasiva. É a voz de uma sabedoria temperada, sem ambições desmedidas, sem prosas proféticas ou, pior, professorais, que aborda os problemas da humanidade no mundo (...), fazendo planos realizáveis, indicando objetivos comuns".

Possuo uma cópia do volume de *Scritti scelti* [*Escritos escolhidos*], publicados pela prefeitura de Salerno com esta dedicatória do próprio Abbagnano: "A Norberto Bobbio, que quis dar tão belo testemunho de nossa antiga amizade, nascida e renascida sem sombras". Na resposta, ele saudava a cidade de Turim "que há muitos anos me acolheu e onde encontrei discípulos e amigos caríssimos, bem como auxílios de todos os tipos e de todas as classes sociais nos momentos difíceis que atravessei". Aquele dia permaneceu vivo na minha memória também porque minha esposa e eu fomos recebidos festivamente na casa das irmãs dele.

Aposentado em 1971, casou-se novamente com a senhora Gigliola Toninelli, e em 1972 mudou-se para Milão. Sempre foi uma pessoa sedentária. Tornou-se ainda mais nos últimos anos. Desde então, vimo-nos raramente. Embora fosse membro nacional da *Accademia dei Lincei* desde 1964, ia raramente a Roma. Escrevia poucas cartas e as poucas eram muito breves. Desejava ficar recluso.

Recebia de bom grado, com a requintada elegância do napolitano de boas maneiras, as visitas alheias, mas fazia poucas visitas.

Não se deixou levar pela fama, que havia crescido desde que começou a escrever para os jornais – primeiro para o *La Stampa*, depois para *Il Giornale* – e publicou livros de grande sucesso como *La saggezza della vita* [*A sabedoria da vida*] (1985) e *La saggezza della filosofia* [*A sabedoria da filosofia*] (1987). Normalmente, não participava de congressos. Não aparecia na televisão. Ocasionalmente, concedia alguma entrevista a amigos ou discípulos. Continuou a ler muito, auxiliado por uma "longevidade ainda lúcida", como dizia: de filosofia, de ciência, de literatura. Via poucas pessoas, mas mantinha-se atualizado através dos livros. Ele mesmo conta que, desde jovem, sempre foi um leitor ávido.

Nos últimos anos, ele traduziu a visão de mundo que havia se formado ao longo de tantos anos de exercício do pensamento filosófico em breves reflexões sobre problemas de teoria e ética (muito mais de ética do que de política), que a insaciável curiosidade do leitor sempre ávido de novos conhecimentos lhe suscitava.

Ele rejeitava toda concepção totalizante da natureza e da história que as filosofias dominantes por mais de um século, da matéria e do espírito absolutos, haviam alimentado. O ponto de partida do seu pensamento era o homem concreto, o indivíduo, na sua intransponível finitude e, ao mesmo tempo, na sua livre criatividade; finito, mas aberto a infinitas possibilidades; finito, mas artífice, dentro dos seus próprios limites, do seu destino e do destino dos outros homens.

Ele acreditava, ainda, sem se fazer muitas ilusões e sem adotar uma postura arrogante, na "missão do erudito".

5.4

NICOLA ABBAGNANO[1]

Tradicionalmente, os professores de filosofia na Universidade de Turim não eram turineses. Além disso, Turim nunca foi uma cidade filosófica, exceto por Gioberti, redescoberto e trazido de volta à honra do mundo, no final do século, pelo siciliano Giovanni Gentile, tanto que, na recente monografia sobre Gentile, do filósofo (este sim, turinês) Augusto Del Noce, ocupa um lugar eminente; e, ainda, exceto por Nietzsche, que residiu em nossa cidade nos últimos meses antes da loucura, e comparou a Mole Antonelliana, o monumento símbolo da cidade, que se erguia não muito longe de onde ele morava, já concluída até o anjo na ponta que desafiava o céu, a Zaratustra, batizando-o, na carta a um amigo que precede pouco o afundar da sua mente na loucura, como "*ecce homo*" [eis o homem].

---

1 Comemoração lida pelo associado nacional residente Norberto Bobbio na *Aula Magna* da *Università di Torino*, em 19 de março de 1991, *Nicola Abbagnano*, originalmente publicado *In*: AA.VV. *Atti dell'Accademia delle Scienze di Torino, Classe di Scienze Morali, Storiche e Filologiche* [*Atas da Academia de Ciências de Turim, Aula de Ciências Morais, Históricas e Filológicas*], vol. 125, fasc. 2 (jun.-dez. 1991), pp. 141-144.

Por conselho de Gentile, Gobetti tentou dar prestígio a uma imaginária escola filosófica turinesa estudando as obras de Luigi Ornato, nascido em Caramagna, de Giovanni Maria Bertini, de Pancalieri, e do pedagogo Domenico Berti, natural de Cumiana, mas com pouco sucesso. Dos meus professores no início da década entre 1930 e 1940, apenas um era turinês: Annibale Pastore. Nascido em Orbassano, em algumas confidências autobiográficas, às quais ocasionalmente se entregava diante de seus ouvintes fiéis – entre os quais, por dois anos consecutivos, estava quem vos fala – gostava de se apresentar como pastor de nome e de fato por ter pastoreado ovelhas na infância às margens do Sangone. O único filósofo piemontês de grande renome, pertencente àquela geração, Pietro Martinetti, ensinou durante toda a vida na Universidade de Milão.

O magistério de Croce naqueles anos em Turim, mais do que o de Gentile, era considerado tão elevado que fazia com que Nápoles fosse vista como a cidade santa da filosofia italiana. Mas, se Croce teve muitos discípulos na nossa cidade (já mencionei que Turim foi a cidade mais croceana da Itália depois de ter sido a mais positivista), nenhum deles se tornou filósofo. Nossa universidade foi um centro de irradiação do pensamento e da obra de Croce na literatura, com Mario Fubini; na historiografia, com Federico Chabod; e nas letras clássicas, com Augusto Rostagni, mas apenas este último lecionou nela. Alguns dos melhores estudiosos da minha geração, como Leone Ginzburg e Massimo Mila, foram fervorosos seguidores de Croce. Nenhum deles se destacou nos estudos filosóficos: o predestinado a representar a escola filosófica de Turim nos anos seguintes era, desde então, Ludovico Geymonat, um anti-croceano irredutível. Não quero me equivocar, mas também os mais conhecidos alunos de Gentile, aqueles que constituíram a escola gentiliana – Giuseppe Saitta, Vito Fazio-Allmayer, Ugo Spirito, Guido Calogero, Felice Battaglia – foram todos meridionais.

A tradição foi respeitada também quando, em 1934, foi chamado para suceder a Pastore e a Juvalta em Turim um não turinês, Augusto Guzzo, que havia nascido em Nápoles, mas vinha de Pisa e já havia lecionado alguns anos no Magistério de Turim antes do intervalo em Pisa. Nicola Abbagnano, nascido em Salerno mas formado em Nápoles na escola de Aliotta, chegou a Turim dois anos depois: de formação napolitana, mas não croceano, pelo contrário, adversário de Croce não apenas por um contraste radical de natureza filosófica, mas também por um certo sentido de rebeldia juvenil contra uma autoridade constituída.

Não consigo lembrar onde ocorreu nosso primeiro encontro e por iniciativa de quem. Talvez através de Gioele Solari, a quem Abbagnano se apresentou para um merecido tributo aos mais idosos dos nossos docentes. Estando sozinho em um ambiente completamente diferente daquele em que havia vivido, ele procurava fazer algumas amizades duradouras em nossa cidade, onde foi acolhido com simpatia e onde passou grande parte do resto de sua vida, a parte mais produtiva. Aqui, ele escreveu e publicou suas obras principais nas duas editoras mais antigas e prestigiadas de Turim, Paravia e U.T.E.T. Embora eu não me lembre do primeiro encontro, lembro-me muito bem do passeio que fizemos pela nossa colina com o carro que eu dirigia na época. Certamente, nosso conhecimento e a frequência de nossos encontros começaram muito cedo.

Quando a editora Einaudi, fundada em 1933, lançou, entre as coleções que se expandiam gradualmente para vários campos do saber, a *Biblioteca di cultura filosófica* [*Biblioteca de cultura filosófica*] no final dos anos [19]30, um dos primeiros a ser consultado por mim foi Abbagnano, que propôs divulgar alguma obra de Jaspers. Em 1946 (mas a coleção começou apenas em 1945), foi publicada *La mia filosofia* [*A minha filosofia*], traduzida por Renato De Rosa. Dos livros recomendados por Abbagnano, foi publicado imediatamente em 1942, na coleção *Saggi* [*Ensaios*], o livro da aluna de Jaspers, Jeanne Hersch, *L'illusione della filosofia* [*A ilusão da filosofia*].

Através da colaboração com a editora Einaudi, Abbagnano conheceu Pavese, com a ajuda de uma aluna de Pavese no liceu e dele na universidade, Fernanda Pivano. Não tenho certeza da veracidade da informação que Davide Lajolo dá em sua bem conhecida biografia de Pavese, *Il vizio assurdo* [*O vício absurdo*], onde se lê, a propósito da amizade de Pavese com sua aluna, que "foi após alguns anos que, acompanhada à piscina (era a piscina do Estádio Municipal, construído naqueles anos) pelo amigo Norberto, Pavese reencontrou Pivano". Tenho certeza, no entanto, de que Abbagnano fazia parte do grupo de amigos que passava algumas horas na piscina nos dias quentes de verão.

Enquanto eu o havia atraído para a editora Einaudi, ele me convidou a colaborar na *Biblioteca di filosofia e pedagogia* [*Biblioteca de filosofia e pedagogia*] da editora Paravia, que ele havia começado a dirigir. Em 1942, enquanto eu era professor em Pádua, publiquei nela *Principi di diritto naturale* [*Princípios de direito natural*] de Pufendorf, que era uma breve antologia, com uma breve introdução, do *De iure naturae et gentium [Do direito da natureza e das gentes]*. Entre os textos filosóficos a serem adotados nos liceus naquela época, e talvez até depois, foi uma absoluta novidade.

Em Turim, Abbagnano concebeu, compôs e publicou, pela mesma editora Paravia, a obra que lhe deu maior fama e o fez ser considerado um dos fundadores do existencialismo chamado "positivo", para distingui-lo daquele chamado negativo, que parecia destinado a culminar em uma das várias formas de niilismo próprias dos existencialistas alemães, e "humanista", para distingui-lo daquele de inspiração religiosa de Gabriel Marcel e Berdiaeff: além de Nietzsche e Kierkegaard, ou para além de Kierkegaard e Nietzsche, retomando a temática do famoso livro de Karl Löwith, *Von Hegel bis Nietzsche [De Hegel a Nietzsche]*, que havia sido publicado em 1941 e sobre o qual fiz uma resenha, com um atraso justificado naqueles anos pouco favoráveis aos estudos pacíficos, em 1945 na *Rivista di Filosofia*.

A chegada de Abbagnano ao existencialismo – que também foi um ponto de partida para desenvolvimentos adicionais – foi uma surpresa, embora nas obras anteriores, começando pela mais antiga, *Le sorgenti irrazionali del pensiero [As fontes irracionais do pensamento]*, escrita aos vinte e dois anos, já se possam perceber alguns elementos que permitem interpretar essa chegada ao existencialismo não tanto como uma "conversão" – como foi chamada – mas como um desenvolvimento interno, o reconhecimento de uma afinidade íntima. O existencialismo começou a atrair a atenção dos filósofos italianos, uma vez que chegou ao término a parábola do idealismo no início dos anos 1930, até se tornar, em poucos anos, paradoxalmente, justamente nos anos em que as águias imperiais voavam mais alto no céu da Itália, a filosofia da atualidade, tanto que, alguns anos depois, fui levado a citar – referindo-me também ao nosso país – a frase que Jankélévitch, no livro *L'alternative* [*A alternativa*] (de 1938), havia dito com referência à França, a propósito de um dos muitos neologismos heideggerianos: "expressão de um certo Heidegger que faz fúria nos salões parisienses. Será muito popular neste inverno". Em nossa cidade, já era "popular" antes. Se não me engano, Turim foi a cidade onde o existencialismo italiano deu seus primeiros passos. Em um de seus últimos escritos, publicado no volume do *Archivio di filosofia* [*Arquivo de filosofia*] dedicado a *La recezione italiana di Heidegger [A recepção italiana de Heidegger]*, lançado em 1989, Del Noce fala de Turim nos primeiros anos trinta e relembra as referências que Pastore começou a fazer ao existencialismo em suas aulas sobre a fenomenologia de Husserl, aulas que eu mesmo segui por dois anos consecutivos entre 1931 e 1933, e das quais nasceu a ideia de dedicar minha tese de graduação a Husserl, encorajado pelo próprio Pastore. O qual havia dedicado um artigo em 1933 a Husserl, Heidegger e Chestov, publicado no *Archivio di storia della* Filosofia. Del Noce relembra e comenta especialmente os três ensaios que Mazzantini, então livre-docente, escreveu sobre Heidegger para a *Rivista di* Filosofia *Neo-scolastica*: *Linee fondamentali della filosofia di Heidegger* [*Linhas fundamentais da filosofia de Heidegger*]; *Osservazioni critiche sulla dottrina di Heidegger dal punto di vista della filosofia neo-scolastica [Observações críticas sobre a doutrina de Heidegger do ponto de vista da filosofia neoescolástica*]; *Il significato della realtà nella filosofia di*

Heidegger [O significado da realidade na filosofia de Heidegger], destacando o significado que a descoberta desse filósofo teve como antídoto ao exagerado subjetivismo realista.

No mesmo ano de 1938, foram publicadas as *Note sulla filosofia dell'esistenzialismo* [*Notas sobre a filosofia do existencialismo*] de Pareyson, seguidas em 1940 pelo livro *La filosofia dell'esistenza e Carlo Jaspers [A filosofia da existência e Karl Jaspers*], publicado pela editora Loffredo de Nápoles em uma coleção dirigida por Guzzo. Em 1941, reuni a primeira tradução de uma obra de Jaspers com o livro de Pareyson e o de Abbagnano e escrevi minha primeira resenha sobre a filosofia da existência na Itália, publicada na *Rivista di Filosofia*. No que diz respeito a Abbagnano, eu expressava algumas dúvidas sobre o sucesso da tentativa do autor de superar o conceito de existência dos dois existencialistas alemães, entre o nada inicial de Heidegger e o fracasso final de Jaspers. Mas não pretendo dar nenhuma importância particular a esse meu escrito, que, lido à distância de exatamente meio século, me pareceu não muito bem argumentado, aliás, um pouco confuso. Eu o menciono apenas para fornecer mais um testemunho do variado entrelaçamento de meus relacionamentos com Abbagnano nesses primeiros anos de sua vida em Turim.

Após a guerra, nos encontramos lado a lado, tanto na participação no *Centro di Studi Metodologici* quanto na direção da *Rivista di Filosofia*. Ao primeiro, Abbagnano deu uma contribuição essencial com o ensaio *Il problema filosofico della scienza* [*O problema filosófico da ciência*], publicado na primeira coleção de conferências do Centro, *Fondamenti logici della scienza* [*Fundamentos lógicos da ciência*], lançado pela De Silva (ou seja, Franco Antonicelli) em 1947. No que diz respeito à segunda, nossa direção começou em 1952, quando a revista, após várias e nem sempre bem-sucedidas aventuras editoriais, passou a ser publicada pela editora Taylor, de Turim. Ele mesmo escreveu a introdução para essa nova série, que começava no 43º ano de vida da revista. Nela, ele dizia que a tarefa da revista era permanecer fiel ao ideal da "mais resoluta independência de pensamento unida ao respeito pelo pensamento alheio". E concluía com estas palavras: "nós queremos combater o perigo (pelo menos na Itália real) de que a filosofia se torne um exercício verbal insincero e um pretensioso instrumento de domínio mental". Nos anos imediatamente anteriores, Abbagnano havia iniciado a nova orientação da revista com dois artigos: *Nota sui termini: scienza, conoscenza, mondo* [*Nota sobre os termos: ciência, conhecimento, mundo*] e *Verso un nuovo iluminismo* [*Rumo a um novo Iluminismo*]. Em 1951, respondendo a uma pergunta que eu lhe havia feito em uma transmissão radiofônica com múltiplas vozes sobre as tarefas da filosofia, apertada entre religião e ciência, ele respondeu que apenas no terreno da filosofia religião e ciência poderiam se encontrar e se confrontar, reconhecendo cada uma o lugar que lhe compete, e concluía: "uma filosofia que cumprisse essas tarefas contribuiria verdadeiramente para orientar o homem no mundo e tornar o próprio mundo mais humano. Uma tal filosofia poderia, portanto, ser saudada como um novo Iluminismo".

GLOSSÁRIO

A

Abzielung: propósito

Adaequatio: correspondência

Allmensch: humano total

Aufschwung: elevação

Ausgleich: conciliação

B

Besinnung: meditação

Bilderbuchphänomenologie: álbum de imagens da fenomenologia

buon europeo: bom europeu

bewusstseinsmässige: Bei-ihm-selbst-seins: consciência de estar consigo mesmo

C

Cant: não pode

D

das Man: o impessoal

Dasein: ser-aí

Deckungseinheit: unidade de proteção

Diesseitigkeit: imanência

Ding: coisa

Doxa: opinião

E

ego cogito: Eu penso

Entbergung: descobrimento

Entdecktheit: desencobrimento

Entdeckt-sein: ser-descoberto

Entringung: entrada

Entsymbolisierung: dessimbolização

Entwircklichung: desrealização

Episteme: ciência

Epoché: suspensão

Erfüllung: realização

erkennen: reconhecer
Erkenntnis conhecimento mediato
Erkenntnis: entendimento
Erlebnis: vivência
Erlebnisse: vivências
erscheinen: aparecer
Erschlossenheit: descerramento
Erzielung: alcance

F

fin de siècle: fim de século
Fürsorge: preocupação

G

gegeben: dado
Gelassenheit: serenidade
gemeint: visado
Geschick: destino
Gesinnungsmilitarismus: militarismo de convicção
Gestimmtheit: afinação
Geviert: quadratura
Glaubenslosigkeit: perda de fé

H

Heimatlosigkeit: apatricidade
hinausstehen: para fora
homo faber: homem fazedor

I

Ichzentrum: centro-do-eu
Ideen: ideias
Irre: erro

K

kennen: conhecer
Kenntnis conhecimento imediato
Kenntnis: conhecimento
kenntnisnahme: tomada de conhecimento
kommentarbedürftige: carentes de comentário

L

logique du coeur: lógica do coração

M

Mitdasein: coexistir
Mitsein: ser-com
Mitwelt: mundo compartilhado

N

Nachste: próximo
natürliche Weltanschauung: visão-de-mundo natural

O

Offenbare: revelado
Offenbarung: revelação
Offenheit: abertura
Offenständigkeit: o caráter de aberto

P

phänomenologisches Residuum: resíduo fenomenológico

R

Richtigkeit: correção

S

Sachverhalt: estado de coisa

scheinen: vir à luz, resplandecer

Scheinsame: resplandecendo

Selbstdasein: autoexistência

selbsterfassten: autocaptar,

Selbstgebung: autodação

selbstgegeben: autodoação

Selbstgegebenheit: autodadidade

selbstgeschenen: acontecer por si só

Sinn: sentido

Sollzuteilung: atribuição de um dever ser a um objeto

Sorge: cuidado

stellungnahme: tomada de posição

Stimmung: tonalidade afetiva,

strenge Wissenschaft: ciência rigorosa

Stufencharakter: caráter de graus

T

Tatsache: fatos

U

Übereinstimmung: concordância

Umgreifend: incircunscrevível

Umwelterkenntnis: conhecimento mundo circundante

Unverborgenheit: desocultação

Unwert: sem valor

Ursprung der Welt: origem do mundo

V

Verbergung: ocultação

Verborgenheit: ocultação

Verfallen: decadência

Verschlossenheit: encerramento

Verstelltheit: simulação

Voraussetzungslosigkeit: não admissão de pressupostos

Vorstellen: apresentar

W

Weltanschauung: visão-de-mundo

Welterkenntnis: conhecimento dirigido ao mundo

Weltglauben: tese do mundo

Wertantwort: resposta ao valor

Wertblind: cega quanto a valores

Wertblindheit: cegueira de valor

Werterfassen: captação de valor

Wertfühlen: sentimento de valor

Wertnehmen: tomada de valor

Wertsehen: visão do valor

wertsuchende Ich: eu buscador de valores

Wesensklarung: clarificação das essências

Wesensschau: intuição das essências

Willenstellungnahme: tomada de posição volitiva

wissen: saber

Z

Zu den Sachen selbst: Às coisas mesmas

Zu-denkende: a se pensar

Zweckmilitarismus: militarismo de finalidade

REFERÊNCIA AOS TEXTOS

1.1 ROVIGHI, Sofia Vanni. "La filosofia di Edmund Husserl". Milão: Vita e Pensiero, 1939, 173 p. Resenha publicada em: *Rivista di filosofia*. 31, n. 2 (apr.-giu. 1940), p. 161-162. Disponível em: http://gobetti.erasmo.it/f_catalog.asp?INDICE=2 Acessado em: 30.08.2022.

1.2 BRÜCK, Maria. "Über das Verhältnis Edmund Husserl zu Franz Brentano vornehmlich mit Rücksicht auf Brentanos Psychologie". Würzburg: Konrad Triltsch, 1933, 118 p. Resenha publicada em: *Rivista di filosofia*. N. 4, (ottobre-dicembre 1935), p. 368-369. Disponível em: http://gobetti.erasmo.it/copertine/33.pdf. Acessado em: 30.08.2022.

1.3 "La filosofia di Husserl e la tendenza fenomenologica". *Rivista di filosofia*. 26, n. 1 (gennaio-marzo 1935), p. 47-65 (Estratto p. 1-19). Disponível em: http://gobetti.erasmo.it/copertine/32.pdf. Acessado em: 30.08.2022.

1.4 HUSSERL, Edmund. *Die Idee der Phänomenologie, Fünf Vorlesungen*. Walter Biemel (cur.), Haag: Martinus Nijhoff, 1950, XI, 93 p. Resenha publicada em: *Rivista di filosofia*. 42, n. 2 (Apr.-Giu. 1951), p. 204-206. Disponível em: http://gobetti.erasmo.it/copertine/432.pdf. Acessado em: 30.08.2022.

1.5 *Edmund Husserl*. Necrológio publicado em: *Rivista di filosofia*. 29, n. 4 (ott.-dic. 1938), p. 365-369. Disponível em: http://gobetti.erasmo.it/copertine/46.pdf. Acessado em: 30.08.2022.

1.6 *Husserl postumo*. Ensaio publicado em: *Rivista di filosofia*. 31, n. 1 (gen.-mar. 1940), p. 37-45. Disponível em: http://gobetti.erasmo.it/copertine/77.pdf. Acessado em: 30.08.2022.

2.1 *La personalità di Max Scheler*. Ensaio publicado em: *Rivista di filosofia*. - 29, n. 2 (apr.-giu. 1938), p. 97-126. Disponível em: http://gobetti.erasmo.it/copertine/63.pdf. Acessado em: 30.08.2022.

2.2 *La fenomenologia secondo M. Scheler*. Ensaio publicado em: *Rivista di filosofia*. A. 27, n. 3 (lugl.-sett. 1936), p. 227-249. Disponível em: http://gobetti.erasmo.it/copertine/24.pdf. Acessado em: 30.08.2022.

2.3 *Dietrich von Hildebrand*. Ensaio publicado em: *Rivista di filosofia*. 28, n. 4 (ot.-dic. 1937), p. 341-351. Disponível em: http://gobetti.erasmo.it/copertine/47.pdf. Acessado em: 30.08.2022.

2.4 JASPERS, Karl. *La mia filosofia*. trad. it. di Renato De Rosa. Torino: Einaudi, 1946, XII, 280 p. Prefácio de Norberto Bobbio. Disponível em: http://gobetti.erasmo.it/copertine/90.pdf. Acessado em: 30.08.2022.

2.5 *Ritorno alla tradizione*. Ensaio publicado em: *Rivista di filosofia*. 42, n. 2 (Apr.-Giu. 1951), p. 183-186. Disponível em: http://gobetti.erasmo.it/copertine/373.pdf. Acessado em: 30.08.2022.

2.6 JASPERS, Karl. *Descartes et la philosophie*. Paris: Alcan, 1938, 112 p. Resenha publicada em: *Rivista di filosofia*. 30, n. 3 (lugl.-sett. 1939), p. 285. Disponível em: http://gobetti.erasmo.it/copertine/90.pdf. Acessado em: 30.08.2022.

2.7 *Libertà e azione nella filosofia di Karl Jaspers*. Ensaio publicado em: *Il problema dell'azione e le sue diverse concezioni*. Milano: Bocca, 1943, p. 11-30. Disponível em: http://gobetti.erasmo.it/copertine/121.pdf. Acessado em: 30.08.2022.

3.1 HUBSCHER, Arthur. *Von Hegel zu Heidegger*: Gestalten und Probleme. Philipp Reclam jun., Stuttgart 1961, 278 p. Resenha publicada em: *Rivista di filosofia*. 54, n. 2 (Apr. 1963), p. 249. Disponível em: http://gobetti.erasmo.it/copertine/1027.pdf. Acessado em: 30.08.2022.

3.2 DEL BO, Dino. *Persona e società nella filosofia di N. Berdiaeff*. Padova: Cedam, 1944, 107 p.; STEFANINI, Luigi. *L'esistenzialismo di M. Heidegger*. Padova: Cedam, 1944, 74 p. Resenha publicada em: *Rivista di filosofia*. N. 1-2 (genn.-giu. 1944), p. 100. Disponível em: http://gobetti.erasmo.it/f_catalog.asp?INDICE=2. Acessado em: 30.08.2022.

3.3 "*Tre scritti brevi di Heidegger*". Ensaio original publicado em: *Rivista di Filosofia*, v. 39, n. 3, p. 1-16, 1948. Disponível em: http://gobetti.erasmo.it/copertine/376.pdf. Acessado em: 30.08.2022. No Brasil, "Três escritos breves de Heidegger", tradução publicada em *Veritas*, Porto Alegre, v. 66, n. 1, p. 1-10, jan.-dez. 2021. Disponível em: https://revistaseletronicas.pucrs.br/ojs/index.php/veritas/article/view/40072/26776. Acessado em: 30.08.2022.

3.4 *Ritorno alle origini*. Ensaio publicado em: *Minerva*. 58, n. 12 (dic. 1948), p. 365-367. Disponível em: http://gobetti.erasmo.it/copertine/365.pdf. Acessado em: 30.08.2022.

3.5 CHIODI, Pietro. *L'ultimo Heidegger*. II ed. Torino: Taylor, 1960, 138 p. Resenha publicada em: *Paese Sera-Libri,* A. 2, n. 26 (30 giugno-1 luglio 1961), p. 7 e 10. Disponível em: http://gobetti.erasmo.it/copertine/922.pdf. Acessado em: 30.08.2022.

3.6 Persona e società nella filosofia dell'esistenza. ((In: Archivio di filosofia. - 11, fasc. 3 (1941), p. 320-336. Disponível em: http://gobetti.erasmo.it/copertine/380.pdf. Acessado em: 30.08.2022.

4.1 LOMBARDI, Franco. *Kierkegaard*. Firenze: La Nuova Italia, 1936, 322 p. Resenha publicada em: *Rivista di filosofia*. N. 2 (apr.-giu. 1939), p. 186-187. Disponível em: http://gobetti.erasmo.it/copertine/92.pdf. Acessado em: 30.08.2022.

4.2 *Kierkegaard e noi*. Ensaio publicado em: *Comunità*. 4, n. 6 (Genn.-Feb. 1950). p. 54-55. Disponível em: http://gobetti.erasmo.it/copertine/298.pdf. Acessado em: 30.08.2022.

4.3 BUBER, Martin. *Die Frage an den Einzelnen*. Berlin: im Schoken Verlag, 1936, 124 p. Resenha publicada em: *Rivista di filosofia*. 30, n. 3 (lugl.-sett. 1939), p. 283. Disponível em: http://gobetti.erasmo.it/copertine/85.pdf. Acessado em: 30.08.2022.

4.4 LÖWITH, Karl. *Von Hegel bis Nietzsche*. Zurich, New York: Europa Verlag, 1941, 538 p. Resenha publicada em: *Rivista di filosofia*. 36, número unico, (genn.-dic. 1945), p. 99-101. Disponível em: http://gobetti.erasmo.it/copertine/181.pdf. Acessado em: 30.08.2022.

4.5 *Sartre e gli ebrei*. Ensaio publicado em: *Comunità*. A. 2, n. 24 (Sabato 29 Nov. 1947), p. 5. Disponível em: http://gobetti.erasmo.it/copertine/277.pdf. Acessado em: 30.08.2022.

4.6 *Camus e il tempo della follia*. Ensaio publicado em: *Mondoperaio*. 39, n. 4 (apr. 1986), p. 120. Disponível em: http://gobetti.erasmo.it/copertine/3222%20.pdf. Acessado em: 30.08.2022.

5.1 *Abbagnano, amico di pensiero e di vita*. Ensaio publicado em: *La Stampa*. 11 settembre 1990, *Società e Cultura*, p. 19. Disponível em: http://gobetti.erasmo.it/copertine/9001.pdf. Acessado em: 30.08.2022.

5.2 *Discorso su Nicola Abbagnano*. Prefácio de Norberto Bobbio à obra *Scritti scelti / Nicola Abbagnano*. Edição curada por Giovanni de Crescenzo e Pietro Laveglia, Torino: Taylor, 1967, p. 1-30. Disponível em: http://gobetti.erasmo.it/copertine/1243.pdf. Acessado em: 30.08.2022.

5.3 *Abbagnano protagonista di un'epoca*. Ensaio publicado em: *Nuova Antologia*. A. 125, vol. 564, fasc. 2176 (ott.-dic. 1990), p. 245-248. Disponível em: http://gobetti.erasmo.it/copertine/3766.pdf. Acessado em: 30.08.2022.

5.4 *Nicola Abbagnano*. Ensaio publicado em: *Atti dell'Accademia delle Scienze di Torino, Classe di Scienze Morali, storiche e filologiche*. vol. 125, fasc. 2 (lug.-dic. 1991), p. 141-144. Disponível em: http://gobetti.erasmo.it/copertine/4131.pdf. Acessado em: 30.08.2022.

REFERÊNCIAS BIBLIOGRÁFICAS

BINNI, Walter. *La poetica del decadentismo italiano* [*A poética do decadentismo italiano*]. Florença: Sansoni, 1936.

BOBBIO, Norberto. *Filosofia e Dogmatica del Diritto (1931) e La Fenomenologia Di Husserl (1933)*. Prefácio e organizado por Mario G. Losano. Frankfurt: Vittorio Klostermann, 2023.

BUBER, Martin. *Die Frage an den Einzelnen* [*A pergunta ao indivíduo*]. Berlim: Schocken, 1936.

DEL BO, Dino. *Persona e società nella filosofia di N. Berdiaeff* [*Pessoa e sociedade na filosofia de N. Berdiaeff*]. Padova: Cedam, 1944.

______. *Die Ursachen des Deutschen Hasses* [*As causas do ódio alemão*]. Leipzig: Verlag der weissen bücher, 1917.

EKLUND, H. *Evangelisches u. Katholisches in M. Schelers Ethik* [Evangélico e católico na ética de M. Scheler]. Upsala: Almqvist & Wiksells boktryckeri-a.-b., 1932.

GEYSER, J. M. *Schelers Phänomenologie der Religion* [*Fenomenologia da religião de M. Scheler*]. Friburgo, 1924

GRÜNDLER, O. *Elemente zu einer Religionsphilosophie auf phänomenologischer Grundlage* [Elementos para uma filosofia da religião em uma base fenomenológica]. Munique: J. Kösel & F. Pustet, 1922.

HAFKESBRINK, H. "Das Problem des religiösen Gegenstandes bei M. Schelers" ["O problema do objeto religioso com M. Scheler"]. *Zeit. f. Systematische Theologie*, 1930.

HARMS, G. *Der Begriff des Materialen in M. Schelers Ethik* [*O conceito de material na ética de M. Scheler*]. Leipzig, 1922.

HEIDEGGER, Martin. *Nietzsches Wort Gott ist tot* [*A palavra de Nietzsche: Deus está morto*] no recente volume *Holzwege* [*Caminhos da floresta*]. Frankfurt: Klostermann, 1950.

HEBER, J. *Das Problem der Gotteserkenntnis in der Religionsphilosophie M. Schelers* [*O problema do conhecimento de Deus na filosofia religiosa de M. Scheler*]. Leipzig: Deichert, 1931.

HEBER, J. *Die phänomenologische Methode in der Religionsphilosophie* [*O método fenomenológico na filosofia da religião*]. Dresden: C. L. Ungelenk, 1929.

HERING, J. *Phénoménologie et Philosophie religieuse* [*Fenomenologia e filosofia religiosa*]. Paris: Alcan, 1926.

HUSSERL, Edmund. *Erfahrung und Urteil* [*Experiência e juízo*]. Academia Verlagsbuchandlung: Praga, 1939.

______. "Die Frage nach dem Ursprung der Geometrie als intentional-historisches Problem" [A questão da origem da geometria como um problema histórico-intencional]. *Revue Internationale de Philosophie*, eod.

JASPERS, Karl. *Descartes et la philosophie* [*Descartes e a filosofia*]. Trad. H. Pollnow. Paris: Alcan, 1938; *Rivista di Filosofia*, 30, nº 3, jul.-set. 1939.

KRÄNZLIN, Gerhard. *Max Schelers phänomenotogische Systematik* [*A sistemática fenomenotológica de Max Scheler*]. Leipzig: Hirzel, 1934.

KREPPEL, F. *Die Religionsphilosophie Max Schelers* [*Filosofia religiosa de Max Scheler*]. Munique: Kaiser, 1927.

______. *Krieg und Aufbau* [*Guerra e construção*]. Leipzig: Weisse Bücher, 1916.

KÜHLER, Otto. *Wert, person, God* [*Valor, pessoa, Deus*]. Berlim: Junker und Dünnhanpi, 1932.

LAVELLE, Louis. "L'individu et l'absolu" ["O indivíduo e o absoluto"]. In: ______. *Le moi et son destin* [*O eu e seu destino*]. Paris: Aubier, 1936.

LENNERZ, Heinrich. *Schelers Konformitätssystem und die Lehre der katholischen Kirche* [*O sistema de conformidade de Scheler e os ensinamentos da Igreja Católica*]. Münster, 1924

LÉVINAS, Emmanuel. "De l'evasion" ["Da evasão"]. *Recherches Philosophiques*, V, 1935-1936.

LUPORINI, Cesare. "L'Etica di M. Scheler" ["A ética de M. Scheler"]. *Studi Germanici*, 1935.

_____. *Situazione e libertà nell'esistenza umana* [Situação e liberdade na existência humana]. Florença: Le Monnier, 1942.

MORSELLI, "Dell'odierna rinascita religiosa" ["Do moderno renascimento religioso"]. *Riv. di Fil.* 1936.

NEWE, H. "Die religiöse Gotteserkenntnis und ihr Verhältnis zur Metaphysischen bei M. Scheler". ["O conhecimento religioso de Deus e sua relação com o metafísico em M. Scheler"]. *Abt. zur Phil. u. Psych. der Religion*, 1923.

PACI, Enzo. "Nota sull'etica di M. Scheler" ["Nota sobre a ética de M. Scheler"]. *La Nuova Italia*, 1937.

_____. *Pensiero, esistenza e valore* [*Pensamento, existência e valor*]. Milão-Messina: Principato, 1940.

PAREYSON, Luigi. *La filosofia dell'esistenza e Carlo Jaspers* [*A filosofia da existência e Karl Jaspers*]. Napoli: Loffredo, 1940.

_____. "Note sulla filosofia dell'esistenza" ["Notas sobre a filosofia da existência"]. *Giornale Critico della Filosofia Italiana*, XIX , 1938.

PRZYWARA, Erich. *Religionsbegründung*: Max Scheler – J. H. Newmann [*Justificativa religiosa: Max Scheler – J. H. Newman*]. Friburgo: Herder, 1923.

PRZYWARA, Erich. "Zu Max Schelers Religionsauffassung" ["Sobre a visão de Max Scheler sobre religião"]. In: *Zeit. f. Katholische Theologie*, 1923.

RIDOLFI, Giorgio. "Resenha de L'indirizzo fenomenológico nella filosofia e giuridica". *Revista Direito FGV*, vol. 15, nº 1, 2019.

ROVIGHI, Sofia Vanni. "La filosofia di Edmund Husserl: Vita e Pensiero" ["A filosofia de Edmund Husserl: Vida e pensamento"]. Milão: 1939; *Rivista di Filosofia*, 31, nº 2, abr.-jun., 1940.

SARTRE, Jean-Paul. *Réflexions sur la question juive* [*Reflexões sobre a questão judaica*]. Paris: Paul Morihien, 1946.

SCHELER, Max. *Crisi dei valori* [*Crises dos valores*]. Milão: Bompiani, 1936.

______. *Der Formalismus in der Ethik und die materiale Wertethik* [*O formalismona ética e a ética material dos valores*]. 3ª ed. Halle: Niemeyer, 1927.

______. *Der Genius des Krieges und der deutsche Krieg* [*O gênio da guerra e a guerra alemã*]. Leipzig: Weisse Bücher, 1915.

______. *Die transzendentale und die psychologische Methode* [*Os métodos transcendentais e psicológicos*]. Leipzig: Dürr, 1900.

______. *Le sens de la souffrance* [*O sentido do sofrimento*]. Paris: Aubier, 1936.

SCHREIER, Fritz. *Grundbegriffe und Grundformen des Rechts* [*Conceitos fundamentais e formas fundamentais do direito*]. Wien: Deuticke, Leipzig, 1924.

SCHWARZ, Balduin. *Der Irrtum in der Philosophie* [*O erro na filosofia*]. Münster: Aschendorff, 1934.

STEFANINI, Luigi. *L'esistenzialismo di M. Heidegger* [*O existencialismo de M. Heidegger*]. Padova: Cedam, 1944.

STEIN, E. "Husserl Phänomenologie und die Philosophie des hl. Thomas von Aquino" ["A fenomenologia de Husserl e a filosofia de S. Tomás de Aquino"]. *Festschrisft E. Husserl zum 70 Geburtstag gewidmet*, 1929.

TEMURALP, Takiyettin. *Über die Grenzen der Erkennbarkeit bei Husserl und Scheler* [*Sobre os limites da reconhecibilidade em Husserl e Scheler*]. Berlim: Verlag f. *Staatswissenschaften und Geschichte* [*Ciências do Estado e História*], 1937.

TROELTSCH, Ernst. *Gesammelte Schriften* [*Escritos reunidos*]. Bd. III. Tübingen: Mohr, 1922.

VANNI-ROVIGHI, S. "Filosofia e religione in M. Scheler" ["Filosofia e religião em M. Scheler"]. In: *Religione e Filosofia* [*Religião e filosofia*] (Relazioni e comunicazioni all'XI Congresso Naz. di Fil.), Milão, 1936.

WOHLGEMUTH, J. *Grundgedanken der Religionsphilosophie M. Schelers in jüdicher Beleuchtung* [*Pensamentos fundamentais da filosofia religiosa de M. Scheler na iluminação judaica*]. Berlim: [s.n.], 1931.

ÍNDICE REMISSIVO

ÍNDICE ONOMÁSTICO

A Editora Contracorrente se preocupa com todos os detalhes de suas obras! Aos curiosos, informamos que este livro foi impresso no mês de outubro de 2025, em papel Pólen Natural 80 g/m^2.